Reiner Bröckermann · Werner Pepels
und 19 Mitautoren

Die Personalfreisetzung

betriebswirtschaftlich – gesellschaftspolitisch – menschlich

Prof. Dr. Reiner Bröckermann · Prof. Werner Pepels
und 19 Mitautoren

Die Personalfreisetzung

betriebswirtschaftlich – gesellschaftspolitisch –
menschlich

Dipl.-Psych. H. Jürgen Bauerreiß
Prof. Martin H. Bertrand
Dr. Ruth Böck
RA Hans-Georg Dahl
Prof. Ulrich Gonschorrek
Prof. Dr. Rüdiger Hamm
Prof. Dr. Gerwin Kahabka
Prof. Dr. Andreas Kammel
Prof. Dr. Karl-Heinz Krüger
Dipl.-Soz.-Verw. VWA Bernd Mitterer
Prof. Dr. Michael Müller-Vorbrüggen
Prof. Dr. Peter Pulte
Diplom-Betriebswirt (FH) Achim Reuter
Dipl.-Psych. Stefan Mario Schmitz-Buhl
Prof. Dr. Markus-Oliver Schwaab
Dipl.-Psych. Simon Seebass
Prof. Dr. Thomas Stelzer-Rothe
Prof. Dr. Lutz Stührenberg
Dipl.-Ing. H.-Peter Werminghaus

expert verlag

Bibliografische Information Der Deutschen Bibliothek

Die Deutsche Bibliothek verzeichnet diese Publikation
in der Deutschen Nationalbibliografie;
detaillierte bibliografische Daten sind im Internet über
http://dnb.ddb.de abrufbar.

Bibliographic Information published by Die Deutsche Bibliothek

Die Deutsche Bibliothek lists this Publication
in the Deutsche Nationalbibliografie;
detailed bibliographic data is available in the Internet at
http://dnb.ddb.de .

ISBN 3-8169-2453-0

Bei der Erstellung des Buches wurde mit großer Sorgfalt vorgegangen; trotzdem können Fehler nicht vollständig ausgeschlossen werden. Verlag und Autoren können für fehlerhafte Angaben und deren Folgen weder eine juristische Verantwortung noch irgendeine Haftung übernehmen.
Für Verbesserungsvorschläge und Hinweise auf Fehler sind Verlag und Autoren dankbar.

© 2005 by expert verlag, Wankelstr. 13, D-71272 Renningen
Tel.: +49 (0) 71 59-92 65-0, Fax: +49 (0) 71 59-92 65-20
E-Mail: expert@expertverlag.de, Internet: www.expertverlag.de
Alle Rechte vorbehalten
Printed in Germany

Das Werk einschließlich aller seiner Teile ist urheberrechtlich geschützt. Jede Verwertung außerhalb der engen Grenzen des Urheberrechtsgesetzes ist ohne Zustimmung des Verlags unzulässig und strafbar. Dies gilt insbesondere für Vervielfältigungen, Übersetzungen, Mikroverfilmungen und die Einspeicherung und Verarbeitung in elektronischen Systemen.

Geleitwort

Prof. Martin H. Bertrand

Infolge des internationalen Wettbewerbs, der Öffnung des Eisernen Vorhangs und aus vielen anderen unumkehrbaren Gründen nimmt der Kostenvergleich weltweit zu, er kennt keine Grenzen mehr. Bei Benchmark-Vergleichen zwischen Unternehmen, bei der Analyse der Personalkosten zwischen – inzwischen leicht erreichbaren – Ländern zeigt sich, dass das Thema Personalfreisetzungen ein zunehmend beherrschendes für das europäische Management wird. Es konkurrieren in Zukunft nicht nur die Unternehmen weltweit miteinander, sondern auch die Länder. An Personalkosten von 5 bis 25 Prozent der entsprechenden Kosten in Deutschland kommt kein Management vorbei. Sich damit sachlich zu beschäftigen und die daraus resultierenden Schlussfolgerungen nüchtern zu ziehen, ist vordringliche Aufgabe für die kommende Zeit. Die Diskussion mit den Sozialpartnern (Gewerkschaften und Betriebsräte) kann nur entweder um Kostenreduzierungen oder Personalfreisetzungen drehen.

Anpassung von Personal, Personalabbau, Reduzierung der Humanressource, Verschlankung der Strukturen – welcher Begriff auch immer verwandt wird, sei er noch so euphemistisch – es handelt sich immer um die Freisetzung von Personal. Sie stellt die ungeliebteste Aufgabe des Management dar, die viele Führungskräfte zu lange Zeit vermeiden wollen und somit nicht rechtzeitig (frühzeitig) mit den angemessenen Maßnahmen beginnen. Ungeliebte Tätigkeiten werden gern wegdelegiert oder durch den Versuch mechanistischer Operationen (betriebsbedingte Kündigungen) angegangen. Letztere sind nur als Ultima Ratio anwendbar, d. h. wenn keine andere Möglichkeit mehr besteht. In der Zeitspanne von 25 Jahren intensiver Personalanpassung hat der Autor noch nie diese Ultima Ratio nutzen müssen.

Es wird bei Personalanpassungen meist ausgeblendet, dass es sich um Veränderungen für Menschen handelt – es wird oftmals nur einseitig die Erforderlichkeit gesehen, künftig weniger Personal zu haben. Die Veränderung betrifft dabei sowohl den Menschen Manager, den Menschen Mitarbeiter als auch den menschlichen Teil der Organisation.

Organisationen verhalten sich wie Organismen – sie haben Stolz, sie leiden, sie entwickeln Kräfte u. v. a. m. Organisationen verändern sich – in gleicher Weise wie Organismen. Sie sind morgen noch so wie heute, wenn sie nicht mehr leben. Wenn Organisationen leben, dann lassen sich auch die Regeln des Lebens auf sie übertragen. Sie sind durch eine „Operation" (betriebsbedingte Kündigungen) in ihrem „Gewicht" reduzierbar. Darauf reagiert der „Körper". Die Folgen dieser Reaktion werden vom „Operateur" – dem Management – in der Regel nicht berücksichtigt; es geht ihm in erster Linie nur um die Gewichtsreduzierung. Das, was sie mit dem „Körper Organisation" macht, schadet im Regelfall mehr als aushaltbar ist; die Organisation wird krank, da sie nicht rational auf diesen Eingriff reagiert. Die Gründe für die Personalfreisetzung werden von Management und Mitarbeitern in der Regel völlig unterschiedlich gewertet. Managementfehler, zu hohe Personalkosten – um nur zwei Themen anzusprechen – werden diskutiert und mit gegenseitiger Schuldzuweisung versehen.

Die Sehnsucht vieler Manager besteht bei diesem Thema auch darin, eine eindeutige Strukturverbesserung (Qualifikationsverbesserung) im Rahmen der „Gewichtsreduzierung" zu erreichen. Wenn diese Aufgabe vorher nicht erledigt wurde, lässt sie sich nicht mit einer „Gewichtsreduzierung" verbinden; bei einer Diät zur Gewichtsverringerung reduzieren sich erfahrungsgemäß leider nicht die ungeliebten Stellen am Körper. Dies geht nur durch diszipliniertes, dauerhaftes Training. Personalfreisetzung ist verbunden mit Irrationalitäten. So rational sich Menschen auch geben, so irrational können sie sich zeigen, wenn sie vor schwierige Situationen gestellt werden; Angst vor dem Betroffen sein, ungelenker Umgang mit dem richtigen Verhältnis zwischen Nähe und Distanz, Verhärtungen im Umgang miteinander: dies gilt für Führungskräfte wie auch für Mitarbeiter; beide sind beim Thema Personalfreisetzung davon betroffen.

Mit Personalanpassung wird in der Regel zu spät begonnen und damit wertvolle Zeit und die Möglichkeit für sauber strukturierte Vorbereitung verschenkt. Die Gründe hierfür liegen in planerischen Unzulänglichkeiten bzw. Fehlern und den Irrrationalitäten, die mit dem Thema Personalfreisetzung verbunden sind, in der Meinung, dass man sie mechanistisch, einfach erledigen kann. Für Personalfreisetzung wird Zeit gebraucht, wie für eine dauerwirksame Diät. Und die wirkt nur, wenn der „Kopf" (das Management) es wirklich will und den „Körper" (die Organisation) klar und nachhaltig überzeugt, dass dies der notwendige Schritt ist. Dafür muss der „Körper" es verstehen. Dies ist nur zu erreichen, wenn das Management offen und verständlich mit den Sozialpartnern sowie der Organisation kommuniziert; nüchtern, ganzheitlich, ehrlich. Die Glaubwürdigkeit des Managements ist der wesentliche Dreh- und Angelpunkt jeder Personalfreisetzung. Dazu kommt die Fähigkeit, mit der aus dem Thema kommenden Emotionalität unemotional umgehen zu können.

Verantwortlich für die Umsetzung sind die „Schaltstellen" der Organisation, d. h. die kostenstellenverantwortlichen Führungskräfte und nicht die anonyme Firma. In der Regel gibt es Hilfsmittel. Hierzu zählen die Personaler und dieses Buch.

Inhaltsverzeichnis

Geleitwort
Prof. Martin H. Bertrand

A. Die Personalfreisetzung als betriebswirtschaftliches, gesellschaftspolitisches und menschliches Problem   1

Prof. Dr. Reiner Bröckermann

1	Der Betrieb	1
1.1	Trennung und Personalabbau	1
1.2	Personalfreisetzungsplanung	1
1.3	Personalfreisetzungsaktivitäten	3
1.4	Personalfreisetzungscontrolling	5
2	Die Gesellschaft	6
2.1	Spieler ohne Stammplatzgarantie	6
2.2	Abfindung und goldener Fallschirm	6
2.3	Vorruhestand und Altersteilzeit	7
2.4	Arbeitslosigkeit	8
3	Das Individuum	8
3.1	Existenzangst und Krankheit	8
3.2	Wut und Trauer	9
3.3	Trauerklöße auf der Pink Slip Party?	9
3.4	Survivor Envy und innere Kündigung	10
4	Quintessenz	10
	Literatur	11

B. Die betriebliche Perspektive   12

I. Die Sicht der Unternehmensleitung   12

Prof. Dr. Andreas Kammel

1	Personalmanagement in wirtschaftlich schwierigen Zeiten	12
2	Die Verantwortung der Unternehmensleitung	13
3	Aktive Informationspolitik	15
4	Beschäftigungsstrategien bei temporärem Personalüberhang	16
5	Abbau überschüssiger Personalkapazität	18
6	Fazit	18
	Literatur	19

II. Die Sicht der Personalabteilung   20

Prof. Dr. Karl-Heinz Krüger

1	Personalabbau und Rollenkonflikt des Personalwesens	20
2	Handling negativer Auswirkungen der Personalfreisetzung aus der Sicht des Personalwesens	21
2.1	Auswirkungen auf den externen Arbeitsmarkt	21
2.2	Auswirkungen auf das allgemeine Image in der Öffentlichkeit	22
2.3	Interne Auswirkungen	22
2.4	Zusätzliche Aufgabeninhalte des Personalmarketing	23

3	Alternativen zur Personalfreisetzung bei rechtzeitiger Personalplanung	24
3.1	Arbeitszeitmanagement	24
3.2	Indirekter Personalabbau	25
4	Organisatorische Abwicklung der Personalfreisetzung	26
4.1	Informationspolitik gegenüber Betriebsrat und Belegschaft	26
4.2	Konkrete Maßnahmen	27
4.2.1	Individuelle Maßnahmen	27
4.2.2	Kollektive Maßnahmen	28
	Literatur	30

III. Die Sicht der Fachabteilung 32

Prof. Dr. Karl-Heinz Krüger

1	Problemfelder der Personalfreisetzung für betroffene Führungskräfte	32
1.1	Beeinträchtigung der internen bzw. an Schnittstellen nach außen auftretenden Abläufe	32
1.2	Neue Aufgabenverteilung/Bereichsstruktur	32
2	Feststellung bzw. Festlegung des Abbaupotenzials	33
2.1	Methodisch/systematische Personalbemessungsanalysen/Kennziffern	33
2.2	Gemeinkostenwertanalyse	34
2.3	Stellenplanmethode	35
2.4	Auswahl aufgrund von personellen Entscheidungen der Führungskräfte	36
3	Auswirkung auf die vorhandenen Mitarbeiter	36
3.1	Fluktuationssteigernde Wirkung bei Leistungsträgern	36
3.2	Aufkommender „Sozialdarwinismus": Mobbing	37
3.3	Eingeschränkte Effektivität/Produktivität während des gesamten Freisetzungsprozesses	37
3.4	Leistungsverdichtung für die verbleibenden Mitarbeiter	38
4	Problemfelder der Durchführung	38
4.1	Bereichsinterne Informationspolitik	38
4.2	Mitarbeitergespräche als Instrument der Krisenbewältigung	39
5	Führungsqualität in Krisenzeiten	40
5.1	Motivation der verbleibenden Mitarbeiter aus theoretischer und praktischer Sicht	40
5.2	Authentizität der Führungskraft	40
	Literatur	40

IV. Die Sicht der juristischen Abwicklung 42

Prof. Dr. Peter Pulte

1	Maßnahmen und Besonderheiten	42
2	Personalanpassung ohne Kündigung	42
2.1	Fehlerhafter Arbeitsvertrag	43
2.2	Tod des Arbeitnehmers	43
2.3	Befristung	43
2.4	Altersgrenze	43
2.5	Auflösungsurteil	44
2.6	Aufhebungsvertrag	44
2.6.1	Abfindung	44
2.6.2	Arbeitslosengeld	44
2.7	Altersteilzeit	45
3	Personalanpassung durch Kündigung	45
3.1	Zugang der Kündigung	45
3.2	Inhalt und Form der Kündigung	46
3.3	Mitbestimmung des Betriebsrats / Sprecherausschusses	46
3.4	Die ordentliche Kündigung	47
3.5	Außerordentliche Kündigung	48
3.5.1	Wichtiger Grund	48
3.5.2	Unzumutbarkeit	48
3.5.3	Erklärungsfrist	49
3.5.4	Verdachtskündigung	49

3.6	Änderungskündigung	49
3.7	Kündigungsschutz	49
3.8	Kündigungsgründe	50
3.8.1	Personenbedingte Kündigungsgründe	51
3.8.2	Verhaltensbedingte Kündigungsgründe	52
3.8.3	Betriebsbedingte Kündigung	53
3.9	Der besonderer Kündigungsschutz	54
3.10	Kündigungsschutzverfahren	54
4	Massenentlassungen	55
5	Betriebsübergang und Unternehmensumwandlungen	56
5.1	Betriebsübergang	56
5.2	Umwandlungen	57
6	Besonderheiten bei der Insolvenz	58

V. Die Sicht der administrativen Abwicklung   59
Bernd Mitterer

1	Sorgfaltspflicht des Arbeitgebers	59
2	Arbeitspapiere	60
2.1	Arbeitszeugnis	60
2.2	Urlaubsbescheinigung	61
2.3	Sozialversicherungsnachweis	61
2.4	Lohnsteuerkarte und Lohnsteuerbescheinigung	62
2.5	Arbeitsbescheinigung	63
2.6	Bescheinigung über Nebeneinkommen	63
3	Einmalzahlung und Arbeitslosengeld	64
4	Sperrzeit in der Arbeitslosenversicherung	64
5	Fürsorgepflicht des Arbeitgebers	65
6	Quittung und Ausgleichsquittung	66
7	Dokumentation und Abgabe an die Personalakte	67
	Literatur	67

C. Die Perspektive der sozialen und wirtschaftlichen Umfelder   69

I. Die Sicht der Gesellschaftsmitglieder   69
Prof. Dr. Thomas Stelzer-Rothe

1	Gesellschaftliche Gruppierungen und Ziele	69
2	Beispiel: Die gewerkschaftliche Sicht	71
3	Beispiel: Die Sicht der großen christlichen Kirchen in Deutschland	72
4	Beispiel: Die Sicht der Arbeitgeber	75
5	Zusammenfassende Sicht	76
	Literatur	77

II. Die Sicht der Familienangehörigen   79
Achim Reuter

1	Die Situation der Familie	79
2	Auswirkungen auf die Familie	79
2.1	Wirtschaftliche Auswirkungen	81
2.2	Psychologische Auswirkungen	83
2.3	Soziale Auswirkungen	85
3	Lösungsansätze	88
4	Schlussbemerkungen	89
	Literatur	89

III. Die volkswirtschaftliche Sicht 91
Prof. Dr. Rüdiger Hamm

1 Arbeitsmarktaspekte 91
2 Arbeitslosigkeit – ein Problem? 92
3 Kosten der Arbeitslosigkeit 94
3.1 Fiskalische Kosten der Arbeitslosigkeit 95
3.2 Volkswirtschaftliche Kosten der Ressourcenverschwendung 96
3.3 Gesellschaftliche Kosten der Arbeitslosigkeit 33
4 Überlegungen zu „gesamtwirtschaftlich optimalen Entlassungen" 98
5 Zusammenfassung 99
Literatur 100

IV. Die Sicht der Personalvermittler 102
Dr. Ruth Böck

1 Typisch für die aktuelle Arbeitsmarktsituation: Personalfreisetzungen 102
2 Inanspruchnahme von Personaldienstleistern in Zeiten von Personalfreisetzungen 103
3 Handlungsfelder von Personaldienstleistern 103
4 Leistungsschwerpunkte von Personalvermittlern bei Freisetzungen 105
4.1 Outplacement für Führungskräfte und Spezialisten 105
4.2 Private Personalvermittlung und Zeitarbeit 107
4.3 Sonderfall: Unterstützung der staatlichen Personalvermittlung (Vermittlungsgutschein) 110
5 Stand und Trends: Personaldienstleistung in Zeiten von Personalfreisetzungen 111
Literatur 113

V. Die Sicht des potenziell aufnehmenden Unternehmens 115
Prof. Ulrich Gonschorrek

1 Wirtschaftsethik und Wirtschaftswandel 115
2 Auf der Suche nach Potenzial- und Leistungsträgern 116
3 Suchaktivitäten mit möglichst geringen Kosten 117
4 Die zunehmende Personalfluktuation 119
5 Eignungsverfahren - Auswahlkriterien 120
6 Eingliederungshilfen 122
7 Die Befindlichkeit des Übernahmekandidaten 123
8 Personalbindung 124
Literatur 125

D. **Die Perspektive der Betroffenen** 127

I. Die Sicht in Bezug auf die eigene Person 127
Prof. Dr. Michael Müller-Vorbrüggen

1 Die Grundelemente von Sichtweisen der Betroffenen 127
2 Bedeutung der Arbeit für den Menschen 127
2.1 Selbstwertgefühl / Identität und Arbeit 128
2.2 Das soziale Umfeld 128
2.3 Gesellschaftliche Stellung und Arbeit 129
3 Arbeitsplatzverlust als Krise 129
4 Bewältigungsstrategien 131
4.1 Hilfestellungen 131
4.2 Opfer oder Akteur 132
4.3 Chancen 132
5 Folgerungen für Personalverantwortliche 133
Literatur 133

II. **Die Sicht in Bezug auf den „alten" Arbeitgeber** 135
Stefan Mario Schmitz-Buhl

1	Folgen der Personalreduzierung	135
2	Auswirkungen auf die verbleibenden Mitarbeiter	135
3	Die Rolle des Managements	136
4	Auswirkungen auf das Unternehmen	137
5	Bewältigungsstrategien	138
6	Outplacement und Beschäftigungsgesellschaften als konstruktive Lösungsansätze	141
7	Ausblick	143
	Literatur	143

III. **Die Sicht in Bezug auf „neue" Arbeitgeber** 145
Hans-Georg Dahl

1	Die Aufarbeitung des Arbeitsplatzverlustes	145
1.1	Die Konfrontation mit der Realität	145
1.2	In jeder Situation steckt eine Chance	145
1.3	Der Blick in die Zukunft	146
2	Die Orientierungsphase	147
2.1	Ideen zur zukünftigen Tätigkeit	147
2.2	Die Entscheidung zur Bewerbung	147
3	Der potenziell „richtige" Arbeitgeber	149
3.1	Die Angst vor einer neuen Enttäuschung	149
3.2	Neue Wege oder alte Pfade?	149
4	Die eigenen Stärken und Schwächen	150
4.1	Hilfen zur Standortanalyse	151
4.2	Die Arbeitsverwaltung	151
4.3	Personalberatungen	151
5	Die Bewerbungsphase	152
5.1	Der bisherige Arbeitgeber und sein Netzwerk	152
5.2	Das persönliche Netzwerk – ein oft übersehener Pool	152
5.3	Die Agentur für Arbeit – besser als ihr Ruf	153
5.4	Personalberater – spezialisiert auf eine Branche oder „weitgestreut"?	154
6	Marketing in eigener Sache	154
7	Das Arbeitsangebot – die richtige Entscheidung?	155
8	Fazit	155
	Literatur	155

IV. **Erhöhung der Vermittlungschancen durch Soft Skills Training und Hard Skills Schulung** 157
Prof. Dr. Gerwin Kahabka

1	Grundlagen	157
2	Informelles Lernen	158
3	Aktuelle und zukünftige Bedeutung der Soft Skills	158
4	Soft Skill Kommunikationsfähigkeit	159
5	Konfliktfähigkeit	160
6	Emotionale Intelligenz	160
7	Persönliche Motive, Bedürfnisse und Ängste	161
8	Sozialkompetenz, Beziehungen und Teamfähigkeit	162
9	Sensibilität contra Durchsetzungsstärke	162
10	Psychische Belastbarkeit und Stressfestigkeit	163
11	Überzeugungskraft und Verkaufsfähigkeit	163
12	Persönlichkeit	164
13	Hard Skills – Schwerpunkt Wissen und Können	164
14	Die synergetische Verbindung von Hard und Soft Skills	166

E. Praxisbeispiele 168

I. Groupe DANONE – die Verantwortung endet nicht mit dem Vertragsende 168
Prof. Dr. Markus-Oliver Schwaab

1	Restrukturierungen als Antwort auf die Wettbewerbssituation	168
2	Die soziale Verantwortung à la française	168
3	Groupe DANONE: Vom Double Projet zum DANONE Way	169
3.1	Vom französischen Glasproduzenten zum multinationalen Nahrungsmittelkonzern	169
3.2	Ursprünge und Merkmale des Double Projet	170
3.3	Weiterentwicklung hin zum DANONE Way	173
4	Die Restrukturierung des Geschäftsbereichs Biscuits	176
4.1	Angekündigter Personalabbau und Reaktionen	176
4.2	Die begleitenden Maßnahmen	177
4.3	Evaluation des Vorgehens	179
5	DANONE Way - ein Weg für alle?	180
	Literatur	181

II. Standortsicherung durch Outplacement 183
Prof. Dr. Lutz Stührenberg

1	Ein anonymisiertes Praxisbeispiel	183
2	Vorstellung der EeagleWood AG	183
3	Produktions- und Logistikkosten der drei Sägewerke im Vergleich	184
4	Restrukturierungen in Gindels zum Erhalt des Produktionsstandortes	185
5	Das Freisetzungskonzept	186
6	Die Outplacement-Beratung	187
6.1	Orientierungs-Workshop zur Standortbestimmung	188
6.2	Bewerber-Training	189
6.3	Job-Vermittlung	189
6.4	Coaching	190
7	Evaluation des Freisetzungsprozesses	190
8	Fazit	192

III. Standortschließung mit Zukunftsperspektive 194
H. Jürgen Bauerreiß und Simon Seebass

1	Unvermeidbarer Wandel	194
2	Unternehmenssituation	194
3	Anforderungen an die Standortschließung	196
4	Strategie für den Personalabbau	197
5	Unterstützung bei der beruflichen Neuorientierung: Ericsson TransferCenter	199
5.1	Externer Partner	199
5.2	Das !NEW JOB Beratungsprogramm	199
5.2.1	Ganzheitlicher Beratungsansatz	199
5.2.2	Beratungsmethodik	200
5.3	Vermittlungstools	200
5.3.1	TransferCenter	200
5.3.2	Profiling und Website	200
5.3.3	Telefonmarketing	200
5.3.4	Kandidatenmesse	202
5.4	Vermittlungsergebnisse	202
6	Schlussfolgerungen	202

IV.	Die Verlagerung von Fertigwarenabnahmen an dezentrale Standorte	204

H.-Peter Werminghaus

1	Wie man es eigentlich nicht tun sollte	204
2	Ziele, Nutzen und Risiken des Projektes	205
3	Dokumentationsaufwand, der die Übertragung absichert	206
3.1	Voraussetzungen für einen Prüfplatz	206
3.2	Gestaltung des Arbeitsplatzes	206
3.3	Logistischer Ablauf und Lageranbindung für Hängeware	207
3.4	Prüfung	207
3.5	Prüfsystem	207
3.6	Regelungen zum Verhalten bei Abweichung	208
4	Datenmanagement	208
4.1	Datenauswertung / Berichte	208
4.2	Rückmeldung an den Produktionsbetrieb: qualitätsbezogen	208
4.3	Belastungsregelungen / Nacharbeit	209
5	Prüfpersonal	209
5.1	Anforderung an Prüfpersonal	209
5.2	Qualifizierung von Prüfpersonal	209
5.3	Überprüfung der Leistung des Prüfpersonals (Qualität und Stückzahl)	209
6	Schlussbetrachtung unter Berücksichtigung des bestehenden Personalstammes	210

F.	**Bestimmung des „Mitarbeiterwerts"** **als Entscheidungskriterium zur Personalfreisetzung - ein Diskussionsbeitrag**	**212**

Prof. Werner Pepels

1	Ausgangssituation der Überlegungen	212
2	Kapitalwertmethode als Rechenverfahren zur Bestimmung des Mitarbeiterwerts	213
3	Operationalisierung der ermittelten Werte	215
4	Handlungskonsequenzen	216

Stichwortverzeichnis

Die Autoren

A. Die Personalfreisetzung als betriebswirtschaftliches, gesellschaftspolitisches und menschliches Problem

Prof. Dr. Reiner Bröckermann

1 Der Betrieb

1.1 Trennung und Personalabbau

Die Personalfreisetzung setzt sich aus zwei Elementen zusammen, die man begrifflich separieren kann, aber nicht zwingend muss [1].

- Unter Trennung versteht man die nahezu unvermeidliche Beendigung von Beschäftigungsverhältnissen im täglichen Betriebsablauf, etwa durch eine Arbeitnehmerkündigung oder eine fristlose Entlassung.
- Der Personalabbau ist hingegen eine absichtsvolle, planmäßig koordinierte Beendigung von Beschäftigungsverhältnissen oder deren inhaltliche Umgestaltung in Krisensituationen oder aufgrund von betrieblichen Strukturveränderungen.

1.2 Personalfreisetzungsplanung

Die Trennung, die Beschäftigte vollziehen, ist vom Arbeitgeber nicht planbar. Selbst wenn der Arbeitgeber initiativ wird, lässt sich eine Trennung nur unter Beachtung enger rechtlicher und zeitlicher Restriktionen vorausschauend arrangieren. Deshalb kann hier kaum von einer Personalplanung die Rede sein [2].

Mit der Personalfreisetzungsplanung, die auf einen Personalabbau zielt, ermittelt man den quantitativen Personalminderbedarf, die qualitativen Erfordernisse und die zeitlichen Aspekte der notwendigen Maßnahmen, wie das Bild 1 verdeutlicht. Während des gesamten Planungsprozesses ist ein rechtzeitiger, umfassender Informationsfluss zwischen dem Arbeitgeber, dem Wirtschaftsausschuss und den Arbeitnehmervertretungen gesetzlich vorgeschrieben und unabdingbar [3].

Bei der Analyse des aktuellen Personalbestands richtet sich das Augenmerk auf den Stellenbesetzungsplan. Er führt die bislang benötigten und genehmigten Stellen auf, gegliedert nach Unternehmensbereichen, Abteilungen und ähnlichen Kriterien, und darüber hinaus für jede Stelle den Namen des derzeitigen Stelleninhabers. Da man nur selten umgehend aktiv werden kann, ist eher ein zukünftiger Personalbestand von Interesse, den man berechnet, indem man die absehbaren Personalzugänge und -abgänge einkalkuliert.

Im Rahmen der quantitativen Personalplanung geht es im ersten Schritt um den Einsatzbedarf, für dessen Erfassung eine Vielzahl von Verfahren zur Verfügung steht. Überall einsetzbar ist die so genannte Stellenplan- oder Stellenmethode: Man fragt in den Abteilungen die absehbaren Veränderungen im Stellengefüge ab und zeichnet sie stichtagsbezogen in Tabellenform auf. Arbeitskräfte erkranken, sie gehen in Urlaub oder sind aus anderen Gründen nicht anwesend. Man muss also einen Reservebedarf einplanen. Er wird in den Stellenbesetzungsplan eingearbeitet. Der Bruttopersonalbedarf errechnet sich aus der Addition des Einsatz- und Reservebedarfs. Zieht man nun, bezogen auf den Stichtag, den Personalbestand vom Bruttopersonalbedarf ab, ergibt sich der exakt bezifferte quantitative Personalminderbedarf.

Personalbestandsanalyse
aktueller Personalbestand
zukünftiger Personalbestand
↓
Quantitative Personalplanung
Einsatzbedarf
+ Reservebedarf
= Bruttopersonalbedarf
− Personalbestand
= Quantitativer Personalminderbedarf
↓
Qualitative Personalplanung
Anforderungsprofil
Eignungsprofil
Erkundung der Motivation
Profilabgleich
↓
Zeitliche Personalplanung
Stichtagsbestimmung
Arbeitszeitmanagement
↓
Maßnahmenplanung der Personalfreisetzung

Bild 1: Personalfreisetzungsplanung (Quelle: Bröckermann, R.: Personalwirtschaft, 3. Auflage, Stuttgart 2003, S. 487)

Nun ist eine qualitative Planung vonnöten, die nicht ohne Anforderungsprofile auskommt. Mit einer Anforderungsanalyse ergründet man, welche Faktoren und Verhaltensweisen bei der Aufgabenerfüllung erfolgswirksam sind. Das gleichfalls benötigte Eignungsprofil entspricht im Aufbau dem Anforderungsprofil. Es ist zunächst das Ergebnis der Personalbeschaffung, wird aber im Laufe der Betriebszugehörigkeit ergänzt und aktualisiert. Da es nicht sinnvoll ist, an demotivierten Beschäftigten festzuhalten, wird im Eignungsprofil auch die Motivation vermerkt. Der Profilabgleich gilt der Feststellung, inwieweit sich das Anforderungsprofil einer Stelle mit den Eignungsprofilen der verfügbaren Arbeitskräfte deckt. Der Gesetzgeber lässt eine Auswahl nach diesem Maßstab nicht alleine gelten. Er fordert, etwa bei betriebsbedingten Kündigungen und Betriebsänderungen, die Berücksichtigung des Lebensalters, der Dauer der Betriebszugehörigkeit und der Unterhaltspflichten der Betroffenen.

Prof. Dr. Andreas Kammel, Prof. Dr. Karl-Heinz Krüger und *Prof. Werner Pepels* diskutieren die Methoden zur Bestimmung des Personalfreisetzungspotenzials in ihren Beiträgen aus unterschiedlichen Blickwinkeln.

Die zeitliche Personalplanung setzt mit der Frage ein, für welches konkrete Datum man den quantitativen Personalminderbedarf bestimmt. Überdies muss man kalkulieren, zu welchem Termin Beschäftigungsverhältnisse disponibel werden. Mit dem Arbeitszeitmanagement taxiert man, inwiefern und welche Stellen komplett oder in einem gewissen zeitlichen Umfang – saisonal bzw. für mehrere Wochenstunden – zur Disposition stehen.

Häufig ergibt sich aus diesen Planungsdaten ein mannigfaltiger Handlungsbedarf. Die einzelnen Maßnahmen der Personalfreisetzung müssen in der Folge noch individuell geplant werden.

1.3 Personalfreisetzungsaktivitäten

Eine Trennung wird vollzogen durch

- den Ablauf der vertraglichen Frist oder das Erreichen des vereinbarten Zwecks, etwa das Ende einer Montagearbeit,
- eine Kündigung, die der Arbeitnehmer ausspricht,
- eine verhaltensbedingte, ordentliche an Kündigungsfristen orientierte Kündigung, die auf einem Verstoß des Arbeitnehmers gegen eine arbeitsvertragliche Verpflichtung beruht,
- eine personenbedingte ordentliche Kündigung, die ihre Begründung darin hat, dass ein Arbeitnehmer für die vorgesehene Arbeit körperlich oder geistig ungeeignet ist,
- eine außerordentliche Kündigung, die aufgrund der Bedeutsamkeit des Kündigungsgrundes auf keine Fristen Rücksicht nehmen muss,
- eine Kündigung, die durch ein Outplacement abgefedert wird, ein Unterstützungs- und Beratungskonzept, meist von spezialisierten Dienstleistern,
- einen einvernehmlichen Aufhebungsvertrag zwischen Arbeitnehmer und Arbeitgeber, der eine Kündigung ersetzt oder
- einen Abwicklungsvertrag, der Regelungen im Nachgang der Kündigung beinhaltet, sowie
- eine Ruhestandsvereinbarung über Beendigung des Arbeitsverhältnisses zum Verrentungsdatum [4].

Mit dem Personalabbau will man in einer problematischen gesamtwirtschaftlichen oder betrieblichen Situation die Weichen für die Zukunft des Unternehmens stellen. Deshalb muss man abwägen, welche Konsequenzen die einzelnen Aktivitäten haben [5]. Im Bild 2 sind die wesentlichen Aktivitäten zusammengefasst, die *Dr. Ruth Böck, Prof. Dr. Andreas Kammel, Prof. Dr. Karl-Heinz Krüger, Prof. Dr. Peter Pulte* und *Stefan Mario Schmitz-Buhl* in ihren Beiträgen aufarbeiten.

- Zunächst sucht man nach Möglichkeiten der Vorbeugung. Eine besonnene Personalbeschaffung lässt einiges an späterer Personalfreisetzung vermeiden. Durch die Flexibilisierung des Personaleinsatzes und der Arbeitszeiten wird es möglich, konjunkturelle und technische Probleme abzufangen. Eine gezielte, verlässliche Personalbeschaffung sorgt dafür, dass man über Personal verfügt, das entscheidend dazu beiträgt, eine krisensichere Wettbewerbsposition zu schaffen.
- Ist eine Reduzierung der Belegschaft trotzdem unausweichlich, sollte man abwägen, ob der Personalstamm gehalten werden kann. Man kann in einzelnen Abteilungen oder im gesamten Unternehmen Überstunden und Sonderschichten zurückfahren. Versetzungen

innerhalb des Unternehmens und das Personalleasing, also der Verleih, innerhalb eines Personalpools mehrerer Unternehmen, senken den Personalbestand. Die Personalentwicklung verhilft den Beschäftigten zu einer aktuelleren Qualifikation und verbessert ihre Vermittlungschancen. Ein Einstellungsstopp liegt vor, wenn Personalabgänge kaum oder gar nicht ersetzt werden. Wenn Leistungen, die bisher von Dritten durchgeführt wurden, durch ein so genanntes Insourcing im eigenen Betrieb durch eigene Mitarbeiter erbracht werden, lastet man Personal aus. Zudem kann man befristete oder zweckgebundene Verträge auslaufen lassen. Das Vorziehen von Wartungsarbeiten, die Erweiterung der Lagerhaltung und die Verringerung der Arbeitsintensität sind zumeist kaum sinnvoll. Bei Auslastungsproblemen kann man Urlaubsansprüche zeitlich so verschieben, dass sie in auslastungsarmen Zeiten abgewickelt werden. Eine Reduzierung des Arbeitszeitvolumens macht nur dann Sinn, wenn für die ausgefallene Arbeitzeit kein Entgelt gezahlt wird. Das ist zum Beispiel durch Freischichten möglich. Praktikabel ist auch die Einführung von Teilzeitmodellen. Kurzarbeit bietet sich an, wenn die Dauer der Unterbeschäftigung absehbar ist.

- Wenn die Situation brisant ist, bleibt dem Arbeitgeber nur der Weg, die Stammbelegschaft zu reduzieren. Die berufliche Neuorientierung ist als Phase des Outplacement seit langem bekannt. Hier wird sie so ausgestaltet, dass man die Arbeitsmarktorientierung der Beschäftigten in einem Job-Center fördert, Beratung zur Verfügung stellt, Schulungs- und Trainingsmaßnahmen ansetzt, Auffang- oder Transfergesellschaften bildet, die Personal übernehmen können, und sogar die Existenzgründung fördert. Der Arbeitgeber kann einzelnen Arbeitnehmern nahe legen, sich um einen neuen Arbeitsplatz zu bemühen. Aufhebungs- und Abwicklungsverträge bieten sich an, wenn man die negativen Folgen von Kündigungen mildern will. Betriebsbedingte Kündigungen sind unumgänglich, wenn dringende betriebliche Erfordernisse dauerhaft eine Weiterbeschäftigung der per Sozialauswahl ermittelten Beschäftigten ausschließen. Anzeigepflichtige Massenentlassungen sind zumeist Bündelungen von ordentlichen betriebsbedingten Kündigungen. Ein Abbau von mindestens fünf Prozent der Belegschaft gilt als Betriebsänderung, für die der Gesetzgeber einen Interessen- und gegebenenfalls Nachteilsausgleich fordert. Der Betriebsrat kann einen Sozialplan erzwingen. Letzten Endes kann man ältere Arbeitnehmer auffordern, ihr Arbeitsverhältnis vor Erreichen der Altersgrenze aufzugeben, das heißt in den Vorruhestand zu gehen.

Vorbeugung	Erhalt des Personalstamms	Abbau des Personalstamms
besonnene Personalbeschaffung Flexibilität	Abbau von Mehrarbeit Versetzung und Personalleasing	berufliche Neuorientierung initiierte Kündigung
Personal als Wettbewerbsfaktor	Personalentwicklung	Aufhebungs-/Abwicklungsvertrag
	Einstellungsstopp Insourcing Vertragsauslauf Wartung, Lagerung, Intensität Urlaubsveränderung Arbeitszeit/Kurzarbeit	Betriebsbedingte Entlassung Massenentlassung Betriebsänderung Vorruhestand

Bild 2: Aktivitäten des Personalabbaus (Quelle: nach Bröckermann, R.: Personalwirtschaft, 3. Auflage, Stuttgart 2003, S. 484)

Die administrative Abwicklung dieser Aktivitäten fasst *Bernd Mitterer* in seinem Beitrag ins Auge.

1.4 Personalfreisetzungscontrolling

Mit einem Personalfreisetzungscontrolling bezweckt man die Steuerung jener Strukturen und Prozesse, die der Personalfreisetzung dienen. Dazu verwendet man die im Bild 3 aufgezeigten Instrumente [6].

Datenerhebung	Ist-Zustand via Personalfreisetzungsstatistik	Plandaten via Personalfreisetzungsplanung	Soll-Vorstellung via Zielsetzung der Personalfreisetzung
Datenauswertung	Zeitreihenvergleich durch Trendverfahren	Plan-Ist-Vergleich oder Soll-Ist-Vergleich durch Zielvereinbarung Balanced Scorecard	Ist-Ist-Vergleich durch Ursachenanalyse Benchmarking
		Personalwirtschaftliches Rechnungswesen	
Datenverwendung	Information und Steuerung		

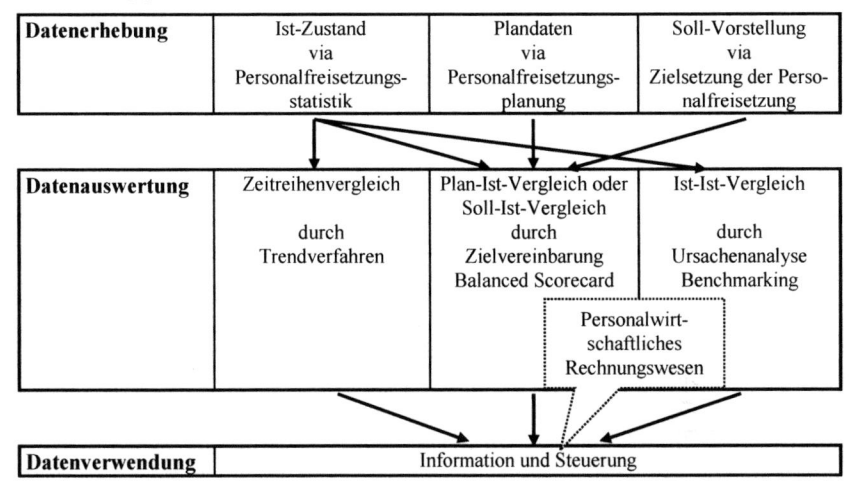

Bild 3: Instrumente des Personalfreisetzungscontrolling (Quelle: Bröckermann, R.: Personalwirtschaft, 3. Auflage, Stuttgart 2003, S. 507 und Deutsche Gesellschaft für Personalführung, Herausgeber / Autorenkollektiv: Personalcontrolling in der Praxis, 2. Auflage, Stuttgart 2001, S. 30)

Zunächst muss man die notwendigen Daten erheben. Den Ist-Zustand bildet eine Personalfreisetzungsstatistik ab. Hier findet sich unter anderem die Anzahl der betroffenen Beschäftigten. Plandaten gewinnt man aus der Personalfreisetzungsplanung. Eine Soll-Vorstellung wird anhand der personalpolitischen Ziele beschrieben, die für die Personalfreisetzung konkretisiert werden. Ein solches Ziel könnte der Erhalt des Personalstamms sein.

Im Rahmen der Datenauswertung werden Abhängigkeiten und Entwicklungen verdeutlicht und analysiert. Trendverfahren gewährleisten einen Zeitreihenvergleich, etwa die Produktivität pro Stelle im Anschluss an eine Personalfreisetzung. Zielvereinbarungen mit Personalverantwortlichen bzw. Vorgesetzten sind oft die Basis für eine Personalfreisetzung. Sie ermöglichen einen Plan-Ist-Vergleich. Die Balanced Scorecard kann helfen, die Personalfreisetzung mithilfe eines Soll-Ist-Vergleichs zu optimieren. Man reduziert das Datenvolumen auf wenige aussagekräftige Kennzahlen, zum Beispiel das Durchschnittsentgelt pro Mitarbeiter nach erfolgter Personalfreisetzung. Mathematische Ansätze erlauben es, im Vergleich von personalstatistischen Daten, wie der abteilungsbezogenen Fluktuation, Informationen über Ursache-Wirkungs-Beziehungen zu gewinnen. Ziel eines Benchmarking der Personalfreisetzung ist es, auf der Basis von Vergleichswerten anderer Unternehmen oder Einheiten Ziele zu identifizieren, die man erreichen sollte, beispielsweise eine bestimmte Beschäftigtenzahl. Die Auswertungsrechnung, ein Bestandteil des personalwirtschaftlichen Rechnungswesens, dient der Ermittlung der direkten Personalfreisetzungskosten.

Die Daten werden schließlich dafür verwendet, die Verantwortlichen durch gezielte Informationen zu unterstützen. Berichtsinformationen stellen bereits erfolgte Personalfreisetzungsmaßnahmen in möglichst vielen Aspekten kritisch dar. Steuerungsinformationen helfen bei der Analyse von Veränderungen im Zeitablauf und bei der Lokalisation von Schwachstellen der Personalfreisetzung.

2 Die Gesellschaft

2.1 Spieler ohne Stammplatzgarantie

Christian Scholz kreierte in seinem Buch „Spieler ohne Stammplatzgarantie" [7] den aus Darwnismus und Opportunismus zusammengesetzten Begriff Darwiportunismus zur Beschreibung der gegenwärtigen gesellschaftlichen Situation, die wie *Prof. Dr. Thomas Stelzer-Rothe* in seinem Beitrag genauer analysiert. Loyalität und lebenslange Beschäftigung sind demnach Werte von gestern. Die Beschäftigten stellen ihren eigenen Vorteil in den Vordergrund. Sie orientieren ihr Handeln opportunistisch an ihrem Marktwert, selbst wenn es dem Unternehmen schadet. Die Unternehmen werden durch diesen Trend und den globalen Wettbewerb, der einen steigenden Marktdruck erzeugt, zu einer sozialdarwinistischen „Hiring and Firing Policy" gezwungen [8].

Das Ergebnis ist problematisch, wenn nicht gar fatal. Die High Potentials mit den raren Qualifikationen suchen sich zum Entsetzen der Arbeitgeber die Tätigkeit, die ihnen gerade passt, während die anderen von Job zu Job, in kurzfristige Beschäftigungen oder gar in die Arbeitslosigkeit gedrängt werden. Aber selbst die High Potentials sind nicht dauerhaft sicher. Was heute eine gefragte Qualifikation ist, ist morgen Schnee von gestern, wie viele Informatiker feststellen mussten.

2.2 Abfindung und goldener Fallschirm

Das deutsche Kündigungsschutzrecht ist streng. Es schützt, ganz im Wortsinn, vor einer Kündigung. Dahinter steht eine gute und soziale Absicht, die sich jedoch auf die Dauer ins Gegenteil zu verkehren scheint. Die Arbeitgeber wissen, dass sie Arbeitnehmer nach Vollendung der Probezeit kaum noch loswerden, und stellen deshalb nur sehr zurückhaltend ein, was den Arbeitsmarkt recht träge macht. Außerdem werden Umgehungstatbestände wie Befristungen und Personalleasing erfunden, die der Gesetzgeber nach und nach in immer größerem Umfang zulässt.

Das ist aber noch nicht genug. Immer öfter haben sich Arbeitgeber eben doch mit Arbeitnehmern eingelassen, die sie nicht mehr brauchen. Um Kündigungsschutzprozesse zu vermeiden oder gar zu verlieren, werden Abfindungen gezahlt. Selbst der Gesetzgeber gesteht Arbeitnehmern einen Abfindungsanspruch zu, wenn sie bei betriebsbedingten Kündigungen innerhalb der dreiwöchigen Klagefrist keine Kündigungsschutzklage erheben.

Ein goldener Fallschirm sind diese Abfindungen aber nur für hochrangige Manager, denen beträchtliche Summen gezahlt werden, die einerseits die vorzeitige Vertragsbeendigung abgelten und andererseits einer gewissen Immunisierung der Betroffenen gegen das Ansinnen des

Wettbewerbs und der Publikationsmedien dienen, Interna zu offenbaren. Für alle anderen sind Abfindungen eher ein Tropfen auf den heißen Stein, denn sie sind nur teilweise einkommensteuerfrei oder -begünstigt. Ein Aufhebungsvertrag bewirkt ferner eine in der Regel zwölfwöchige Sperrzeit für den Bezug von Arbeitslosengeld, wenn die Arbeitslosigkeit vor dem eigentlichen Kündigungstermin vorsätzlich oder grob fahrlässig herbeigeführt wurde. Und schließlich werden Abfindungen, abhängig von den Details des Falles und vom Lebensalter des Betroffenen, nach Abzug eines prozentualen Freibetrages zu einem nennenswerten Anteil auf das Arbeitslosengeld angerechnet. Der Rest ist schnell verlebt, aber die Arbeitslosigkeit bleibt oft lange erhalten [9].

2.3 Vorruhestand und Altersteilzeit

Alt darf man auf keinen Fall werden, auch nicht als High Potential, denn dann schlägt die Gesellschaft die Tür zu. Und was haben wir nicht für wohlklingende Angebote für die Alten, die sich bei genauerem Hinsehen zum Teil als Mogelpackung erweisen [10].

Da ist zunächst der Ruhestand, der mit einer Rente oder Pension versüßt wird. Allerdings hören und lesen wir täglich, dass dafür kaum genügend Geld zur Verfügung steht. Deshalb müssen Einschnitte in Kauf genommen werden, zum Beispiel durch höhere Versicherungsbeiträge, Steuern und den demographischen Faktor, hinter dem die Aussage steht: „Ihr werdet zu alt".

Aber nein, wir haben es noch besser. Der Vorruhestand gibt die Möglichkeit, vor Erreichen der Altersgrenze auf das Altenteil zu gehen. Freilich wird die Altersgrenze stufenweise strikt auf die Vollendung des 65. Lebensjahres angehoben. Ferner muss pro Monat vorgezogener Rente einen Abschlag von 0,3 Prozent auf den Rentenanspruch hingenommen werden.

Und dann ist da noch die Altersteilzeit. Arbeitnehmer haben unter gewissen Voraussetzungen ab dem vollendeten 55. Lebensjahr die Möglichkeit, bei reduziertem Arbeitsentgelt ihre Arbeitszeit auf die Hälfte der regelmäßigen wöchentlichen Arbeitszeit zu verringern oder vorerst weiter in Vollzeit zu arbeiten, um die Arbeitszeit dann später auf Null zu senken. Die Einkommenseinbußen sind jedoch kräftig.

Deshalb kann man Beschäftigte, die sich gesundheitlich noch nicht aufgerieben haben, aber wer ist das schon, nur schwer von den genannten Angeboten überzeugen. Recht bald ist das vielleicht ein Segen, denn aufgrund des Geburtenrückgangs gehen uns die jungen Leute aus.

Das Teilzeit- und Befristungsgesetz setzt dem derzeitigen Umgang mit den Alten die Krone auf. Wenn der Arbeitnehmer bei Beginn eines Arbeitsverhältnisses das 52. Lebensjahr vollendet hat, bedarf eine Befristung seines Arbeitsvertrages keines sachlichen Grundes. Da zuvor eine derartige Befristung bis zur Dauer von zwei Jahren möglich ist, steht man ab 50 arbeitsrechtlich zur Disposition.

2.4 Arbeitslosigkeit

Arbeitnehmer, die bei der Agentur für Arbeit als arbeitslos gemeldet und noch keine 65 Jahre alt sind, fallen nicht ins Bodenlose. Sie haben einen Anspruch auf Arbeitslosengeld, wenn sie die relevante Anwartschaftszeit vorweisen können, das heißt eine in der Regel zwölfmonatige sozialversicherungspflichtige Tätigkeit. Nach Ablauf der im Sozialgesetzbuch festgelegten Anspruchsdauer werden die Zahlungen indes auf den Sozialhilfesatz beschränkt.

Die Chance auf einen neuen Arbeitsplatz sind zurzeit nicht gut, wie *Dr. Ruth Böck* und *Prof. Ulrich Gonschorrek* in ihren Beiträgen belegen. Die Wirtschaftslage, das oft geringe Qualifikationsniveau der Arbeitslosen, das neben der experimentierfreudigen Schul- und Hochschulpolitik sowie der defizitären Integrationspolitik viele weitere Gründe hat, und der erwähnte Umgang mit den Alten haben zur Folge, dass wir in Deutschland ein Heer von Langzeitarbeitslosen haben. Diese Menschen sind länger als ein Jahr arbeitslos. Sie müssen zwar nicht verhungern, sind aber finanziell nur mit dem Nötigsten ausgestattet. Und schließlich werden sie wie nutzlose Almosenempfänger, die doch gefälligst jeden Job übernehmen sollen oder zumindest „in Parks die Papierkörbe leeren müssten", mit ihren Familien an den Rand der Gesellschaft gedrängt. Gerade auf die Familie geht *Achim Reuter* in seinem Beitrag ein.

Noch schlimmer wird es, wenn junge Leute gleich nach der Schule keinen Ausbildungsplatz und keine Beschäftigung finden. Sie bekommen schon gleich zu Beginn des Berufslebens den Stempel „Outlaw" auf die Stirn.

Die Arbeitslosigkeit führt zudem zu einer Belastung der öffentlichen Haushalte und des Sozialversicherungssystems, sie hat wohlstandsmindernde, unsoziale und politische Effekte, die *Prof. Dr. Rüdiger Hamm* in seinem Beitrag diskutiert.

3 Das Individuum

3.1 Existenzangst und Krankheit

Angst ist eine Emotion, ein subjektives, häufig unbewusstes Gefühl der Bedrohung, das eine Situation signalisiert, die der einzelne als gefährlich einstuft. Und Angst, genauer Existenzangst, machen die besagten gesellschaftlichen Spielregeln allemal. Die Beschäftigten stehen vor dem Problem, sich im täglichen Geschäft zu behaupten. Sie haben sogar bisweilen Angst, die Arbeit bringe sie um [11].

Angst kann Menschen durchaus anspornen. Sie kann aber auch krank machen. In einer prekären Lage definiert man die eigene Konstitution grundsätzlich eher in Richtung Krankheit als in Richtung Gesundheit. In einer angespannten beruflichen Situation kann eine Erkältung, die man ansonsten ohne Wehklagen hinnimmt, das Wohlbefinden durchaus nachdrücklich beeinträchtigen. Und schließlich kann die Existenzangst durchaus dazu führen, dass sich objektiv Erkrankungen von der Magenverstimmung bis zur Depression einstellen, sowohl bei den Beschäftigten als auch bei ihren Familien [12].

Prof. Dr. Michael Müller-Vorbrüggen erschließt in seinem Beitrag weitere Perspektiven der Betroffenen.

3.2 Wut und Trauer

Wenn es dann tatsächlich zum Verlust des Arbeitsplatzes kommt, stellen sich individuelle Verlusterfahrungen und -reaktionen ein. Dabei kann man fünf Phasen identifizieren [13]:

1. Schock: Erfährt der Betroffene den Verlust, reagiert er unmittelbar mit Abwehr und Flucht. Unmittelbar kommt es zur Verdrängung der Realität. Diese Verleugnungsphase ist wichtig für den Abbau der überbordenden inneren Anspannung und Voraussetzung dafür, dass die Situation auf weniger radikale Weise bewältigt werden kann.
2. Zorn: Die Frage „Warum gerade ich?" charakterisiert die zweite Phase, in der Emotionen weitgehend unkontrolliert ausgedrückt werden. Dadurch wird die Isolation der Schockphase überwunden. Der Zorn richtet sich gegen die Vorgesetzten, Personalverantwortlichen und Manager, hier sei auf die Beiträge von *Prof. Dr. Karl-Heinz Krüger* und *Stefan Mario Schmitz-Buhl* verwiesen, aber auch gegen das Schicksal. Dieser emotionale Ausbruch ist gleichfalls eine wichtige Voraussetzung zum inneren Spannungsabbau.
3. Verhandeln: Mit zunehmender Akzeptanz des Arbeitsplatzverlustes versucht der Betroffene, die Unausweichlichkeit aufzuheben. Er bietet Gegenleistungen an und versucht, Wohlverhalten zu erzeugen, zumindest einen irgendwie gearteten Aufschub. Diese Phase ermöglicht die Aufarbeitung der Verlusterfahrung und wird dazu genutzt, eine Wiedergutmachung für eingestandenes Selbstverschulden zu leisten. Mit dieser Phase findet auch die Verleugnung der Realität ihren Abschluss.
4. Depression: Das Eingeständnis der Unausweichlichkeit mündet in ein Gefühl des Ausgeliefertseins, ist aber Voraussetzung dafür, dass die Situation akzeptiert wird, um im Rahmen der bestehenden Möglichkeiten nach einer Problemlösung zu suchen.
5. Zustimmung: Diese Phase steht für die Bewältigung der Verlustsituation, in welcher der Betroffene seine Situation annimmt und in der Lage ist, problemlösungsorientiert die ihm zur Verfügung stehenden Ressourcen einzusetzen.

3.3 Trauerklöße auf der Pink Slip Party?

In den letzten Jahren haben recht viele hochqualifizierte Beschäftigte in der Informationstechnologie-Branche Bekanntschaft mit dem Pink Slip machen müssen, dem in den USA rosafarbenen Umschlag, in dem sich das Kündigungsschreiben befindet. Diesen Beschäftigten gibt man neuerdings die Möglichkeit, flexibel, unbürokratisch und schnell neue Kontakte zu knüpfen, und das in einer Form, die dem Selbstverständnis der New Economy entspricht, also nicht als bierernste Arbeitsvermittlung, sondern in einer lockeren Partyatmosphäre.

Die Partys finden mittlerweile nicht nur in den USA, sondern nahezu weltweit, und nicht nur für IT-Fachleute, sondern darüber hinaus für High Potentials aus diversen Branchen statt. Hier treffen sich die Arbeitslosen, aber auch Gäste, die einen Karriereschub ins Auge fassen, mit Personalberatern und Personalverantwortlichen aus der IT-Branche und traditionellen Unternehmen der so genannten Old Economy. Man tauscht unverbindlich Visitenkarten und Informationen aus und kann so eventuell ein Vertragsverhältnis anbahnen, aber auch nur vielleicht.

Die lockere Partyatmosphäre will dann doch nicht immer so recht aufkommen, denn mit der zitierten fünften Phase der Bewältigung der Verlustsituation ist es nicht so weit her. Wie sollen die Betroffenen ihre Situation annehmen und problemlösungsorientiert ihre Ressourcen einsetzen, wenn es zu wenige offene Stellen gibt, für die sie infrage kommen, und wenn auch die Existenzgründung wenig aussichtsreich ist? *Prof. Dr. Gerwin Kahabka* weist in seinem Beitrag zwar auf ein Erhöhung der Vermittlungschancen durch Fortbildung hin, und *Hans-Georg Dahl* gibt in seinem Beitrag Tipps zum Umgang mit etwaigen neuen Arbeitgebern, aber locker bleiben, das geht nur, wenn die gesamtwirtschaftliche Situation rosig ist.

3.4 Survivor Envy und innere Kündigung

Selbst die, die ihre Arbeitsplätze behalten, sind betroffen, denn eine Personalfreisetzung statuiert drei Gruppen von Betroffenen.

1. Einige, die Verlierer, müssen ihren Arbeitsplatz aufgeben.
2. Andere profitieren davon, da sie in Positionen aufsteigen, die frei werden, neue Privilegien erlangen und höhere Entgelte in Aussicht haben.
3. Die Beschäftigten, die man der dritten Gruppe zuordnen kann, sind betroffen und verängstigt, da sie die Schicksale der Verlierer vor Augen haben. Sie sind aber auch verärgert und verstimmt, denn sie beneiden die Personalfreisetzungsprofiteure. Die Stimmungslage jener dritten Gruppe bezeichnet man als Survivor Envy [14].

Survivor Envy kann in eine innere Kündigung umschlagen. Der Beschäftigte bewertet die durch eine drohende oder vollzogene Personalfreisetzung gekennzeichnete Arbeitssituation als negativ. Er unterzieht sie umgehend einer zweiten Bewertung, indem er prüft, ob und welche Beeinflussungsmöglichkeiten er zur Veränderung hat. Als Ergebnis dieses zweiten Prüfprozesses kann sich ergeben, dass er resignativ keine Chancen sieht. Wenn er die Situation hingegen konstruktiv für veränderbar hält, trägt er seine Erwartungen und Bedürfnisse dem direkten Vorgesetzten vor. Spätestens nach zwei oder drei vergeblichen Versuchen muss er erkennen, dass er die aus seiner Sicht unbefriedigende Arbeitssituation doch nicht beeinflussen kann. Seine konstruktive Unzufriedenheit schlägt in resignative Unzufriedenheit um. Er ergreift die Flucht. Mit einer physischen Flucht kann er sich objektiv der Arbeitssituation entziehen. Er wird sich beispielsweise zeitweilig krank melden, in Besprechungen, Gremien und auf Dienstreisen zurückziehen. Dieser zeitweilige Rückzug hat Grenzen. Die endgültige physische Flucht ist die Kündigung, die wenig Aussicht hat, wenn der Arbeitsmarkt keine Alternativen bietet. Will oder kann jemand den endgültigen Schritt nicht tun, bietet sich die psychische Flucht durch resignative Anpassung an. Der Mitarbeiter senkt sein Anspruchsniveau und unterzieht die für ihn unausweichliche Arbeitssituation einer erneuten Bewertung. Im Ergebnis kommt er so zu der Einsicht, dass die Arbeitssituation positive Aspekte hat, er sich aber nicht über Gebühr einsetzen sollte. Damit hat er die innere Kündigung ausgesprochen [15].

4 Quintessenz

Die schwierige Rechtslage, die diffizile betriebliche Situation, die gesellschaftlichen Bedingungen und die Situation der Betroffenen fordern dringend eine umfassende Aufarbeitung der Personalfreisetzung, die in diesem Buch geleistet wird.

Dabei werden die Problemfelder keineswegs isoliert durchleuchtet sondern in ihren wechselseitigen Verflechtungen analysiert, wobei stets praktikable Lösungsvorschläge im Vordergrund stehen, gerade bei den Praxisbeispielen „Groupe DANONE" von *Prof. Dr. Markus-Oliver Schwaab*, „EeagleWood" von *Prof. Dr. Lutz Stührenberg* sowie „Ericsson" von *Simon Seebass* und *H. Jürgen Bauerreiss*. In seinem abschließenden Praxisbericht schildert *H.-Peter Werminghaus*, welche Konsequenzen eine unbedachte Personalfreisetzung haben kann.

Literatur

[1] vgl. Bröckermann, R.: Personalwirtschaft, 3. Auflage, Stuttgart 2003, S. 455 ff.,
vgl. Schanz, G.: Personalwirtschaftslehre, 2. Auflage, München 1993, S. 592 f.
[2] vgl. Bröckermann, R.: Personalwirtschaft, 3. Auflage, Stuttgart 2003, S. 456
[3] vgl. Bröckermann, R.: Personalwirtschaft, 3. Auflage, Stuttgart 2003, S. 486 ff.,
vgl. Drumm, H. J.: Personalwirtschaftslehre, 3. Auflage, Berlin; Heidelberg; New York; Tokyo 1995, S. 240 ff.,
vgl. Horsch, J.: Personalplanung, Herne; Berlin 2000, S. 128 ff.,
vgl. Rationalisierungskuratorium der Deutschen Wirtschaft (Herausgeber / Autorenkollektiv): RKW-Handbuch Personalplanung, 3. Auflage, Neuwied; Kriftel; Berlin 1996, S. 183 ff.
[4] vgl. Bröckermann, R.: Personalwirtschaft, 3. Auflage, Stuttgart 2003, S. 455 ff.
[5] vgl. Bröckermann, R.: Personalwirtschaft, 3. Auflage, Stuttgart 2003, S. 483 ff.,
vgl. Bühner, R.: Personalmanagement, 2. Auflage, Landsberg am Lech 1997, S. 106 ff.,
vgl. Harlander, N., Heidack, C., Köpfler, F. und Müller, K.-D.: Personalwirtschaft, 3. Auflage, Landsberg am Lech 1994, S. 292 ff.,
vgl. Scholz, C.: Personalmanagement, 5. Auflage, München 2000, S. 546 ff.,
vgl. Weidl, B. J.: Personalpolitische Konzepte in Krisenzeiten, in: Rosenstiel, L. von, Regnet, E. und Domsch, M. E. (Herausgeber): Führung von Mitarbeitern, 5. Auflage. Stuttgart 2003, S. 795 ff.
[6] vgl. Bröckermann, R.: Personalwirtschaft, 3. Auflage, Stuttgart 2003, S. 504 ff.,
vgl. Deutsche Gesellschaft für Personalführung, Herausgeber / Autorenkollektiv: Personalcontrolling in der Praxis, 2. Auflage, Stuttgart 2001, S. 29 ff.,
vgl. Scholz, C.: Personalmanagement, 5. Auflage, München 2000, S. 555
[7] Scholz, C.: Spieler ohne Stammplatzgarantie, Weinheim 2003
[8] vgl. Müller-Vorbrüggen, M.: „Best Practise-Personalbindungsstrategien in internationalen Unternehmen", in: Bröckermann, R. und Pepels, W. (Herausgeber): Personalbindung: Wettbewerbvorteile durch strategisches Human Resource Management, Berlin 2004, S. 361,
vgl. Scholz, C.: Personalmanagement, 5. Auflage, München 2000, S. 402,
[9] vgl. Bröckermann, R.: Personalwirtschaft, 3. Auflage, Stuttgart 2003, S. 458 f.
[10] vgl. Bröckermann, R.: Personalwirtschaft, 3. Auflage, Stuttgart 2003, S. 190 f., 503
[11] vgl. Bröckermann, R.: Führung und Angst, Frankfurt am Main; Bern; New York; Paris 1989, S. 82, 137 ff.,
vgl. Fröhlich, W. D.: Angst, München 1982, S. 15 ff.
[12] vgl. Bröckermann, R.: Personalführung, Köln 2000, S. 179
[13] vgl. Klimecki, R. und Gmür, M.: Personalmanagement, Stuttgart 1998, S. 181 f.
[14] vgl. Heery, E. and Noon, M.: A Dictionary of Human Resource Management, New York 2001, S. 355 f.
[15] vgl. Comelli, G. und von Rosenstiel, L.: Führung durch Motivation, 3. Auflage, München 2003, S. 124 ff.

B. Die betriebliche Perspektive

I. Die Sicht der Unternehmensleitung
Prof. Dr. Andreas Kammel

1 Personalmanagement in wirtschaftlich schwierigen Zeiten

Die Personalfreisetzung umfasst ein breites Spektrum von Möglichkeiten einer Reduktion von personellen Kapazitäten und ist eng verflochten mit strategischen und personalpolitischen Entscheidungen des Unternehmens. Als grundlegender Denk- und Handlungsrahmen aus Sicht der Unternehmensleitung eignet sich der Kontingenzansatz [1]. Damit lässt sich die Komplexität multivariater Konstrukte und Zusammenhänge in verschiedenen Situationen erklären und darauf aufbauend Gestaltungshilfen als Anregung der betrieblichen Praxis formulieren. Wichtig ist, dass es nicht den einen Weg der Gestaltung für alle Situationen gibt. Die betriebliche Personalpolitik ist durch vielfältige Beziehungen zur Umwelt und durch große Dynamik der Veränderung gekennzeichnet. Dies erfordert von den Entscheidungsträgern ein hohes Maß an Flexibilität und eine ausgeprägte Fähigkeit vernetzten Denkens bei der Entwicklung geeigneter Problemlösungen. Es ist von einem „konfliktärem" Datenkranz bei der Entscheidungsfindung auszugehen.

Einerseits wird das wirtschaftlich-technische Umfeld geprägt durch Rationalisierung, Globalisierungsdruck, Marktsättigung und scharfen Wettbewerb in vielen Branchen, fehlende Wachstumsimpulse oder „jobless growth", technischen Fortschritt, Mensch-Maschine-Substitutionen und Veränderung der Anforderungsstruktur der Arbeitsplätze. Diese und weitere Einflüsse determinieren Größe und Art des Personalbestandes und dessen Veränderungen über die Zeit in den Unternehmen. Fusionen, strategische Neupositionierungen, „flachere" Hierarchien und technologische Innovationen markieren einen fortlaufenden tiefgreifenden Wandel der Arbeitswelt. Mitarbeiterorientierung im Sinne von Investition in Humankapital besteht nicht mehr in „behüteter" Personalentwicklung, sondern in der straffen Organisation fordernder und anspruchsvoller Aufgabenbereiche unternehmerischen Zuschnitts.

Andererseits wirken auf personalpolitische Entscheidungen mit Konsequenzen für die Personalfreisetzung politisch-rechtliche und sozio-kulturelle Kontextfaktoren. Im ersten Fall sind Stichworte wie Wirtschafts- und Sozialpolitik, Mitbestimmungsgesetzgebung, Tarifrecht, Arbeitsrecht und speziell Kündigungsschutz zu nennen. Rein wirtschaftlichen Betrachtungsweisen stehen Sujets wie gesellschaftlicher Wertewandel, Unternehmenskultur, Betriebsklima, Arbeitszufriedenheit, Corporate Identity, gesellschaftliche Verantwortung der Unternehmen, ethisch vertretbare Personalpolitik und nachhaltiges „Personalimage" auf dem Arbeitsmarkt gegenüber.

Personalpolitik und strategische Ausrichtung des quantitativen und qualitativen Personalbestandes erfolgt also im konkreten Einzelfall vor dem Hintergrund konfligierender Zielsetzungen. Kurzfristigen Kosteneffekten sind strategische Ziele des Unternehmens gegenüber zu stellen. Leitgedanke sollte es sein, insbesondere die mit einem nicht zu verhindernden Personalabbau verbundenen Kosten und die Interessen der Arbeitnehmer an möglichst sozialverträglichen Lösungen miteinander in Einklang zu bringen.

Insbesondere in Krisenzeiten lässt sich eine Verschärfung des Spannungsfeldes zwischen Ökonomie und unternehmerischer, aber sozial engagierter Mitarbeiterpolitik beobachten. Für das Personalmanagement bzw. die Steuerung des Personalbestandes ist von Bedeutung, ob die wirtschaftlich schwierigen Zeiten ohne Aufschwungserwartungen oder mit Anzeichen für eine „Wiederbelebung" der Konjunktur gesehen werden. Unternehmen mit einer „gesunden Gesamtkonstitution" werden andere Maßnahmen treffen als solche mit starker Krisenanfälligkeit bei geringem Stärkenpotenzial [2]. Gefordert sind also situationsspezifische Sichtweisen und Aktivitäten. Im Folgenden werden eher allgemeine Überlegungen geboten, die praxisbezogen einer situativen Relativierung durch die jeweiligen Entscheidungsträger bedürfen.

Personalpolitisch ist langfristig der Aufbau geeigneter Flexibilitätspotenziale der Personalfreisetzung unter Beachtung z. B. von Personalbedarfsplanung, Befristung von Arbeitsverträgen, flexibler Arbeitszeitgestaltung (Teilzeit), flexibler Personaleinsatz und Arbeitskräftezuordnungen zu bewerkstelligen, um größere Handlungsspielräume schneller nutzen zu können. Darüber hinaus sollte auf eine wirkungsvollere Ausschöpfung vorhandener Anpassungspotenziale geachtet werden. Die systematische Nutzung vorhandener und die Schaffung künftiger Flexibilitätspotenziale setzt voraus [3], dass

- Informationen über potenzielle Veränderungen der Umwelt und des Unternehmens erhoben werden,
- die Flexibilitätsbedarfe frühzeitig ermittelt und formuliert werden,
- der Einsatz potenzieller Aktions- und Reaktionsinstrumente erkundet wird,
- die Einflussgrößen, die den Instrumenteneinsatz beschränken, erfasst werden und
- die Maßnahmen hinsichtlich ihres leistungserbringenden und kostenverursachenden Charakters analysiert werden.

Entsprechenden Planungen kommt somit im wesentlichen die Funktion eines Früherkennungssystems zu, das künftige Flexibilitätsnotwendigkeiten und -möglichkeiten signalisiert und inhaltlich konkretisiert. Prognosen sind jedoch nicht in der Lage, das Problem der Unsicherheit bezüglich künftiger Entwicklungen der Planungsprämissen hinsichtlich Art, Intensität und Richtung zu lösen. Mit wachsendem Zeithorizont steigt die Unsicherheit und die Wahrscheinlichkeit von Überraschungen, die Planungen im Erfolgsfalle zu einer „geglückten" Vorausschau machen.

2 Die Verantwortung der Unternehmensleitung

Der Unternehmensleitung obliegt in erster Linie die Verantwortung für die Überlebensfähigkeit des Unternehmens. Personalabbau soll zu einer dauerhaften und spürbaren Kostenentlastung verhelfen sowie der dauerhaften Sicherung und Verbesserung nachhaltiger Wettbewerbsvorteile dienen. Empirische Nachweise für diese Annahme gibt es bislang nicht. Stattdessen ist zu konstatieren, dass die Unternehmensleitung vor fünf gravierenden Dilemmata steht [4].

Zunächst weist das „Belegschaftsdilemma" darauf hin, dass der substantielle Verlust kritischer Humanressourcen als grundlegender Erfolgsfaktor eines Unternehmens unter Umständen die Überlebensfähigkeit des Unternehmens eben nicht sichert. Restrukturierung und Neuausrichtung sind erfolgswirksam nur auf der Basis gut qualifizierter und hochmotivierter Mitarbeiter. Verlassen aber insbesondere die Leistungsträger das Unternehmen freiwillig und werden Nachwuchskräfte („High Potentials") im Rahmen der Sozialauswahl als erste freigesetzt, wird die erforderliche Qualität der Humanressourcen geschwächt. Zusätzlich ist damit zu rechnen, dass der Widerstand gegen einschneidende Veränderungen hoch ist und deshalb Demotivations-Effekte („innere Kündigung") nicht ausgeschlossen werden können.

Das „Führungsdilemma" kennzeichnet eine nachhaltige Störung des Verhältnisses zwischen Vorgesetzten und Mitarbeitern. Die Ankündigung und Durchführung von Abbaumaßnahmen führt zur Verunsicherung in der Belegschaft bis hin zu einer existenziellen Bedrohung. Absorption von Unsicherheit und insbesondere die intrinsische Motivation werden zu zentralen Führungsaufgaben – mehr noch als in Zeiten von Aufschwung und Wachstum. Gleichzeitig sind auch die Führungskräfte verunsichert, die unter massiven Erfolgsdruck bei der Verbesserung der Produktivität geraten. Deren eigene Weiterbildungs- und Kommunikationsbereitschaft sinkt, oft werden Budgets für Führungsentwicklung gestrichen und Coaching für Führungskräfte nicht angeboten.

Die unzureichende Befriedigung des erhöhten Informations- und Kommunikationsbedarfs umschreibt das „Informationsdilemma": Arbeitsplatzunsicherheit müsste durch eine aktive Informations- und Kommunikationspolitik begegnet werden. Durch Transparenz könnten die verbleibenden Mitarbeiter Unsicherheiten besser bewältigen, Stress abbauen und die Notwendigkeit des Personalabbaus nachvollziehen. Demgegenüber ist die Vorbereitung der Personalfreisetzung in der Regel eine „Politik der Geheimhaltung".

Das vierte Spannungsfeld wird durch das „Strukturdilemma" beschrieben. Damit ist gemeint, dass formale Koordinationsmechanismen und Kontrolle „organische", auf Kohäsion und Vertrauen basierende Steuerungsmechanismen substituieren. Strukturwandel, nachhaltiger Personalabbau und Verunsicherung beinträchtigen das organisch gewachsene Organisationsgefüge einschließlich dessen informellen Selbststeuerungsmechanismen.

Schließlich ist die Unternehmensleitung mit dem „Strategiedilemma" konfrontiert. Strategische Überlegungen treten nicht selten in den Hintergrund. Kurzfristige Ziele der Kostenreduktion überwiegen. Personalstrategische Überlegungen einer notwendigen Investition in Humankapital werden auf ein Minimum zurückgefahren mit der Folge, dass eine potenzialorientierte simultane Strategie- und Personalentwicklung unterbleibt.

Zu den zentralen Aufgaben der Unternehmensleitung gehört die sorgfältige Planung des Personalbedarfs. Im einzelnen ist es möglich, sich an gängigen Phasenschemata der Problemlösung und Entscheidungsfindung zu orientieren. Maßgeblich ist zunächst die Erkennung, Analyse und Formulierung des Problems, wobei aus übergeordneter Sicht des Managements komplexe und vernetzte Einflussgrößen Berücksichtigung finden sollten. Hierzu gehört die Einbindung des Kernproblems Freisetzung in die gesamte Unternehmens- und Personalpolitik. Der Generierung von Anpassungsalternativen folgt eine kriteriengeleitete Beurteilung und Auswahl von grundlegenden Vorgehensweisen unter Heranziehung der verschiedenen „Dilemmata" und Zielkonflikte. Die auf die Entscheidung folgende Implementierung der Maßnahmen sollte durch eine Evaluation begleitet werden, die frühzeitig auf Fehlentwicklungen und Abweichungsursachen bei Soll und Ist hinweist, um Gegensteuerungspotenziale nutzen zu können.

Kern der Analyse bei überschüssigem Personalbedarf ist die ernsthafte Prüfung, ob und inwieweit ein Personalabbau für die Überlebensfähigkeit und die Wahrung von Erfolgschancen eines Unternehmens erforderlich ist [5]. Dazu gehören insbesondere auch Überlegungen hinsichtlich vertretbarer Alternativen für Personalabbau und hinsichtlich einer Stärkung der Leistungsfähigkeit des Faktors Arbeit.

Unternehmensstrategische Planungen zur Produktion, zu Investitionen, zum Marketing und zur Organisationsgestaltung sollten nicht ohne gleichzeitige und gleichrangige Berücksichtigung personeller Belange erarbeitet werden. Kooperativ sollten möglichst alle Betroffenen und Beteiligten (Betriebsrat, Tarif- und Sozialpartner, Öffentlichkeit) „oberhalb" gesetzlich-tariflicher Zwänge frühzeitig und umfassend informiert werden. Entscheidungen sollten stets unter dem Gesichtspunkt des Interessenausgleichs der verschiedenen Akteure getroffen werden.

Mitarbeiter dürfen als Personen nicht ausschließlich für die Zwecke des Unternehmens instrumentalisiert werden. Sie sind mit ihrer individuellen Persönlichkeit, ihrem Lebensschicksal, ihren Bedürfnissen und Wünschen ernst zu nehmen. Ohne Vertrauen der Mitarbeiter in „ihr" Unternehmen und dessen Werte kann ein Unternehmen in Zeiten der Instabilität nicht erfolgreich sein. Eine einseitig kostenorientierte Personalpolitik ist geeignet, die gesamte Leistungsfähigkeit des Unternehmens zu schwächen und damit den Weg zu ebnen – im Sinne einer Negativ-Spirale – für eine noch weitergehende, wirtschaftlich notwendige Reduzierung der Personalkosten durch Entlassungen. Ein differenziertes Vorgehen ist der Methode „Kahlschlagprinzip" in jedem Fall vorzuziehen.

3 Aktive Informationspolitik

Drohende Arbeitsplatzverluste empfinden Mitarbeiter in der Regel als psychische Belastung. Fehlinformationen und Gerüchte über Unternehmenskrisen und möglichen Personalabbau führen zu massiven Beeinträchtigungen der Arbeitsmotivation. Durch die gesetzlich vorgesehenen Informationspflichten (z. B. § 17 KSchG) des Arbeitgebers soll gewährleistet werden, dass negative Auswirkungen auf den Arbeitsmärkten rechtzeitig durch Gegenmaßnahmen kompensiert werden können. Die Zusammenarbeit mit den Arbeitsagenturen umfasst insbesondere die frühzeitige Information der Arbeitsagenturen vor Beginn der Durchführung der Maßnahmen des Personalabbaus über die Struktur des abzubauenden Personenkreises (u. a. nach Ausbildung, beruflicher Qualifikation, Alter), damit nach Möglichkeit baldmöglichst auch regionale Maßnahmen der Arbeitsagenturen zum Auffangen der Freisetzung des betreffenden Unternehmens getroffen werden können.

Konstruktiv trägt die Unternehmensleitung zur Bewältigung von übermäßigen Ängsten und Belastungen bei, wenn sie bei der Mitarbeiterinformation auf „Horror"-Visionen und -Szenarien verzichtet und eine aktive Informationspolitik betreibt [6]. Zur Erläuterung der Krisenbewältigung kommen tatsachenbezogene Informationen über die geplanten Maßnahmen des Abbaus von Personalkapazität hinzu. Folgende Leitlinien sind geeignet, die Informationspolitik adressatenorientiert zu gestalten:

- offene und „täuschungsfreie" Vermittlung der unternehmensseitigen Motive und Absichten,
- Korrektur von Gerüchten und Fehlinformationen,
- Einladung zur Suche nach gemeinsamen kooperativen Lösungen,
- Anerkennung von Bedürfnissen beim Empfänger (Wertschätzung),
- Anpassung der Formulierungen an das Niveau des Empfängers (semantische Feinabstimmung),
- benutzerfreundliche Informationssysteme und -kanäle,
- Kombination schriftlicher und mündlicher Informationen,
- Gelegenheit für Rückmeldungen und Rückfragen.

Eine frühzeitige, umfassende und konsistente Informationspolitik dient der Involvierung der Belegschaft und kann dafür sorgen, dass unausweichliche personalpolitische Entscheidungen als „fair" beurteilt werden.

Die Informationspolitik des Unternehmens beinhaltet die Übermittlung von Informationen und Bedeutungsinhalten zur unternehmenszielkonformen Steuerung von Meinungen, Einstellungen, Erwartungen und Verhaltensweisen. Zentrale Gestaltungsparameter sind:

- Inhalt und Appell der Nachricht (was?),
- Auswahl der Übertragungskanäle („face-to-face"-Kommunikation, Medien),
- Bestimmung der Zielgruppen (für wen?) und
- Wirkungsanalyse (Effekte, Ergebnisse).

Die Informationspolitik gerade auch bei der Überbringung „schlechter" Nachrichten ist gut vorzubereiten, da Glaubwürdigkeitsprobleme und Manipulationsverdacht an die Corporate Communication herangetragen werden. Die generelle Reizüberflutung führt wiederum dazu, dass „nüchterne" und/oder dissonante Information vor dem Hintergrund vorgefasster Meinungen bei den Betroffenen zu wenig oder verzerrt wahrgenommen wird. Folglich kommt es auf ausgeprägte Kommunikationsfähigkeiten der Aufgabenträger betrieblicher Informationspolitik an. Es bietet sich an, eine „gestufte" Information zu favorisieren, bei der zunächst die Führungskräfte besonders weitreichend informiert werden über Inhalte und Strategien der Informationspolitik.

4 Beschäftigungsstrategien bei temporärem Personalüberhang

Um bei vorübergehendem Personalüberschuss Personalabbau zu vermeiden, kann ein Unternehmen drei Strategien anwenden [7].

Die *Stabilisierungsstrategie* hält trotz konjunktureller Schwankungen die Zahl der Mitarbeiter und die bisherige Arbeitszeit konstant. Die Beibehaltung des bisherigen Arbeitsvolumens sollen arbeitserhaltene und arbeitschaffende Maßnahmen sicherstellen. Folgende Aktivitäten sind denkbar:

- erweiterte Lagerhaltung,
- Rücknahme von Fremdaufträgen,
- Vorziehen von Instandhaltungs-, Instandsetzungs- und Erneuerungsarbeiten,

- Aufschub möglicher Rationalisierungsinvestitionen,
- Abbau von Leiharbeitskräften.

Alle Maßnahmen sind im Einzelfall zu prüfen und unterliegen zahlreichen Restriktionen [8]. Eine weiter Strategie bezieht sich auf die vorübergehende *Verringerung des betrieblichen Arbeitsvolumens*. Bei unveränderter Mitarbeiterzahl sollen die individuellen Arbeitszeiten aller Mitarbeiter oder eines Teiles der Belegschaft verkürzt werden durch:

- Vorziehen des Urlaubs oder anderer Freizeitansprüche,
- Gewährung von unbezahltem Urlaub (z. B. „Sabbaticals"),
- Umwandlung von Voll- in Teilzeitarbeitsplätze,
- Einschränkung bzw. Abbau von Mehrarbeit (Sonderschichten, Überstunden) und
- Einführung von Kurzarbeit.

Allen Maßnahmen ist gemeinsam, dass es hierzu Mitbestimmungsrechte des Betriebsrates (nach § 87 BetrVG) gibt, die gegebenenfalls auch ein Initiativrecht beinhalten. Außerdem kann davon ausgegangen werden, dass der Betriebsrat die Akzeptanz von Personalmaßnahmen, die die Mitarbeiterinteressen maßgeblich belasten, wesentlich beeinflusst. Deshalb kommt der vertrauensvollen Zusammenarbeit mit der Arbeitnehmervertretung eine herausragende Bedeutung zu. Die Unternehmensleitung wird dabei im Auge haben müssen, dass womöglich die Wiederwahl eines kooperationswilligen Betriebsrates gefährdet ist.

Eine dritte Strategie besteht in der *„sanften Reduzierung" des Personalbestandes*, ohne dass das Unternehmen mit spezifischen Aktivitäten den Abbau der Personalkapazität forciert. Diesem Vorgehen können folgende Aktivitäten dienen:

- Nutzung der natürlichen Fluktuation in Kombination mit einem Einstellungsstopp,
- Beendigung befristeter Arbeitsverhältnisse,
- Umsetzungen/Versetzungen,
- Förderung der Fluktuation,
- Aufhebungsverträge,
- vorzeitige freiwillige Pensionierungen/Altersteilzeit.

Indirekte, vorbeugende, „weiche" und mit vergleichsweise weniger Kosten und Risiken für den Arbeitgeber einerseits, weniger sozialen Härten für die Arbeitnehmer anderseits verbundene Maßnahmen ohne Entlassung sind somit zunächst den Maßnahmen der Entlassung vorzuziehen. Eine kriteriengeleitete Gesamtbeurteilung der Personalfreisetzung umfasst [9]:

1. quantitatives und qualitatives Anpassungspotenzial hinsichtlich des Personalbestandes: Hierbei geht es um die Größenordnung der möglichen Wirkungen der Maßnahmenkombination. Personalbestandsverminderungen sind in der Regel effektiver als „weiche" Maßnahmen.
2. Fristigkeit und Dauer der Anpassungswirkungen der Maßnahmen: Maßgeblich sind Schnelligkeit der Initiierung und Wirkungszeitraum.
3. Steuerbarkeit und Reversibilität: Hier stellt sich die Frage nach verfügbaren Autonomie bei der Planung und Umsetzung von Maßnahmen, nach möglichen Widerständen der Betroffenen, nach der Verhinderung von Know-how-Abfluss und nach Möglichkeiten der Rückgängigmachung z. B. nach der Überwindung von Unternehmenskrisen. Auch die Le-

gitimierbarkeit gegenüber Arbeitnehmervertretung und das Unternehmensimage spielen eine Rolle.
4. Kosten der Freisetzung: Zu berücksichtigen sind Aufwendungen für Sozialpläne, Abfindungen, „Outplacement", Gerichtsverfahren etc.

5 Abbau überschüssiger Personalkapazität

Personalfreisetzungen bewegen sich zwischen den Zielkonflikten möglichste geringer Kosten, möglichst geringen sozialen Härten und einer Verhinderung nachteiliger Wirkungen für das Unternehmen als ganzes, seiner Personalpolitik, Personalstruktur sowie den internen und externen Beziehungen. Erst wenn eine „natürliche" Reduzierung nicht mehr ausreichend erscheint, kommt es in der Regel zu Freisetzungen mit Bestandsverringerung. Folgende grundlegende Varianten als Entscheidungsfeld für die Unternehmensleitung lassen sich unterscheiden [10]:

- Der Personalabbau kann sich kurzfristig innerhalb weniger Monate oder längerfristig im Zeitraum von ein bis mehreren Jahren vollziehen. Das Ausmaß der Reduktion kann im Spektrum von „relativ geringfügig" (wenige Prozent der Belegschaft) bis zu „erheblicher Umfang" reichen.
- Der Personalüberschuss kann mit Verringerungen in allen Unternehmensbereichen – gleichmäßig oder mit Prioritäten – erfolgen. Bei der Stilllegung von Betriebsteilen fokussiert sich der Abbau dagegen auf einzelne Organisationseinheiten.
- Für die Unternehmensleitung und deren Erfahrungshintergründe macht es einen erheblichen Unterschied, ob ein Personalabbau in der Unternehmenshistorie erstmalig erfolgt, oder ob es wiederholte Einschnitte im Personalbestand gegeben hat.
- Die mit dem Abbau verbundenen Chancen zur Sanierung, zur Generierung von Wettbewerbsvorteilen und zur Verbesserung der Arbeitsproduktivität können sehr unterschiedlich ausfallen und sich in ihr Gegenteil verkehren. Für besonders leistungsfähige ehemalige Mitarbeiter können sich durchaus Verbesserungen ihrer Arbeitsplatzqualität in einem anderen Unternehmen ergeben. In wirtschaftlich schwierigen Zeiten ist jedoch Skepsis angebracht hinsichtlich rascher Erfolge bei der Suche nach einer adäquaten Stelle. „Outplacement"-Angebote entlassender Unternehmen können hierbei eine systematische Hilfe zur Selbsthilfe darstellen.

Flankierende „Chefsache" zu den notwendigen Kündigungen sind Leitlinien und konzeptionelle Überlegungen des Schutzes des Betriebsklimas vor nachhaltigen Beeinträchtigungen und die Öffentlichkeitsarbeit. Es gilt also zur Aufrechterhaltung der Mitarbeitermotivation mehr Aufmerksamkeit den im Unternehmen Verbleibenden zu widmen. Notwendiger Personalabbau darf das kommunikative Umfeld zu den Bezugsgruppen des Unternehmens als Teil der Gesellschaft nicht übermäßig belasten. Geeignete externe Berater können zusätzliches Spezialwissen und „Best-Practise"-Erfahrungen in Gesamtkonzepte und Detaillösungen einbringen.

6 Fazit

Personalfreisetzung aus Sicht der Unternehmensleitung befasst sich mit personalpolitischen Implikationen und Grundsatzentscheidungen auf der Basis vernetzter Einflussgrößen und interdependenter Managementfelder. Argumentationsbilanzen im Spannungsfeld ökonomischer und sozialer Interessen können nützlich sein, unternehmensspezifische Vorgehensweisen zu entwickeln. Einen „Königsweg" eines anspruchsvollen, vielfältige Interessen wahrenden Konzeptes der Personalfreisetzung aus der „General Management"-Perspektive der Unternehmensleitung gibt es nicht.

Literatur

[1] vgl. Hentze, J. und Kammel, A.: Personalwirtschaftslehre 1, 7. Auflage, Bern; Stuttgart; Wien 2001, S. 22 ff.
[2] vgl. Gaugler, E., „Personalmanagement in wirtschaftlich schwierigen Zeiten", in: Scholz, C. und Oberschulte, H. (Hrsg.): Personalmanagement in Abhängigkeit von der Konjunktur, München; Mering 1994, S. 2 f.
[3] vgl. Limbach, M.: Planung der Personalanpassung, Köln 1987, S. 35
[4] vgl. Seisl, P.: Der Abbau personeller Überkapazitäten: Unternehmerische Handlungsspielräume – Folgewirkungen – Implikationen für ein Trennungsmanagement, Berlin 1998, S. 184 ff.
[5] vgl. Gaugler, E.: „Personalmanagement in wirtschaftlich schwierigen Zeiten", in: Scholz, C. und Oberschulte, H. (Hrsg.): Personalmanagement in Abhängigkeit von der Konjunktur, München; Mering 1994, S. 13
[6] vgl. Gaugler, E.: „Personalmanagement in wirtschaftlich schwierigen Zeiten", in: Scholz, C. und Oberschulte, H. (Hrsg.): Personalmanagement in Abhängigkeit von der Konjunktur, München; Mering 1994, S. 4
[7] vgl. Limbach, M.: Planung der Personalanpassung, Köln 1987, S. 121 ff.,
vgl. Gaugler, E.. „Personalmanagement in wirtschaftlich schwierigen Zeiten", in: Scholz, C. und Oberschulte, H. (Hrsg.): Personalmanagement in Abhängigkeit von der Konjunktur, München; Mering 1994, S. 9 f.
[8] vgl. Rationalisierungs-Kuratorium der Deutschen Wirtschaft (Hrsg.): RKW-Handbuch Personalplanung, 2. Auflage, Neuwied; Frankfurt am Main 1990, S. 210 ff.
[9] vgl. Limbach, M.: Planung der Personalanpassung, Köln 1987, S. 155 ff.
[10] vgl. Kadel, P.: Personalabbauplanung im arbeitsrechtlichen Kontext, München; Mering 1990, S. 44
vgl. Gaugler, E.: „Personalmanagement in wirtschaftlich schwierigen Zeiten", in: Scholz, C. und Oberschulte, H. (Hrsg.): Personalmanagement in Abhängigkeit von der Konjunktur, München; Mering 1994, S. 12

II. Die Sicht der Personalabteilung

Prof. Dr. Karl-Heinz Krüger

1 Personalabbau und Rollenkonflikt des Personalwesens

Der Bereich Personalwesen hat – weit über die Aufgabe der Personalfreisetzung hinaus – eine schwierige Stellung im Unternehmen. Nicht zuletzt wegen der demografischen Entwicklung, die die Beschaffung hochqualifizierter Mitarbeiter zum Engpass zukünftiger Personalarbeit macht, sondern auch im Hinblick auf ein zeitgemäßes Selbstverständnis, wird der Personalbereich verstärkt als Vertreter einer mitarbeiterorientierten Personalpolitik gesehen.

Nur wenn dieser Teil der multiplen Rolle des Personalwesens den Mitarbeitern gegenüber glaubwürdig vertreten wird, kann die Mitarbeiterzufriedenheit mit dem Servicebereich Personal eine für umfassendes Qualitätsmanagement erforderliche Ausprägung erreichen. Im Benchmarking-Ansatz der European Foundation of Quality Management sind nicht von ungefähr Mitarbeiterorientierung und Mitarbeiterzufriedenheit als Teilaspekte der Erfolgsvoraussetzungen (enabler) und Ergebniskriterien (results) verankert [1]. Gerade in Zeiten des Personalabbaus ist der Personalbereich nur glaubwürdig, wenn es ihm gelingt bzw. – was der Wirklichkeit wohl eher entspricht – von übergeordneten Instanzen zugestanden wird, eine ausgewogene Position gegenüber unterschiedlichen Interessengruppen einzunehmen.

Diese Interessengruppen sind im wesentlichen die Mitarbeiter/-innen, Führungskräfte (hier wiederum besonders das Top-Management bzw. die Unternehmensleitung), Arbeitnehmervertretungen mit ihren unterschiedlichen Erwartungshaltungen gegenüber dem Personalbereich, welche zwangsläufig zu einem klassischen Interrollenkonflikt führen.

Die ausgewogene Position wird dadurch erschwert, dass eine der beteiligten Interessengruppen, das Top-Management – als Vertreter der Kapitalgeber – im Machtgefüge eines Unternehmens eine herausragende Stellung einnimmt. Hinzu kommt, dass die Dominanz des Shareholder-Value durch Lippenbekenntnisse zum Stakeholder-Value faktisch noch nicht beschränkt werden konnte. Aus betriebswirtschaftlicher Perspektive ist die Personalpolitik eines Unternehmens in die gesamte Unternehmenspolitik eingebettet und der Personalbereich somit der verlängerte Arm des Top-Managements. Dies wird dann noch organisatorisch untermauert, wenn die Leitung des Personalbereichs nicht auf der oberen Hierarchieebene angesiedelt ist, sondern etwa dem Finanzbereich bzw. der kaufmännischen Leitung untergeordnet ist. Gerade von Arbeitnehmervertretern wird in dieser Situation eine einseitige Interessenlage unterstellt und es entwickeln sich möglicherweise „Feindbilder".

Für eine systematische Personalplanung lassen sich viele Gründe anführen, die hier nicht vertieft, sondern nur genannt werden können.

1. Auch bei konjunkturell schwieriger Lage werden Arbeitskräfte bestimmter Qualifikation ein Engpassfaktor bleiben. Dies wird durch die o. a. demografische Entwicklung zukünftig noch verstärkt. Gerade die Beschaffung von Spezialisten, insbesondere Akademikern, erfordert schon heute einen beträchtlichen zeitlichen Vorlauf (Hochschulkontakte, Hochschulmarketing usw.)
2. Gesetzliche und tarifliche Schutzbestimmungen haben schon längst die Möglichkeit eingeschränkt, den Personalbestand kurzfristig an veränderte betriebliche Rahmenbedingungen anzupassen. In einem internationalen Konzern hat der Autor dieses Beitrags die Erfahrung machen können, dass dies Kollegen aus anderen Ländern manchmal sehr schwer verständlich zu machen ist.
3. Spätestens die Kostenrelevanz der Ressource Personal macht eine betriebswirtschaftliche Planung unumgänglich.
4. Der technisch-organisatorische Wandel macht eine Vorausschau zukünftigen Qualifikationsbedarfs erforderlich, insbesondere dort, wo für die Aneignung von Qualifikationen eine zeitlich umfangreiche Fortbildung erforderlich ist.
5. Nicht zu vergessen sind die Rechte der Arbeitnehmervertretungen im Zusammenhang mit Personalfreisetzung einzelner Mitarbeiter (§ 99 BetrVG zu personellen Einzelmaßnahmen) und kollektiver Freisetzung (§§ 111 – 113 zu Betriebsänderungen Interessenausgleich und Sozialplan).

Gerade da es bei den „Kunden" des Personalbereichs um Menschen und deren Schicksale geht, liegt es jedoch besonders nahe, personalwirtschaftliche Aufgaben im wahrsten Sinne des Wortes planmäßig anzugehen. Es gehörte lange Zeit zur Prämisse der Personalwirtschaft, dass das Personalmanagement eine machbare Balance zwischen mittel- bis langfristigen Planungen, bspw. zur Personalentwicklung, und – durch wirtschaftliche Krisen bedingten – Ad-hoc-Entscheidungen des Managements finden muss. In einer Zeit, in der in den Medien durch Top-Manager offen gedroht wird, Unternehmensteile ins Ausland zu verlegen, wenn bestimmte personalwirtschaftliche Maßnahmen nicht durchsetzbar sind, bleibt nur zu sagen: Papier (von Fachbüchern) ist geduldig.

2 Handling negativer Auswirkungen der Personalfreisetzung aus der Sicht des Personalwesens

Die Auswirkungen der Personalfreisetzung sind vielfältiger, sowohl externer als auch interner Art. Die wichtigsten Auswirkungen werden im Folgenden dargelegt.

2.1 Auswirkungen auf den externen Arbeitsmarkt

Die Beurteilung potenzieller Arbeitgeber aus der Sicht qualifizierter Bewerber hängt von einer Vielzahl von Kriterien ab. Im Hinblick auf langfristige Karriere- oder Berufsziele ist aber davon auszugehen, dass der Entscheidungsprozess von qualifizierten Bewerbern von der Tatsache beeinflusst wird, dass ein Unternehmen Personal abbauen muss. Es ist menschlich darüber nachzudenken, wann der Bereich „dran" ist, für den man sich bewerben will. Erst wenn davon ausgegangen werden kann, dass Bewerber ähnlich verschlungen denken wie „Börsianer", wird die Tatsache des Personalabbaus relativiert beurteilt. Ebenso, wie die Aktienkurse von Unternehmen nach der Veröffentlichung von Personalabbauplänen steigen können, könnten auch Bewerber in einer solchen Information einen erfolgsversprechenden Indikator sehen.

2.2 Auswirkungen auf das allgemeine Image in der Öffentlichkeit

Das Image in der Öffentlichkeit wird ebenfalls differenziert oder mehr oder weniger diffus beeinflusst. Insbesondere bei langlebigen Konsumgütern entscheidet in heutiger Zeit bei austauschbaren Produkten selten nur noch der Preis, sondern Service-Qualität. In diesem Zusammengang wird dann die Frage der Kontinuität der Geschäftstätigkeit ein wichtiger Faktor aus Kundensicht sein, der nicht selten zur Abwanderung von Kunden führen kann. Nicht von ungefähr ist daher Personalfreisetzung ein Tummelfeld für die PR-Spezialisten eines Unternehmens.

2.3 Interne Auswirkungen

Personalfreisetzung wirkt sich ebenso auf das Image des Unternehmens in der Belegschaft aus („Wann ist unser Bereich dran?") und kann zu vorbeugenden Arbeitnehmerkündigungen solcher Mitarbeiter führen, die aufgrund ihrer Qualifikation gute Chancen auf dem Arbeitsmarkt haben. Aber selbst wenn solche Mitarbeiter die Einstellung entwickeln, nicht gefährdet zu sein, kann ihre Leistungseffizienz durch Unruhe und Spannungen in ihrem Umfeld beeinträchtigt sein.

Darüber hinaus entstehen immense Kosten, wenn langjährig im Unternehmen beschäftigte Arbeitnehmer freigesetzt werden. Nach § 1a des Kündigungsschutzgesetzes ist bei betriebsbedingten Kündigungen zumindest formal pro Jahr der Beschäftigung die Hälfte eines Monatsverdienstes als Abfindung möglich. Die „heilige Kuh" Sozialauswahl ist inzwischen durch § 1 Abs. 3 Satz 2 eingeschränkt, so dass die Weiterbeschäftigung jüngerer Arbeitnehmer aufgrund ihrer (aktuelleren) Kenntnisse, Fähigkeiten und Leistungen oder zur Sicherung einer (altersmäßig) ausgewogenen Personalstruktur sichergestellt werden kann. Gerade wenn ältere Mitarbeiter aus den genannten Gründen aus der Sozialauswahl herausfallen, sind hohe Abfindungszahlungen die mögliche Folge.

Die Staffelung von Abfindungsbeträgen kann außer nach dem Lebensalter nach der Betriebszugehörigkeitsdauer erfolgen. Tabelle 1 zeigt für bestimmte Bandbreiten der beiden Kriterien eine mögliche Abfindungsstaffelung.

Betriebs-zugehörigkeit in Jahren	Lebensalter in Jahren				
	bis 40	41 – 45	46 – 50	51 – 55	über 55
	Anzahl der Bruttomonatsverdienste				
10 – 14	3	3	4	5	6
15 – 19	4	5	6	8	10
20 – 24	6	7	10	12	14
25 und mehr	–	10	12	14	16

Tabelle 1: Abfindungsstaffelung (Quelle: Rationalisierungskuratorium der Deutschen Wirtschaft (Herausgeber/Autorenkollektiv): RKW-Handbuch Personalplanung, Neuwied; Kriftel; Berlin 1990, S. 248)

Einfacher in der Anwendung sind Berechnungsformeln, die ebenfalls auf den beiden Kriterien beruhen.

$$\frac{\text{Alter} \times \text{Dienstjahre}}{50} = \text{Anzahl der Bruttomonatsverdienste}$$

Bei einer Betriebszugehörigkeit von 15 Jahren und einem Lebensalter von 55 ergibt sich somit eine Abfindung von 16,5 Bruttomonatsverdiensten. Eine Veränderung nach unten ist durch die Wahl eines höheren Divisors möglich [2].

Zuletzt ein lange Zeit vom Management außerhalb des Personalbereichs verdrängter Aspekt: Mit jedem Mitarbeiter, der freigesetzt wird, verlässt auch Know-how das Unternehmen, weniger im Sinne formaler Qualifikation (denn ältere Mitarbeiter werden relativ systematisch aus der betrieblichen Fortbildung ausgeschlossen [3]), sondern im Hinblick auf Anwendungserfahrung. Inzwischen gibt es zumindest erste Anzeichen, dass die personalpolitische Bedeutung älterer Mitarbeiter im Hinblick auf Know-how-Sicherung verstärkt wiedererkannt wird [4].

2.4 Zusätzliche Aufgabeninhalte des Personalmarketing

Angesichts der genannten Auswirkungen hat das Personalmarketing eine wichtige Pufferfunktion. Nach zeitgemäßem Verständnis dient Personalmarketing sowohl der Erschließung zukünftiger Arbeitsmarktpotenziale (externe Ausrichtung) als auch der Pflege des vorhandenen, verbleibenden Personals (interne Ausrichtung), oder mit anderen Worten: Personalmarketing dient sowohl der Anbahnung zukünftiger Arbeitsbeziehungen bzw. Arbeitsverhältnisse als auch der Erhaltung von Arbeitsverhältnissen und somit Sicherung vorhandener Personalressourcen, soweit sie – vor dem Hintergrund des vorliegenden Themas – für das Unternehmen wichtig bleiben.

Der Aufgabenbereich dieses nach innen gerichteten Personalmarketings zur Personalerhaltung besteht im wesentlichen aus:

- einer offenen Informationspolitik, insbesondere gegenüber den Mitarbeitern (s. hierzu im einzelnen Punkt 4 dieses Beitrags),
- der Kommunikation über die Notwendigkeit der geplanten Maßnahmen im Hinblick auf die Sicherung der verbleibenden Arbeitsplätze,
- der Kommunikation über die sozialverträgliche Lösung bzw. Durchführung der Maßnahmen, insbesondere zur Kompensation der wirtschaftlichen Nachteile, die Arbeitnehmer durch den Arbeitsplatzverlust zu erwarten haben,
- der Kommunikation über besondere Hilfestellungen für die betroffenen Arbeitnehmer,
- der Beruhigung der nicht von den Maßnahmen betroffenen Bereiche und der Sicherung des Verbleibs betriebswichtiger Mitarbeiter, wobei dies auch Aufgabe aller relevanten Führungskräfte ist [5].

Die Informationspolitik gegenüber den Arbeitnehmervertretern ist Aufgabe der Personalverantwortlichen für den betroffenen Bereich bzw. das gesamte Personalwesen und findet sehr viel gezielter statt; dies soll heißen, dass sie nicht Gegenstand des mit größerer Streuung erfolgenden Personalmarketing ist.

Wozu Personalmarketing als Puffer definitiv nicht führen sollte ist, durch eine übergeordnete Informationspolitik die Feigheit von direkten Führungskräften zu unterstützen, Gespräche mit den betroffenen Mitarbeitern zu vermeiden, in denen z. B. individuell bezogene Auswahlentscheidungen begründet werden müssen, statt vage Vermutungen über ein mögliches Verbleiben können zu äußern, um seine „Ruhe zu haben" [6].

3 Alternativen zur Personalfreisetzung bei rechtzeitiger Personalplanung

Die vorbeugenden Maßnahmen bzw. Alternativen zur direkten Personalfreisetzung konzentrieren sich hauptsächlich auf die zwei Schwerpunkte Arbeitszeitmanagement einerseits und indirekten Personalabbau andererseits. Zu dieser quantitativen Seite lässt sich ergänzend eine qualitative Seite aufführen, wenn Mitarbeiter durch Umschulung oder Fortbildung weiterbeschäftigt werden könnten. Dies setzt aber entsprechende Beschäftigungsmöglichkeiten (z. B. auch an anderen Standorten) einerseits und Mobilitätsbereitschaft des Arbeitnehmers andererseits voraus (Bild 1).

Vorbeugende/alternative Maßnahmen zum Personalabbau		
quantitativ		*qualitativ*
Arbeitszeitmanagement	*Indirekter Personalabbau*	
- Abbau von Überstunden/Mehrarbeit - Kurzarbeit - Veränderung der regulären Arbeitszeiten - Urlaubsplanung - Nutzung der Teilzeitarbeit	- Einstellungsstopp - Nichtverlängerung von befristeten Arbeitsverhältnissen - Abbau von Leiharbeit - Versetzungen - Einsatz von Springern	- Fortbildung - Umschulung

Bild 1: Alternativen zum Personalabbau

Die folgende Analyse konzentriert sich auf die Hauptbereiche Arbeitszeitmanagement und indirekter Personalabbau [7].

3.1 Arbeitszeitmanagement

Seit in der ersten Hälfte der 80er Jahre des letzten Jahrhunderts tarifliche Arbeitszeitverkürzungen bei vollem Lohnausgleich nach erheblichen Arbeitskämpfen durchgesetzt wurden, wurde das Instrumentarium der Arbeitszeitflexibilisierung arbeitgeberseitig geradezu perfektioniert. Konzerne wie Volkswagen und BMW sind hier frühzeitig innovative Wege gegangen. Zusätzlich schiebt die deutsche Wirtschaft ständig ein erhebliches Volumen an Über- oder Mehrarbeitsstunden vor sich her. Die Möglichkeit, über den Abbau von Überstunden bzw. Freizeitausgleich Personalabbau zu verhindern, hängt allerdings von den strukturellen Bedingungen in den unterschiedlichen Teilbereichen eines Unternehmens ab.

Zur Verhinderung von Personalabbaumaßnahmen dient insbesondere die Flexibilisierung der Dauer der Arbeitszeit. Dass der Übergang von Vollzeit- auf Teilzeitarbeitsverhältnisse dazu dient, Arbeitsplätze zu sichern, hat schon vor längerer Zeit die im Herbst 1993 eingeführte „Vier-Tage-Woche" bei Volkswagen gezeigt, die alle bis dahin gewerkschaftlich diskutierten und geforderten kollektiven Programme zur Arbeitszeitreduzierung überholte [8]. Die vor diesem Hintergrund in deutschen Unternehmen eingeführten Arbeitszeitmodelle bewiesen, dass eine Kombination aus Arbeitszeitverkürzung (verkürzte Dauer der AZ, chronometrische Dimension der Flexibilisierung) und Verteilung der Arbeitszeit (flexible Lage der AZ, chronologische Dimension) ein idealer Weg ist, Personalabbau zu verhindern.

Universalmodelle gibt es hierzu nicht; jedes Unternehmen muss mögliche Modelle auf Realisierbarkeit in der jeweiligen betrieblichen Situation prüfen. Insbesondere der Handel kann Modelle, die sich bei dem hohen Einkommensniveau von VW bewährt haben, nicht übernehmen. Hier sind dann von den Beschäftigten z. T. deutliche Einkommensminderungen zu akzeptieren, ohne die eine Beschäftigungssicherung keinen Sinn macht. Trotzdem sind mit einigen Konzepten, die an dieser Stelle nicht näher beleuchtet werden können, bereits gute Erfahrungen gemacht worden [9]:

Teilzeitmodelle mit gleichmäßiger oder ungleichmäßiger Verteilung auf die Arbeitswoche/den Arbeitsmonat: Beim VW-Beispiel wurde in den deutschen Werken ein reduziertes Volumen von – durchschnittlich! – 28,8 Wochenstunden sehr flexibel auf verschiedene Zeiträume verteilt – immerhin zu einem Zeitpunkt, als die Personalfachleute einen Personalüberhang von 30.000 Mitarbeitern errechneten. U. a. ergaben sich

- die klassische 4-Tage-Woche mit täglich verkürzter Arbeitszeit,
- vierwöchige Vollzeitarbeit und eine Woche Freizeit und
- die nach Auftragslage ungleichmäßig auf die Arbeitstage Montag bis Freitag verteilte Arbeitszeit.

Modelle der Lebensarbeitszeit mit Langzeitkonten: Die führen aber nur dann zur Beschäftigungssicherung, wenn der Freizeitausgleich zu längerer zeitlicher Abwesenheit führt (z. B. Sabbatical, Altersteilzeit), mit anderen Worten wenn Blockteilzeit mit Blockfreizeit kombiniert ist.

3.2 Indirekter Personalabbau

Die zu diesem Schwerpunkt gehörenden Maßnahmen dienen zwar der Vermeidung von Entlassungen und Sicherung der vorhandenen unbefristeten Arbeitsverhältnisse, können aber ungewollte Folgewirkungen haben.

Einstellungsstopp: Der Einstellungsstopp verursacht Imageschaden auf dem Arbeitsmarkt und eine Neuorientierung von potenziellen Bewerbern, die intensiv nach Alternativen suchen. Die Wirkung auf das vorhandene Personal ist ein erstes – eventuell überbewertetes – Krisenanzeichen. Der Einstellungsstopp spricht sich herum oder wird sogar offen intern publiziert (Personalmarketing). Es ist dann Sache der PR-Experten im Personalwesen, durch die Art der Publikation sicherzustellen, dass die Maßnahme als Versuch der Beschäftigungssicherung positiv interpretiert wird. Als weitere mögliche Folge findet keine Entlastung der vorhandenen Mitarbeiter in Abteilungen mit unzureichender Personaldecke statt. Die Leistungsverdichtung wird, falls schon vorhanden, ein Dauerzustand. Dann ist auch eine Senkung der Arbeitszufriedenheit zu verzeichnen. Häufig ist der Einstellungsstopp damit verbunden, dass Auszubildende nach Ausbildungsende nicht übernommen werden. Dies hat eine besonders schlechte Imagewirkung, da das Unternehmen in die Ausbildung gerade erst investiert hat (Schlagwort von der „Investition in die Zukunft").

Nichtverlängerung von Zeitverträgen: Hier müssen die Regelungen des Teilzeit- und Befristungsgesetzes beachtet werden [10].

Umsetzungen/Versetzungen: Dies setzt eine entsprechende Mindestbetriebs-/ Unternehmensgröße und die Existenz alternativer Arbeitsplätze voraus, auf denen die vorhandene Qualifikation auch benötigt wird. Größere Unternehmen haben es leichter, alternative Arbeitsstellen – eventuell an anderen Standorten, auch in ausländischen Niederlassungen – anzubieten. Insbesondere im gewerblichen Bereich bestehen häufig ganz andere Produktionsverhältnisse an anderen Betriebsstandorten/in anderen Werken! Zu regeln sind in diesem Fall

- die Besichtigung des neuen Arbeitsplatzes,
- die Vereinbarung einer Annahmefrist für das Versetzungsangebot,
- ein Entgeltausgleich (mit Übergangsfristen) und
- sonstige Ausgleichzahlungen, insbesondere bei Versetzung an andere Standorte, z. B. bei unterschiedlichem Ortszuschlag, Fahrtkostenzuschüsse, Trennungsentschädigung sowie Mehrkosten durch doppelte Miete.

4 Organisatorische Abwicklung der Personalfreisetzung

4.1 Informationspolitik gegenüber Betriebsrat und Belegschaft

Die Informationspolitik gegenüber den Arbeitnehmervertretern ist durch die Regelungen des Betriebsverfassungsgesetzes vorgegeben. Die arbeitsrechtliche Seite ist nicht Gegenstand dieses Beitrags. Nichtsdestotrotz gehört eine rechtzeitige Information jenseits gesetzlich-tariflicher Zwänge nach praktischen Erfahrungen auch zu einem vernünftigen Umgang mit Arbeitnehmervertretern. Unter dieser Prämisse ist dann auch die Informationspolitik gegenüber der Belegschaft ein Thema, das mit dem Betriebsrat oder sogar Gesamt- oder Konzernbetriebsrat besprochen werden sollte.

Bei der Informationspolitik gegenüber der Belegschaft gibt es aus fachlicher Sicht gute Gründe, die aber in der Praxis häufig taktischen Überlegungen weichen, wonach eine zu frühzeitig einsetzende Unruhe in der Belegschaft vermieden werden soll (keine „schlafenden Hunde wecken"). Schlimm ist es dann, wenn sogar die Personalfachleute von Großunternehmen wegen im Unternehmen vorhandener „undichter Stellen" von einem notwendigen Personalabbau in der Zeitung erfahren, von der Belegschaft ganz zu schweigen. Dies beleuchtet nach Ansicht von P. F. Röttig „nicht nur die Hilflosigkeit der zuständigen Manager, sondern noch vielmehr ihre menschliche Feigheit, ihre fachliche Unfähigkeit und ihre charakterliche Unempfindlichkeit den eigenen Mitarbeitern gegenüber" [11].

Vertrauen gegenüber den Führungskräften, insbesondere auf den oberen Hierarchieebenen, kann sich u.a. erst durch eine faire Informationspolitik entwickeln. Eine solche Politik, zum richtigen Zeitpunkt, mit sachgerechten Mitteln kann dazu beitragen, dass die Realisierung vorgesehener Maßnahmen reibungsloser erfolgt. Mögliche Informationsaktivitäten sind:

- die Betriebsversammlung, nicht erst, wenn bereits große Unruhe in der Belegschaft entstanden ist, denn dann dient sie weniger der sachlichen Information, sondern der Glättung der aufgeschaukelten Wogen; häufiges Problem ist auch eine z. T. polemische Argumentation der Arbeitnehmervertretung,
- flankierend dazu gesonderte Schreiben o. ä. an Führungskräfte bis hinunter zu den Meistern in produzierenden Bereichen, mit der Bitte, die Arbeit der Personalabteilung zu unterstützen [12].
- Als Folge der Information der Führungskräfte sind Abteilungs- oder Bereichsbesprechungen notwendig [13]. Die Führungskräfte, die wiederum individuelle Abbauentscheidungen kommunizieren müssen, benötigen in dieser schwierigen psychologischen Situation die Unterstützung des Personalbereichs.
- Ebenfalls flankierend sind Rundbriefe an die Mitarbeiter (per E-Mail),
- Beiträge in der Firmen- oder Betriebszeitschrift, mit Stellungnahmen der oberen Führungskräfte und,
- mithilfe moderner Medien, Beiträge auf dem Intranetportal des Personalbereichs oder der Unternehmensleitung.

4.2 Konkrete Maßnahmen

Auch dieses Thema weist einen sehr engen arbeitsrechtlichen Bezug auf, der nicht Gegenstand dieses Beitrags ist; die folgenden Ausführungen beschränken sich somit auf die personalwirtschaftliche Seite.

4.2.1 Individuelle Maßnahmen

Abwicklung betriebsbedingter Kündigungen: Zunächst ist die Vorbereitung und Übergabe des Kündigungsschreibens durch den Personalverantwortlichen (alternativ durch den Vorgesetzten) notwendig, dann die Vorbereitung der Arbeitspapiere [14], das heißt je nach Rechtslage zunächst Arbeitsbescheinigung oder Arbeitszeugnis. Beim Arbeitszeugnis bieten beispielsweise regelmäßige Beurteilungen oder Zwischenzeugnisse eine verlässliche, einigermaßen ausgewogene Basis, um die arbeitsrechtlichen Vorschriften zum Arbeitszeugnis einzuhalten. Zudem muss eine Endabrechnung von Lohn oder Gehalt für den Zeitraum seit Beginn des Kalenderjahres vorgenommen und eine Urlaubsbescheinigung über noch nicht in Anspruch genommenen Jahresurlaub ausgestellt werden, denn ein neuer Arbeitgeber muss eine Information über den potenziell verbleibenden Urlaubsanspruch erhalten, unabhängig von der rechtlichen Entstehung des Anspruchs. Mit einer Ausgleichsquittung bestätigt der scheidende Arbeitnehmer, dass keine weiteren Ansprüche gegen seinen bisherigen Arbeitgeber bestehen. Schließlich wird eine Abmeldungsbescheinigung in Richtung der zuständigen Krankenkasse ausgestellt.

Exkurs zum Arbeitszeugnis: Zunächst hat der Personalbereich die Wahl zwischen einem einfachen und einem qualifizierten Arbeitszeugnis. Das qualifizierte Zeugnis unterscheidet sich nach der Rechtslage vom einfachen Zeugnis durch Formulierungen zu Leistung und Führung, d. h. Verhalten, im Rahmen der Tätigkeit. Die Ausstellung eines qualifizierten Arbeitszeugnisses wird der Personalbereich über die rechtlich vorgegebenen Kriterien hinaus davon abhängig machen, ob aufgrund der Dauer des Arbeitsverhältnisses Leistung und Verhalten angemessen bewertet werden können. Damit Zeugnisse eine Entscheidungshilfe für zukünftige Arbeitgeber darstellen, werden verschiedene Techniken angewandt:

- Reihenfolge der Aufgaben (von wichtigen/anspruchsvollen zu weniger bedeutsamen/einfacheren Tätigkeiten oder – im ungünstigeren Fall – umgekehrt),
- Hinzufügen eigentlich selbstverständlicher Aspekte, die normalerweise keiner besonderen Erwähnung bedürfen,
- Weglassen von Aussagen zu Punkten, die erwartungsgemäß in einem Zeugnis enthalten sind (z. B. zur Zuverlässigkeit von Personen in besonderer Vertrauensstellung, Bedauernsformel, Zukunftswünsche).

Outplacement: eine „Hilfe zur Selbsthilfe": In den letzten Jahren hat sich auf dem Gebiet der Personalberatung eine Beratungsleistung etabliert, die eine menschlich fair abgefederte, um nicht zu sagen sozialverträgliche bzw. „geräuscharme" Trennung ermöglichen soll. Angesichts der damit verbundenen Kosten kommt diese Form der Trennung, die in der Praxis im Normalfall mit einer Aufhebungsvereinbarung einhergeht und häufig auch das „Replacement", die Unterstützung bei der Suche nach einem neuen Arbeitsplatz einschließt, nur für Führungs- und wichtige Fachkräfte oder Spezialisten in Frage, insbesondere dann, wenn deren Kündigung im Feld der Wettbewerber etc. „größere Kreise" ziehen würde. Die Durchführung beinhaltet folgende Schwerpunkte

- In der ersten Phase erfolgt vor allem eine psychologische Beratung vor dem Hintergrund, dass insbesondere unvorbereitete Arbeitnehmer seelisch „in ein tiefes Loch" fallen, und die psychischen Belastungen eine angemessene Bewältigung der Situation zunächst verhindern.
- Auch das Selbstwertgefühl, das ja in starkem Maße von der Stellung im Arbeitsleben abhängt, ist stark beeinträchtigt, so dass Unterstützung bei der Notwendigkeit, aus „dem Loch wieder herauszukommen", hilfreich und oft erwünscht ist.
- Last but not least Unterstützung bei der formalen und finanziellen Abwicklung der Trennung.

4.2.2 Kollektive Maßnahmen

Zusammenarbeit mit den Agenturen für Arbeit [15]: Wichtig ist die Information der entsprechenden Stellen, bevor die Abbaumaßnahmen durchgeführt werden. Dies erfordert, bereits zu diesem Zeitpunkt Vorstellungen über den abzubauenden Personenkreis zu haben (insbesondere hinsichtlich der beruflichen Qualifikation und Erfahrung, Alter, Geschlecht, Berufsfelder). Nur bei rechtzeitiger Information können auch frühzeitig regionale Maßnahmen getroffen werden, mit denen die weitere Entwicklung der Arbeitslosigkeit in der Region gegengesteuert werden kann.

Kooperationen mit anderen Unternehmen: Möglich ist die Gründung von Qualifizierungs- und/oder Beschäftigungsgesellschaften. Bei der Privatisierung ehemaliger VEB in den neuen Bundesländern wurde diese Möglichkeit in breiterer Form von der Treuhandanstalt Berlin praktiziert, um Arbeitnehmer nach größeren Abbaumaßnahmen zu übernehmen, weiterzuqualifizieren oder anderweitigen Beschäftigungen zuzuführen. Inzwischen wurden ähnliche Projekte auch schon von westdeutschen Unternehmen versucht. Die Arbeitnehmerüberlassung bietet Chancen, allerdings unter Berücksichtigung der Regelungen des Arbeitnehmerüberlassungsgesetzes („echte Leiharbeit", d. h. im Ausnahmefall, nicht aus gewerblichen Gründen).

Aufstellung von Auswahlrichtlinien (personalwirtschaftliche Seite): Rechtlich verbindliche Kriterien beinhaltet u. a. das Kündigungsschutzgesetz. Vor diesem Hintergrund werden auch Betriebsräte vorrangig darauf achten, ob Kündigungen sozial angemessen sind. Hier kann ein mit dem Betriebsrat entwickeltes und gemeinsam vereinbartes Bewertungssystem helfen, die Entlassungen gegenüber der Belegschaft besser zu vertreten, weil nach objektiv nachvollziehbaren Maßstäben vorgegangen wird. Der Personalbereich muss hierbei darauf achten, dass – bei aller menschlichen Problematik des Personalabbaus – auch seine Interessen an einer auch zukünftig ausgewogenen Personalstruktur ebenfalls berücksichtigt werden. Dies wird durch die geltende Fassung des KSchG auch abgedeckt.

Gruppenoutplacement: Outplacement hat sich ursprünglich auf dem Beratungsmarkt als individuelle Maßnahme herauskristallisiert. Inzwischen wird diese Form der Trennung – allerdings überwiegend in Einzelfällen bekannter Großunternehmen – auch bereits für überschaubare Belegschaften von Konzernunternehmen bzw. Teile von Belegschaften an einzelnen Standorten praktiziert. Ein Beispiel war der Personalabbau der Vereinigten Papierwerke AG, einer Tochtergesellschaft des Quellekonzerns. Schwerpunkte des Gruppenoutplacement sind im wesentlichen

- Entwicklung von Qualifikationsprofilen der Betroffenen unter Mitwirkung der jeweiligen Mitarbeiter (mit Stärken und Schwächen; sehr häufig ergeben sich aus letzteren notwendige Fortbildungsmaßnahmen),
- gezieltes Bewerbungstraining unter Berücksichtigung der Prämisse, dass Arbeitnehmer nach längerer Zugehörigkeit zu einem Betrieb oder Unternehmen keine „Bewerbungsroutine" mehr haben und
- als flankierende Maßnahme die Unterstützung bei der Zusammenstellung von Bewerbungen.

Systematische Auswertung von Austrittsinterviews als Mittel zukünftiger Personalpolitik: Normalerweise sind Austrittsinterviews ein Mittel, um bei arbeitnehmerseitigen Kündigungen – insbesondere durch wertvolle Fachkräfte – Hinweise für die dahinterstehende Unzufriedenheit mit Arbeitsbedingungen, Problemen mit dem Vorgesetzten etc. zu erhalten. Bei arbeitgeberseitig veranlassten Beendigungen von Arbeitsverhältnissen macht dies allenfalls dann Sinn, wenn die Personalverantwortlichen sich dafür interessieren, inwieweit die betroffenen Arbeitnehmer sich im Trennungsprozess einigermaßen fair behandelt gefühlt haben. Schließlich prägt ein scheidender Mitarbeiter auch das Image des bisherigen Arbeitgebers bei zukünftigen Arbeitgebern – wie ein unzufriedener Kunde potenzielle andere Kunden.

Flankierende Personalentwicklungsmaßnahmen: Unvermeidbarer Personalabbau hat – gerade in Zeiten des internationalen Kostendrucks – nicht immer ausschließlich, aber maßgeblich, die

Reduzierung von Personalkosten zum Ziel. Daher werden bei der Planung des Personalabbaus generell auch die Personalabbaukosten sorgfältig budgetiert. Es liegt in der Natur der Sache, dass Arbeitnehmer erst durch Fortbildung auf den neuesten Stand ihres Fachgebietes „vermittlungsfähig" werden. Unternehmen, die die finanziellen Mittel haben, die Chancen von Mitarbeitern auf dem externen Arbeitsmarkt zu verbessern, werden hier aktiv. Allerdings gibt es auch hier aus den genannten Kostengründen – durch Fortbildung steigen zumindest die Personalabbaukosten. Ein gutes – zugegebenermaßen wieder prominentes – Beispiel lässt sich von den Erfahrungen bei SIEMENS ableiten. In einem Pilotprojekt (dies zeigt schon, dass es sich bisher eher um personalwirtschaftlich interessante Einzelbeispiele handelt) wurde Fach- und Führungskräften der Altersgruppe zwischen 40 und 50 Lebensjahren die Möglichkeit zu Seminaren geboten, in denen berufliche Perspektiven auch außerhalb des Konzerns entwickelt und reflektiert werden konnten [16].

Unterstützung durch unternehmenseigene und -fremde Arbeitsstiftungen: In einer Zeit dringend erforderlicher Reformen des deutschen Sozialsystems haben von Personalabbau betroffene Unternehmen längst veranlasst, über Selbsthilfemöglichkeiten nachzudenken. Da liegt es nahe, ein Konzept oder eine Einrichtung zu nutzen, die in anderem Zusammenhang bzw. in der Vergangenheit bereits erfolgreich tätig war. Insbesondere in der Zeit nach dem zweiten Weltkrieg oder in Zeiten tiefgreifenden Strukturwandels haben sich Stiftungen bereits bewährt [17]. Unternehmen oder Unternehmer, die sich an das Thema Arbeitsstiftung herangewagt haben, kennen den finanziellen Aufwand. Nicht von ungefähr gehören zu den Stiftungspartnern sehr häufig öffentliche Stellen.

Vorteile für Arbeitnehmer [18]:

- Sie sind in der schwierigen Situation nicht allein gelassen. Die Wiedereingliederung in die Arbeitswelt wird gemeinsam bewältigt.
- Die finanzielle Absicherung wird gerade zukünftig besser sein als die staatliche möglich ist.
- Dies steigert die Zuversicht und Eigeninitiative der Arbeitnehmer.

Vorteile für das Management:

- Konzentration auf die Aufgabe der Unternehmens- oder Betriebssanierung,
- professionelle Hilfe für den zu entlassenden bzw. entlassenen Mitarbeiter und
- Vermeidung ernsthafter Arbeitskämpfe durch die Bereitschaft, Härten für Arbeitnehmer zu lindern.

Literatur

[1] vgl. EFQM (European Foundation for Quality Management): Der European Quality Award – Informationsbroschüre, und: Selbstbewertung – Richtlinien, Brüssel 1996/97
[2] vgl. Rationalisierungskuratorium der Deutschen Wirtschaft (Herausgeber/Autorenkollektiv): RKW-Handbuch Personalplanung, Neuwied; Kriftel; Berlin 1990, S. 249
[3] vgl. u. a. die Ergebnisse einer Mitarbeiterbefragung bei SIEMENS
[4] vgl. ebenda
[5] siehe hierzu den Beitrag „Die Sicht der Fachabteilung" in diesem Buch

[6] derartige kritische Überlegungen waren bereits 1993 bei Röttig, P. F.: Humaner Personalabbau, Wien, S. 197 ff. zu lesen
[7] vgl. hierzu Rationalisierungskuratorium der Deutschen Wirtschaft (Herausgeber/Autorenkollektiv): RKW-Handbuch Personalplanung, Neuwied; Kriftel; Berlin 1990; zu den juristischen Aspekten den Beitrag „Die Sicht der juristischen Abwicklung" in diesem Buch; hier werden lediglich die rein personalwirtschaftlichen Implikationen behandelt
[8] die seit 1984 von der IGM angepeilte und geforderte 35-Stunden-Woche wurde erst 1995 erreicht, vgl. Jürgens, K.: „Volkswagen – Exportschlager in Sachen Arbeitszeit?", in: Julich, E. (Herausgeber): Beschäftigungswirksame Arbeitszeitmodelle, vdf, Hochschulverlag an der ETH
[9] vgl. hierzu Ulich, E.: „Arbeitszeit und Beschäftigung", in: Ulich, E. (Herausgeber), 2001
[10] vgl. den Beitrag „Die Sicht der juristischen Abwicklung" in diesem Buch
[11] vgl. Röttig, P. F.: Humaner Personalabbau, Wien, S. 197
[12] vgl. hierzu auch Rationalisierungskuratorium der Deutschen Wirtschaft (Herausgeber/Autorenkollektiv): RKW-Handbuch Personalplanung, Neuwied; Kriftel; Berlin 1990, S. 253 ff.
[13] dies ist Gegenstand des Beitrags „Die Sicht der Fachabteilung" in diesem Buch
[14] vgl. hierzu den Beitrag „Die Sicht der administrativen Abwicklung" in diesem Buch
[15] vgl. Rationalisierungskuratorium der Deutschen Wirtschaft (Herausgeber/Autorenkollektiv): RKW-Handbuch Personalplanung, Neuwied; Kriftel; Berlin 1990
[16] vgl. vgl. Bertelsmannstiftung i. V. m. dem Bundesinstitut für Berufsbildung (BiBB), 2003
[17] vgl. hierzu und zum Folgenden bei Röttig, P. F.: Humaner Personalabbau, Wien, S. 177 ff.
[18] vgl. Röttig, P. F.: Humaner Personalabbau, Wien, S. 180 f.

III. Die Sicht der Fachabteilung

Prof. Dr. Karl-Heinz Krüger

1 Problemfelder der Personalfreisetzung für betroffene Führungskräfte

Welche Problemstellungen sich im Zusammenhang für die betroffenen Führungskräfte ergeben, hängt von der Ursache des Personalabbaus ab.

- Einerseits kann die wirtschaftliche Lage des Unternehmens aus reinen Kostengründen Personalabbaumaßnahmen erforderlich machen. Schließlich stellen die Personalkosten einen der großen Kostenblöcke eines Unternehmens dar. Abbaumaßnahmen können aufgrund des internationalen Kostendrucks dazu dienen, die Liquidität zu sichern.
- Die Optimierung der Arbeitsabläufe, die Nutzung von Produktivitätsreserven und die organisatorische Rationalisierung gehen in vielen Fällen mit einem niedrigeren Personalbedarf einher. Ihren Bereich optimal zu organisieren, ist ständige Aufgabe von Führungskräften. Diese Optimierung kann zu einem niedrigeren Personalbedarf führen.

Im erstgenannten Fall erzwingt ein unter – organisatorisch gesehen – sachfremden Gründen vorgesehener Personalabbau dazu, dass die internen Organisationsabläufe gestört werden. Es werden Maßnahmen erforderlich, die Leistungsbereitschaft einer Organisationseinheit trotz geringerer Personalkapazität aufrechtzuerhalten. Im zweiten Fall ist der Personalabbau eine Folgeerscheinung der organisatorischen Optimierung.

1.1 Beeinträchtigung der internen bzw. an Schnittstellen nach außen auftretenden Abläufe

Werden Personalabbaumaßnahmen nicht aus organisatorischen Gründen vorgenommen,

- bleiben die Aufgaben des Bereichs gleich wie vorher,
- müssen Führungskräfte zunächst die bereichsinternen Abläufe neu organisieren, um die Ziele der Organisationseinheit trotz weniger Personalkapazität zu erreichen,
- muss das Arbeitsvolumen auf weniger Personen verteilt werden, was insbesondere Arbeitnehmervertreter als Leistungsverdichtung kritisieren,
- fallen Gesprächs- bzw. Ansprechpartner für externe Kunden oder für Kollegen an Schnittstellenpositionen in anderen Bereichen weg,
- so dass sich die Zusammenarbeit mit neuen Ansprechpartnern einspielen muss.

1.2 Neue Aufgabenverteilung/Bereichsstruktur

Ist die Optimierung der Organisation Ausgangspunkt des Personalabbaus, so stellen sich die folgenden Problemfelder für betroffene Führungskräfte:

- Bei Wegfall von ganzen Aufgabenkomplexen werden Fragen der Reduzierung des Kompetenzbereichs relevant, mit anderen Worten: der Aufgabenumfang der Führungskräfte wird reduziert.
- Dies kann dazu führen, dass als Konsequenz die Zusammenlegung mit anderen Bereichen als sinnvoll erachtet wird.
- Damit ergibt sich ein Schneeballeffekt mit dem Ergebnis, das auch Führungskräfte Zielobjekt des Personalabbaus werden.
- Hinzu kommt die Frage der mentalen Bewertung: Wird die Reduktion des Verantwortungsbereichs – zu recht - als Karriereknick empfunden?
- Dieser Fall führt dann gegebenenfalls zu einer Eigenkündigung: Wenn Perspektiven zur beruflichen Veränderung bestehen, verlassen Führungskräfte mit eingeschränktem Verantwortungsbereich und/oder Status eventuell von sich aus das Unternehmen.
- Erfahrende Personalberater sprechen schon einmal davon, dass über diesen eleganten Umweg in manchen Fällen gezieltes Hinausekeln kaschiert wird, über die – offiziell mit Vernunftaspekten begründete - Reorganisation.

Bei Wegfall einzelner Aufgaben in einer Organisationseinheit stellen sich folgende Fragen:

- Können die bestehenden Abläufe bestehen bleiben? Dies ist nur dann der Fall, wenn die Mitarbeiter arbeitsteilig unabhängig voneinander tätig sind.
- Soweit bisher teamorientiert gearbeitet wurde, wird meist eine Neuverteilung der Aufgaben erforderlich.
- Mit großer Wahrscheinlichkeit fallen heutzutage Aufgaben durch Weiterentwicklung der Infotechnologie weg. In einer Zeit, in der die Führungskraft selbst von ihrem Schreibtisch aus weltweit Daten abrufen kann, ist die Analyse von z. B. Wirtschaftsdaten, Zusammenstellung von Geschäftsdaten durch Mitarbeiter nicht mehr erforderlich.

Die genannten Aspekte sollen lediglich kurze Hinweise auf die Folgen von Abbaumaßnahmen geben. Deutlich ist, das hier in starkem Maße organisatorische Fragen ausgelöst werden, die in diesem Beitrag nicht vertieft werden können.

2 Feststellung bzw. Festlegung des Abbaupotenzials

2.1 Methodisch/systematische Personalbemessungsanalysen/Kennziffern

Wesentliche Grundlage systematischer Personalbedarfsanalysen sind Verfahren, die den Zeitbedarf für bestimmte Aufgaben einerseits und das mengenmäßige Auftreten bestimmter Aufgaben bzw. Tätigkeiten berücksichtigen (Mengen- und Zeitgerüst). Da die damit verbundenen methodischen Schritte sehr aufwändig sind und auch methodische Kenntnisse voraussetzen, werden solche Verfahren selten federführend durch die Fachabteilungen durchgeführt, sondern durch Fachleute aus dem Personal- bzw. Organisationsbereich. Allerdings sind die Fachabteilungen, deren Führungskräfte und vor allem die betroffenen Mitarbeiter intensiv an der Datenermittlung beteiligt.

Erstellung eines Tätigkeitskatalogs: Die Tätigkeiten eines Organisationsbereichs (Abteilung, Arbeitsgruppe) werden in der Regel dadurch ermittelt, dass Führungskräfte der betroffenen Fachbereiche in Interviews oder Selbstaufschreibung die in ihrem Bereich auftretenden Tätigkeiten und Arbeitsabläufe dokumentieren. Auch die Mitarbeiter selbst werden einbezogen, indem sie Tätigkeitsberichte für ihren Arbeitsplatz erstellen. Aufzulisten sind in der Regel [1]:

- die ausgeübten Tätigkeiten und
- das Aufgabenvolumen bzw. die Häufigkeiten, mit der einzelne Tätigkeiten auftreten bzw. bearbeitete Mengen an separaten Tätigkeiten.

Erstellung eines Zeitgerüsts oder einer Zeitverteilung: Immer dann, wenn der Personalabbau unter Zeitdruck ermittelt werden muss, werden Führungskräfte einbezogen, um den Zeitbedarf für bestimmte Tätigkeitsschwerpunkte zu schätzen. Die Ermittlung des Zeitaufwands der einzelnen Arbeitsvorgänge kann ebenfalls annähernd über die Selbstaufschreibung der Mitarbeiter erfolgen. Dort, wo der „Selbstdokumentations-Moral" der Mitarbeiter und/oder Führungskräfte keine ausreichende Genauigkeit zugeschrieben wird, werden die entsprechenden Daten über permanente oder stichprobenhafte Beobachtung bzw. über Zeitstudien gewonnen.

Als Ergebnis steht eine Datenbasis zur Verfügung, bei der vom Mengen- und Zeitgerüst auf einen vernünftigen Personalbedarf geschlossen wird, mit anderen Worten, auf die Anzahl erforderlicher Mitarbeiter wird bei dieser Vorgehensweise erst geschlossen, wenn die Bemessung von Aufgabenvolumen und Zeitaufwand abgeschlossen ist.

Erst dann können im Vergleich zum tatsächlichen Personalstand die Führungskräfte der betroffenen Bereiche mit einem systematisch ermittelten Personalüberhang konfrontiert werden (von der Möglichkeit einer Personalunterdeckung wird aus thematischen Gründen an dieser Stelle abgesehen) [2].

Im Zusammenhang mit einer systematischen Ermittlung des Abbaupotenzials helfen gerade methodisch ungeübten Führungskräften *Kennziffern* zur optimalen Personalausstattung.

- Einmal werden die Ergebnisse von Bemessungsanalysen in Form von Kennziffern zusammengefasst (z. B. durchschnittlicher Zeitaufwand pro Tätigkeit, Vorgang).
- Andererseits geben die Fachliteratur, einschlägige Verbände und Benchmarkanalysen Hinweise (z. B. zur optimalen Leitungsspanne von Führungskräften).

2.2 Gemeinkostenwertanalyse

Auch an diesem Verfahren sind die Führungskräfte in der Regel beteiligt; aus verschiedenen – hier nicht zu vertiefenden – Gründen werden externe Experten, häufig sogar externe Berater, in die Durchführung solcher Analysen einbezogen. Die wesentlichen Schritte des Verfahrens sind

- Erstellung eines Aufgaben- oder Leistungskatalogs
  für den eigenen Bereich und dessen Ziele erbrachte Tätigkeiten,
  für andere Unternehmensbereiche erbrachte Tätigkeiten,
  Gliederung in Haupt- und Nebentätigkeiten, ständige und Sonder-Aufgaben, Führungsleistungen/Ausführungsleistungen
- Ermittlung des zeitlichen Tätigkeitsaufwands,
- Ermittlung des kostenmäßigen Aufwands,

- Entwicklung von Einsparungsideen:
  Welche Tätigkeiten sind auch zukünftig unbedingt erforderlich? Welche Tätigkeiten können ganz oder teilweise aufgegeben werden, ohne den betrieblichen Ablauf, den Wertschöpfungsprozess und die Erreichung der Geschäftsziele zu beeinträchtigen? Welche Tätigkeiten können einfacher oder kostengünstiger erbracht werden?
- Bewertung der Einsparungsideen auf Realisierbarkeit
  Gerade in die Bewertung der Realisierbarkeit werden in der Regel Fachleute außerhalb der betroffenen Einheiten einbezogen.

Der Soll- bzw. *Zielpersonalbestand* ergibt sich somit aus einer einfachen Formel [3]:

Ist-Personalbestand
− durch wegfallende Tätigkeiten bzw. rationellere Tätigkeitserbringung freizusetzende Mitarbeiter
+ für neue Aufgaben bereitzustellende Mitarbeiter
= Soll-Personalbestand

2.3 Stellenplanmethode

Die Stellenplanmethode berücksichtigt als wesentliche Informationsbasis die gegenwärtige und zukünftige Organisationsstruktur einer Organisationseinheit. Die Festlegung der zukünftigen Organisationsstruktur bzw. die Fortschreibung des Stellenplans erfolgt ohne direkte Berücksichtigung des Zeitbedarfs für die auszuübenden Tätigkeiten. Im Vordergrund stehen Überlegungen zu einer nach aktuellen Gesichtspunkten vernünftigen oder zumindest kostenmäßig vertretbaren Organisationsstruktur eines Bereiches.

Im weitesten Sinne ähnlich wie bei der – allerdings methodisch systematischeren - Gemeinkostenwertanalyse sind sowohl die jeweils betroffenen als auch übergeordneten Führungskräfte aufgerufen, zukünftige Stellen im Stellenplan mit Plausibilitätsüberlegungen dahingehend zu prüfen und zu rechtfertigen, ob sie für die Leistungserstellung (unbedingt) erforderlich sind. Es ist auch Teil einer Führungsaufgabe, über eine zukünftig sinnvolle Aufgabenverteilung in ihrem Bereich nachzudenken – andernfalls denken andere darüber nach. Berücksichtigt werden können bzw. müssen dabei

- Erfahrungen anderer Unternehmen,
- technologische Veränderungen, die menschliche Arbeitskraft ersetzen (im Verwaltungsbereich wurde dies durch die rasante Entwicklung der Informations- und Kommunikationstechnologien erreicht),
- betriebliche Veränderungen der Aufgabenstruktur aufgrund zukünftiger Marktentwicklungen und
- Erkenntnisse des Unternehmenscontrolling (ein „Frühwarnsystem" des Managements).

2.4 Auswahl aufgrund von personellen Entscheidungen der Führungskräfte

Primäre Grundlage von Abbauentscheidungen in Krisensituationen, *in denen häufig auch nicht die Zeit für systematische Analysen bleibt*, liefert zunächst die Rechtslage. Die entscheidende Frage, die hier nur angedeutet werden kann: Wie fair ist die vom Kündigungsschutzgesetz vorgegebene Sozialauswahl wirklich?

In der neuesten Fassung dieses Gesetzes ist wieder eine personalwirtschaftlich sinnvolle Möglichkeit gegeben, die bei Antritt der derzeitigen Regierung zunächst einmal „kassiert" worden ist. Danach sind Führungskräfte im eigenen Interesse aufgerufen anzustreben, dass solche Mitarbeiter aus der Sozialauswahl herausgenommen werden, die aufgrund ihrer Qualifikation für den Bereich von besonderer Bedeutung sind.

Sobald in der betrieblichen Praxis auch Personalbeurteilungen zu personellen Einzelentscheidungen herangezogen werden, ist generell darauf zu achten, dass bei der Beurteilung von Mitarbeitern keine subjektiven Beurteilungsfehler auftreten. Im Vorfeld von Personalabbaumaßnahmen besteht die Gefahr, dass Einflüsse wie Antipathie, Vorurteile, Eigeninteressen (Egoismus) auftreten, damit die berühmte Prophezeiung „sich selbst erfüllt". Was menschlich vielleicht noch nachvollziehbar ist, kann für das Gesamtunternehmen negative Folgen haben (wenn vorrangig die aus individueller Vorgesetztensicht „unbequemen" Mitarbeiter entsprechend negativ beurteilt werden).

3 Auswirkung auf die vorhandenen Mitarbeiter

3.1 Fluktuationssteigernde Wirkung bei Leistungsträgern

Durch kritische Entwicklungen in einem Unternehmen steigt häufig die Wechselbereitschaft von Leistungsträgern betroffener Organisationsbereiche, mit anderen Worten die rechtzeitige „Flucht aus dem Felde".

Voraussetzung dafür ist ein hoher Marktwert bestimmter Qualifikationen. Gerade Mitarbeiter mit wichtigen Schlüsselqualifikationen haben angesichts der demografischen Entwicklung gute Chancen auf dem Arbeitsmarkt. Inzwischen spukt bereits das Schlagwort vom „War for Talents" – vor allem auf dem Markt populär- also halb- wissenschaftlicher Publikationen – und versetzt Personalfachleute in Ängste.

Ohne den Teufel an die Wand malen zu wollen: Auch wenn dies vielleicht kein Personalberater zugeben würde – gerade Unternehmen, die Personal abbauen müssen, sind theoretisch ein Tummelfeld dieser Zunft. Es liegt nahe, gerade in einem solchen Umfeld Leistungsträger zu identifizieren und ihnen berufliche Perspektiven aufzuzeigen.

Aber auch Arbeitnehmer selbst haben inzwischen lernen müssen, dass sich uneingeschränkte Loyalität dem Arbeitnehmer gegenüber nicht mehr rechtfertigen lässt in einer Zeit, in der in den Medien Unternehmen verfolgt werden konnten, die gerade noch die Bedeutung des Faktors Mensch auf Hauptversammlungen beschworen haben, kurze Zeit danach aber ohne mit der Wimper zu zucken überflüssiges Personal („Overhead") entließen. Unternehmen, die, wenn es darauf ankommt, überhaupt nicht loyal zu Mitarbeitern sind, dürfen sich nicht wundern, wenn Leistungsträger ebenfalls nicht gerade brav auf ihrem Arbeitsplatz verharren, bis es zu spät ist. Mit anderen Worten: Wenn Unternehmen nicht zimperlich sind, kollektiv jene auszusortieren, die nicht zur Wettbewerbsfähigkeit des Systems beitragen, müssen sie sich an Mitarbeiter gewöhnen, die bei den ersten Anzeichen einer Krise ihre individuellen Chancen bei anderen Arbeitgebern suchen [4].

Marktwertsteigernde Fortbildung: Ein – natürlich ungewollter, zwangsläufig aber in Kauf genommener – Nebeneffekt von Fortbildungsmaßnahmen ist, dass dadurch nicht nur Motivation und Einsatzmöglichkeiten von Mitarbeitern im derzeitigen Unternehmen positiv beeinflusst werden; auch der Marktwert wird dadurch gesteigert [5]. Darüber hinaus gehen Mitarbeiter u. a. auch deswegen gerne Auslandseinsätze ein, weil dadurch ihre Chancen auf dem Arbeitsmarkt noch weiter verbessert werden.

3.2 Aufkommender „Sozialdarwinismus": Mobbing

Das seit einigen Jahren auf dem Buchmarkt etwas überzeichnete, trotzdem nicht zu unterschätzende Phänomen vom „Kleinkrieg im Büro" kann durch Abbaumaßnahmen noch verstärkt werden. Gerade in der Phase nach der grundsätzlichen Bekanntgabe notwendiger Abbaumaßnahmen, bevor aber Details feststehen, erscheint es in fataler Weise „all zu menschlich", dass hinter den Kulissen ein Kampf um das Verbleiben am Arbeitsplatz einsetzt.

Es selektieren nicht nur die verantwortlichen Führungskräfte, sondern auch die Mitarbeiter selbst. Denkbar ist jedenfalls, dass bestimmte, „überlebenswillige" Mitarbeiter potenzielle Konkurrenten einerseits bzw. Außenseiter auszuschalten versuchen, die als „Verlierer" angesehen werden, die in sozialen Gruppen oft benötigt werden, um das Gemeinschaftsgefühl des restlichen Teams zu stärken. Durch derartige – vorsichtig ausgedrückt – „interne Prozesse" ausgelöste Fluktuation kommt Unternehmen bzw. Führungskräften häufig entgegen, erleichtert den Personalabbau, und wird elegant mit „natürlicher Fluktuation" umschrieben [6].

Unangenehmer Nebeneffekt ist dann jedoch, dass Mobbing nicht nur Konsequenzen für einzelne Mitarbeiter hat, sondern auch die Effizienz der Arbeitsabläufe in den betroffenen Bereichen stark einschränkt – im günstigeren Fall eventuell vorübergehend, im ungünstigeren Fall nachhaltig.

3.3 Eingeschränkte Effektivität/Produktivität während des gesamten Freisetzungsprozesses

Die Belastungen, die mit der Möglichkeit verbunden ist, den Arbeitsplatz zu verlieren, und die dadurch in betroffenen Bereichen entstehende Unruhe belasten zwangsläufig die Arbeitsproduktivität – die Konzentration wird von der Aufgabenerledigung auf die berufliche Zukunft gelenkt.

Aber auch nachdem Klarheit über die weitere Vorgehensweise herrscht, wirft die Zukunft bereits ihre speziellen Schatten voraus, indem Aufgaben bzw. Arbeitsabläufe an die verbleibenden Mitarbeiter zu übergeben sind, sofern der Personalabbau nicht auf wegfallenden Aufgaben beruhte.

- Verbleibende Mitarbeiter müssen sich bereits vor dem Abgang eines bisherigen Kollegen mit neuen Aufgaben vertraut machen, sich einarbeiten. Wenn diese Einarbeitung durch ein schlechteres Betriebsklima belastet wird, ohne dass dies der Vorgesetzte erkennt, werden zukünftige Fehler der verbleibenden Mitarbeiter vorprogrammiert.
- Scheidenden Mitarbeitern muss freie Zeit für die Stellensuche gewährt werden, eine dadurch bedingte zeitweise Abwesenheit kann nicht mit dem Druck eines noch auszustellenden Arbeitszeugnisses verhindert werden; so dass Probleme bei der Einarbeitung von Kollegen nicht dem scheidenden Mitarbeiter angelastet werden können.
- Last but not least sorgt auch noch das Thema bisher noch nicht in Anspruch genommenen Urlaubs auch aus dem Vorjahr dafür, dass der organisatorische Übergang zur Phase nach dem Personalabbau nicht so reibungslos abläuft.

In der Fachliteratur werden Beispiele berichtet, wonach verbleibende Mitarbeiter in amerikanischen Unternehmen sich nach der Verabschiedung gekündigter Mitarbeiter fröhlich zu einem Umtrunk zusammensetzten [7]. Im Normalfall kann angenommen werden, dass Überlegungen entstehen, „wann die nächsten dran sind". Immerhin wurde Angst um den Arbeitsplatz als eine der häufigsten Ursachen für psychosomatische Erkrankungen herausgefunden.

3.4 Leistungsverdichtung für die verbleibenden Mitarbeiter

Konsequenzen für das Aufgabenvolumen der verbleibenden Mitarbeiter bestehen dann nicht, wenn aus sachlichen Gründen wegfallende Aufgaben zu betriebsbedingtem Personalabbau geführt hat. In anderen Fällen werden Aufgaben, die bisher von den früheren Kollegen erledigt wurden, auf die verbleibenden Mitarbeiter verteilt werden müssen, um die Leistungsfähigkeit des Bereichs aufrechtzuerhalten [8].

Die Folge können permanente Mehrarbeit/Überstunden der verbleibenden Mitarbeiter sein, was Gewerkschaften z. T. vehement ablehnen.

Unabhängig von der individual- und kollektivrechtlichen Problematik von Mehrarbeit oder Überstunden sind die Folgeerscheinungen nicht nur psychischer, sondern ebenfalls physischer Natur [9].

Aber selbst wenn der geringere Personalkapazitätsbedarf durch neue Technologien bedingt war, muss zumindest die Hürde von Fortbildungsmaßnahmen genommen werden, die ebenfalls zu einer zwischenzeitlich zu kompensierenden Abwesenheit von Mitarbeitern führen kann.

4 Problemfelder der Durchführung

4.1 Bereichsinterne Informationspolitik

Das Thema Informationspolitik wird auch in der einschlägigen Fachliteratur mehr oder weniger auffällig der strukturellen und finanziellen Seite des Personalabbaus festgemacht. Falsch ist es somit, wenn in der Praxis

- Mitarbeiter dem Verhalten ihrer Führungskräfte wochenlang hilflos gegenüberstehen, weil sie ständig nur vage Vermutungen über ihr Verbleiben oder Ausscheiden hören müssen,
- Führungskräfte die Informationsweitergabe nur mit der rationalen Seite ihres Gehirns durchführen, anstatt im Sinne menschlicher Kommunikation auch die emotionale Seite des Mitarbeiters zu spüren bzw. zu erreichen; Mitarbeiter müssen auch über Emotionen sprechen können,
- die Mitarbeiter spüren, dass sich ihre Vorgesetzten in höheren Sphären ihrer eigenen Sicherheit oder Ignoranz bewegen
- und dieser wichtige kommunikative Schritt Einfühlungsvermögen in die aufkommenden Ängste des Betroffenen vermissen lässt [10].

In dieser Phase ist es wichtig, vor nachfolgenden individuellen Gesprächen einen Umgang mit allen Mitarbeitern zu pflegen, der Informationszurückhaltung nicht als Mittel zur Festigung der eigenen Machtposition beinhaltet, sondern von einem Mindestmaß an Fairness – die Mitarbeiter auch in emotional aufgeladenen Situationen durchaus spüren – getragen ist, auch wenn die Informationen selbst für die Betroffenen noch so bitter sind, und damit ein großer Teil der Verantwortung auf die Führungskräfte vor Ort übertragen wird. Die Informationspolitik gegenüber allen Mitarbeitern des Bereichs muss auch signalisieren, dass es auch seitens der verbleibenden Mitarbeiter darauf ankommt, peinliche Situationen zu vermeiden – bis zum Austritt ist der scheidende Mitarbeiter kein Störenfried!

4.2 Mitarbeitergespräche als Instrument der Krisenbewältigung

In diesem Zusammenhang wird häufig gefordert, dass direkte Vorgesetzte an Kündigungsgesprächen teilnehmen sollen – wenn sie diese nicht schon selbstverantwortlich führen sollen. Allerdings ist Kündigungsgesprächen anzumerken, dass sie sich häufig auf die arbeitsrechtlichen Aspekte wie Austrittstermin, sonstige Beendigungsmodalitäten (z. B. Zeugnis) etc. beschränken. Ein auf diese Dinge reduziertes Gespräch wird im übrigen in der Praxis zum Anlass genommen, dieses dem Personalverantwortlichen zu überlassen. Bevor die eher formalen Aspekte angesprochen werden, hat der direkte Vorgesetzte die Verpflichtung,

- mit dem betroffenen Mitarbeiter über die Entscheidung zu sprechen, dass sein Arbeitsplatz in der neuen Bereichsorganisation nicht mehr benötigt wird,
- zu versuchen, die genaueren Gründe zu erläutern,
- von der Tatsache, dass es zur unternehmerischen Freiheit gehört, Arbeitskapazitäten an die wirtschaftlichen Rahmenbedingungen anzupassen, nicht gleich abzuleiten, dass der Mitarbeiter dies sofort versteht,
- auf Fragen wie: „Warum gerade ich?" vorbereitet zu sein und zu reagieren,
- sich vor allem der emotionalen Seite der Situation zu stellen und darüber bereit sein zu reden
- und damit zu leben, dass hier nicht nur seine fachliche Kompetenz gefragt ist, sondern sein psychologisches Einfühlungsvermögen.

Über solche Themen zu reden, ist Aufgabe des direkten Vorgesetzten. Dieser

- hat jahrelang mit dem Mitarbeiter zusammengearbeitet,
- er kennt am besten seine Stärken und Schwächen, die der Personalbereich allenfalls aus der Personalakte in Form von Beurteilungen herauslesen kann (wenn keine Beurteilungsfehler zu vermerken sind),

- er kann am ehesten auch berufliche Perspektiven mitentwickeln und
- er ist derjenige, der die Aufgabe hat, mit einer objektivierten abschließenden Beurteilung an der Erstellung eines Arbeitszeugnisses mitzuwirken.

Nicht zu vergessen ist, dass der Vorgesetzte es in Gruppen- oder Einzelgesprächen in der Hand hat, Überzeugungsarbeit für neue Aufgabenverteilungen bei den verbleibenden Mitarbeitern zu leisten. Immerhin ist nach den Erkenntnissen der Organisationspsychologen die Übernahme zusätzlicher Aufgaben eine Möglichkeit, sich weiterzuentwickeln (Job Enrichment).

5 Führungsqualität in Krisenzeiten

P. F. Drucker hat schon recht früh darauf hingewiesen, dass angesichts der zu erwartenden wirtschaftlichen Entwicklung nicht ausreicht, „Schönwetterkapitäne" als Führungskräfte zu haben, sondern solche, die auch in Krisen in der Lage sind, Mitarbeiter zu überzeugen.

5.1 Motivation der verbleibenden Mitarbeiter aus theoretischer und praktischer Sicht

Hier sind die Komponenten der Leistungsmotivation, vor allem die intrinsischen Faktoren zu berücksichtigen. Die Führungskräfte müssen Zuversicht wecken und angemessene Erwartungen erzeugen, das heißt subjektive Einschätzungen relativieren. Nur selten ist die Forderung von Arbeitsplatzgarantien realistisch.

Führungskräfte haben eine Vorbildfunktion. Auch sie müssen ihre Jobs mit weniger Hilfe durch andere bewältigen. Zudem ist es an ihnen, die Glaubwürdigkeit der langfristigen Orientierung des Unternehmens – bei allen Schwierigkeiten – zu vermitteln.

Schließlich müssen die Führungskräfte die psychologischen Probleme der verbleibenden Mitarbeiter ansprechen.

5.2 Authentizität der Führungskraft

Für die genannten Aufgaben ist die emotionale Kompetenz eine wesentliche Voraussetzung. Daher sind praxisnahe Trainingsmodule zur emotionalen Kompetenz unverzichtbar.

Literatur

[1] vgl. im Detail Wittlage, H.: Personalbedarfsermittlung, München; Wien 1995
[2] Die heute bekannten Methoden der Personalbedarfsbemessung sind in Deutschland mit dem Namen REFA verbunden. Eine Form der Bemessung durch statistische Stichproben stellt das Multimomentverfahren dar (MTM).
[3] vgl. Wittlage, H.: Personalbedarfsermittlung, München; Wien 1995, S. 132

[4] C. Scholz hat für diesen Effekt das Wortspiel Darwiportunismus geprägt; vgl. Scholz, C.: Spieler ohne Stammplatzgrantie – Darwiportunismus in der neuen Arbeitswelt, Weinheim 2003

[5] Die damit verbundene mögliche Frage der – zumindest teilweisen – Rückzahlung von Fortbildungskosten für den Fall, dass der Mitarbeiter relativ zeitnah danach das Unternehmen verlässt, ist eine rechtliche Thematik, die an dieser Stelle nicht vertieft werden kann. In Arbeitsverträgen wird diese Rückzahlung im Rahmen der geltenden Rechtsprechung häufig geregelt, um die Bindung an den Arbeitgeber zu erhöhen.

[6] Insbesondere Sozialpsychologen haben diesen Effekt bei der Analyse von Gruppenprozessen berichtet; wie sich Selektionsmechanismen von Unternehmen und Mobbing gegenseitig verstärken, hat C. Scholz ausgeführt; vgl. Scholz, C.: Spieler ohne Stammplatzgrantie – Darwiportunismus in der neuen Arbeitswelt, Weinheim 2003, S. 44

[7] so ebenfalls C. Scholz, a.a.O.

[8] vgl. hierzu den Beitrag „Die Sicht der Personalabteilung in diesem Buch

[9] so ebenfalls Untersuchungen zu gesundheitlichen Auswirkungen ungünstiger Arbeitsbedingungen

[10] vgl. Röttig, P. F.: Humaner Personalabbau, Wien, S. 197 ff.

IV. Die Sicht der juristischen Abwicklung

Prof. Dr. Peter Pulte

1 Maßnahmen und Besonderheiten

Personalanpassungen an veränderte Rahmenbedingungen können durch mildere oder härte Maßnahmen vorgenommen werden. Dies reicht vom Einstellungsstopp über die Einführung von Kurzarbeit bis hin zu Beendigungen der Arbeitsverhältnisse und Massenentlassungen. Zu den milderen Maßnahmen gehören:

- Abbau von Überstunden,
- Kurzarbeit,
- Kürzung der regulären Arbeitszeit,
- Urlaubsplanung und -abbau,
- Einführung von Arbeitszeitkonten,
- Abbau von Leiharbeit,
- Einstellungsbeschränkungen und -stopp,
- vorzeitige Pensionierung.

All diese Maßnahmen sind in erster Linie personalwirtschaftliche Instrumente, bei denen die juristischen Besonderheiten keine so große Rolle spielen wie bei der Personalfreisetzung.

Bei der Beendigung des Arbeitsverhältnisses sind hingegen zahlreiche Besonderheiten zu berücksichtigen, die es im sonstigen Vertragsrecht nicht gibt. Die nachfolgende Darstellung beschränkt sich auf diese Besonderheiten.

2 Personalanpassung ohne Kündigung

Das Arbeitsverhältnis kann außer durch Kündigung aus zahlreichen anderen Gründen enden. Andererseits gibt es, in Abweichung vom sonstigen Vertragsrecht, mehrere Sachverhalte, die keine Beendigung des Arbeitsverhältnisses mit sich bringen (Bild 1).

Keine Beendigungstatbestände	Grund
Rücktrittsvorbehalt des Arbeitgebers	Umgehung des KSchG
Betriebsübergang	Rechtsnachfolge gem. § 613a BGB
Wegfall der Geschäftsgrundlage	grundsätzlich Kündigung nötig
Einberufung zum Wehr- oder Ersatzdienst	§ 1 ArbPlSchG
Arbeitskampf	nur Suspendierung
Tod des Arbeitgebers	Rechtsnachfolge
Insolvenz	Kündigung erforderlich, § 113 InsO

Bild 1: Sachverhalte, die keine Beendigung des Arbeitsverhältnisses mit sich bringen

Im Folgenden sind die Beendigungstatbestände ohne Kündigung beschrieben.

2.1 Fehlerhafter Arbeitsvertrag

Ein Arbeitsvertrag kann aus den verschiedensten Gründen rechtlich fehlerhaft sein. Die Folge sind entweder Nichtigkeit, d. h. von vornherein bestehende Unwirksamkeit des Vertrages, oder Anfechtbarkeit, d. h. Beseitigung des Vertrages auf entsprechende Anfechtungserklärung einer Partei hin, dann allerdings auch mit rückwirkender Kraft (Bild 2). Die Zeit, für die gleichwohl Arbeit geleistet wurde, gilt als „faktisches" (tatsächliches) Arbeitsverhältnis, das wie ein fehlerfreies Arbeitsverhältnis abgewickelt werden muss.

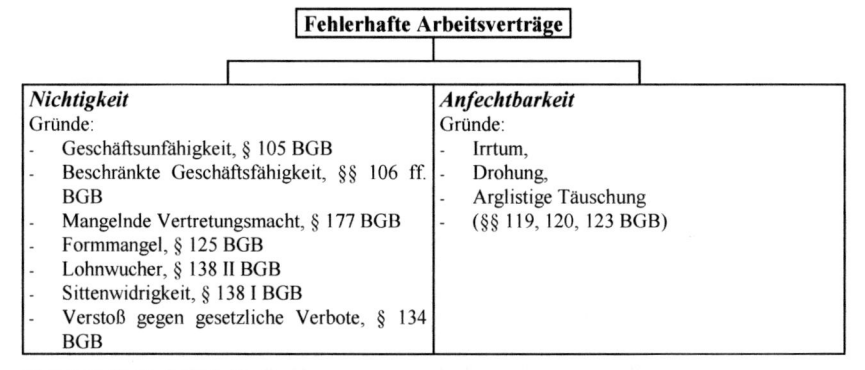

Fehlerhafte Arbeitsverträge	
Nichtigkeit Gründe: - Geschäftsunfähigkeit, § 105 BGB - Beschränkte Geschäftsfähigkeit, §§ 106 ff. BGB - Mangelnde Vertretungsmacht, § 177 BGB - Formmangel, § 125 BGB - Lohnwucher, § 138 II BGB - Sittenwidrigkeit, § 138 I BGB - Verstoß gegen gesetzliche Verbote, § 134 BGB	***Anfechtbarkeit*** Gründe: - Irrtum, - Drohung, - Arglistige Täuschung - (§§ 119, 120, 123 BGB)

Bild 2: Fehlerhafte Arbeitsverträge

2.2 Tod des Arbeitnehmers

Der Tod des Arbeitnehmers beendet das Arbeitsverhältnis (§ 613 BGB). Beim Tod des Arbeitgebers endet das Arbeitsverhältnis allenfalls dann, wenn der Arbeitgeber eine natürliche Person ist.

2.3 Befristung

Befristete Arbeitsverträge (Arbeitsverträge auf Zeit) enden ohne Kündigung mit Ablauf der vereinbarten Zeit (§ 15 TzBfG). Die Dauer eines befristeten Arbeitsvertrages kann durch Termin oder Zweck der Arbeitsleistung bestimmt werden.

2.4 Altersgrenze

Das Erreichen des 65. Lebensjahres bedeutet nicht automatisch die Beendigung des Arbeitsverhältnisses. Ohne Kündigung endet ein Arbeitsverhältnis nur bei Vollendung des 65. Lebensjahres oder bei Bezug von Altersrente, wenn dies im Tarifvertrag, in einer Betriebsvereinbarung oder im Arbeitsvertrag entsprechend festgelegt ist (vgl. § 41 SGB VI).

2.5 Auflösungsurteil

Ist die Kündigung unwirksam, aber eine Zusammenarbeit wegen der Verfeindung der Parteien nicht mehr zumutbar, besteht auf Antrag einer Partei die Möglichkeit, durch Urteil das Arbeitsverhältnis gegen Zahlung einer Abfindung durch den Arbeitgeber zu beenden (§ 9 KSchG). Die Höhe der Abfindung kann je nach Lebensalter und Betriebszugehörigkeit bis zu 18 Monatsgehältern betragen (§ 10 KSchG).

2.6 Aufhebungsvertrag

Durch einen schriftlichen Vertrag kann das Arbeitsverhältnis jederzeit aufgehoben werden. Es gelten dann weder Kündigungsvorschriften noch das Mitwirkungsrecht des Betriebsrates. Auch Schwangere, Schwerbehinderte und Betriebsratsmitglieder können einen Aufhebungsvertrag abschließen. Der Aufhebungsvertrag kann wegen Irrtums über den Inhalt, widerrechtliche Drohung oder arglistige Täuschung angefochten werden.

Ein Aufhebungsvertrag bedarf zu seiner Wirksamkeit der Schriftform, § 623 BGB. Wird die Schriftform nicht eingehalten, ist der Aufhebungsvertrag nichtig (§ 125 BGB). Das Arbeitsverhältnis besteht dann fort. Über steuer- und sozialversicherungsrechtliche Folgen des Aufhebungsvertrages ist der Arbeitnehmer aufzuklären.

2.6.1 Abfindung

Die Parteien können sich im Zusammenhang mit einem Aufhebungsvertrag über die Zahlung einer Abfindung einigen. Ein gesetzlicher Anspruch hierauf besteht nicht.

Abfindungen wegen einer vom Arbeitgeber veranlassten oder gerichtlich ausgesprochenen Auflösung des Dienstverhältnisses sind nach § 3 Nr. 9 EStG bis zu bestimmten Höchstbeträgen steuerfrei. Sie betragen grundsätzlich 8.181 Euro. Hat der Arbeitnehmer das 50. Lebensjahr vollendet und hat das Dienstverhältnis mindestens 15 Jahre bestanden, so beträgt der Höchstbetrag 10.226 Euro. Hat der Arbeitnehmer das 55. Lebensjahr vollendet und hat das Dienstverhältnis mindestens 20 Jahre bestanden, so beläuft sich der Höchstbetrag auf 12.271 Euro. Soweit die Abfindung den Freibetrag übersteigt, kommt eine ermäßigte Besteuerung nach § 34 EStG in Betracht (rechnerische Verteilung auf 5 Jahre zur Abmilderung der Progressionswirkung). Abfindungen sind unabhängig von einer eventuellen Versteuerung sozialversicherungsabgabenfrei.

2.6.2 Arbeitslosengeld

Der Anspruch auf Arbeitslosengeld ruht, wenn der Arbeitnehmer wegen Beendigung des Arbeitsverhältnisses eine Abfindung erhalten oder zu beanspruchen hat und darin Arbeitsentgelt enthalten ist. Dies ist dann der Fall, wenn das Arbeitsverhältnis ohne Einhaltung der ordentlichen Kündigungsfrist beendet wurde (§ 143a SGB III). Das Ruhen des Arbeitslosengeldanspruchs gilt für die Dauer der nicht eingehaltenen Kündigungsfrist, längstens ein Jahr. Je nach Höhe der Abfindung und gesetzlicher Freibeträge kann sich der Ruhenszeitraum verkürzen. Eine Sperrzeit ohne Arbeitslosengeldzahlung von regelmäßig zwölf Wochen tritt dann ein, wenn der Arbeitnehmer das Beschäftigungsverhältnis ohne wichtigen Grund gelöst hat (§ 144 SGB III).

2.7 Altersteilzeit

Nach § 1 Altersteilzeitgesetz (ATG) kann Arbeitnehmern, die das 55. Lebensjahr vollendet haben, durch Altersteilzeit der gleitende Übergang vom Erwerbsleben in den Ruhestand ermöglicht werden. Die Bundesanstalt für Arbeit fördert diese Maßnahmen bis zu sechs Jahren bei Vorliegen der Voraussetzungen (Wiederbesetzung des Arbeitsplatzes für mindestens 4 Jahre) mit entsprechenden Aufstockungsleistungen.

Einen Anspruch auf Altersteilzeit begründet das ATG nicht. Es bedarf vielmehr einer individualvertraglichen Vereinbarung oder eines Tarifvertrages, der einen solchen Anspruch vorsieht.

Wichtige arbeitsrechtliche Regelungen im Zusammenhang mit der Altersteilzeit enthält § 8 ATG, insbesondere ein Kündigungsverbot wegen der möglichen Inanspruchnahme von Altersteilzeit (§ 8 I ATG). Das ATG ist bis zum 31.12.2009 befristet.

3 Personalanpassung durch Kündigung

Die Kündigung ist die Erklärung einer der Parteien des Arbeitsvertrages, das Arbeitsverhältnis beenden zu wollen. Grundsätzlich sind sowohl der Arbeitgeber wie der Arbeitnehmer zur Kündigung berechtigt; für beide gelten dabei die Grundsätze des Rechts von Vertragsverhältnissen. Für den Arbeitnehmer besteht ein Kündigungsschutz durch das Kündigungsschutzgesetz (KSchG), das Anhörungs- und Widerspruchsrecht des Betriebsrats / Sprecherausschusses (§ 102 BetrVG; § 31 II SprAuG) und die Kündigungsschutzbestimmungen für besondere Personengruppen. Die Kündigung als eine einseitige Willenserklärung hat folgende Auswirkungen:

- Die Kündigung eines Minderjährigen ohne Zustimmung des gesetzlichen Vertreters ist nichtig (§ 111 BGB).
- Die Kündigung erfordert Vertretungsmacht (§ 180 I BGB). Eine nachträgliche Genehmigung ist nur möglich, wenn der Kündigungsempfänger die behauptete Vertretungsmacht nicht beanstandet.
- Die von einem Bevollmächtigten erklärte Kündigung ist unwirksam, wenn sie vom Kündigungsempfänger unverzüglich zurückgewiesen wird und der Bevollmächtigte keine Vollmachtsurkunde vorlegt (§ 174 BGB). Die Zurückweisung ist nicht möglich, wenn der Bevollmächtigte im Betrieb eine Stellung einnimmt, die üblicherweise mit dem Kündigungsrecht verbunden ist.

3.1 Zugang der Kündigung

Der Zugang der Kündigung ist Voraussetzung für die Wirksamkeit der Kündigung und den Beginn der Kündigungsfrist. Sie braucht von der anderen Partei nicht angenommen zu werden, um wirksam zu sein. Ein Zugang beim Empfänger liegt vor, wenn die Kündigungserklärung so in den Machtbereich des Empfängers gelangt, dass mit ihrer Kenntnisnahme unter gewöhnlichen Umständen zu rechnen ist.

Eine Kündigung kann nicht einseitig zurückgenommen werden. Eine Rücknahme ist nur vor Zugang möglich. Nach Zugang muss sich der Empfänger mit einer Rücknahme einverstanden erklären, andernfalls wird das Arbeitsverhältnis beendet.

3.2 Inhalt und Form der Kündigung

Eine Kündigung muss schriftlich erfolgen (§ 623 BGB). Sie muss deutlich und zweifelsfrei sein. Unklarheiten gehen zu Lasten des Kündigenden. Ist der Zeitpunkt, zu dem das Arbeitsverhältnis enden soll, nicht eindeutig angegeben, ist von einer ordentlichen Kündigung zum nächstmöglichen Termin auszugehen.

Die Angabe des Kündigungsgrundes ist bei einer ordentlichen Kündigung nicht, und bei einer außerordentlichen Kündigung nur auf Verlangen vorgeschrieben (§ 626 II BGB), *Ausnahmen:*

1. wenn dies durch Tarifvertrag, Betriebsvereinbarung oder Einzelvertrag vereinbart ist,
2. wenn ein Ausbildungsverhältnis gekündigt wird (§ 15 III BBiG).

Ein Nachschieben von Kündigungsgründen ist grundsätzlich zulässig, wenn die Gründe bereits bei Abgabe der Erklärung vorgelegen haben. Sofern ein Betriebsrat besteht, können aber keine Gründe nachgeschoben werden, zu denen der Betriebsrat nicht ordnungsgemäß gehört wurde (§ 102 BetrVG).

Eine Kündigung kann wegen Verstoß gegen ein gesetzliches Verbot oder die guten Sitten nichtig sein (z. B. §§ 125, 138 BGB).

3.3 Mitbestimmung des Betriebsrats / Sprecherausschusses

Wenn der Betriebsrat / Sprecherausschuss nicht unter Angabe der Gründe vor der Kündigung unterrichtet wird, ist diese unwirksam (§ 102 I BetrVG; § 31 II SprAuG). Der Betriebsrat / Sprecherausschuss kann gegen die außerordentliche Kündigung innerhalb von 3 Tagen Bedenken erheben. Bei der ordentlichen Kündigung kann der Betriebsrat innerhalb einer Woche Bedenken äußern (§ 102 II BetrVG) oder schriftlich widersprechen (§ 102 III BetrVG), wenn

- der Arbeitgeber bei der Sozialauswahl soziale Gründe nicht ausreichend berücksichtigt hat,
- die Kündigung Richtlinien widerspricht, die mit dem Betriebsrat vereinbart sind,
- der zu kündigende Arbeitnehmer an einem anderen Arbeitsplatz im Betrieb oder Unternehmen weiterbeschäftigt werden kann,
- eine Weiterbeschäftigung nach zumutbaren Schulungsmaßnahmen oder zu geänderten Vertragsbedingungen möglich ist.

Hat der Betriebsrat Widerspruch gegen die Kündigung eingelegt und der Arbeitnehmer rechtzeitig Kündigungsschutzklage erhoben, ist der Arbeitnehmer bis zum Abschluss des Kündigungsschutzprozesses weiterzubeschäftigen, wenn dies nicht zu einer unzumutbaren Belastung des Arbeitgebers führt (§ 102 V BetrVG).

3.4 Die ordentliche Kündigung

Der Regelfall der einseitigen Beendigung eines unbefristeten Arbeitsverhältnisses ist die ordentliche, fristgerechte Kündigung (§ 622 BGB). Eine solche Kündigung ist bereits vor Arbeitsaufnahme zulässig. Durch Tarifvertrag oder Einzelvereinbarung kann das Recht zur ordentlichen Kündigung ausgeschlossen werden, in einer Betriebsvereinbarung nur dann, wenn keine tariflichen Kündigungsbeschränkungen bestehen.

Bei befristeten Arbeitsverhältnissen ist eine ordentliche Kündigung ausgeschlossen, wenn dieses nicht im Arbeitsvertrag ausdrücklich vereinbart ist (§ 15 III TzBfG).

Der Arbeitnehmer kann ohne sachlichen Grund kündigen. Die Kündigung des Arbeitgebers muss bei Anwendung des KSchG sozial gerechtfertigt sein (§ 1 KSchG).

Eine ordentliche Kündigung kann mit einer Frist von vier Wochen zum Fünfzehnten oder zum Ende eines Kalendermonats erfolgen (§ 622 I BGB). Die Kündigungsfrist während einer vereinbarten Probezeit (längstens sechs Monate) beträgt mindestens zwei Wochen (§ 622 III BGB).

Mit längerer Dauer des Arbeitsverhältnisses verlängern sich die Kündigungsfristen für den Arbeitgeber (§ 622 II BGB, Bild 3).

Dauer des Arbeitsverhältnisses	Kündigungsfrist
2 Jahre	1 Monat zum Monatsende
5 Jahre	2 Monate zum Monatsende
8 Jahre	3 Monate zum Monatsende
10 Jahre	4 Monate zum Monatsende
12 Jahre	5 Monate zum Monatsende
15 Jahre	6 Monate zum Monatsende
20 Jahre	7 Monate zum Monatsende
Bei der Berechnung der Beschäftigungsdauer werden Zeiten vor Vollendung des 25. Lebensjahres nicht berücksichtigt.	

Bild 3: Gesetzliche Mindestkündigungsfristen

In Tarifverträgen können sowohl längere als auch kürzere Fristen vereinbart werden (§ 622 IV BGB). In Einzelverträgen können grundsätzlich nur längere Kündigungsfristen vereinbart werden, kürzere Kündigungsfristen nur ausnahmsweise (§ 622 V BGB):

- für Aushilfskräfte, wenn die Dauer des Arbeitsverhältnisses drei Monate nicht überschreitet;
- in Betrieben mit nicht mehr als zwanzig Arbeitnehmern (wobei Auszubildende nicht und Teilzeitkräfte mit einer regelmäßigen wöchentlichen Arbeitszeit von nicht mehr als 20

Stunden mit 0,5 und nicht mehr als 30 Stunden mit 0,75 wöchentlich berücksichtigt werden). Die Kündigungsfrist beträgt dann vier Wochen ohne festen Kündigungstermin.

Für die Kündigung durch den Arbeitnehmer darf keine längere Frist gelten als für die Kündigung durch den Arbeitgeber (§ 622 VI BGB).

Für die Fristberechnung gelten die §§ 186 ff. BGB. Es handelt sich hier umeine Ereignisfrist gem. § 187 I BGB. Wird die Kündigungsfrist nicht eingehalten, ist die Kündigung normalerweise trotzdem wirksam, da sie in eine Kündigung zum nächstmöglichen Termin umgedeutet werden kann (§ 140 BGB).

3.5 Außerordentliche Kündigung

Eine außerordentliche Kündigung kommt in Betracht, wenn ein Grund vorliegt, der die Fortsetzung des Arbeitsverhältnisses für einen Vertragspartner unzumutbar macht (§ 626 BGB). Die außerordentliche Kündigung muss die unausweichlich letzte Maßnahme für den Kündigenden sein, d. h. alle milderen Mittel (z. B. Versetzung, Änderungskündigung, ordentliche Kündigung) müssen erschöpft sein.

Im Gegensatz zur ordentlichen Kündigung kann eine außerordentliche Kündigung auch fristlos erklärt werden. Sie wird dann mit dem Tag des Zugangs wirksam.

3.5.1 Wichtiger Grund

Der wichtige Grund für die außerordentliche Kündigung muss objektiv die Fortsetzung des Arbeitsverhältnisses unmöglich machen. Solche Gründe können z. B. sein:

- Arbeitsverweigerung, Bummelei mit erheblichen Fehlzeiten,
- Verletzung von Sicherheitsbestimmungen,
- schwerwiegende Beleidigungen,
- Trunkenheit am Steuer (bei Kraftfahrern),
- Bestechlichkeit, Spesenbetrug,
- falsche Dokumentation von Arbeitszeiten.

3.5.2 Unzumutbarkeit

Der kündigenden Partei muss es bei einer außerordentlichen Kündigung unzumutbar sein, das Arbeitsverhältnis bis zum Ablauf der ordentlichen Kündigungsfrist fortzusetzen. Hierbei sind alle Umstände des Einzelfalls zu berücksichtigen und die Interessen des Unternehmens und die des Arbeitnehmers abzuwägen.

Liegen z. B. Mängel in der Leistung vor und können diese Mängel vom Arbeitnehmer ausgeräumt werden, so ist auf jeden Fall vorher eine Abmahnung notwendig. Liegt eventuell ein Mitverschulden des Arbeitgebers vor, so kann die außerordentliche Kündigung ungerechtfertigt sein.

3.5.3 Erklärungsfrist

Die außerordentliche Kündigung muss innerhalb von vierzehn Kalendertagen ausgesprochen werden, nachdem dem Arbeitgeber der Grund für die Kündigung bekannt geworden ist. Nach Ablauf der Frist wird unwiderlegbar vermutet, dass dem Kündigenden die Fortsetzung des Arbeitsverhältnisses zumutbar ist. Innerhalb dieser Frist ist auch die Anhörung des Betriebsrats bzw. Sprecherausschusses vorzunehmen (§ 102 BetrVG; § 31 II SprAuG).

3.5.4 Verdachtskündigung

Der dringende Verdacht einer schweren arbeitsvertraglichen Pflichtverletzung kann ein Grund für eine Kündigung sein. Voraussetzung hierfür ist, dass

1. der Verdacht objektiv durch Tatsachen begründet ist,
2. das Vertrauensverhältnis erheblich zerstört ist,
3. dem Arbeitnehmer Gelegenheit zur Stellungnahme gegeben wurde,
4. der Arbeitgeber alles zur Aufklärung des Verdachts getan hat.

War der Verdacht unbegründet, hat der Arbeitnehmer bei erwiesener Unschuld einen Wiedereinstellungsanspruch.

3.6 Änderungskündigung

Teilkündigungen, d. h. Kündigungen einzelner Beschäftigungsbedingungen, ohne gleichzeitig das gesamte Arbeitsverhältnis zu kündigen, sind nicht zulässig. Sollen einzelne Bestimmungen des Arbeitsvertrages geändert werden, so bedarf es hierzu einer Änderungskündigung. Sie ist eine Kündigung, die verbunden ist mit dem Angebot, das Arbeitsverhältnis zu geänderten Bedingungen fortzusetzen (§ 2 KSchG). Sie führt zur Beendigung des gesamten Arbeitsvertrages, wenn der Kündigungsempfänger der angebotenen Änderung nicht zustimmt. Der Arbeitnehmer kann gegen diese Beendigung klagen.

Der Arbeitnehmer kann dem Änderungsangebot auch zustimmen bzw. unter Vorbehalt zustimmen. Im letzteren Fall kann er Klage auf Feststellung, dass die Änderung der Arbeitsbedingungen sozial ungerechtfertigt ist, erheben (§ 2 KSchG). Im Kündigungsschutzprozess wird dann entsprechend dem Ziel der Änderungskündigung geprüft, ob dem Arbeitnehmer die Änderung seiner Arbeitsbedingungen zumutbar ist. Wird die Unzumutbarkeit festgestellt, muss der Arbeitnehmer zu den bisherigen Bedingungen weiterbeschäftigt werden.

3.7 Kündigungsschutz

Zu unterscheiden sind Arbeitsverhältnisse, die nicht dem Kündigungsschutzgesetz (KSchG) unterliegen, Arbeitsverhältnisse mit allgemeinem Kündigungsschutz und solche mit besonderem Kündigungsschutz. Nicht unter das Kündigungsschutzgesetz fallen Arbeitsverhältnisse,

- die nicht länger als sechs Monate bestehen (§ 1 I KSchG) und
- solche in Betrieben mit in der Regel nicht mehr als fünf bzw. zehn Mitarbeitern (§ 23 I KSchG). Der Schwellenwert von 10 Mitarbeitern gilt für Arbeitnehmer, deren Arbeitsverhältnis nach dem 31.12.2003 begonnen hat.

Für die Beschäftigungszeit ist entscheidend, ob der Arbeitnehmer bei Zugang der Kündigung 6 Monate beschäftigt war; es ist nicht auf den Ablauf der Kündigungsfrist abzustellen. Ob eine Probezeit vereinbart wurde oder nicht, ist für die Anwendung des KSchG unbedeutend.

3.8 Kündigungsgründe

Kündigungen sind nach § 1 KSchG nur sozial gerechtfertigt, wenn Gründe

- in der Person des Arbeitnehmers oder
- in dem Verhalten des Arbeitnehmers vorliegen oder
- durch dringende betriebliche Erfordernisse bedingt sind.

Zudem darf kein Grund im Sinne des § 1 II KSchG vorliegen und der Betriebsrat form- und fristgerecht widersprochen haben. Die vorgenannten Gründe sind:

- Verstoß gegen eine Auswahlrichtlinie gem. § 95 BetrVG,
- Weiterbeschäftigungsmöglichkeit an einem anderen Arbeitsplatz im selben Betrieb oder Unternehmen,
- Weiterbeschäftigungsmöglichkeit nach zumutbaren Umschulungs- und Fortbildungsmaßnahmen oder unter geänderten Arbeitsbedingungen mit Einverständnis des Arbeitnehmers.

Allen Kündigungsgründen sind gemeinsam:

- *Prognoseprinzip*: Die Kündigungsgründe sind zukunftsbezogen. Es ist zu prüfen, ob eine Weiterbeschäftigung in der Zukunft entfällt. Maßgeblich ist dabei die Beurteilung zum Zeitpunkt des Zugangs der Kündigung.
- *Ultima-Ratio Prinzip*: Die Kündigung muss das letzte zur Verfügung stehende Mittel sein, um das betriebliche Problem zu lösen. Gibt es mildere Mittel (z. B. Versetzung), so sind diese zu ergreifen.
- *Interessenabwägung*: Die Interessen des Arbeitgebers an einer Vertragsbeendigung sind mit denen des Arbeitnehmers an einem Fortbestand des Arbeitsverhältnisses gegeneinander abzuwägen. Eine Kündigung ist dann gerechtfertigt, wenn die Interessen des Arbeitgebers überwiegen (Bild 4).

Interessen auf Seiten des Arbeitgebers:	Interessen auf Seiten des Arbeitnehmers:
- Funktionsfähigkeit des Betriebes - Arbeitsdisziplin der Mitarbeiter - Eintritt eines konkreten Schadens - Wiederholungsgefahr - gravierende Schädigung des Ansehens des Arbeitgebers	- Art, Häufigkeit, Schwere der vorgeworfenen Pflichtwidrigkeit - früheres Verhalten des Arbeitnehmers - Mitverschulden des Arbeitgebers - Dauer der Betriebszugehörigkeit und Lebensalter - soziale Lage des Arbeitnehmers

Bild 4: Zu berücksichtigende Interessen bei einer Kündigung

3.8.1 Personenbedingte Kündigungsgründe

Personenbedingt sind solche Gründe, die auf den persönlichen Eigenschaften und Fähigkeiten des Arbeitnehmers beruhen. Dabei kann die Unterscheidung zu den verhaltensbedingten Gründen im Einzelfall schwierig sein. Zu den personenbedingten Gründen zählen vornehmlich:

- mangelnde körperliche oder geistige Eignung,
- Nachlassen der Leistungsfähigkeit,
- Erkrankungen, die die Einsetzbarkeit des Arbeitnehmers erheblich herabsetzen.

Wird eine Kündigung auf solche Gründe gestützt, müssen diese zu einer konkreten Beeinträchtigung der betrieblichen Interessen führen und auch zukünftig Beeinträchtigungen oder (zeitweise) Unmöglichkeit der Arbeitsleistung absehbar sein.

Bei der vorzunehmenden Interessenabwägung ist zugunsten des Arbeitnehmers zu berücksichtigen, ob die Gründe vor Beginn des Arbeitsverhältnisses bekannt waren oder ob sie erst während der Beschäftigung eingetreten sind.

Ein personenbedingter Grund zur Kündigung liegt auch dann vor, wenn ein ausländischer Arbeitnehmer eine Arbeitsgenehmigung braucht, diese nicht erteilt oder widerrufen wird. Wenn der ausländische Arbeitnehmer sich nicht rechtzeitig um die Arbeitserlaubnis bemüht, kann ein verhaltensbedingter Kündigungsgrund vorliegen.

Ein wichtiger Anwendungsfall der personenbedingten Kündigung ist die Erkrankung des Arbeitnehmers. An die Zulässigkeit einer solchen Kündigung werden strenge Maßstäbe angelegt. Es werden drei Fallgruppen unterschieden:

- langandauernde Erkrankungen,
- häufige Kurzerkrankungen,
- krankheitsbedingte Leistungsminderung.

Die Voraussetzung für eine krankheitsbedingte Kündigung sind:

1. erhebliche krankheitsbedingte Fehlzeiten in der Vergangenheit,
2. eine negative Prognose im Zeitpunkt der Kündigung,
3. erhebliche unzumutbare betriebliche Beeinträchtigungen.

Bei langandauernden Erkrankungen ist maßgeblich, dass die Wiederherstellung der Gesundheit objektiv nicht abzusehen ist und dass der Arbeitsplatz aus betrieblichen Gründen wieder besetzt werden muss. Der Arbeitgeber muss zunächst durch zumutbare anderweitige Maßnahmen die Zeit eines krankheitsbedingten Arbeitsausfalls überbrücken, *Beispiele:*

- Einstellung einer Aushilfskraft,
- vorübergehende Umorganisation,
- zeitweilige Organisationsänderungen im Arbeitsablauf,
- vorübergehende Einführung von Mehrarbeit.

Welche Maßnahmen zu ergreifen sind und wie lange dem Arbeitgeber solche Überbrückungsmaßnahmen zumutbar sind, entscheiden die Verhältnisse des Einzelfalls.

Auch Suchterkrankungen sind Krankheiten, die eine Kündigung rechtfertigen können. Auch hier ist die Kündigung nur zulässig, wenn durch die Erkrankung die betrieblichen Interessen unzumutbar beeinträchtigt werden.

Bei krankheitsbedingter Leistungsminderung kommt es darauf an, ob eine erhebliche Absenkung des Leistungsniveaus unter den Durchschnitt gegeben ist und ob der betriebliche Ablauf durch die Leistungsminderung konkret gefährdet ist.

3.8.2 Verhaltensbedingte Kündigungsgründe

Gem. § 1 II S. 1 KSchG ist eine Kündigung sozial ungerechtfertigt, wenn sie nicht durch Gründe, die in dem Verhalten des Arbeitnehmers liegen, bedingt ist. Verhaltensbedingte Kündigungsgründe sind vor allem Vertragsverletzungen sein und liegen in folgenden Fällen vor:

- bei Vertragsverletzungen (z. B. Verstoß gegen Rauchverbot),
- im außerdienstlichen Verhalten, wenn dadurch das Arbeitsverhältnis konkret beeinträchtigt wird (z. B. Führerscheinentzug),
- im Leistungsbereich, wenn es zu Pflichtverletzungen des Arbeitnehmers gekommen ist (Arbeitsverweigerung, Arbeitsversäumnis),
- bei der Verletzung von Verhaltenspflichten, die die betriebliche Ordnung betreffen (z. B. häufige Verspätungen),
- im persönlichen Vertrauensbereich, z. B. durch die Annahme von Schmiergeldern.

Handelt es sich um Pflichtverletzungen im Leistungsbereich (z. B. geringe oder schlechte Arbeitsleistung), so ist grundsätzlich eine Abmahnung erforderlich. Nur nach rechtzeitiger und deutlicher Abmahnung, in der die Leistungsmängel genau beanstandet sind und für den Wiederholungsfall auf die Gefährdung des Arbeitsverhältnisses hingewiesen wird, kann ordentlich gekündigt werden. Grundsätzlich ist vor einer Kündigung eine einschlägige Abmahnung ausreichend; bei leichten Verstößen oder langer Dienstzeit sind mehrere Abmahnungen erforderlich.

Bei einem Fehlverhalten im

- Vertrauensbereich (z. B. Diebstahl) oder
- betrieblichem Bereich (z. B. Verursachung von Arbeitsunterbrechungen)

ist eine Kündigung grundsätzlich auch ohne vorherige Abmahnung zulässig.

Dabei rechtfertigen nur solche Gründe eine Kündigung, die es dem Arbeitgeber unzumutbar machen, das Arbeitsverhältnis fortzusetzen. Entscheidend sind die Verhältnisse des Einzelfalls, wobei ein enger Bezug zu den vertraglichen Pflichten des Arbeitnehmers herzustellen ist. In der Regel muss das Verhalten, das zur Kündigung führt, schuldhaft seitens des Arbeitnehmers sein.

3.8.3 Betriebsbedingte Kündigung

Eine betriebsbedingte Kündigung ist gerechtfertigt, wenn sie durch dringende betriebliche Erfordernisse bedingt ist, die einer Weiterbeschäftigung des Arbeitnehmers in diesem Betrieb entgegenstehen. Sie ist die Folge

- innerbetrieblicher Umstände (z. B. Rationalisierungsmaßnahmen) oder
- außerbetrieblicher Umstände (z. B. Auftragsmangel, Umsatzrückgang).

Wegfall des Arbeitsplatzes: Erste Voraussetzung einer betriebsbedingten Kündigung ist die unternehmerische Entscheidung, die dazu führt, dass das vorhandene Personal an einen veränderten Bedarf angepasst wird. Sinn und Zweck der unternehmerischen Entscheidung prüft das Arbeitsgericht nicht. Eine Ausnahme besteht dann, wenn die Entscheidung offensichtlich unsachlich, unvernünftig oder willkürlich ist. Die Gründe sind dringend, wenn die Kündigung wegen der wirtschaftlichen Lage des Betriebes unvermeidbar ist. Im Streitfall muss der Arbeitgeber die inner- und außerbetrieblichen Gründe für die Kündigung nachweisen.

Keine Weiterbeschäftigungsmöglichkeit: Vor einer betriebsbedingten Kündigung ist zu prüfen, ob der Arbeitnehmer durch Versetzung, Umschulung oder im Rahmen einer Änderungskündigung auf einem anderen Arbeitsplatz im Unternehmen weiter beschäftigt werden kann. Auch der Abbau von Überstunden oder Leiharbeit kann hierbei eine Rolle spielen.

Soziale Auswahl: Weitere Voraussetzung einer wirksamen betriebsbedingten Kündigung – wenn die wirtschaftlichen Gründe gegeben sind –, ist die richtige soziale Auswahl. Bei der Auswahl unter mehreren Arbeitnehmern muss hiernach demjenigen Arbeitnehmer, welcher am wenigsten auf den Erhalt des Arbeitsplatzes angewiesen ist, gekündigt werden. Bei der sozialen Auswahl ist zunächst festzustellen, welche Mitarbeiter überhaupt miteinander vergleichbar sind. Dies richtet sich in erster Linie nach den Merkmalen des Arbeitsplatzes. Zu berücksichtigen sind die Berufsgruppe, die ausgeübte Tätigkeiten und evtl. die Qualifikationsmerkmale. Lässt sich feststellen, dass verschiedene Arbeitnehmer vergleichbar sind, so ist aufgrund der betrieblichen Gründe derjenige zu entlassen, der nach seinen Sozialdaten des geringsten Schutzes bedarf. Bei der Bewertung der Schutzbedürftigkeit sind folgende Punkte zu berücksichtigen:

- Dauer der Betriebszugehörigkeit,
- Lebensalter,
- bestehende Unterhaltsverpflichtungen (Familie),
- sonstige soziale Gesichtspunkte.

Die Auswahl dieser sozialen Gesichtspunkte scheidet aus, wenn die Weiterbeschäftigung bestimmter Arbeitnehmer wegen ihrer Kenntnisse, Fähigkeiten oder Leistungen im Interesse des Betriebes liegt.

Gem. § 1 III S. 1 KSchG hat der Arbeitgeber dem Arbeitnehmer auf Verlangen die Gründe mitzuteilen, die zu der getroffenen sozialen Auswahl geführt haben.

3.9 Der besondere Kündigungsschutz

Der Gesetzgeber sieht bestimmte Personengruppen als besonders schutzbedürftig an. Er hat ihren Kündigungsschutz erweitert und die Kündigung von einer behördlichen Zustimmung abhängig gemacht oder sie auf bestimmte Tatbestände beschränkt.

Sonderregelungen bestehen bei einer Kündigung für:

- das Berufsausbildungsverhältnis (§ 15 BBiG),
- Schwangere und Mütter nach der Entbindung (§ 9 MuSchG),
- Erziehungsurlauber (§ 18 BErzGG),
- Schwerbehinderte (§§ 85 ff. SGB IX),
- Wehr- und Ersatzdienstleistende (§ 2 ArbPlSchG, § 78 I ZDG),
- Mitglieder des Betriebsrates, Wahlvorstandes, Wahlbewerber (§ 15 I, III KSchG),
- Mitglieder der Schwerbehindertenvertretung (§ 96 III SGB IX),
- Immissions- und Umweltschutzbeauftragte (§ 58 II BImSchG),
- Bergmanns-Versorgungsscheininhaber sowie
- Abgeordnete und Mandatsträger.

Der besondere Kündigungsschutz besteht in Kündigungsverboten und Kündigungserschwerungen. Kündigungsverbote bestehen bei Arbeitnehmern, die ihren Wehr- oder Ersatzdienst ableisten, bei Schwangeren und während des Erziehungsurlaubs. In diesen Fällen kann nur eine Kündigung nach erfolgreicher Durchführung eines besonders geregelten staatlichen Genehmigungsverfahrens durchgeführt werden (z. B. bei Betriebsstilllegung).

Kündigungserschwerungen bestehen bei Schwerbehinderten, bei denen eine Kündigung der vorherigen Zustimmung des Integrationsamtes bedarf. Mitglieder des Betriebs- oder Personalrats genießen einen umfassenden Schutz vor ordentlichen Kündigungen. Eine außerordentliche Kündigung solcher Funktionsträger kann nur mit ausdrücklicher Zustimmung des Gremiums erfolgen, dem der zu kündigende Mitarbeiter angehört. Wahlbewerber und Mitglieder des Wahlvorstandes genießen einen ähnlichen Schutz. Das Berufsausbildungsverhältnis ist nach Ablauf der Probezeit von Seiten des Ausbildungsbetriebes ordentlich nicht mehr kündbar.

3.10 Kündigungsschutzverfahren

Eine Klage gegen eine arbeitsrechtliche Kündigung muss der Arbeitnehmer innerhalb von 3 Wochen nach Zugang der Kündigung vor dem Arbeitsgericht erheben (§ 4 KSchG). Die gleiche Frist gilt bei einer Feststellungsklage, dass das Arbeitsverhältnis über eine Befristung hinaus unbefristet fortbesteht (§ 19 TzBfG) und im Falle der Insolvenz (§ 113 II InsO).

Das Kündigungsschutzgesetz ist auch bei Änderungskündigungen anwendbar (§ 2 KSchG). Das Gebot der Sozialauswahl bei betriebsbedingter Kündigung gilt auch für die Änderungskündigung.

Während eines Kündigungsstreits hat der gekündigte Arbeitnehmer einen Anspruch auf Weiterbeschäftigung über den Ablauf der Kündigungsfrist hinaus bis zum rechtskräftigen Abschluss des Kündigungsschutzprozesses, wenn die Kündigung nach Feststellung des Gerichts unwirksam ist und schutzwerte Interessen des Arbeitgebers einer Weiterbeschäftigung nicht entgegenstehen. Bis zum Urteil in erster Instanz hat der Arbeitnehmer keinen Anspruch auf Weiterbeschäftigung, falls die Kündigung nicht offensichtlich unwirksam ist.

Ein Weiterbeschäftigungsanspruch bis zum rechtskräftigen Abschluss des Kündigungsschutzprozesses besteht auch, wenn der Betriebsrat nach § 102 V BetrVG der Kündigung widersprochen hat.

4 Massenentlassungen

Eine Massenentlassung ist die Entlassung eines größeren Teils der Belegschaft aufgrund ordentlicher Kündigung oder Änderungskündigung. In Betrieben mit mehr als 20 Arbeitnehmer sind Massenentlassungen bei Erreichen bestimmter Größenordnungen gegenüber dem Arbeitsamt anzeigepflichtig. Es gelten folgende Quoten (§ 17 KSchG, Bild 5):

Beschäftigte Arbeitnehmer	Massenentlassung liegt vor bei
21 - 59	mehr als 5 Entlassungen
60 - 499	wenigstens 10 % oder mehr als 25 Entlassungen
500 und mehr	wenigstens 30 Entlassungen

Bild 5: Quoten für Massenentlassungen

Die Beschäftigtenzahl ist mit dem Zeitpunkt der Beendigung des Arbeitsverhältnisses festzustellen. Dabei ist von der normalen und nicht von einer etwa zufällig geringeren Beschäftigtenzahl auszugehen. Eine Massenentlassung liegt auch vor, wenn nicht auf einmal, sondern über einen Zeitraum von 30 Tagen entlassen wird, oder wenn zusätzliche Entlassungen im Verlauf von 30 Tagen zu einem Überschreiten der o. g. Zahlen führen.

Abzustellen ist auf die Entlassungen, die innerhalb von 30 Kalendertagen durchgeführt werden sollen. Es ist nicht auf die in diesem Zeitpunkt ausgesprochenen Kündigungen, d. h. die tatsächliche Beendigung der Arbeitsverhältnisse abzustellen. Arbeitsverhältnisse, die durch außerordentliche Kündigungen, Aufhebungsverträge, Auslaufen befristeter Verträge oder Kündigungen des Arbeitnehmers (sofern sie nicht vom Arbeitgeber veranlasst worden sind) enden, werden nicht mitgerechnet. Der Massenentlassungsschutz gilt ebenfalls nicht für öffentliche Betriebe ohne wirtschaftlichen Zweck, für die Seeschifffahrt und für Saison- und Kampagnebetriebe.

Steht eine Massenentlassung bevor, muss der Betriebsrat rechtzeitig unterrichtet werden; der Arbeitgeber hat mit ihm Maßnahmen zur Verhinderung der Entlassung sowie zur Vermeidung von Nachteilen für die betroffenen Arbeitnehmer zu beraten (Sozialplan). Die beabsichtigte Massenentlassung ist spätestens 30 Tage vor Beendigung der Arbeitsverhältnisse dem Arbeitsamt mitzuteilen (Inhalt gem. § 17 III KSchG). Eine Stellungnahme des Betriebsrates ist beizufügen.

Wird die Anzeige unterlassen oder ist sie fehlerhaft, sind die Kündigungen unwirksam, allerdings nur, wenn sich der Arbeitnehmer gegenüber dem Arbeitgeber auf die Unwirksamkeit beruft.

Die Anzeige beim Arbeitsamt setzt eine einmonatige Sperrfrist in Kraft, während der Entlassungen nicht - oder nur mit besonderer Zustimmung des Landesarbeitsamts - wirksam werden (§ 18 KSchG). Die Frist kann auf 2 Monate verlängert werden. Mit der Zustimmung zur Massenentlassung werden die Entlassungen nach Ablauf der Sperrfrist wirksam. Während der Sperrfrist kann Kurzarbeit eingeführt werden (§ 19 KSchG).

5 Betriebsübergang und Unternehmensumwandlungen

Fällt die Notwendigkeit der Personalreduzierung mit einem Betriebsübergang oder einer Unternehmensumwandlung zusammen, so sind nachfolgende rechtliche Besonderheiten zu berücksichtigen.

5.1 Betriebsübergang

Ein Betriebsübergang liegt vor, wenn der bisherige Betriebsinhaber seinen Betrieb oder einen Betriebsteil durch Rechtsgeschäft auf einen anderen Betriebsinhaber überträgt (§ 613a I BGB). Dies ist bereits immer dann der Fall, wenn der Übernehmer die sächlichen und immateriellen Betriebsmittel in einem solchen Umfang übernimmt, dass mit ihnen der Betrieb eigenständig fortgeführt werden kann.

Der neue Betriebsinhaber tritt gem. § 613a BGB in die Rechte und Pflichten der zum Zeitpunkt des Übergangs bestehenden Arbeitsverhältnisse ein. Ruhestandsverhältnisse gehen nicht auf den Erwerber über.

Arbeitsrechtlich hat der § 613a BGB vor allem Bedeutung für die Erhaltung der von den Arbeitnehmern in ihrer bisherigen Beschäftigung erworbenen Rechte, die sich auf die Dauer der Betriebszugehörigkeit gründen, *Beispiele:*

- Kündigungsfristen,
- Kündigungsschutz,
- tarifliche Eingruppierung,
- Urlaub,
- Weihnachtsgratifikation,
- Altersversorgung.

Rechte und Pflichten des bisherigen Arbeitgebers aus Tarifverträgen oder Betriebsvereinbarungen dürfen grundsätzlich nicht vor Ablauf eines Jahres nach dem Zeitpunkt der Betriebsübertragung zum Nachteil des Arbeitnehmers geändert werden. Eine Ausnahme hiervon besteht dann, wenn im neuen Unternehmen Betriebsvereinbarungen oder Tarifverträge mit gleichem Regelungsgegenstand existieren.

Eine Kündigung des Arbeitsverhältnisses sowohl durch den bisherigen Arbeitgeber als auch durch den neuen Arbeitgeber wegen des Betriebsübergangs ist unwirksam. Das Recht zur Kündigung aus anderen Gründen bleibt unberührt (§ 613a IV BGB).

Vor dem Betriebsübergang ist der Arbeitnehmer in Textform über Einzelheiten des Betriebsübergangs zu informieren (§ 613a V BGB). Ist er mit dem Wechsel nicht einverstanden, so kann er innerhalb eines Monats schriftlich widersprechen (§ 613a VI BGB). Der Arbeitnehmer bleibt dann Arbeitnehmer seines bisherigen Arbeitgebers; das Arbeitsverhältnis geht nicht auf den Erwerber über, wohl aber der Arbeitsplatz. Ein solcher Widerspruch ist nur dann sinnvoll, wenn dem Arbeitnehmer bekannt ist, dass der jetzige Arbeitgeber passende freie Arbeitsplätze zu besetzen hat. Anderenfalls kann der Arbeitgeber das Arbeitsverhältnis betriebsbedingt kündigen.

5.2 Umwandlungen

In dem Umwandlungsgesetz (UmwG) ist das Recht der gesellschaftsrechtlichen Umstrukturierung von Unternehmen zusammengefasst und systematisiert. Dabei werden solche Veränderungen erfasst, die sich auf die rechtlichen Verhältnisse der Gesellschaft beziehen. Das neue Umwandlungsgesetz stellt vier Umwandlungsarten zur Umstrukturierung von Unternehmen zur Verfügung (Bild 6).

§ 323 I UmwG bestimmt, dass die kündigungsrechtliche Stellung eines Arbeitnehmers, der vor dem Wirksamwerden einer Spaltung oder Teilübertragung zu dem übertragenden Rechtsträger in einem Arbeitsverhältnis gestanden hat, sich auf Grund der Spaltung oder Teilübertragung für die Dauer von zwei Jahren ab dem Zeitpunkt ihres Wirksamwerdens nicht verschlechtern darf. Das Arbeitsverhältnis ist in kündigungsrechtlicher Hinsicht zwei Jahre so zu behandeln, wie es ohne Spaltung oder Teilübertragung bestanden hätte.

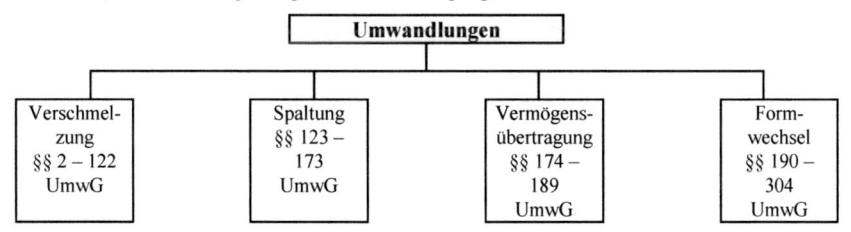

Umwandlungen			
Verschmelzung §§ 2 – 122 UmwG	Spaltung §§ 123 – 173 UmwG	Vermögensübertragung §§ 174 – 189 UmwG	Formwechsel §§ 190 – 304 UmwG

Bild 6: Umwandlungsarten

Beispiel: Ein Unternehmen mit mehr als fünf Arbeitnehmern zählt nach einer Umwandlung weniger als fünf Arbeitnehmer. Die Anwendung und damit der Schutz des KSchG bleibt den Arbeiternehmer für zwei Jahr erhalten.

Gem. § 322 II UmwG gilt ein Betrieb, den die an einer Spaltung oder an einer Teilübertragung beteiligten Rechtsträger nach dem Umwandlungsvorgang gemeinsam führen, als gemeinsamer Betrieb im Sinne des KSchG. Somit genießen auch solche Arbeitnehmer den Schutz des KSchG, deren eigener Arbeitgeber fünf oder weniger Arbeitnehmer beschäftigt, sofern die Gesamtzahl der Beschäftigten den Schwellenwert des § 23 I KSchG überschreitet.

6 Besonderheiten bei der Insolvenz

Auch bei der Insolvenz des Arbeitgebers gelten die Regelungen des allgemeinen Arbeitsrechts fort. Die Eröffnung des Insolvenzverfahrens hat auf den Bestand der Arbeitsverhältnisse keine Auswirkung. Der Insolvenzverwalter tritt an die Stelle des Arbeitgebers.

Die Forderungen auf rückständiges Arbeitsentgelt sind einfache Insolvenzforderungen im Sinne des § 38 InsO. Dies wird durch die Zahlung von Insolvenzgeld für die letzten 3 Monate vor Eröffnung des Insolvenzverfahrens ausgeglichen, das auch dann gezahlt wird, wenn es sich um eine Insolvenz mit anschließender Sanierung handelt (§§ 183 ff. SGB III).

Gemäß § 113 InsO können Arbeitsverhältnisse von dem Insolvenzverwalter und von dem Arbeitnehmer gekündigt werden. Hatte der Arbeitnehmer seine Tätigkeit noch nicht begonnen, hat der Insolvenzverwalter ein Wahlrecht gem. § 103 InsO, ob er Erfüllung des Arbeitsvertrages wählt oder die Dienste des Arbeitnehmers nicht in Anspruch nimmt. Wählt er die Nichterfüllung, so steht dem Arbeitnehmer ein Anspruch auf Schadensersatz, aber kein Erfüllungsanspruch zu. Für in Vollzug gesetzte Arbeitsverhältnisse gilt grundsätzlich der allgemeine Kündigungsschutz. Die Eröffnung des Insolvenzverfahrens allein rechtfertigt eine betriebsbedingte Kündigung nicht.

Im Hinblick auf die Kündigungsfrist bestehen Erleichterungen. Gem. § 113 I InsO beträgt die Kündigungsfrist drei Monate zum Monatsende, wenn nicht eine kürzere Frist maßgeblich ist. Bei einer Kündigung im Rahmen der verkürzten Kündigungsfrist ist der andere Teil berechtigt, Ersatz des ihm durch die Aufhebung des Arbeitsverhältnisses entstehenden Schadens zu verlangen. Dieser Schadensersatzanspruch ist als Insolvenzforderung geltend zu machen. Die verkürzte Kündigungsfrist gem. § 113 InsO gilt auch für Änderungskündigungen.

Betriebsvereinbarungen können mit einer Frist von drei Monaten gekündigt werden, wenn eine längere Frist vereinbart ist (§ 120 InsO).

Führt der Insolvenzverwalter die Betriebsänderung durch, kann er gem. § 122 InsO die Zustimmung des Arbeitsgerichts zur Durchführung der Betriebsänderung einholen, ohne das Verfahren nach § 112 BetrVG zu durchlaufen. Erteilt das Arbeitsgericht nach § 122 InsO die Zustimmung zur Betriebsänderung, so findet § 113 III BetrVG keine Anwendung. Die Nachteilsausgleichsansprüche der Arbeitnehmer werden ausgeschlossen.

V. Die Sicht der administrativen Abwicklung

Bernd Mitterer

1 Sorgfaltspflicht des Arbeitgebers

Bei der Beendigung von Arbeitsverhältnissen durch Kündigung, Abwicklungs- oder Aufhebungsvertrag sind vom Arbeitgeber bestimmte Pflichten zu beachten. Während bestehender Arbeitsverhältnisse hat der Arbeitgeber die ihm überlassenen Unterlagen (u. a. Bewerbungsunterlagen) oder Arbeitspapiere – auch im Hinblick auf die bestehenden Datenschutzerfordernisse – sorgfältig aufzubewahren. Hierbei handelt es sich um eine so genannte Verwahrungspflicht.

Arbeitspapiere, die ein Arbeitnehmer für die Aufnahme einer neuen Beschäftigung oder für die Meldung bei der Agentur für Arbeit benötigt, sind nach Ablauf des Arbeitsverhältnisses *unverzüglich* dem ausscheidenden Mitarbeiter auszuhändigen, damit ihm durch eventuelle Fristen (z. B. Ausschlussfristen im Bewerbungsverfahren) keine Nachteile bei der Aufnahme einer neuen Beschäftigung entstehen. Der Arbeitnehmer hat einen Anspruch auf Aushändigung der Arbeitspapiere, bevor er den Betrieb endgültig verlässt [1]. Die Arbeitspapiere sind grundsätzlich vom Arbeitnehmer am Betriebssitz abzuholen. Hierbei handelt es sich um eine Holschuld nach § 269 Abs. 1 BGB. Der Arbeitgeber ist nicht verpflichtet, dem Arbeitnehmer unaufgefordert die Arbeitspapiere nachzusenden. Ausnahmsweise könnte sich für den Arbeitgeber eine Verpflichtung zur Übersendung an den Arbeitnehmer ergeben, wenn die Abholung mit einem unverhältnismäßig hohen Aufwand, z. B. bei auswärtigem Wohnort, verbunden ist [2]. Für den Fall, dass das Arbeitsverhältnis aufgrund einer schweren Verfehlung des Arbeitnehmers endet und er den Betrieb nicht mehr betreten darf, besteht ausnahmsweise eine Verpflichtung des Arbeitgebers, die Arbeitspapiere zu übersenden.

Hat jedoch der Arbeitnehmer die Übersendung der Arbeitspapiere verlangt, so sollten aufgrund – nachwirkender - Fürsorgepflicht die Arbeitspapiere auf Kosten und auf Risiko des Arbeitnehmers an dessen Adresse übersandt werden. Kann der Arbeitgeber bei Vertragsbeendigung die Arbeitspapiere noch nicht ordnungsgemäß ausgefüllt herausgeben, weil z. B. für die Vornahme der erforderlichen Eintragungen eine dritte Stelle (z. B. Steuerberater, Wirtschaftsprüfungsunternehmen etc.) beauftragt ist oder die Arbeitspapiere unter Einsatz der elektronischen Datenverarbeitung fertiggestellt werden müssen, so ist der Arbeitgeber verpflichtet – wegen der Vermeidung von Schadenersatzansprüchen –, dem Arbeitnehmer auf dessen Verlangen eine Ersatzbescheinigung auszustellen, aus der sich die erforderlichen Einzelheiten über die Papiere ergeben [3].

Der Arbeitgeber ist nach herrschender Meinung nicht befugt, die Herausgabe der Arbeitspapiere wegen eigener Gegenansprüche zu verweigern. Ein Recht zur Zurückbehaltung besteht in keinem Falle – selbst nicht in Fällen einer groben Pflichtverletzung [4].

Anforderungen an Bescheinigungen und Zeugnisse, die der Arbeitgeber auszustellen hat, beziehen sich dem Grunde nach auf zwei Sachverhalte: Bescheinigungen sind

- *korrekt und richtig* sowie
- *frist- und formgerecht* zu erstellen.

Für eine Verletzung dieser Obliegenheiten haftet der Arbeitgeber nach § 276 BGB bei Vorsatz oder Fahrlässigkeit auf Schadensersatz.

Die im Rahmen eines Bewerbungsverfahrens üblichen Bewerbungsunterlagen gehen bei Aufnahme einer Beschäftigung in das Eigentum des Arbeitgebers über und sollten grundsätzlich in die Personalakte abgelegt werden. Bei Bewerbungsunterlagen besteht bei Ende eines Beschäftigungsverhältnisses keine Rückgabeverpflichtung durch den Arbeitgeber.

Eine Pflicht zur Rückgabe könnte allenfalls dann in Betracht kommen, wenn der Arbeitnehmer ein besonderes Interesse nachweist, z. B. falls er seinem Arbeitgeber die Originalunterlagen überlassen hat.

2 Arbeitspapiere

Der Begriff „Arbeitspapiere" ist vielfältig. Hierbei handelt es sich um alle Unterlagen, die der Arbeitnehmer oder Bewerber für die Aufnahme und die Durchführung eines neuen Beschäftigungsverhältnisses oder zur Meldung bei der Agentur für Arbeit benötigt.

Bewerbungsunterlagen (Anschreiben, Lebenslauf, Arbeitszeugnisse etc.) gehören im Wesentlichen mit zu dem Spektrum „Arbeitspapiere" und werden auch als solche deklariert.

2.1 Arbeitszeugnis

In der betrieblichen Praxis wird überwiegend erst bei der Beendigung von Arbeitsverhältnissen ein Arbeitszeugnis vom Arbeitnehmer beantragt. Die entsprechenden Rechtsgrundlagen ergeben sich aus einer Reihe von Arbeitsgesetzen bzw. Tarifverträgen (§ 630 BGB, § 109 GewO, § 8 BBiG, § 61 BAT). Die genannten Rechtsvorschriften sprechen ausdrücklich für ein Arbeitszeugnis bei der *Beendigung* von Arbeitsverhältnissen.

In der arbeitsrechtlichen Rechtsprechung und Literatur besteht jedoch zwischenzeitlich eine einhellige Meinung, das der Arbeitnehmer aufgrund der arbeitsrechtlichen Fürsorgepflicht seines Arbeitgebers auch ein entsprechendes Zwischenzeugnis verlangen kann. Ein wichtiger Grund für die Ausstellung eines Zwischenzeugnisses kann z. B. eine Stellensuche des Arbeitnehmers sein [5]. Weitere wichtige Gründe sind u. a. Wechsel des Vorgesetzten, Versetzung, Zuweisung einer neuen Tätigkeit, längeres Ruhen des Arbeitsverhältnisses wegen Wehrdienst, Zivildienst, Elternzeit u. ä. Die Anspruchsgrundlagen für diese Anlässe sind die §§ 241 Abs. 2, 242 BGB [6].

Zeugnisse, seien es Ausbildungs- oder Arbeitszeugnisse, stellen ein wichtiges Auswahlkriterium dar [7]. Von daher ist es geboten, das qualifizierte Zeugnis nicht unter Zeitdruck zu erstellen, sondern wegen der besonderen Bedeutung sorgfältig aufgrund zuverlässiger Grundlagen, u. a. der Beurteilungsergebnisse der letzten Zeit.

Im Rahmen der administrativen Abwicklung ist das qualifizierte Arbeitszeugnis nach Erstellung dahingehend kritisch zu überprüfen, ob nicht persönliche Beurteilungsfehler bzw. interpersonelle Einflüsse existieren, wie u. a. Sympathie oder Antipathie. Diese Einflüsse wirken aus dem Unbewussten auf das Urteil ein und lassen sich niemals ganz ausschließen [8]. Die arbeitsgerichtliche Praxis zeigt, dass das Vorliegen solcher Fehler immer wieder zum Anlass genommen wird, den Arbeitgeber auf Zeugnisberichtigung zu verklagen.

Das Arbeitszeugnis ist *wahrheitsgemäß* und *wohlwollend* zu erstellen, sodass es einer arbeitsgerichtlichen Überprüfung ggf. standhält. Ein wesentlicher Grundsatz des Personalmarketings kann u. a. sein, dass Arbeitsgerichtsverfahren nach Möglichkeit verhindert werden sollen.

Es ist selbstverständlich, das Arbeitszeugnisse auf entsprechendem Geschäftsbogen – formelles Erfordernis – zu erstellen sind. Das Arbeitszeugnis darf – auch zweimal – gefaltet werden, um den Zeugnisbogen in einen Geschäftsumschlag üblicher Größe unterzubringen [9].

2.2 Urlaubsbescheinigung

Der Arbeitgeber ist nach § 6 Abs. 2 Bundesurlaubsgesetz verpflichtet, dem Arbeitnehmer bei Beendigung des Arbeitsverhältnisses eine Bescheinigung über den in Natur gewährten oder abgegoltenen Urlaub auszustellen. Diese Bescheinigung erhält bei einem Arbeitsplatzwechsel der neue Arbeitgeber, damit vom Arbeitnehmer nicht mehrfach Urlaubsansprüche geltend gemacht werden.

2.3 Sozialversicherungsnachweis

Nach § 28 a Abs. 1 Nr. 2 SGB IV hat der Arbeitgeber der Einzugsstelle bei Ende der versicherungspflichtigen Beschäftigung eine Meldung zu erstatten. Sowohl Beschäftigungszeiten, als auch in diesen Zeiträumen erzielten Arbeitsentgelte sind für eine spätere Rentengewährung von besonderer Bedeutung. Aus diesen beiden Faktoren (Zeit und Entgelt) wird im Wesentlichen die Rentenhöhe festgestellt. Von daher ist es wichtig, dass der Arbeitgeber, die Bescheinigungen für die Rentenversicherungsträger sorgfältig und plausibel ausstellt. Der Gesetzgeber hat für das manuelle Verfahren eine *Meldung zur Sozialversicherung* (Vordruck) vorgeschrieben. Ab dem 01.01.2006 ist das Meldeverfahren ausschließlich über maschinell verwertbare Datenträger oder durch Datenübertragung durchzuführen. Aus verwaltungsökonomischen Gründen ist die Meldung für das manuelle Verfahren seit dem 01.04.2003 kombiniert. Bei diesem Vordruck handelt es sich um einen Dreifachsatz, der für verschiedene Meldeanlässe (Anmeldung, Jahresmeldung, Abmeldung) zu benutzen ist. Diese Meldung wird der zuständigen Einzugsstelle eingereicht. Bei den Einzugsstellen handelt es sich um die Krankenkassen (vgl. § 28 h SGB IV). Der zuständige Krankenversicherungsträger ist sowohl für den Einzug der Gesamtsozialversicherungsbeiträge (Kranken-, Pflege-, Renten- und Arbeitslosenversicherung) als auch für die Annahme der Meldungen zuständig (§§ 28 a, 28 h, 28 i SGB IV).

Die bei einer Personalfreisetzung erforderliche Abmeldung bei der Krankenkasse hat im Wesentlichen folgende Angaben zu enthalten:

- die Versicherungsnummer,
- Name und Vorname, Anschrift (letztere ist entbehrlich bei einer Abmeldung),
- Meldegrund bzw. Abgabegrund,
- Beschäftigungszeit und das beitragspflichtige Bruttoarbeitsentgelt im Rahmen der geltenden Beitragsbemessungsgrenze in der Rentenversicherung,
- Betriebsnummer des Arbeitgebers (im Regelfall auch gleichzeitig Beitragskonto-Nr. bei der Krankenkasse).

2.4 Lohnsteuerkarte und Lohnsteuerbescheinigung

Die Angaben die eine Lohnsteuerkarte enthält, sind für den Arbeitgeber verbindlich. Er ist selbst dann an die Eintragungen gebunden, wenn ihm bekannt ist, dass die Angaben unrichtig sind, z. B. wenn auf der Lohnsteuerkarte die Lohnsteuerklasse I bescheinigt ist, obwohl der Arbeitnehmer verheiratet ist. Hier gilt der Grundsatz der *Maßgeblichkeit der Lohnsteuerkarte*.

Die sog. Aufbewahrungspflicht des Arbeitgebers endet grundsätzlich mit Ablauf des Kalenderjahres; jedoch früher, wenn das Arbeitsverhältnis vor dem 31.12. beendet wird. Der Arbeitgeber hat die bescheinigte Lohnsteuerkarte umgehend dem Arbeitnehmer auszuhändigen, damit eine termingerechte Übergabe an den neuen Arbeitgeber erfolgen kann. Ab Beginn des Jahres 2004 kann auf eine Rückgabe durch den Arbeitgeber dann verzichtet werden, wenn der die Lohn- und Gehaltsabrechnung maschinell durchführt. Er ist nunmehr verpflichtet, die Daten der Lohnsteuerbescheinigung elektronisch der Finanzverwaltung zur Verfügung zu stellen. Der Arbeitnehmer erhält bei Ende seines Arbeitsverhältnisses einen Ausdruck nach amtlichem Muster der elektronisch an die Finanzverwaltung übermittelten Daten.

Die Lohnsteuerbescheinigung mit neuem Vordruck aufgrund der Neuregelung ab 2004 kann mit der Lohnsteuerkarte nicht mehr verbunden werden. Aufgrund dieser veränderten Praxis liegt bei einem Arbeitgeberwechsel dem nachfolgenden Arbeitgeber zwar die Lohnsteuerkarte vor, nicht jedoch die Lohnsteuerbescheinigung des früheren Arbeitgebers.

Der Arbeitnehmer ist nicht verpflichtet, einem zukünftigen Arbeitgeber seine erhaltene elektronische Lohnsteuerbescheinigung vorzulegen. Hierzu fehlt das objektive Interesse.

Diese Regelung hat – im Hinblick auf den Datenschutz – die Position des Arbeitnehmers verbessert, da somit dem neuen Arbeitgeber die Arbeitsentgelte aus dem bisherigen Arbeitsverhältnis unbekannt bleiben.

Für Arbeitgeber, die ihre Entgeltabrechnung nicht maschinell bearbeiten, gilt das bisherige Verfahren nach wie vor. Hier erhält der Arbeitnehmer seine Lohnsteuerkarte ausgefüllt von seinem Arbeitgeber zurück.

2.5 Arbeitsbescheinigung

Bei Beendigung eines Beschäftigungsverhältnisses sind vom Arbeitgeber alle Tatsachen zu bescheinigen, die für den Antrag einer Geldleistung bei der Agentur für Arbeit wesentlich sind (Arbeitsbescheinigung). Der Gesetzgeber verweist auch hier auf einen von der Bundesagentur für Arbeit (BA) vorgesehenen Vordruck zu benutzen (§ 312 Abs. 1 SGB III). Die in § 312 SGB III enthaltene Aufzählung von Tatsachen ist durch die Verwendung des Begriffes *insbesondere* nicht abschließend. Bei der Aufzählung der Nrn. 1 – 3 im Abs. 1 handelt es sich um die wesentlichen Angaben (Art der Tätigkeit, Beginn, Ende und Unterbrechung sowie Grund für die Beendigung des Arbeitsverhältnisses und Arbeitsentgelt) ohne die über einen Leistungsantrag nicht entschieden werden kann. Es dürfen jedoch auch weitere Tatsachen abgefragt werden, die für den Entscheidungsprozess über Leistungen bei der BA von Bedeutung sind. Auch ergänzende und notwendige Erklärungen des Arbeitgebers die durch die BA im Einzelfall verlangt werden, sind vom Rechtscharakter her Arbeitsbescheinigungen i. S. des § 312 SGB III.

Durch das Dritte Gesetz für moderne Dienstleistungen am Arbeitsmarkt vom 23.12.2003 [10] sowie das Vierte Gesetz für moderne Dienstleistungen am Arbeitsmarkt vom 24.12.2003 [11] wird Abs. 1 Satz 1 zum 1.1.2005 durch den Wegfall der Wörter *Arbeitslosenhilfe* und *Unterhaltsgeld* neu gefasst. Diese Notwendigkeit (Streichung) wurde durch das Inkrafttreten des SGB II ab 1.1.2005 erforderlich. Die Arbeitslosenhilfe und das Unterhaltsgeld werden vom Regelungsbereich des SGB III nicht mehr erfasst.

Die Arbeitsbescheinigung ist für den Arbeitnehmer eine wichtige Grundlage für die Realisierung seines Anspruches bei der BA. Daher hat der Gesetzgeber festgelegt, das diese *bei* Beendigung des Beschäftigungsverhältnisses dem Arbeitnehmer auszuhändigen ist. Aus verständlichen Gründen ist der Arbeitnehmer daran interessiert, seine Arbeitsbescheinigung möglichst frühzeitig zu erhalten, damit er seine Leistungsansprüche bei der Agentur für Arbeit rechtzeitig stellen kann.

Von daher empfiehlt es sich, diese Bescheinigung dem Arbeitnehmer *umgehend* auszuhändigen, damit es nicht zu Verzögerungen bei der Leistungsgewährung kommt.

Die Arbeitsbescheinigung ist vom Arbeitgeber korrekt und richtig auszufüllen, da diese Angaben eine wichtige Grundlage für die Leistungsberechnung durch die Arbeitsverwaltung sind. Bei unrichtigen Angaben des Arbeitgebers durch Vorsatz oder Fahrlässigkeit ist die BA gesetzlich verpflichtet, Forderungen in Höhe des entstandenen Schadens geltend zu machen (§ 321 SGB III).

2.6 Bescheinigung über Nebeneinkommen

Beantragt oder erhält ein Arbeitnehmer von der Agentur für Arbeit laufende Geldleistungen, wie z. B. Berufsausbildungsbeihilfe, Ausbildungsgeld, Arbeitslosengeld, Arbeitslosenhilfe, Unterhaltsgeld oder Übergangsgeld, so ist der Arbeitgeber verpflichtet, unverzüglich Art und Dauer der Beschäftigung sowie die Höhe des Arbeitsentgelts oder sonstige Vergütungsbestandteile für die Zeiten zu bescheinigen, für die die Arbeitsverwaltung Leistungen gewährt. Diese Bescheinigung ist nach einem von der BA vorgesehenen Vordruck vorzunehmen. Nach

§ 313 SGB III ist eine solche Bescheinigung auch bei einem Ausscheiden aus dem Arbeitsverhältnis möglich und unverzüglich vom Arbeitgeber vorzunehmen, wenn er von den Umständen (Leistungsbezug) bei der Personalfreisetzung erfährt.

3 Einmalzahlung und Arbeitslosengeld

Eine Urlaubsabgeltung wird als sog. Einmalzahlung bei Ende des Arbeitsverhältnisses erbracht, wenn der Arbeitnehmer seinen Urlaub nicht mehr in Natur in Anspruch nehmen kann. Diese Verfahrensweise entspricht im Übrigen der Intention des Gesetzgebers, der eine solche Regelung ausdrücklich über § 7 Abs. 4 Bundesurlaubsgesetz als zulässig erklärt hat. Die Urlaubsabgeltung ist eine Einnahme aus einer Beschäftigung und somit steuer- als auch beitragspflichtiges Arbeitsentgelt i. S. der Sozialversicherung (§ 14 Abs. 1 SGB IV).

Sie ist dem letzten Lohnabrechnungszeitraum zuzuordnen. Für die Zeit des abgegoltenen Urlaubs ruht der Anspruch auf Arbeitslosengeld nach § 143 SGB III.

Der Ruhenszeitraum beginnt mit dem Tag nach dem Ende des Arbeitsverhältnisses und endet mit dem letzten Tag des abgegoltenen Urlaubs.

Bei der Abfindung handelt es sich um eine Entlassungsentschädigung. Hierbei handelt es sich ebenfalls – wie bei der Urlaubsabgeltung – um eine sog. Einmalzahlung und ist ebenfalls steuer- und beitragspflichtiges Arbeitsentgelt. Auch in diesem Fall ruht der Anspruch auf Arbeitslosengeld nach § 143 a SGB III. Die Gewährung von Urlaubsabgeltungen und Abfindungen ist über die Lohnsteuerkarte oder die Lohnsteuerbescheinigung nachzuweisen.

4 Sperrzeit in der Arbeitslosenversicherung

Wird das Beschäftigungsverhältnis vom Mitarbeiter selbst aufgelöst oder hat er durch sein Verhalten (Verstoß gegen die arbeitsvertraglichen Pflichten) Anlass für die Auflösung gegeben und wird deshalb vorsätzlich oder grob fahrlässig eine Arbeitslosigkeit herbeigeführt, verhängt die Agentur für Arbeit wegen dieser Arbeitsaufgabe eine Sperrzeit (§ 144 SGB III). Die Dauer der Sperrzeit beträgt grundsätzlich 12 Wochen (§ 144 Abs. 3 SGB III) und kann bei Vorliegen bestimmter Voraussetzungen gemildert und für den Betroffenen abgekürzt werden. Für die Dauer der Sperrzeit ruht der Anspruch auf Arbeitslosengeld. Dies gilt für eine arbeitnehmerseitige Kündigung, aber auch für den Abschluss eines Aufhebungsvertrages, da in beiden Fällen der Arbeitnehmer die Beendigung des Arbeitsverhältnisses durch seine Willenserklärung mitveranlasst hat. Ein Sperrzeitsachverhalt liegt im Übrigen auch dann vor, wenn der Arbeitnehmer durch den Abschluss eines Aufhebungsvertrages einer arbeitgeberseitigen Kündigung zuvorkommen will. Dem Arbeitnehmer darf im Sinne der Versichertengemeinschaft durchaus zugemutet werden, zunächst die Kündigung durch den Arbeitgeber abzuwarten.

Um Nachteile für den Arbeitnehmer zu verhindern, empfiehlt es sich, statt eines Aufhebungsvertrages einen sog. Abwicklungsvertrag zu schließen. Der Unterschied zwischen diesen beiden Vertragstypen liegt darin, das durch den Abwicklungsvertrag allein das Arbeitsverhältnis nicht beendet wird. Ein Abwicklungsvertrag wird einer arbeitgeberseitigen Kündigung nachgelagert und dient im Wesentlichen dem Zweck, nachteilige Folgen einer Kündigung, wie

u. a. arbeitsgerichtliche Inspruchnahme durch Kündigungsschutzklage durch den Arbeitnehmer auszuschließen, d. h. einen entsprechenden Verzicht durch den Arbeitnehmer auf dieses Rechtsmittel zu erreichen. Ebenso werden im Abwicklungsvertrag regelmäßig Beendigungsmodalitäten vereinbart, wie z. B. Nutzung des Firmeneigentums für einen bestimmten Zeitraum oder Inanspruchnahme von weiteren Vergünstigungen. Der Abwicklungsvertrag bietet eine Möglichkeit, rechtliche Nachteile für beide Vertragsparteien erheblich einzuschränken.

Zum Teil wird diese Rechtspraxis auch von der Bundesagentur für Arbeit infrage gestellt und mit einer Sperrzeit sanktioniert, da sich der Arbeitnehmer am Abschluss des Abwicklungsvertrages insofern aktiv beteiligt, da er auf rechtliche Schritte gegen seine Kündigung verzichtet und die Beendigung des Arbeitsverhältnisses hinnimmt.

Für die Dauer der Sperrzeit verliert der Arbeitslose jedoch nicht seine Leistungsansprüche gegenüber dem Träger der Krankenversicherung (Krankenkasse). Die Mitgliedschaft bei der Krankenkasse aufgrund einer versicherungspflichtigen Beschäftigung besteht bis zum Ende des Beschäftigungsverhältnisses (§ 190 Abs. 2 SGB V).

Nach § 19 Abs. 2 SGB V besteht weiterhin ein Anspruch auf Leistungen für längstens einen Monat nach dem Ende des Beschäftigungsverhältnisses, solange keine Erwerbstätigkeit ausgeübt wird. Ab dem zweiten Monat bzw. zur 12. Woche einer Sperrfrist wurde durch Art. 5 Nr. 1a des Job-AQTIV-Gesetzes zu Gunsten des Arbeitslosen ein Leistungsbezug fingiert, der somit eine Krankenversicherungspflicht auslöst und demzufolge eine Mitgliedschaft begründet (§ 5 Abs. 1 Nr. 2 SGB V). Vor In-Kraft-Treten dieser Regelung musste sich der Arbeitslose selbst krankenversichern oder war auf die Leistungen der Sozialhilfe angewiesen.

Für die Dauer der Sperrzeit werden keine Rentenversicherungsbeiträge abgeführt, sodass dieser Zeitraum keine Anrechnungszeit darstellt und sich somit nicht rentensteigernd auswirkt.

5 Fürsorgepflicht des Arbeitgebers

Bei der Fürsorgepflicht eines Arbeitgebers handelt es sich um die Beachtung von sogenannten Nebenpflichten des Arbeitsverhältnisses. Im Rahmen seiner Fürsorgeverpflichtung während des Arbeitsverhältnisses hat der Arbeitgeber u. a. die einschlägigen Gesetze zu beachten. Fürsorgepflichten – mit Nachwirkung – ergeben sich bei oder nach der Beendigung eines Arbeitsverhältnisses.

Nach § 2 Abs. 2 Satz 2 Nr. 3 SGB III soll der Arbeitgeber den Arbeitnehmer vor der Lösung des Arbeitsverhältnisses frühzeitig über seine Verpflichtung unverzüglicher Meldung bei der Agentur für Arbeit informieren. Nach dem Wortlaut „soll" hat diese Vorschrift keinen zwingenden Charakter. Sie verfolgt vielmehr einen arbeitsmarktpolitischen Zweck.

Arbeitssuchende, die sich mit erheblicher Verspätung bei der Agentur für Arbeit melden, verzögern dadurch die Vermittlungs- und Eingliederungsbemühungen der Arbeitsverwaltung.

Der Arbeitgeber soll in die gesellschaftliche Verantwortung mit eingebunden werden, indem er frühzeitig entsprechende Hinweise für ein entsprechendes Arbeitnehmerverhalten erteilt.

Bei Nichtbeachtung dieser Vorschrift entstehen – wegen fehlender Anspruchsgrundlage – keine Schadensersatzansprüche des Arbeitnehmers [12]. Bereits zur Vorgängervorschrift des § 2 SGB III wurde in der arbeitsrechtlichen Literatur die Auffassung vertreten, dass die Vorschrift entsprechend ihrer Zielsetzung ausschließlich sozialversicherungsrechtliche Auswirkungen hat; jedoch keine zivilrechtlichen Folgen in Form von Schadensersatzverpflichtungen der Arbeitgeber [13].

Die Arbeitgeberverpflichtung des § 2 SGB III steht in einem Zusammenhang mit § 37 b SGB III. Die Rechtsgrundlage des § 37 b SGB III wurde mit dem Ersten Gesetz für moderne Dienstleistungen am Arbeitsmarkt vom 23.12.2002 [14] mit Wirkung ab 01.07.2003 in das SGB eingefügt. Danach sind Personen, die in einem versicherungspflichtigen Beschäftigungsverhältnis stehen verpflichtet, sich unverzüglich (gem. § 121 BGB) nach Kenntnis des Beendigungszeitpunktes persönlich bei der Agentur für Arbeit arbeitssuchend zu melden. Ein entsprechender Hinweis des Arbeitgebers oder die von ihm ermächtigte Personalabteilung auf diese Rechtsvorschrift dürfte im Besonderen für den Arbeitnehmer als hilfreich und unterstützend angesehen werden, wenn er bisher im Umgang mit der Arbeitsverwaltung unerfahren war, bzw. die einschlägigen Gesetze nicht kennt.

6 Quittung und Ausgleichsquittung

Auf Verlangen des Arbeitgebers – und das ist gängige Praxis – hat der Arbeitnehmer den Erhalt der Arbeitspapiere schriftlich zu bestätigen (§ 368 BGB). Demgegenüber kann der Arbeitgeber keine Ausgleichsquittung vom Arbeitnehmer verlangen. Die Ausgleichsquittung ist für den Arbeitgeber von Interesse, da der Arbeitnehmer (Gläubiger) erklärt, das keine Ansprüche mehr bestehen und somit Rechtssicherheit entsteht. Die Ausgleichsquittung ist mit dem Abwicklungsvertrag vergleichbar. Auch hier werden zwischen den Vertragsparteien „klare Verhältnisse" geschaffen, um einen eventuellen arbeitsgerichtlichen Rechtsstreit über das Fortbestehen von Ansprüchen zu vermeiden. Die Ausgleichsquittung kann sich auf einzelne Ansprüche aus dem individuellen Arbeitsverhältnis beziehen oder generell auf alle Ansprüche.

Die Ausgleichsquittung bedeutet

- einen *Vergleich*, wenn die gegenseitigen Ansprüche zuvor streitig waren und wenn der Streit im Wege gegenseitigen Nachgebens bereinigt wurde (§ 779 BGB); der Vergleich erstreckt sich jedoch nur auf die Ansprüche, die nach den gemeinsamen Vorstellungen der Parteien Gegenstand des Vergleichs sein sollten,
- einen *Erlassvertrag*, wenn die Parteien von dem Bestand einer Forderung ausgehen, diese aber nicht mehr erfüllt werden soll (§ 397 BGB),
- ein *deklaratorisches (negatives) Schuldanerkenntnis*, wenn die Parteien meinen einander nichts mehr zu schulden; das ist der Regelfall; stellt sich nach Erteilung der Quittung heraus, dass noch eine Forderung besteht, kann weiterhin Zahlung verlangt werden, wenn der Bestand der Forderung nachgewiesen werden kann,
- ein *konstitutives (negatives) Schuldanerkenntnis*, wenn die Parteien alle bekannten und unbekannten Ansprüche zum Erlöschen bringen wollen [15].

Die arbeitsrechtliche Rechtsprechung zur Zulässigkeit einer Ausgleichsquittung ist umfassend. Generell ist ein Verzicht des Arbeitnehmers auf kollektivrechtliche Ansprüche (z. B. Ansprüche aus Tarifvertrag, Betriebsvereinbarung) nicht zulässig. Ebenso kann auf gesetzliche Urlaubs- und Urlaubsabgeltungsansprüche, Ansprüche auf ein qualifiziertes Zeugnis oder noch nicht entstandene Entgeltfortzahlungsansprüche nicht rechtswirksam verzichtet werden.

Die arbeitsrechtliche Rechtsprechung hat festgestellt, dass der Arbeitnehmer durch Rechtsgeschäft rechtswirksam, auf sein Recht zur Kündigungsschutzklage verzichten kann. Dies erfordert jedoch eine ausdrückliche und eindeutige Erklärung des Arbeitnehmers [16].

Die Ausgleichsquittung als Willenserklärung des Arbeitnehmers kann unter bestimmten Voraussetzungen angefochten werden (§ 119 BGB). Mit der Neufassung des Allgemeinen Schuldrechts (Schuldrechtsmodernisierungsgesetz) wurden zum 01.01.2002 grundlegende Änderungen im BGB vorgenommen. Diese Reform führte auch zu wesentlichen Änderungen im Arbeitsrecht. Die Ausgleichsquittung ist ein Anwendungsfall des § 305 c BGB [17] und gehört mit zu den Allgemeinen Geschäftsbedingungen, die vom Verwender (Arbeitgeber) zu beachten sind. Von daher muss der Text der Ausgleichsquittung eindeutig sein und muss im Übrigen dem geltenden Recht – §§ 305 ff BGB – angepasst werden.

Besonders bei rechtlich unerfahrenen Mitarbeitern sollte ein klärendes Gespräch über den Inhalt der Ausgleichsquittung geführt werden, damit eventuelle Missverständnisse und eine spätere Irrtumsanfechtung ausgeschlossen werden. Eine entsprechende Gesprächsnotiz sollte zur Personalakte genommen werden. Bei ausländischen Mitarbeitern empfiehlt es sich, die Ausgleichsquittung zusätzlich in der Heimatsprache abzufassen.

7 Dokumentation und Abgabe an die Personalakte

Die im Zusammenhang mit der Abwicklung des Arbeitsverhältnisses anfallenden Arbeitsvorgänge sollten zweckmäßigerweise über einen Laufzettel dokumentiert werden. Die Zweitschrift der Arbeitspapiere und die Ausgleichsquittung sind der Personalakte beizufügen. Ebenfalls sollten wichtige Gesprächsinhalte – u. a. Austrittsinterview, Hinweise zur Ausgleichsquittung – dokumentiert und zu den Personalunterlagen genommen werden.

Literatur

[1] vgl. Dütz: Arbeitsrecht, München 2002, S. 197, Rand-Nr. 414
[2] vgl. Kokemoor und Kreissl, S.: Arbeitsrecht, Stuttgart 2003, S. 116
[3] vgl. Meyer: Handbuch Arbeitsrecht für die Praxis, Baden-Baden 2000, S. 143 f.
[4] vgl. LAG Düsseldorf 18.04.1966, BB 1967, 1207
[5] vgl. Hohmeister, F.: Grundzüge des Arbeitsrechts, Stuttgart 1998, S. 99,
    vgl. Löwisch, M.: Arbeitsrecht, Düsseldorf 2002, S. 331, Ziff. 1287
[6] vgl. Kokemoor und Kreissl, S.: Arbeitsrecht, Stuttgart 2003, S. 135
[7] vgl. Bröckermann, R.; Personalwirtschaft, Stuttgart 2003, S. 93
[8] vgl. Bröckermann, R.; Personalwirtschaft, Stuttgart 2003, S. 220
[9] vgl. BAG, Urteil vom 21.09.1999 – 9 AZR 893/98
[10] BGBl. I S. 2848

[11] BGBl S. 2954
[12] vgl. – rechtskräftiges – Urteil des ArbG Verden vom 27.11.2003 – 3 Ca 1567/03 – BB Heft 30, S. 1632
[13] vgl. Schaub, G.: Arbeitsrechtshandbuch, 10. Auflage, § 18 Rn. 13
[14] BGBL. I S. 4607
[15] vgl. Hromadka, W. und Maschmann: Arbeitsrecht, Band 1, Berlin 1998, S. 234 RZ 74
[16] vgl. BAG, Urteil vom 29.06.1978, 0305.79, AP Nr. 5, 6 zu § 4 KSchG 1969
[17] vgl. Gotthardt, M.: Arbeitsrecht nach der Schuldrechtsreform, München 2002, S. 102, RZ 232

C. Die Perspektive der sozialen und wirtschaftlichen Umfelder

I. Die Sicht der Gesellschaftsmitglieder
Prof. Dr. Thomas Stelzer-Rothe

1 Gesellschaftliche Gruppierungen und Ziele

Wenn es um das Thema Personalfreisetzung geht, dann sind in aller Regel Emotionen im Spiel, und zwar sowohl bei den Betroffenen als auch bei den einzelnen gesellschaftlichen Gruppierungen. Emotionen sind verständlich, machen die Dinge in der Bewertung aber nicht einfacher. Vor allem ist die Fähigkeit, sich bei der Bekämpfung der Arbeitslosigkeit zu *einigen*, durch emotionale Belastungen schwierig. Das Problem an dem Phänomen Personalfreisetzung und der daraus resultierenden Arbeitslosigkeit ist jedoch, dass man wohl langfristig nur durch gemeinsame Bemühungen innerhalb einer Gesellschaft eine Lösung finden wird, die das Phänomen der Massenarbeitslosigkeit dauerhaft beseitigt. Wenn also nicht ein Minimum an Übereinstimmung bei dem Thema vorhanden ist, wären die Bemühungen möglicherweise von vorne herein zum Scheitern verurteilt. Wenn man den Dingen auf den Grund gehen will, wie die einzelnen Mitglieder unserer Gesellschaft das Thema einschätzen, ist eine Sicht an den Quellen erforderlich. Das ist allerdings in mehrfacher Weise nicht ganz einfach, sondern schon rein sachlich kompliziert, komplex und methodisch überaus schwierig.

Zunächst ist es wichtig, einzelne relevante Mitglieder unserer Gesellschaft zu benennen, die im Folgenden Gegenstand einer sinnvollen Betrachtung sein könnten. In der Fülle ist es hier ganz sicher nicht möglich, allen mehr oder weniger einflussreichen Gruppierungen gerecht zu werden. Dafür ist der Rahmen dieses Aufsatzes nicht geeignet. Um dem Thema exemplarisch gerecht zu werden, soll hier die Sicht der besonders exponierten Mitglieder der Gesellschaft, nämlich

- der *Gewerkschaften*,
- der *Kirchen* und
- der *Arbeitgeber*

dargestellt und verglichen werden. Als Repräsentant der Gewerkschaften wird der Deutsche Gewerkschaftsbund (DGB) analysiert, bei den Kirchen die katholische sowie die evangelische Kirche und bei den Arbeitgebern ihre Bundesvereinigung, die Bundesvereinigung der Deutschen Arbeitgeberverbände (BDA).

Die generelle Schwierigkeit besteht darin, repräsentative Auffassungen der Gruppen herauszukristallisieren, da sich bei aller Gemeinsamkeit innerhalb jeder Gruppe mehr oder weniger plurale Strukturen ergeben. Der Versuch, allgemein gültige Aussagen zu finden, wird scheitern. Deshalb ist der Hinweis an dieser Stelle überaus wichtig, dass kein Anspruch auf Vollständigkeit vertreten wird. Es geht um ein beispielhaftes Aufzeigen von Sichtweisen, die sich an besonders exponierten Quellen festmachen lassen, deren Generalisierung jedoch einer weiteren Überprüfung bedarf.

Trotz dieser *methodischen Probleme* scheint ein Vergleich der Standpunkte sinnvoll, um Ansatzpunkte für einen Dialog herausfiltern zu können, die letztlich dazu geeignet sind, das Problem gemeinsam zu bewältigen.

Ziel dieser Darstellungen ist es,

- *Gemeinsamkeiten* und
- *Unterschiede*

in der Beschreibung und Erklärung des Phänomens Personalfreisetzung und damit erkannte Verantwortlichkeiten der einzelnen Gruppen herauszuarbeiten. Die *These*, die hier aufgestellt wird, ist die, dass es um so erfolgreicher sein wird, Personalfreisetzung als eines *der* Probleme unserer Zeit zu bewältigen, wenn man, gesellschaftlich gesehen, an „einem Strang zieht". Deshalb werden die Ergebnisse der Analyse abschließend gegenübergestellt. Dabei geht es darum, die Gemeinsamkeiten und Unterschiede bzw. neue kreative Ideen zu benennen und deren Gehalt für die jeweils anderen gesellschaftlichen Gruppen und für die Betroffenen selbst verständlicher zu machen und für Lösungen zu nutzen.

Das kann schon deshalb nicht schaden, weil sich die ausgehenden 90er Jahre und das beginnende 21. Jahrhundert in der Bundesrepublik Deutschland angesichts der vielfältigen Schwierigkeiten in der wirtschaftlichen und sozialen Entwicklung des Landes durch recht polemische Diskussionen „auszeichnen". Dabei gestalten die Meinungsführer mit unter medienwirksame und polemische Auftritte, die die Einigungsfähigkeit sehr stark behindert haben, da ein Zurückweichen von der eigenen und vehement vorgetragenen Position gemeinhin als Gesichtsverlust gewertet wird. Dieser Beitrag könnte also im günstigen Fall zu einer Versachlichung der Diskussion beitragen und die Einigungsfähigkeit fördern.

Personalfreisetzung und Arbeitslosigkeit werden hier synonym gebraucht. In der allgemeinen Diskussion dominiert der Begriff Arbeitslosigkeit, wobei die Grenzen zwischen dem unmittelbaren Erleben des Freisetzungsvorganges und dem Zustand der andauernden Arbeitslosigkeit fließend ist. In den hier analysierten Quellen dominiert der Begriff Arbeitslosigkeit.

Das Thema erlangt besonders deshalb Aktualität, weil mittlerweile kein gesellschaftlicher Bereich mehr von dem Problem der Personalfreisetzung verschont geblieben ist. So hat sich bei allen genannten gesellschaftlich relevanten Gruppen (Gewerkschaften, Kirchen und Arbeitgeberverbänden) die Betroffenheit durch das Thema Personalfreisetzung fundamental verändert, weil alle selbst von dem Thema erfasst wurden. So können sich vor allem bei Gewerkschaften und Kirchen beachtliche innere Zerrissenheiten und Widersprüche ergeben. Deren Bewältigung dürfte schwer sein, weil einerseits die Forderung nach Solidarität bzw. Nächstenliebe zum Kern des Selbstverständnisses gehört; andererseits wird natürlich die Notwendigkeit gesehen, sich dem Thema zu stellen, um nicht die gesamte Organisation in ihrer Überlebensfähigkeit zu gefährden. Bei Arbeitgeberverbänden dürfte dieses Problem nicht ganz so gravierend sein, weil die wirtschaftliche Sicht zunächst dominiert. Jedoch wird auch dort die Einschätzung der Dinge durch das unmittelbare Erleben beeinflusst werden. Alles in allem geht es also um ein Thema, dass in seiner gesellschaftlichen Aktualität nicht so leicht zu überbieten ist.

2 Beispiel: Die gewerkschaftliche Sicht

Der Deutsche Gewerkschaftsbund nimmt aus der Sicht der Gewerkschaften gegenüber politischen Entscheidungsträgern, Parteien und Verbänden in der Bundesrepublik Deutschland Stellung. Er koordiniert die gewerkschaftlichen Aktivitäten, schließt als Dachverband aber keine Tarifverträge ab. Er ist damit als Meinungsführer geeignet, gewerkschaftliche Sichtweisen zu repräsentieren. Der DGB bezieht Position im Interesse der Arbeitnehmerinnen und Arbeitnehmer, womit klar ist, dass das Thema Personalfreisetzung zu den wichtigsten Themenbereichen gehören muss, die der DGB überhaupt zu behandeln hat.

Die Sicht des DGB zum Thema Personalfreisetzung kann direkt und im Umkehrschluss aus dem Grundsatzprogramm entnommen werden [1]:

"Arbeit bedeutet mehr als bloße Existenzsicherung. Sie ist die wesentliche Voraussetzung für die Selbstverwirklichung der Menschen und für ihre Teilhabe am gesellschaftlichen Leben. Arbeit schafft gesellschaftlichen Wohlstand und Lebensqualität."

Arbeit ist aus dieser Sicht Teil eines menschenwürdigen Lebens. Der Verlust von Arbeit im Freisetzungsprozess im Umkehrschluss ein *erheblicher* Mangel menschlicher Lebensumstände. Das Grundsatzprogramm des DGB formuliert sogar wesentlich stärker als das Grundgesetz der Bundesrepublik Deutschland in Artikel 12 (Berufsfreiheit) und fordert nicht nur ein *Recht* auf freie *Berufswahl*, sondern ein *Recht* auf *Arbeit* [2]:

"Das Recht auf Arbeit ist ein Menschenrecht. Jede Frau und jeder Mann muss die Chance haben, eine Arbeit auszuüben, die eine menschenwürdige Existenz ermöglicht."

Daraus leite sich die Pflicht ab [3], Massenarbeitslosigkeit zu bekämpfen, da sie den Menschen und insgesamt der Gesellschaft schade. Personalfreisetzung habe starke emotionale Komponenten, weil sie Zukunftsangst und oftmals Not und Isolation verursache. Dauerhafte Arbeitslosigkeit gefährde Qualifikation, Kreativität und Leistungswille der Betroffenen. Andererseits verbrauche Arbeitslosigkeit Mittel, die an anderer Stelle im Staat dringend gebraucht werden. Nur der Abbau der Massenarbeitslosigkeit setze die Energie und Mittel frei, die notwendig erscheinen, den Sozialstaat zu erhalten und auszubauen. Konsequenz: Die Gewerkschaften *müssen* ihre Kräfte vor allem darauf konzentrieren, eine Politik durchzusetzen, die Massenarbeitslosigkeit abbaut.

Folgerichtig wird eine Vielzahl von Maßnahmen vorgeschlagen, die zu einer nachhaltigen Verringerung von Freisetzungen führen sollen. Dazu gehören unter anderem:

- Arbeitszeitverkürzung und Teilzeitarbeit,
- Verdeutlichung von Wohlstandsgewinn durch Zuwachs an erwerbsfreier Zeit,
- mehr Zeitsouveränität der Arbeitnehmerinnen und Arbeitnehmer,
- Vereinbarkeit von Familie und Beruf und
- Beschäftigungssicherung durch aktive Beschäftigungspolitik.

Diese im Grundsatzprogramm verankerte Sichtweise des Problems wurde im Laufe der Jahre vielfach aufgegriffen. So zum Beispiel in der Stellungnahme zu den Ergebnissen der Harz-Kommission [4]. Die Sichtweise der Gewerkschaft erfährt insofern eine Erweiterung, als dass das Prinzip des *Förderns und Forderns* explizit anerkannt wird, jedoch ohne weiteren Abbau der über lange Jahre erkämpften grundlegenden Arbeitnehmerrechte wie zum Beispiel des Kündigungsschutzes. Das neue von der Harz-Kommission entwickelte Leitbild der aktivierenden Arbeitsmarktpolitik mit einer ausgewogenen Balance des Förderns und Forderns kann aus Sicht des DGB dazu beitragen, die rasche und nachhaltige Integration von Arbeitssuchenden und Arbeitslosen in den regulären Arbeitsmarkt zu bewirken. Die zentrale Verantwortung zur Vermeidung von Personalfreisetzungen verbleibe jedoch weiterhin bei den Arbeitgebern [5].

Fazit aus der Sicht des DGB: Personalfreisetzungen können menschliche und gesellschaftliche Katastrophen nach sich ziehen. Lang andauernde Arbeitslosigkeit gefährdet unser Gemeinwesen im Kern. Arbeitnehmer müssen ihren Teil zur Bewältigung des Problems hinzutun. Die zentrale Verantwortung zur Vermeidung von Arbeitslosigkeit liegt auf Seiten der Arbeitgeber. Der Staat muss aktive Beschäftigungspolitik betreiben.

3 Beispiel: Die Sicht der großen christlichen Kirchen in Deutschland

Die kirchliche Sichtweise, also genau genommen die Sichtweise der christlichen (katholischen und evangelischen) Kirche(n) Deutschlands, wird an Hand einer gemeinsamen Verlautbarung vorgenommen [6]. Um die Sicht der Kirchen zu verstehen, ist es zunächst notwendig, die Grundüberzeugungen, die in der Verlautbarung zum Ausdruck kommen, herauszuarbeiten.

Wer Gesellschaft und Wirtschaft analysieren und sogar Erfolg versprechende Handlungsweisen vorbringen will, sollte sich darüber klar sein, dass damit Kriterien der Wahrnehmung und anthropologische und ethische Vorentscheidungen verbunden sind. So ist es auch bei der sozialen Marktwirtschaft, die von einem Menschenbild ausgeht, das Freiheit und persönliche Verantwortung wie *Solidarität* und *soziale Verpflichtung* beinhaltet [7]. An diese Voraussetzungen erinnern die christlichen Kirchen in ihrer Analyse und richten den Blick auf die Wurzeln unserer Verfassung. Diese Gedanken knüpfen an eine lange Tradition an, die in der katholischen Kirche unter anderem in der Enzyklika Rerum novarum Ende des 19. Jahrhunderts begründet sind und hundert Jahre später in der Enzyklika Centesimus annus wieder aufgegriffen werden und damit einen im Lehrgebäude der katholischen Kirche überaus hohen Stellenwert erhalten [8].

Die Weiterführung der Überlegungen gründet auf der Verantwortung des Menschen für die ganze Schöpfung [9]. Der Mensch ist als Sachwalter dazu geschaffen und berufen, als leibhaftes, vernunftbegabtes, verantwortliches Geschöpf zu leben. Trotz der (in Folge der Erbsünde entstandenen) Gebrochenheit menschlicher Existenz ist dem Menschen die Fähigkeit zu einer verantwortlichen Gestaltung der Welt geschenkt. Dieses *Können* geht allem *Sollen* des Menschen voraus.

Die ableitbaren ethischen Forderungen, die an die Kirchen mit ihren Gläubigen gestellt werden, entspringen also der von Gott verliehenen Befähigung zu einem vernünftigen und verantwortlichen Handeln. Damit einher geht der Auftrag und die Verpflichtung, sich solidarisch und barmherzig den Armen, Schwachen und Benachteiligten zuzuwenden. Allen kommt eine unveräußerliche Würde zu.

Diese kurz umrissenen Grundgedanken christlicher Überzeugungen sind die Voraussetzung, um den Standpunkt der Kirchen zum Thema gegenwärtigen Massenarbeitslosigkeit zu verstehen. Sie machen gleichzeitig deutlich, dass die Kirchen gar nicht anders können, als sich dem Problem der Personalfreisetzung bzw. der dauerhaften Arbeitslosigkeit nachhaltig zu widmen. Der Einsatz für die Menschenwürde und die Menschenrechte ist geradezu *konstitutiv* und nicht nur ein randliches Bemühen. Es ist eine *Verpflichtung*, die aus den Grundüberzeugungen der Kirchen direkt und schlüssig ableitbar ist. Endgültig gelungenes christliches Leben ist abhängig von der gelebten Solidarität mit den „Geringsten" [10]. In ihrer Verbindlichkeit ist Argumentation der Kirchen kaum zu überbieten.

Die christliche Soziallehre, die aus diesen Gedanken entspringt, ist dabei kein abstraktes System von Normen, sondern entspringt der immer wieder aufgegriffenen Reflexion auf die menschliche Erfahrung in Geschichte und Gegenwart unter dem Blickwinkel des christlichen Menschenbildes. Sie hat nicht das Ziel, technische Lösungen anzubieten oder konkrete Handlungsanweisungen zu bieten. Vielmehr hält sie Wertorientierungen, Urteils- und Handlungskriterien bereit. Diese sollen im Folgenden kurz angesprochen werden.

Ein zentrales Kriterium ist das der

- *Gerechtigkeit* [11].

Das schließt unter anderem ein, ein menschenwürdiges Dasein zu führen. Jedem kommt das Recht zu, die grundlegenden materiellen und immateriellen Möglichkeiten zu haben, um sein Leben eigenverantwortlich zu gestalten und bei der Gestaltung der Gesellschaft mitwirken und mitbestimmen zu können. Neben anderen Gerechtigkeitsbegriffen erlangt im Zusammenhang mit dem Thema Personalfreisetzung vor allem die „iustitia commutativa" Bedeutung, bei der es um die Fairness in den Marktbeziehungen geht. In diesem Zusammenhang muss aus der Sicht der Kirchen der Umgang mit wirtschaftlich schwierigen Situationen gefasst werden können. Diese dürfen nicht die zu einem mehr oder weniger rücksichtslosen Abbau von Arbeitsplätzen genutzt werden, weil damit ein Verstoß geht Gerechtigkeitsgrundsätze vorliegt.

Die Schaffung von Strukturen, die dem Einzelnen eine verantwortliche Teilnahme am gesellschaftlichen und wirtschaftlichen Leben ermöglichen, ist also zwingend gefordert. Daraus ist der Zugang zu Arbeits- und Beschäftigungsmöglichkeiten abzuleiten, der zu einem mit der Bevölkerungsmehrheit vergleichbaren Leben und zu einer effektiven Mitarbeit am Gemeinwohl führt.

Außer dem Begriff der Gerechtigkeit sind die sich ergänzenden Begriffe

- *Solidarität* und
- *Subsidiarität*

im Zusammenhang dieses Themas von besonderer Bedeutung, da es sich um die beiden anderen grundlegenden Kriterien der *christlichen Soziallehre* handelt [12]. Solidarität meint die Verbundenheit und mitmenschliche Schicksalsgemeinschaft, der sich der einzelne nicht entziehen kann. Dieses „Wir" kann (und soll) zu einem Impuls für solidarisches Handeln und zu einem Verzicht auf eigennützige Vorteilssuche führen.

Interessant ist, dass aus Sicht der Kirchen hier nicht ausschließlich einseitig aus der Perspektive der besser Gestellten argumentiert wird. Die Schwachen, im Sinne dieser Überlegungen die Freigesetzten oder Arbeitslosen, sollen das ihrige dazu tun und nicht rein passiv die Solidarität in Anspruch nehmen [13]. Das korrespondiert mit dem bereits bei der gewerkschaftlichen Analyse erwähnten Begriffspaar des Förderns und Forderns.

Dem Kriterium der Solidarität wird das der Subsidiarität zur Seite gestellt. Damit wird die Verantwortlichkeit der einzelnen und der kleinen Gemeinschaften angesprochen, die zu fördern und zu entfalten ist. Alles das, was von diesen ebenso gut oder besser zu gestalten ist als vom Staat, sollte auch in ihre Hände gelegt werden. Damit ist der *Abschied vom Wohlfahrtsstaat* gemeint, der dem Einzelnen die gesamte Lebensvorsorge abnimmt. Jedoch geht hier der kirchliche Standpunkt wiederum nicht so weit, dass dem Einzelnen Lasten aufgebürdet werden, die die Lebensmöglichkeiten durch Überforderung erheblich einschränken. Solidarität und Subsidiarität gehören zwingend zusammen und bilden aus der Sicht der Kirchen gemeinsam mit dem Kriterium der Gerechtigkeit ein Fundament, aus dem sich weitere Gedanken zum Thema Personalfreisetzung ableiten lassen.

Die folgenden Beispiele für Handlungsempfehlungen der Kirchen basieren auf dem theoretischen Gerüst, das soeben dargestellt wurde und zeigen, in welchen konkreten und operativen Gedanken sich die Sicht der Kirchen niederschlägt:

- Zusammenwirken der unterschiedlichen Verantwortungsträger,
- Lohn- und Gehaltszuwächse am Produktivitätsfortschritt,
- arbeitsplatzfördernde und gerechte Reform des Steuer- und Abgabensystems,
- Schaffung von Anreizen für wirtschaftliche und technische Innovationen,
- Verbesserung des Ausbildungssystems,
- Förderung der Selbstständigkeit und der unternehmerischen Initiative,
- Teilen der Erwerbsarbeit,
- Arbeitszeitverringerung ohne vollen Lohnausgleich,
- Schaffung von Teilzeitarbeitsplätzen,
- Abbau von Überstunden,
- partnerschaftliche Unternehmensverfassung und partizipative Betriebsführung,
- Qualifizierung von Arbeitslosen und
- Arbeitsbeschaffungsmaßnahmen.

Ergänzt werden diese Ideen durch die Forderung nach Aufwertung von Arbeiten, die außerhalb der *Dominanz der Erwerbsarbeit* liegen. Dazu gehört die vielfältige und für die Gesellschaft wichtige Arbeit, die in Familien oder ehrenamtlich geleistet wird und die Leistungsfähigkeit einer Volkswirtschaft nachhaltig beeinflussen [14].

Fazit aus der Sicht der katholischen und evangelischen Kirche: Zentrale Begriffe bzw. Kriterien, um die es geht, sind die der Gerechtigkeit, der Solidarität und der Subsidiarität. Aus ihrem Zusammenspiel lässt sich eine Vielzahl von Forderungen ableiten, die die mit der Arbeitslosigkeit verbundenen Probleme abmildern bzw. sogar beseitigen sollen. Das Bemühen um das Problem ist dabei nicht etwa eine Zugabe christlicher Überzeugung, sondern als (aus der Gottesliebe abgeleitete und damit nicht verhandelbare) Nächstenliebe die Grundnorm, in der sich das biblische Ethos als Gemeinschaftsethos auf den Punkt bringen lässt.

4 Beispiel: Die Sicht der Arbeitgeber

Es stellt sich nun die Frage, wie die Arbeitgeber sich in die bisher genannten Sichtweisen von Gewerkschaft und Kirchen einordnen lassen. Zu vermuten ist sicher zunächst ein anderer Fokus, weil nicht *primär* die Sicht der Arbeitnehmer eingenommen wird, sondern legitimer Weise hier der „Anwalt" der Arbeitgeber spricht und damit wirtschaftlich-unternehmerische Kriterien im Vordergrund stehen. Als Quelle wird hier insbesondere auf den aktuellen Internetauftritt der Bundesvereinigung der Deutschen Arbeitgeberverbände Bezug genommen, da er eine Vielzahl von problemrelevanten Informationen enthält, die als repräsentativ gewertet werden können. Die dort gewonnenen Daten werden durch eine aktuelle Stellungnahme des Präsidenten des Verbandes [15] ergänzt.

Anders als bei den bisher genannten Quellen ist auffällig, dass das Problem Arbeitslosigkeit zwar kurzfristig in seiner Bedeutung erkannt und ausführlich behandelt wird, jedoch der langfristig zu erwartende Mangel an qualifizierten Arbeitskräften für eine wachsende Volkswirtschaft wie die Deutschlands ebenfalls in den Vordergrund gestellt wird [16]. Für die Argumentation des Arbeitgeberverbandes ist es wichtig wahrzunehmen, dass aufgrund der demographischen Entwicklung in Zukunft eher mit einem Arbeitskräftemangel zu rechnen ist und man sich deshalb schon heute Gedanken darüber machen sollte, wie dieser Mangel zu bewältigen ist. Damit ist das hier im Vordergrund stehende Problem erheblicher Personalfreisetzungen aus BDA-Sicht „nur" ein mittelfristiges Problem, dass allerdings gelöst werden muss, um nicht das Gesamtgefüge einer leistungsorientierten Volkswirtschaft zu gefährden.

In der Sichtweise des BDA spielt die Wahrnehmung von Potenzialen, die sich aus der Vielfalt der Arbeitskräfte auf Grund unterschiedlicher Weltanschauungen, Herkunft, Alter und Geschlecht ergeben, eine wichtige Rolle. Diese Vielfalt wertzuschätzen und die daraus ableitbaren Effekte zu nutzen, ist sowohl für die Bewältigung der derzeitigen Arbeitslosigkeit als auch für den in Zukunft zu erwartenden Mangel ein gewichtiges Argument („Diversity Management").

In der Analyse der Ursachen von Arbeitslosigkeit weisen die Ausführungen des BDA auf die mit jeder Konjunkturkrise steigende *Sockelarbeitslosigkeit* hin, die sich im Anteil der Langzeitarbeitslosen nachweisen lässt. Gleichzeitig schwinden aus Arbeitgebersicht die Kräfte zur Bewältigung dieser Krise, da der Handlungsspielraum durch die Steuer- und Abgabenlast stetig eingeengt wird. Diese ist wiederum durch die Verwaltung und soziale Abfederung der Arbeitslosigkeit bedingt, so dass eine Bewältigung nur durch einen Durchbruch dieser Zusammenhänge möglich erscheint. Genauso wie die beiden anderen gesellschaftlichen Gruppen kommt der BDA zur Erkenntnis, dass Arbeitslosigkeit kein unsausweichliches Schicksal innerhalb der marktwirtschaftlichen Ordnung ist.

Die Lösung für Arbeitsmarktprobleme liegt nach der Sichtweise der Arbeitgeber in einer *Dynamisierung* des Arbeitsmarktes und der sozialen Absicherung bei Arbeitslosigkeit. Darüber hinaus ist die Arbeitsförderung zu nennen und die Möglichkeit, zügig eine neue Beschäftigung aufzunehmen und damit eine die Qualifikationen gefährdende längere Arbeitslosigkeit zu vermeiden. Der BDA setzt auf die Stärkung von *Eigenverantwortlichkeit* und *Mobilität*. Im Kern geht es bei dieser Argumentation auch darum, das gewachsene System steuer- und beitragsfinanzierter Sozialleistungen in Frage zu stellen. Die aus einer sozialen Sicherung resultierenden Leistungen sind so zu gestalten, dass sich die Aufnahme einer neuen Beschäftigung *immer* lohnt. Die *Förderung* der Arbeitsaufnahme muss wirtschaftlich und effizient erfolgen.

Folgerichtig kann man aus BDA-Sicht Maßnahmen zur Bewältigung der Krise als Beispiel einer Arbeitgebersicht des Problems Personalfreisetzung in folgenden Punkten zusammenfassen:
- Die Beschäftigungsbarrieren für Unternehmen abbauen,
- stärkere Anreize setzen, die angebotene Beschäftigung aufzunehmen,
- die regionale Mobilität von Arbeitslosen gezielt fördern,
- Konzentration der Arbeitslosenversicherung auf eine beitragsfinanzierte Basisversicherung,
- Stärkung der Arbeitsanreize gerade für Geringqualifizierte durch ein leistungsorientiertes Kombi-Einkommen,
- konsequente Prioritätensetzung der Arbeitsmarktpolitik auf marktorientierte Arbeitsvermittlung und wirtschaftlichen Einsatz der Betragsmittel bei der Bundesagentur für Arbeit und
- Ausbau flexibler Beschäftigungsformen, insbesondere Zeitarbeit.

Die vom Präsidenten des BDA [17] vor kurzem geäußerten Gedanken bestätigen, dass der Abschied vom Wohlfahrtsstaat im Mittelpunkt der Argumentation steht. Eigenverantwortung und die bessere Lastenverteilung sind auch in diesen sehr aktuellen Ausführungen die immer wiederholten Stichworte.

Fazit aus der Sicht des Bundesverbandes der Arbeitgeberverbände: Massive Arbeitslosigkeit ist kein naturgegebenes Schicksal. Der Schlüssel zum Erfolg liegt in der Flexibilisierung und Dynamisierung des (Arbeits-)Marktes. Weniger Staat und mehr Eigenverantwortlichkeit sind gefragt. Angesichts des sich schon jetzt abzeichnenden Mangels an qualifizierten Arbeitskräften sind die Potenziale des Arbeitsmarktes zu wecken, die sich aus der Vielfalt von Arbeitskräften ergibt. Der Staat darf nicht länger für alles und jeden zuständig sein. Letztlich muss der Arbeitslose Eigenverantwortung übernehmen, soll allerdings von leistungsfähigen staatlichen Institutionen in begrenztem Umfang unterstützt werden.

5 Zusammenfassende Sicht

Gemeinsam ist den einzelnen Gruppen die Auffassung, dass das massive Problem der Personalfreisetzung ein lösbares Problem darstellt. Anders als in der Vergangenheit ist bei den hier untersuchten Quellen herauszufiltern, dass die Eigenverantwortung der Arbeitnehmer im Zusammenhang der Arbeitslosigkeit erkannt und wahrgenommen werden muss. Bei den Gewerkschaften wird das Stichwort „Fördern und Fordern" aufgegriffen, bei den Kirchen kommt dies unter anderem in dem Kernkriterium Subsidiarität zum Ausdruck. Der BDA appelliert besonders nachdrücklich dazu, die Eigenverantwortung der Arbeitnehmer zu stärken, um das Problem zu bewältigen. Im Unterschied dazu wird vom DGB nach wie vor die Hauptverantwortung für das Problem primär als Arbeitgeberproblem gesehen. Der Abschied vom umfassenden Wohlfahrtsstaat, ist jedoch *die* entscheidende Sicht der drei analysierten gesellschaftlichen Gruppen auf der eine gemeinsame Strategie möglich wäre.

Sehr deutlich werden Gemeinsamkeiten zwischen Gewerkschaften und Kirchen in der Verbindlichkeit des Auftrags, Massenarbeitslosigkeit abzubauen. Aus gewerkschaftlicher Sicht wird ein *Menschenrecht* auf Arbeit postuliert, dass verteidigt werden *muss*. Aus Sicht der Kirchen ist das Kümmern um das Problem der gelebte Auftrag der *Nächstenliebe*, die in der christlichen Argumentationskette *nicht verhandelbar* ist. Die Argumentation aus unternehmerischer Sicht ist anders, jedoch im Ergebnis gleich. Arbeitslosigkeit schnürt den Handlungsspielraum für Reformen mit jedem zusätzlichen Arbeitslosen ein. Das wirtschaftliche Kalkül einer *Konkurrenzfähigkeit* und *Effizienz* dominiert. Dieses Argument wird aus kirchlicher Sicht ebenfalls anerkannt. Jedoch wird es vor dem Hintergrund der Solidarität und Gerechtigkeit in Beziehung zum Gedanken des Teilens gebracht. Konkret bedeutet dies, dass ein Teilen von Arbeitsplätzen eine Ernst zu nehmende Lösung sein muss, die vor der ultima ratio der Personalfreisetzung stehen sollte. Die Ausgestaltung von Regeln, wie dies im Arbeitsrecht genau zu verankern wäre, muss allerdings noch geleistet werden.

Singulär ist der kirchlichen Sicht die *Stärkung erwerbsfreier Arbeit* (Familie und Ehrenamt). Gewerkschaften weisen auf den *Wohlstandsgewinn* durch *Zuwachs an erwerbsfreier Zeit* hin. Arbeitgeber nennen den Vorteil durch Potenziale, die sich aus der *Vielfalt der Arbeitskräfte* auf Grund unterschiedlicher Weltanschauungen, Herkunft, Alter und Geschlecht ergeben. Die Zusammenführung dieser Facetten könnte zusammen mit den ohnehin vorhandenen Übereinstimmungen in der Sicht der Dinge für einen Prozess produktiv genutzt werden, an dessen Ende eine gemeinsame gesellschaftliche Lösung des Problems steht. Die Ideen schließen sich zumindest nicht von vorne herein gegenseitig aus. Die Dringlichkeit des Problems wird von allen Gruppen anerkannt. Das Problem selbst scheint allen lösbar. Das ist ein Silberstreif am Horizont. Dieser könnte sich nähern, wenn durch die Zusammenführung der Gedanken etwas Neues und in dieser Kombination überaus Kreatives entsteht, das einen hohen Grad an gesellschaftlicher Akzeptanz hat. So scheint die Einigungswilligkeit und -fähigkeit der Schlüssel zum Erfolg und das „Springen über den eigenen Schatten" die Kernkompetenz. Eine konzertierte Aktion auf der Grundlage der als wertvoll erkannten Sichtweisen könnte die Lösung sein und es fragt sich, wie lange die Gesellschaft mit ihren einzelnen Gruppierungen noch warten will.

Literatur

[1] DGB – Deutscher Gewerkschaftsbund (Hrsg.): „Grundsatzprogramm 1996", in: http://www.dgb.de/ dgb/Grundsatzprog/grundsatz.htm (Version vom 25. Juni 2004), S. 1
[2] DGB – Deutscher Gewerkschaftsbund (Hrsg.): „Grundsatzprogramm 1996", in: http://www.dgb.de/ dgb/Grundsatzprog/grundsatz.htm (Version vom 25. Juni 2004), S. 1
[3] vgl. DGB – Deutscher Gewerkschaftsbund (Hrsg.): „Grundsatzprogramm 1996", in: http://www.dgb.de/ dgb/Grundsatzprog/grundsatz.htm (Version vom 25. Juni 2004), S. 1 ff.
[4] DGB - Deutscher Gewerkschaftsbund (Hrsg.): „Zur Reformdiskussion in der Arbeitsmarktpolitik: Ergebnisse der Hartz-Kommission und erste Bewertung aus Sicht des

DGB sowie Vorschläge von CDU/CSU, 2002", in: ISA. Informationen zur Sozial- und Arbeitsmarktpolitik, Heft 03/2002, S. 18 ff.

[5] vgl. DGB - Deutscher Gewerkschaftsbund (Hrsg.): „Zur Reformdiskussion in der Arbeitsmarktpolitik: Ergebnisse der Hartz-Kommission und erste Bewertung aus Sicht des DGB sowie Vorschläge von CDU/CSU, 2002", in: ISA. Informationen zur Sozial- und Arbeitsmarktpolitik, Heft 03/2002, S. 19

[6] Rat der Evangelischen Kirchen Deutschlands und Deutsche Bischofskonferenz (Hrsg.): Für eine Zukunft in Solidarität und Gerechtigkeit, Bonn 1997

[7] vgl. hierzu und zum Folgenden Rat der Evangelischen Kirchen Deutschlands und Deutsche Bischofskonferenz (Hrsg.): Für eine Zukunft in Solidarität und Gerechtigkeit, Bonn 1997, Absatznummer 91

[8] vgl. auch Sekretariat der Deutschen Bischofskonferenz (Hrsg.): Enzyklika centesimus annus Seiner Heiligkeit Papst Johannes Paul II. an die verehrten Mitbrüder im Bischofsamt, den Klerus, die Ordensleute, die Gläubigen der katholischen Kirche und alle Menschen guten Willens zum hundertsten Jahrestag von Rerum novarum, Bonn 1991

[9] vgl. zum Folgenden Rat der Evangelischen Kirchen Deutschlands und Deutsche Bischofskonferenz (Hrsg.): Für eine Zukunft in Solidarität und Gerechtigkeit, Bonn 1997, Absatznummer. 93 ff.

[10] Rat der Evangelischen Kirchen Deutschlands und Deutsche Bischofskonferenz (Hrsg.): Für eine Zukunft in Solidarität und Gerechtigkeit, Bonn 1997, Absatznummer. 106

[11] vgl. zum Folgenden Rat der Evangelischen Kirchen Deutschlands und Deutsche Bischofskonferenz (Hrsg.): Für eine Zukunft in Solidarität und Gerechtigkeit, Bonn 1997, Absatznummer 108 ff.

[12] vgl. zum Folgenden Rat der Evangelischen Kirchen Deutschlands und Deutsche Bischofskonferenz (Hrsg.): Für eine Zukunft in Solidarität und Gerechtigkeit, Bonn 1997, Absatznummer 115 ff.

[13] vgl. Rat der Evangelischen Kirchen Deutschlands und Deutsche Bischofskonferenz (Hrsg.): Für eine Zukunft in Solidarität und Gerechtigkeit, Bonn 1997, Absatznummer 117

[14] vgl. Rat der Evangelischen Kirchen Deutschlands und Deutsche Bischofskonferenz (Hrsg.): Für eine Zukunft in Solidarität und Gerechtigkeit, Bonn 1997, Absatznummer 176

[15] Hundt, D.: „Die deutsche Wirtschaft zwischen Internationalisierung und Standorttreue: Rede auf der BDA-Geschäftsführerkonferenz 2004 in Mainz am 13. Mai 2004", hrsg. vom Bundesverband der Deutschen Arbeitgeberverbände, o. O., 2004

[16] vgl. hierzu und zum Folgenden BDA - Bundesverband der Deutschen Arbeitgeberverbände (Hrsg.): „ohne Titel", in: http://www.bda-online.de (Version vom 25. Juni 2004)

[17] Hundt, D.: „Die deutsche Wirtschaft zwischen Internationalisierung und Standorttreue: Rede auf der BDA-Geschäftsführerkonferenz 2004 in Mainz am 13. Mai 2004", hrsg. vom Bundesverband der Deutschen Arbeitgeberverbände, o. O., 2004, S. 7

II. Die Sicht der Familienangehörigen

Achim Reuter

1 Die Situation der Familie

„Hinter jedem erfolgreichen Mann steht eine erschöpfte Frau", heißt es flapsig in der Umgangssprache, um auf die Situation der Ehefrau aufmerksam zu machen, die ihrem beruflich erfolgreichen Mann den Rücken stärkt. Was aber, wenn der Mann nicht mehr so erfolgreich ist, wenn er arbeitslos wird? Welche Auswirkungen hat das auf die Ehefrau, auf die Kinder der Familie oder sonstige Familienangehörige?

Über den von Arbeitslosigkeit bedrohten oder arbeitslosen Vater als Haupternährer der Familie wird in der Literatur vielfältig berichtet. Es wird aufgezeigt, welche Maßnahmen seine persönliche Situation verbessern könnten und wie er wieder für den Arbeitsmarkt attraktiv und anschließend vermittelt werden kann.

Aber hinter jedem Familienvater steht auch eine Familie. Welche Auswirkungen die Arbeitslosigkeit des Haupternährers auf die Familie hat, also auf Frau und Kinder, davon wird weit weniger berichtet.

Ziel dieses Beitrages ist es nicht, neue empirische Erkenntnisse zu vermitteln, sondern vielmehr den Entscheidungsträgern im Betrieb – also den Menschen die „arbeitslos machen" – die Situation der Familie des Mitarbeiters darzustellen. Was geschieht innerhalb der Familie, wenn dem Vater gekündigt wird? Welche Auswirkungen hat das auf die Familie?

Wird im Folgenden vom Vater gesprochen, so ist damit synonym der Haupternährer der Familie gemeint. Dass dieser auch eine Frau sein kann, liegt selbstverständlich auf der Hand. Aus Vereinfachungsgründen und aus Gründen der Verständlichkeit wird im Weiteren unterstellt, dass der Haupternährer der Familie ein Mann ist – wohl wissend, dass dies oft nicht der Fall ist.

Bei den folgenden Betrachtungen wird primär auf die Personalfreisetzung aufgrund einer betriebsbedingten Kündigung abgestellt. Das ist der Kündigungsgrund, durch den ein Mitarbeiter am wenigsten verschuldet in Arbeitslosigkeit gerät. Insbesondere die verhaltensbedingte Kündigung setzt ein Verschulden des Mitarbeiters voraus. Diese sollte nicht das Hauptaugenmerk der nachfolgenden Betrachtungen sein.

2 Auswirkungen auf die Familie

Wem gekündigt wird, droht die Arbeitslosigkeit. Wer arbeitslos ist, hat in der Regel weniger Einkommen zur Verfügung, ist vielfach psychologischem Druck ausgesetzt und kann sich sozial beeinträchtigt fühlen. Wer nicht schnell wieder Arbeit findet, bei dem können diese Probleme im Laufe der Zeit immer größer werden – es sei denn, man hat vorgesorgt und ist z. B. auf das Geld (noch) nicht angewiesen, weil die Ehefrau mitverdient bzw. große Ersparnisse vorliegen. Dies wird aber nicht der Regelfall sein. Andererseits steht einem Arbeitslosen ein großes Pensum an Freizeit zur Verfügung. Dies hört sich vordergründig erst einmal positiv an, ist es aber näher betrachtet nicht immer. Dazu aber später mehr.

Ist eine (betriebsbedingte) Kündigung erst einmal ausgesprochen, wird man also unfreiwillig arbeitslos, steht der betroffene Arbeitslose häufig vor einem großen Scherbenhaufen. Insbesondere nach langer Betriebszugehörigkeit, hoher Identifikation mit dem Unternehmen und viel Geleistetem für das Unternehmen, ist das persönliche Pech kaum auszudrücken. Warum gerade ich? Hätte es nicht auch einen anderen Kollegen treffen können? Der Arbeitslose fühlt sich häufig ausgegrenzt und persönlich angegriffen und dies überträgt sich auf seine Familie. Die gleichen Gefühle, die ein Gekündigter empfindet, empfinden die Familienangehörigen in ähnlicher Art und Weise. Vielleicht häufig nicht in dem Maße der persönlichen Betroffenheit, wie z. B. teilweise beleidigt, aber existenzielle Sorgen und Nöte sind auch hier in hohem Maße vorhanden.

Die Auswirkungen, die Personalfreisetzung und die damit verbundene Arbeitslosigkeit – und sei sie nur von kurzer Dauer – auf die Familienangehörigen des Freigesetzten hat bzw. haben kann, sind im Wesentlichen folgende:

```
                    Wirtschaftliche
                     Auswirkungen
                        (2.1)

              Personalfreisetzung /
                 Arbeitslosigkeit

   Psychologische                    Soziale
    Auswirkungen                  Auswirkungen
       (2.2)                          (2.3)
```

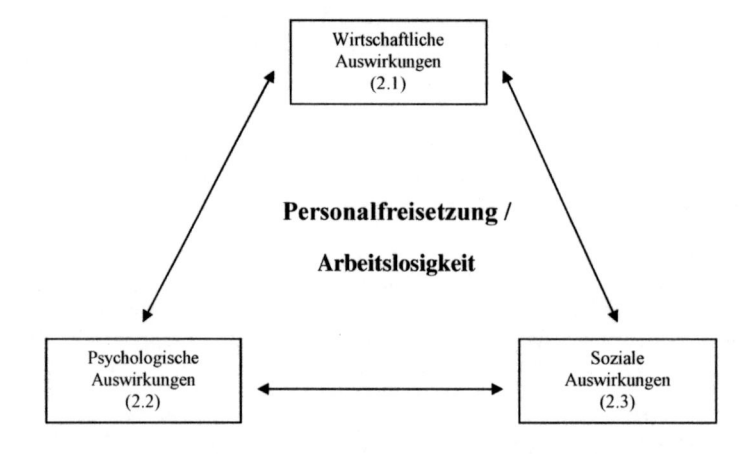

Bild 1: Das Wirkungsdreieck der Personalfreisetzung auf die Familie

Bild 1 macht deutlich, dass die einzelnen Auswirkungen einander bedingen und in Kombination betrachtet werden müssen. Teilweise kann nicht deutlich untereinander abgegrenzt werden und die Grenzen verwischen. Auf die Familien der Entlassenen wirken in der Regel alle Auswirkungen gleichzeitig ein – je nachdem unterschiedlich stark und ausgeprägt.

2.1 Wirtschaftliche Auswirkungen

Personalfreisetzung führt in der Regel zur Arbeitslosigkeit. Wer schnell wieder eine mindestens gleichbezahlte Arbeit findet, bestenfalls im unmittelbaren Anschluss, trägt maximal das Risiko des Nichtbestehens einer Probezeit beim neuen Arbeitgeber. Damit verbunden ist die Nichtgeltung des Kündigungsschutzgesetzes in den ersten sechs Monaten der Beschäftigung und somit die erhöhte Gefahr, relativ problemlos wieder gekündigt zu werden. Sind diese ersten Monate vorüber, sitzt der neue Mitarbeiter mindestens genau so fest im Sattel wie beim Vorarbeitgeber. Materiell sind er und seine Familie somit abgesichert.

Wer aber nicht so schnell eine neue Anstellung findet, dem drohen erhebliche finanzielle Einbußen. Sicher, die Leistungen der Bundesagentur für Arbeit - hauptsächlich das Arbeitslosengeld - können je nach Lebensstandard die Grundversorgung ggf. abfangen. Wenn man sich vor Augen führt, dass diese Leistungen grundsätzlich derzeit 67 Prozent bzw. 60 Prozent eines pauschalisierten Nettoentgeltes betragen, kann man sich vorstellen, dass materiell stark zurückgefahren werden muss. Dies belastet die gesamte Familie. Je nach Finanzsituation, können hier ernsthafte Konflikte – auch innerhalb der Familie – auftreten. Vorwürfe, Anschuldigungen und erheblicher finanzieller Druck belasten das Familienleben sehr. Dieser finanzielle Druck wird naturgemäß größer, je höher die Verbindlichkeiten der Familie sind. Ist z. B. eine große finanzielle Belastung aufgrund laufender Kredite vorhanden, so kann es schwierig werden, diese zu bedienen. Nervenaufreibende und sicher auch unangenehme Gespräche mit Kreditinstituten belasten zusätzlich.

Eine Familie mit vielen Kindern und/oder ggf. sonstigen unterhaltsbedürftigen Personen empfindet die finanzielle Situation als besonders schwierig, da das reduzierte Einkommen auf viele Köpfe aufgeteilt werden muss.

Zum Zeitpunkt der Mitteilung, dass der Ernährer in Zukunft ohne Arbeit und somit ohne Arbeitsentgelt dasteht, löst in den meisten Familien zunächst einen erheblichen Druck aus. Der ansonsten umsorgende Vater, der einen materiellen Standard mit seinem Einkommen sicherte, schafft es nun nicht mehr, die Familie wie gewohnt zu versorgen. Das schafft neben den tatsächlich reduzierten finanziellen Mitteln erhebliches Konfliktpotenzial. Der Vater fühlt sich ggf. schuldig oder als Versager, insbesondere wenn von der Familie der Druck noch erhöht wird, da die Konsumwünsche nicht mehr erfüllt werden können. Der geldverdienende Vater kann die an ihm gestellte Erwartungshaltung nicht mehr im gewohnten Maß erfüllen.

Es ist generell unbestritten, dass Verringerungen im Haushaltseinkommen auch zu Einschränkungen der Familienausgaben und der (Freizeit-)Aktivitäten führen. Es wird weniger konsumiert, der Konsumstandard wird heruntergefahren. Dies kann sich u.a. darin ausdrücken, dass – tendenziell mit zeitlich längerer Arbeitslosigkeit verstärkt – nur noch die Grundversorgung der Familie sichergestellt wird. Nicht nur dass weniger gekauft wird, es wird auch anders gekauft. Es muss nun nicht mehr die Markenware sein, die sicher auch einen gewissen Status repräsentiert. Es wird verstärkt auf Funktionalität und objektivierten Sinn des Einkaufs geachtet. Die Freizeitaktivitäten werden reduziert bzw. modifiziert. Z. B. werden gemeinsame Kinobesuche, Restaurantbesuche, Urlaubsreisen, Aktivitäten im Fitnesscenter etc. weniger oder gar nicht mehr durchgeführt. Im Zeitalter „demonstrativen Konsums" und steigender Ansprüche werden diese Einbußen durchaus als zunächst erträglich empfunden, im Zeitablauf mit diesem reduzierten Einkommen steigen aber die finanziellen Probleme und der damit verbundene Druck.

Die verschlechterte wirtschaftliche Lage der Familie trifft häufig die Kinder am stärksten. Diese sind insbesondere aufgrund Ihrer Schulpflicht nicht in der Lage, sich dem sozialen Leben zu entziehen und „konkurrieren" dort mit anderen Kindern. Kinder sind in der Regel nicht in der Lage, rationell und verständnisvoll auf die veränderte finanzielle Situation der Familie zu reagieren. Hier zählt häufig nur das, was zurzeit angesagt ist – auch wenn es noch so teuer ist. Mit Imitaten oder Nichtbesitz von kostspieligen Produkten (Kleidung, Spielwaren etc.) wird ein Kind schnell zu Außenseiter.

Die Situation entschärft sich materiell, wenn alternative laufende oder einmalige Einkommensquellen vorhanden sind. Insbesondere sind da zu nennen:

- der Lebenspartner erzielt ebenfalls Arbeitseinkommen,
- es sind noch Einnahmequellen außerhalb von Arbeitseinkommen vorhanden, wie z. B. Einnahmen aus Vermietung oder Verpachtung, Kapitaleinkünfte, Einkünfte aus Nebentätigkeit bzw. Nebengewerbe,
- Erhalt einer Abfindungssumme im Zusammenhang mit der Freisetzung oder bezahlte Freistellung vor dem Austrittstermin,
- Vorhandensein von Erspartem,
- Vorhandensein von „Gönnern", z. B. Eltern, sonstigen Verwandte etc.

Ebenso wird die materielle Situation der Familie entschärft, wenn die laufenden Ausgaben angemessen niedrig sind, zum Beispiel:

- geringe monatliche Belastung für das Wohnen (Miete oder Kreditbelastung für Eigenheime),
- Abschaffung des Zweitwagens oder von sonstigem „Luxus".

Vielleicht wird sogar die Arbeitslosigkeit zum Anlass genommen, die finanzielle Gesamtsituation (endlich) einmal komplett zu überprüfen. Z. B. können längst überflüssige Versicherungen, Sparverträge gekündigt oder anderweitig wirtschaftlicher abgeschlossen werden.

Kritisch wird es dann, wenn zunächst an scheinbar unwichtigen Ausgaben gespart wird. Wird z. B. als Sparmaßnahme eine Versicherung gekündigt und kommt es dann zum Leistungsfall, so kann dies schnell zur wirtschaftlichen Katastrophe führen, die lang anhaltend negative Auswirkungen hat.

Ausgaben im Konsumbereich werden am nahe liegensten eingeschränkt. Diese sind von allen unmittelbar erlebbar. Sie werden täglich deutlich wahrgenommen als Einsparung und sind auch sicher sehr effizient. Aber Vorsicht: Je länger die Arbeitslosigkeit dauert, umso weniger reicht es aus, sich nur einzuschränken und geplante und notwendige Anschaffungen zurück zu stellen. Folglich ist die erhöhte Gefahr gegeben, sich für Konsumgüteranschaffungen zu verschulden. Der Erwartungsdruck auf die Familie (insbesondere von außen, also soziale Umgebung) ist da, den Lebensstandard in etwa zu halten; und sei er auch nur so vom Arbeitslosen oder deren Familie subjektiv empfunden. Die verlockenden Leasingangebote und Ratenkaufmöglichkeiten im Konsumgüterbereich verleiten schnell dazu, den einen oder anderen Leasing- oder Ratenvertrag abzuschließen. Wenn man dann nicht weiß, von welchem Geld die monetären Verpflichtungen bezahlt werden können, so gelangt man schnell in einen Strudel der unübersichtlichen Verschuldung, aus dem ein Entkommen so ohne weiteres nicht mehr möglich ist. Die steigende Anzahl der privaten Insolvenzen und die Konjunktur der Schuldnerberatungen sprechen da eine deutliche Sprache.

Schließlich sei noch eine Auswirkung mit volkswirtschaftlichem Hintergrund erwähnt: Es ist zu beobachten, dass die Hemmschwelle für Schwarzarbeit bei längerfristiger Arbeitslosigkeit deutlich abnimmt. Vielfach wird angeführt, dass nicht nur der Arbeitslose selber, sondern auch seine Frau und ggf. auch seine Kinder, Tätigkeiten übernehmen, die nicht der gesetzlichen Versteuerung und Versicherung unterliegen. Damit entgehen dem Staat und auch den Sozialversicherungen wichtige Einnahmen.

Dass durch die Einsparungen im Konsum der Volkswirtschaft Einnahmen fehlen und die Leistungen aus der Arbeitslosenversicherung aufgebracht werden müssen, sei hier nur der Vollständigkeit halber erwähnt.

2.2 Psychologische Auswirkungen

Die erste psychologisch belastende Situation hat sicher der Entlassene selber zu bestehen. Nachdem er zunächst realisiert hat, dass er nun ohne Arbeit ist, steht er vor dem Problem: Wie bringe ich es meiner Familie bei? Besonders schwierig ist das, wenn von der Personalfreisetzung nichts zu ahnen war. Diese psychologische Belastung geht in sekundenschnelle auf die Familienmitglieder über. In der Regel herrscht dann Krisenstimmung und Problemlösungsansätze müssen gefunden werden. Oft weiß die Familie in der ersten Zeit gar nicht, wie sie vorgehen soll. Sie ist vielfach überfordert. Im Vordergrund der Befürchtungen steht meistens die Angst vor der ungewissen Zukunft, mit den sich ergebenden wirtschaftlichen Einschränkungen. Erst etwas später wird deutlich, welche sonstigen Auswirkungen außerhalb der Finanzsituation die Entlassung hat.

Der Verlust eines Arbeitsplatzes stellt nicht nur für den Entlassenen, sondern auch für die Angehörigen in der Familie ein krisenhaftes Ereignis dar, dessen Folgen für den Lebensalltag und das Selbstverständnis der davon Betroffenen – auch unabhängig von den materiellen Einbußen – wirken können [1].

Die Zeitstruktur wird sich verändern. Zunächst vielleicht als nicht belastend oder angenehm empfunden, dass der Vater nun ganztags oder zumindest zeitlich mehr als sonst zu Hause ist, kann dies im Laufe der Zeit in der Empfindung der Familienmitglieder umschlagen. Insbesondere wenn der Vater durch die Arbeitslosigkeit selber belastet, gekränkt oder im Laufe der Zeit gelangweilt die Familie mit seiner Anwesenheit und schlechter Laune belastet. Der gewohnte Tagesablauf jedenfalls verändert sich ab dem ersten Tag der Nichtbeschäftigung. Gewohnte Routinen werden aufgebrochen und die Tagesorganisation in der Familie wird sich ändern. Unter Umständen kann dies durchaus hilfreich sein, wenn z. B. der Vater Aufgaben aus dem Familienalltag übernimmt (Kinder zur Schule fahren, Einkäufe erledigen, Hausarbeit übernehmen). Oft jedoch ist genau dies nicht der Fall. Unzufrieden mit sich selber, seinen Tagesaufgaben und zunehmend seiner Umwelt kann der Vater zur psychischen Belastung der übrigen Familienmitglieder werden. Dies – ob der Vater eine Belastung wird oder nicht und wenn ja, wie sehr er belastet – ist individuell und kann nicht generalisiert werden. Teilte sich bislang der Tag, die Woche und das Jahr noch in Arbeitszeit (Vater aus dem Haus) und Freizeit (Vater zu Hause), so ist diese Regelmäßigkeit nun nicht mehr vorhanden. Der familiäre Alltag orientierte sich an dem regelmäßigen Wechsel von Arbeitszeit und arbeitsfreier Zeit, d. h. die Zeitstruktur der nicht erwerbstätigen Ehefrau und der Kinder passt sich diesem Zyklus an. Nun ist alles anders. In unserer Gesellschaft wird arbeitend verbrachte Zeit häufig als sinnvoll verbrachte Zeit betrachtet. Diese Wertvorstellung ist in vielen Köpfen zu finden. Überwiegt im Umkehrschluss nun die „sinnlose Zeit", so ist das für alle Betroffenen, also für den Erwerbslosen als auch für seine Familie, eine starke psychologische Belastung. Erschwerend hinzu kommt das häufig veränderte „Freizeit"-Verhalten des Arbeitslosen. Der Medienkonsum nimmt zu, es entwickeln sich neue Hobbys oder aber die Resignation steigt durch anhaltende Langeweile. Dies sind alles Faktoren, die den Tagesablauf der Familie negativ beeinflussen können.

Die ständige bzw. vermehrte Anwesenheit des arbeitslosen Vaters bedeutet eine ungewohnte Situation für die restlichen Familienmitglieder. Oftmals fühlt sich die Familie in ungewohnter Weise kontrolliert. Die daraus resultierenden psychischen Belastungen können sich zum Beispiel in Konflikten äußern. Es kommt vielfach zu einer Verschlechterung familiärer Kommunikation, zu häufigen Auseinandersetzungen und zu Beeinträchtigungen des körperlichen und seelischen Wohlbefindens aller Familienmitglieder. Die Scheidungsgefahr nimmt ebenfalls zu [2].

Scham: Wenn der Mann oder der Vater arbeitslos ist, so ist dies sicher kein Grund, dieses Außenstehenden stolz zu erzählen. Arbeitslosigkeit wird immer noch mit Verlieren, Untergang, persönlicher Ungeeignetheit, mangelnde Kompetenz (insbesondere wenn die Firma nicht schließt, da ja Kollegen noch beschäftigt bleiben) gleichgesetzt. Man schämt sich, dass der Mann oder der Vater arbeitslos ist. Wobei hier sicherlich das persönliche Schamgefühl größer wird, je älter und somit erwachsener die Familienmitglieder sind. Es soll sogar Fälle gegeben haben, da ist der arbeitslose Vater – gewohnt wie jeden Morgen – mit Arbeitstasche und -kleidung in Richtung Betrieb gefahren, damit kein Außenstehender seine Arbeitslosigkeit bemerkt. Hier merkt man deutlich, dass psychologische Auswirkungen stark mit den sozialen Auswirkungen einhergehen. Es wird aus Scham das gemacht, was die Gesellschaft von einem erwartet.

Nicht selten werden Arbeitslose depressiv und sogar alkoholkrank. Aufgrund der Situation fühlen sie sich überflüssig, nicht gebraucht, verspüren einen Mangel an Lebenssinn, machen sich verantwortlich für die Situation, entwickeln ein negatives Selbstbild. Je länger die Arbeitslosigkeit dauert, umso stärker sind die Ausprägungen. Perspektivlosigkeit macht sie dann noch unzufriedener und verbitterter, so dass die psychische Belastung sich nicht selten in Alkoholmissbrauch und damit verbunden in erhöhte Streitlust, Aggressivität und Gewaltanwendung auch innerhalb der Familie niederschlägt. Dies sind alles Faktoren, die das Familienleben sehr negativ beeinflussen.

Arbeitslose Väter und deren Ehefrauen, also insbesondere die Erwachsenen der Familie, sind oftmals psychisch so belastet, dass sie wenig ansprechbar sind und so kommt es häufig zu einer Vernachlässigung in der Erziehung der Kinder. Auch kann es zu einer Beziehungsverschlechterung der Eltern untereinander kommen (Entfremdung, Konflikte etc.). Die Eltern zeigen weniger Interesse an der Schul- und Berufsausbildung ihrer Kinder, motivieren sie –

teilweise im Zustand der Resignation – weniger und investieren weniger in ihre Bildung als vor Eintritt der Arbeitslosigkeit. Auch wird der Kontakt zu Kindergarten und Schule oftmals eingestellt. Bei Problemen der Kinder im Kindergarten und in der Schule kann beobachtet werden, dass arbeitslose Eltern wenig Bereitschaft haben mit den Bildungseinrichtungen zusammenzuarbeiten [3]. Dieser Mangel an Bereitschaft oder auch Interesse kann u. a. aus der oben erwähnten Scham heraus resultieren.

Ganz besonders schlimm wird es für die Kinder dann, wenn sie sich für die Arbeitslosigkeit des Vaters schämen. Hier ist der psychische Druck ganz besonders groß. Nach außen ist unter Umständen sichtbar, dass die finanziellen Mittel der Familie knapp sind, zum Beispiel dadurch, dass andere, preiswertere Kleidung (keine Markenkleidung mehr) gekauft wird oder nicht mehr die aktuellsten Spielsachen zur Verfügung stehen. Je nachdem wie groß vorher der Drang zum demonstrativen Konsum war, umso mehr fällt nun der Mangel an Geld auf. Den Kindern ist die Ursache für das Nicht-mehr-mithalten-können in der Gemeinschaft bekannt und sie haben natürlich auch sofort in der Person des arbeitslosen Vaters einen Schuldigen für die Misere gefunden. Verstärkt wird die Situation noch durch Hänseleien und Beleidigungen der Mitschüler oder Spielkameraden, die dann zusätzlichen Druck und psychische Belastung auf die Kinder des Arbeitslosen ausüben. Halten die Kinder diesem Druck nicht mehr Stand, so ist der Weg in die Kriminalität nicht mehr weit: Diebstahl, Drohungen und auch Erpressungen von Kindern sind dann keine Seltenheit mehr.

Mit zunehmender Arbeitslosigkeit verlieren viele Kinder das Gefühl der Geborgenheit, ihre Ängste vor der Zukunft werden stärker und – je nach Aussichtslosigkeit – nimmt die Resignation zu. Es wird vielfach beobachtet, dass bei den Kindern ein Motivationszerfall stattfindet, der mündliche Sprachgebrauch an Qualität einbüßt sowie die Schulleistungen nachlassen. Wenn die Familienverhältnisse der Kinder als sehr belastend erlebt werden, äußert sich das Leiden der Kinder häufig in psychischen Störungen und Verhaltensauffälligkeiten, in psychosomatischen Erkrankungen, Bettnässen, Schlafstörungen, Stottern, Verunsicherungen, Aggressivität, Konzentrationsstörungen, Suchtmittelmissbrauch usw. Auffällig ist, dass Mädchen generell stärker auf die Arbeitslosigkeit ihrer Eltern reagieren als Jungen [4].

Die größte psychische Krise entsteht in der Familie, wenn der Vater alles in Bewegung setzt, um wieder an Arbeit zu gelangen, diese Bemühungen aber ergebnislos bleiben. Nach der x-ten Weiterbildung oder Qualifizierungsmaßnahme und den nachfolgenden x-fachen Bewerbungen mit Absagen sinkt die Stimmung und steigt die Resignation in der Familie. Das bedeutet zunehmenden Frust und Verschlechterung der familiären Gesamtsituation.

2.3 Soziale Auswirkungen

„Was werden wohl die Nachbarn sagen, wenn sie erfahren, dass mein Mann entlassen worden ist?" Diese Frage stellt in einfache Art und Weise die Ausgangsfrage der sozialen Auswirkungen dar. Wie reagiert das soziale Umfeld auf die Entlassung und der damit verbundenen Arbeitslosigkeit?

Für viele Familien beginnt mit dem Tag des Bekanntwerdens der Entlassung auch eine Zeit der Unklarheit über die soziale Positionierung. Wie ändert sich das Ansehen z. B. in der Bekanntschaft, im Sportverein, im näheren sozialen Umfeld? Dies alles sind Fragen, die ad hoc nicht sicher beantwortet werden können. Und genau in dieser Phase der Unklarheit überwiegen vielfach teilweise panische Gefühle, verbunden mit Ängsten und Vorurteilen, anstatt klarer Antworten. Denn genau diese klaren Antworten können zu einem frühen Zeitpunkt – ohne Erfahrungshorizont – nicht gegeben werden. Das Denken und Handeln der von Entlassung bzw. Arbeitslosigkeit Betroffenen wird hier sehr emotional gelenkt ohne fundierte sachliche Entscheidungsgrundlage.

Nun kommt es ganz entscheidend darauf an, wie die Familie mit der Entlassung umgeht. Psychologische Aspekte spielen auch hier zunächst eine ganz entscheidende Rolle. Sind trotz hoher emotionaler Angespanntheit noch genügend Sachverstand, Analysefähigkeit und objektive, gelassene Überlegungen möglich, so schafft das eine gesunde Basis für rationelle Entscheidungen. Diese sind auch notwendig, um mit ausreichendem Selbstbewusstsein anderen gegenüberzutreten und zur (drohenden) Arbeitslosigkeit zu stehen. Geht man so gefestigt und offen mit der Situation um, so ist die Gefahr eines sozialen Abrutschens reduziert.

Vielfach ist dem aber nicht so: Ängste und Vorurteile, die aus der (erwarteten bzw. befürchteten) Einstellung der Gesellschaft Arbeitslosen gegenüber entstammen, bestimmen hier die subjektiven Empfindungen der Betroffenen. Diese Empfindungen können aber das tatsächliche Handeln und Denken der betroffenen Familien beeinflussen. Es leiten sich Handlungsweisen der Betroffenen ab, die dann schließlich tatsächlich objektiv sichtbar negative Auswirkungen auf das soziale Umfeld haben. Beispielsweise ist zu beobachten, dass Familien Arbeitsloser mehr und mehr ihre bestehenden sozialen Kontakte vernachlässigen. Gründe dafür können im psychologischen Bereich liegen (Scham, Angst vor unangenehmen Fragen) oder auch im wirtschaftlichen Bereich (es ist kein Geld mehr da, um gemeinsame Freizeitaktivitäten zu finanzieren). Insbesondere im psychologischen Bereich liegt es begründet, dass durch den Aufbau von Vorurteilen die sozialen Kontakte eingeschränkt werden. „Wer will schon was mit einer arbeitslosen Familie zu tun haben?", fragen sich die Betroffenen, antworten selber darauf mit „keiner!" und ziehen sich zunehmend aus dem gewohnten sozialen Umfeld zurück. Wenn dann auch noch, z. B. durch Geldmangel hervorgerufen, der Lebensstandard nach außen hin sichtbar abnimmt, werden diese Vorurteile verstärkt und als bestätigt betrachtet. Es folgt ein Rutsch in die soziale Isolation der Familie – die jedoch vielfach zunächst in den Köpfen der Betroffenen stattfindet. Dennoch ist sie existent und kann der Beginn der tatsächlichen – objektiv vorliegenden – sozialen Isolation und des sozialen Abstieges sein. So wirkt Personalfreisetzung negativ auf die soziale Situation der betroffenen Familie und zwar zunächst mittelbar, durch die Empfindungen und Gefühle der Betroffenen.

Im Umkehrschluss: Würden die Betroffenen nicht so denken, also offen, objektiv und nicht emotional mit der Entlassung und Arbeitslosigkeit umgehen, so sind die Handlungsweisen sachlicher und ein Abstieg in die soziale Isolation könnte vielfach vermieden werden. Gerade dies ist jedoch für die Betroffenen sehr schwierig und wird nicht gemacht.

Es kann festgehalten werden, dass die Ursachen, die Gründe für die soziale Misere der Familie u. a. auch in der emotionalen Umgangsweise der Betroffenen mit der Freisetzung bzw. Arbeitslosigkeit liegen.

Insbesondere wenn die Arbeitslosigkeit länger andauert, gerät die betroffene Familie immer weiter in die soziale Isolation. Kommen nun noch erhebliche Finanzprobleme hinzu, so kann die Verarmung zum tatsächlichen sozialen Abstieg führen, die unter Umständen in die gesellschaftliche Randständigkeit endet. Wenn das Haus verkauft, in eine schlechtere Wohnung gezogen werden muss, wenn Kleidung, Ernährung und Freizeitaktivitäten nicht mehr finanzierbar sind, so ist die Teilhabe am gewohnten sozialen Leben regelmäßig nicht mehr möglich. Ein neues soziales Umfeld tut sich auf und alte soziale Kontakte werden abgebrochen. Es ist dann schwierig, aus dieser Situation heraus – auch durch neue Arbeit – wieder den alten sozialen Standard zu erreichen.

Der Rückzug der Familien aus bestehenden sozialen Netzen ist eng mit der Angst verbunden, negative Reaktionen aus der Umwelt zu erhalten. Sie neigen dazu, sich mit der öffentlichen Meinung und den Klischeevorstellungen über Arbeitslose und deren Familie zu identifizieren [5]. Bestärkt werden die Betroffenen, wenn sie tatsächlich negative Erfahrung mit ihrer Umwelt machen, wenn z. B. gelästert und gestichelt wird bzw. wenn deutlich Vorwürfe gemacht werden.

Eng verbunden mit dem sozialen Status, den eine Familie genießt, ist die Tätigkeit, die der Ernährer der Familie ausübt. So ist es beispielsweise ein Unterschied, ob ein Arzt arbeitslos wird oder eine Krankenpflegehilfskraft. Es liegt nahe, dass der Arzt wahrscheinlich größere finanzielle Ressourcen geschaffen hat und dass er wahrscheinlich schneller eine neue Anstellung findet und somit der soziale Abstieg nicht oder wenn schon, dann nicht so einschneidend stattfindet, wie bei der Pflegehilfskraft. Die Erwartungen, die die Gesellschaft an den Status eines Arztes stellt sind sicher auch höher als die an eine Krankenpflegehilfskraft. Diesen erhöhten Erwartungen versuchen sicher der Arzt und seine Familie sicher gerecht zu werden. Selbstverständlich versuchen auch die Pflegehilfskraft und Familie ihren Status aufrecht zu erhalten. Jedoch ist dies für diese Familie oftmals schwieriger – trotz vergleichsweise geringerem Niveau.

Nicht unerwähnt in diesem Zusammenhang darf die klassische Rollenverteilung zwischen Mann und Frau bleiben, welche konservativ traditionell immer noch in unserer Gesellschaft vorherrscht: der Mann verdient das Geld und die Frau sorgt sich um Haus und Kinder. Was nun, wenn dies nicht mehr zutrifft, weil der Mann arbeitslos ist und die Frau nun das Familieneinkommen verdienen muss, auch wenn es ggf. geringer ist? Immer noch wird von der Gesellschaft – trotz liberalisierter Einstellungen dazu – der Mann belächelt, bedauert und als nicht mehr „männlich" empfunden, wenn „er seine Frau das Geld verdienen schickt" (immer noch darf er schicken!). Dafür trägt der Mann nun die Schürze, saugt den Staub, kocht, erzieht die Kinder – für viele unvorstellbar. Gerade dieses Rollenverhalten ist von der Gesellschaft geprägt. Viele Menschen, insbesondere Männer, haben erhebliche Probleme damit, diese Rolle für sich zu akzeptieren – auch wenn andere, z. B. wirtschaftliche Gründe, eindeutig für die Rolle des Mannes zu Hause sprechen.

Belastend sind schließlich auch die Vorwürfe der nicht von der Arbeitslosigkeit Betroffener, die die arbeitslose Familie als soziale Ausbeuter oder Sozialschmarotzer ansehen. Teilweise vielleicht sogar berechtigt, kann aber doch für den Großteil der Arbeitslosen behauptet werden, dass diese bemüht sind, wieder Arbeit zu finden und somit den Lebensstandard der Familie – unabhängig von öffentlicher finanzieller Unterstützung – aufrecht zu halten.

Bitte beantworten Sie in diesem Zusammenhang die nachfolgenden Fragen einmal für sich:

- Erlaubt unsere leistungsorientierte Gesellschaft keine Arbeitslosen?
- Sind somit Arbeitslose asozial?
- Wie gesellschaftlich verwerflich ist es, keiner geregelten bezahlten Arbeit nachzugehen?
- Wie sehr bestimmt der Beruf das soziale Ansehen des Menschen?

3 Lösungsansätze

Was können Unternehmen tun, damit die negativen Auswirkungen der Personalfreisetzung auf die Familien der entlassenen Mitarbeiter reduziert werden?

An erster Stelle ist da eine Reihe von beispielhaften Maßnahmen zu nennen, damit die finanzielle Situation der Familie nicht allzu sehr belastet wird:

- Zahlung einer angemessenen Abfindung an den Gekündigten,
- Aussprechen einer Kündigung mit langer Auslauffrist,
- Gewährung einer bezahlten Freistellung von der Arbeit vor Austrittstermin,
- schon zu Beschäftigungszeiten Gewährung einer finanziellen Beteiligung der Mitarbeiter am Unternehmen (z. B. Mitarbeiteraktien) bzw. Gewährung von Arbeitgeberanteilen zu vermögenswirksamen Leistungen, aus dessen Erlösen sich nun – nach Freisetzung – noch einige Zeit leben lässt.

Es ist ganz besonders hilfreich, wenn Unternehmen die Kündigungsabsichten rechtzeitig transparent machen, sei es global für bestimmte Betriebsbereiche oder aber auch individuell für bestimmte Mitarbeiter. So erhält der Mitarbeiter und dessen Familie frühzeitig die Möglichkeit, sich auf die drohende veränderte Situation einzustellen. Bewerbungen können rechtzeitig geschrieben werden, damit im unmittelbaren Anschluss an das alte Arbeitsverhältnis direkt ein neues angeschlossen werden kann. Weiterhin kann sich so die Familie auch vom Kopf her auf die neue Situation einstellen, damit insbesondere die negativen psychologischen Auswirkungen eingeschränkt werden können. Je mehr Zeit für die Vorbereitung auf die drohende Arbeitslosigkeit der Familie bleibt, umso milder sind die negativen Auswirkungen, da rechtzeitig Gegenmaßnahmen eingeleitet werden können.

Die im Kündigungsschutzgesetz verankerte Sozialauswahl ist ein durchaus geeignetes Instrument soziale Härten zu vermeiden. Werden diese Bestimmungen eingehalten, so kann dies familiäre Probleme – insbesondere wirtschaftlicher Natur – global reduzieren.

Durch Trainingsangebote des Arbeitgebers lassen sich ebenfalls Schwierigkeiten abbauen. So kann z. B. ein Bewerbertraining durchaus hilfreich für die neue Stellensuche sein.

Wichtig für die Akzeptanz der Arbeitslosigkeit ist es, dass der Arbeitgeber den zu Entlassenden darauf hinweist, dass die Freisetzung aus rein sachlichen, objektiven Erwägungen heraus geschieht (falls dies möglich ist). Beschuldigt der Arbeitgeber den zu Entlassenden persönlich und macht er ihn für die Entlassung selber verantwortlich, so wird stark die emotionale Ebene berührt, welche über psychologische Aspekte außerordentlich negative soziale Auswirkungen ausweisen kann. Diese Akzeptanz der Arbeitslosigkeit, aber auch die Vorwürfe auf emotionaler Ebene, gehen sehr stark auf die Familie des zu Entlassenden über und beeinflussen diese sehr stark. Gut ist auch, wenn das Kündigungsgespräch sachlich verläuft und keine persönlichen Schuldzuweisungen gemacht werden.

Generell ist es von Vorteil, wenn sich alle Seiten bemühen, einen hohen Grad an Sachlichkeit in die gesamte Freisetzungssituation hinein zu bringen. Nicht nur vom Arbeitgeber sondern auch innerhalb der Familie. Gut ist es, wenn die Familie die Entlassung und die damit verbundene Arbeitslosigkeit nicht als emotionales Schicksal auffasst, sondern sachlich und nüchtern nach neuen Möglichkeiten Ausschau hält.

Wenn es unsere Gesellschaft schafft, die Rollenverteilung von Mann und Frau innerhalb der Familie so zu akzeptieren, dass es generell für möglich erachtet wird, wenn der Mann auch die klassische Hausarbeit erledigt und die Frau die Ernährerrolle übernimmt, so wird hier erheblicher psychischer Druck aus den Familien genommen. Dazu können wir alle beitragen.

4 Schlussbemerkungen

Arbeitswelt und Familienwelt sind nicht zwei streng getrennte Bereiche sondern vielmehr im Lebensalltag eng miteinander gekoppelt. Dies wird ganz besonders im Falle einer Entlassung deutlich.

Da Lebenslagen, Belastungen und Bewältigungsstrategien von Familie zu Familie unterschiedlich sind, gibt es nicht die generalisierte arbeitslose Familie. Jede geht anders damit um. Die Einflussgrößen sind breit gefächert. Die Art des „Umgangs mit der Arbeitslosigkeit" ist entscheidend vom Zusammenspiel dieser Parameter abhängig. So sind die Dauer der Arbeitslosigkeit, das Maß der materiellen Beeinträchtigung, die Geschlechtsrollen-Orientierung und die familiäre Binnenstruktur u.a. maßgebend für die persönliche Verarbeitung der Arbeitslosigkeit.

Wenn nun eine – aufgrund des Erfolges des Mannes – bislang erschöpfte Frau nach der Entlassung des Mannes noch erschöpfter wirkt, so ist das sicher auf die belastenden Probleme während der Arbeitslosigkeit zurückzuführen.

Es bleibt zu hoffen, dass künftig Personalfreisetzung verstärkt auch unter dem Gesichtspunkt eines familienpolitischen Aufgabenfeldes gesehen wird.

Literatur

[1] vgl. Hess, D.: Hartenstein, W. und Smid, M., „Auswirkungen von Arbeitslosigkeit auf die Familie", in: Mitteilungen aus der Arbeitsmarkt- und Berufsforschung (MittAB), Heft 01/1991, S. 182
[2] vgl. Textor, M. R.: Familie und Arbeitslosigkeit in Kindergartenpädagogik – Online Handbuch, in: http://www.kindergartenpaedagogik.de, ohne Jahr
[3] vgl. Textor, M. R.: Familie und Arbeitslosigkeit in Kindergartenpädagogik – Online Handbuch, in: http://www.kindergartenpaedagogik.de, ohne Jahr
[4] vgl. Textor, M. R.: Familie und Arbeitslosigkeit in Kindergartenpädagogik – Online Handbuch, in: http://www.kindergartenpaedagogik.de, ohne Jahr

[5] vgl. Schober, K.: „Die soziale und psychische Lage arbeitsloser Jugendlicher", in: Mitteilungen aus der Arbeitsmarkt- und Berufsforschung (MittAB), Heft 04/1987, Nürnberg, S. 453 ff.

III. Die volkswirtschaftliche Sicht

Prof. Dr. Rüdiger Hamm

1 Arbeitsmarktaspekte

Viele Aspekte, die den Arbeitsmarkt betreffen, lösen bei Volkswirten zwiespältige Gefühle aus:

- Da ist zunächst der duale Charakter von Löhnen anzusprechen: Sie sind auf der einen Seite ein Kostenfaktor für die Unternehmen; Lohnerhöhungen sind aus unternehmerischer Perspektive demnach eher unerwünscht. Sie stellen auf der anderen Seite aber Einkommen der Arbeitskräfte dar, sind somit auch Kaufkraft und zum größten Teil nachfragewirksam. Ein Anstieg der Löhne würde somit steigende gesamtwirtschaftliche Nachfrage zur Folge haben, was in bestimmten Phasen des Konjunkturzyklus (Rezession) ja durchaus erwünscht ist.
- Ähnlich wie bei den Löhnen könnte man auch bei den meisten Arbeitsmarktregulierungen von einem dualen Charakter sprechen. Arbeitsmarktregulierungen sind in aller Regel zum Schutz des Arbeitnehmers ergriffen worden. Sie können somit zur Sicherheit des Einzelnen, aber auch zur gesellschaftlichen Stabilisierung beitragen. Andererseits stellen viele der Arbeitsmarktregulierungen für die Unternehmen Kosten dar, sie verringern darüber hinaus die Flexibilität der Unternehmen, um auf Schwankungen der wirtschaftlichen Aktivität angemessen reagieren zu können, und deshalb wirken Arbeitsmarktregulierungen häufig als eine Einstellungsbremse. Sie sichern zwar die Insider (Beschäftigten), sie verschlechtern aber die Situation der Outsider (Arbeitslosen), indem sie deren Chancen auf Wiedereingliederung in den Arbeitsmarkt verringern.
- Wie in den beiden zuvor beschriebenen Fällen haben auch die Personalfreisetzungen für den Volkswirt einen dualen Charakter: Einerseits sind Freisetzungen von Personal in einer sich dynamisch entwickelnden Volkswirtschaft, die einem ständigen Wandel der wirtschaftlichen Strukturen ausgesetzt ist, eine notwendige Begleiterscheinung. Zur Umsetzung eines strukturellen Anpassungsdrucks sind sie unvermeidbar. Ist der Strukturwandel aber mit all zu starken Friktionen belastet, dann ist die Zahl der freigesetzten Arbeitskräfte in der strukturell schrumpfenden (niedergehenden) Branche größer als die Zahl der gesuchten Arbeitskräfte in der strukturell expandierenden (aufsteigenden) Branche und es kann zu anhaltender Arbeitslosigkeit kommen. Auch in der kurzfristigeren Betrachtung des Konjunkturzyklus gehören Personalfreisetzungen zu den Möglichkeiten der Unternehmen, sich den Schwankungen der Nachfrage anzupassen. Dabei müssten die im Abschwung freigesetzten Arbeitskräfte aber in der nachfolgenden Aufschwungphase wieder eingestellt werden. Passiert dies nicht – z. B. weil Rezessionsphasen von den Unternehmen gern zur Realisierung von Produktivitätssteigerungen genutzt werden, oder weil Arbeitsmarktregulierungen einstellungsverhindernd wirken – entsteht ebenfalls Arbeitslosigkeit, die dauerhaft sein kann.

Der vorliegende Beitrag befasst sich mit den möglichen negativen Folgen von Personalfreisetzungen aus der Perspektive eines Volkswirts – er beschreibt die Kosten der Arbeitslosigkeit. Dabei soll zunächst der Versuch unternommen werden, die negativen Begleiteffekte der Arbeitslosigkeit zu systematisieren (Punkt 2). Im Anschluss daran wird – aufbauend auf vorliegenden empirischen Untersuchungen – versucht, die Kosten der Arbeitslosigkeit zu quantifizieren; dabei sind mindestens drei Kostenkonzepte zu unterscheiden: Das Konzept der fiskalischen Kosten, das Konzept der volkswirtschaftlichen Kosten (Alternativkosten) und das Konzept der gesellschaftlichen Kosten (Punkt 3). Schließlich soll auf die Frage nach dem volkswirtschaftlich optimalen Umfang von Personalfreisetzungen eingegangen werden, die möglicherweise eine ökonomische Begründung dafür liefern kann, warum Unternehmen in die Sozialplanpflicht genommen werden sollten (Punkt 4). Eine kurze Zusammenfassung der wichtigsten Resultate beschließt den Beitrag.

2 Arbeitslosigkeit – ein Problem?

Das zur Zeit der Großen Koalition (1967) verabschiedete Stabilitäts- und Wachstumsgesetz (StWG) bildet den Ausgangspunkt staatlicher Arbeitsmarkt- und Beschäftigungspolitik. „Bund und Länder haben bei ihren wirtschafts- und finanzpolitischen Maßnahmen die Erfordernisse des gesamtwirtschaftlichen Gleichgewichts zu beachten. Die Maßnahmen sind so zu treffen, dass sie im Rahmen der marktwirtschaftlichen Ordnung gleichzeitig zur Stabilität des Preisniveaus, zu einem hohen Beschäftigungsgrad und außenwirtschaftlichen Gleichgewicht bei stetigem und angemessenem Wirtschaftswachstum beitragen." Zwei Jahre später kam mit dem Arbeitsförderungsgesetz (AFG) eine zweite gesetzliche Grundlage hinzu, in deren §1 das Ziel des hohen Beschäftigungsstands aufgegriffen und um qualitative Aspekte (Verbesserung der Beschäftigungsstruktur) erweitert wurde [1].

Zwar wurde mit dem Inkrafttreten des Arbeitsförderungs-Reformgesetzes (AFRG) im Jahre 1998 die Arbeitsmarktpolitik von der Mitverantwortung für Vollbeschäftigung entlastet – sie sollte nunmehr lediglich Erwerbschancen für Arbeitslose verbessern und Arbeitslosigkeit vermeiden helfen – dennoch belegen die gesetzlichen Grundlagen ebenso wie das – leider zumeist wenig erfolgreiche – wirtschaftspolitische Bemühen der jüngeren Zeit, dass Arbeitslosigkeit gesellschaftlich unerwünscht sein muss.

Auf der anderen Seite war ein inzwischen nicht mehr ganz aktuelles Zitat über viele Jahre hinweg symptomatisch für die Einstellung zur bundesdeutschen Arbeitsmarktsituation: „Die Gesellschaft scheint sich an einen Zustand gewöhnt zu haben, in dem alle wichtigen Indikatoren ein erträgliches, wenn nicht gar erfreuliches Gesamtbild andeuten, alle, bis auf die störende Zahl der Arbeitslosen." [2]. Vor dem Hintergrund der immer angespannteren Haushaltssituation des Staates und der parafiskalischen Einrichtungen und der Diskussionen um die Aufrechterhaltung des Sozialstaates sind die negativen Folgen der Arbeitslosigkeit wieder stärker in den Fokus der öffentlichen Diskussionen gerückt. Die Frage, was die Gesellschaft eigentlich gegen Arbeitslosigkeit hat, darf deshalb durchaus wieder gestellt werden.

In Bild 1 sind die negativen Folgen der Arbeitslosigkeit systematisch dargestellt. Demnach ist zwischen den sozialen, den politischen und den ökonomischen Folgen der Arbeitslosigkeit zu unterscheiden.

- Soziale Aspekte:
Der Verlust des Arbeitsplatzes bedeutet für die Betroffenen zumeist auch einen Verlust an sozialer Anerkennung. Der Verlust an sozialer Anerkennung wiederum kann zum Verlust von Sozialkontakten und zur sozialen Ausgrenzung bis hin zur Isolation führen. Oft genug stehen der Verlust an Selbstwertgefühl, psychische Probleme, aber auch andere Erkrankungen der Arbeitslosen hiermit in Verbindung. Dies kann dazu führen, dass die Familie vernachlässigt wird, dass der Alkoholmissbrauch zunimmt und die Selbstmordgefährdung steigt. Zu einer räumlichen Konzentration derartiger Probleme auf ganz bestimmte Stadtteile kann es schon allein deshalb kommen, weil der Verlust von Einkommensteilen möglicherweise den Umzug in eine preiswertere Wohnung erforderlich macht, was wiederum zum Entstehen von „sozialen Brennpunkten" innerhalb der Städte beiträgt.

Soziale Folgen	Ökonomische Folgen	Politische Folgen
z. B. - Verlust sozialer Anerkennung - Verlust von Sozialkontakten, soziale Ausgrenzung, Isolation - Enstehen sozialer Brennpunkte - Verlust des eigenen Wertgefühls, psychische Probleme - gesundheitliche Folgen, steigende Selbstmordraten - Vernachlässigung der Familie		z. B. - Schuldzuweisungen an Minderheiten - Stärkung politischer Extreme - Gefahr der Radikalisierung

Fiskalische Effekte	*Dequalifizierungseffekte*	*Ressourcenverschwendung*	*induzierte wirtschaftliche Effekte*
- Steuerausfälle - Einnahmeausfälle bei den Sozialversicherungen - Mehrausgaben von Bund, Ländern und Gemeinden - Mehrausgaben der Sozialversicherung			- geringere Haushaltseinkommen - Nachfrageausfall, Kreislaufeffekte - höhere Belastungen für Unternehmen - Standortverschlechterung - Investitionszurückhaltung

Bild 1: Folgen der Arbeitslosigkeit

- Politische Aspekte:
Andauernde Arbeitslosigkeit, Einkommenseinbußen und wachsenden soziale Probleme führen bei den Betroffenen dazu, dass sie sich auf die Suche nach möglichen Schuldigen für ihre Lage begeben. Dies könnten Minderheiten sein wie ausländische Mitbürger, die ihren Arbeitsplatz noch nicht verloren haben; dies könnte aber auch eine Regierung sein, die das Problem nicht lösen kann (und die schon gar nicht „dafür sorgt, dass die deut-

schen Arbeitsplätze mit deutscher Bevölkerung besetzt werden"). Auch die Menschen, die über eine steigende Abgabenlast die Einkommenstransfers an Arbeitslose finanzieren müssen, suchen nach Schuldigen und finden diese relativ rasch in den Arbeitslosen, von denen die meisten (insbesondere die ausländischen) ohnehin „nur zu faul zum Arbeiten sind" und in einer Regierung, die nicht in der Lage ist, für eine Veränderung dieser Verhältnisse zu sorgen. Die Ursache der beschriebenen gedanklichen Verirrungen ist eine mangelhafte Aufklärung der Bevölkerung über ökonomische Zusammenhänge. Die Folge können Veränderungen des Wählerverhaltens sein, bei denen Parteien am linken und rechten Rand des politischen Spektrums mit scheinbar einfachen, aber falschen Rezepturen an Bedeutung gewinnen - die historischen Erfahrungen Deutschlands belegen dies.

- Ökonomische Aspekte:
Dequalifizierungseffekte: Arbeitslosigkeit bedeutet für die Betroffenen den beruflichen Abstieg und sie führt – je länger sie andauert, um so stärker – zum Verlust von Humankapital. Einmal erworbene Qualifikationen liegen brach und werden obsolet.
Fiskalische Effekte: Arbeitslose beziehen kein Arbeitseinkommen. Sie zahlen dementsprechend natürlich auch keine Einkommensteuer und keine Beiträge zur Arbeitslosen-, Renten-, Kranken- und Pflegeversicherung. Stattdessen werden den Arbeitslosen Transferleistungen ausgezahlt, zum Teil als Arbeitslosengeld bzw. -hilfe von der Bundesanstalt für Arbeit, zum Teil als Sozialhilfe von den Kommunen. Darüber hinaus müssen ihre Beiträge zur Renten-, Kranken- und Pflegeversicherung aus den Mitteln der Arbeitslosenversicherung aufgebracht werden. Der Einkommensverlust der Arbeitslosen ist demnach mit fiskalischen Belastungen – den Steuerausfällen und Einnahmeausfällen bei der Sozialversicherung stehen höhere Ausgaben von Bund, Ländern und Gemeinden sowie der Arbeitslosenversicherung gegenüber.
Induzierte wirtschaftliche Effekte: Sinkende Einnahmen bei gleichzeitig steigenden Ausgaben führen entweder zu einer Verschlechterung des staatlichen Leistungsangebots oder zu steigender Verschuldung oder zu steigenden Steuern und Sozialversicherungsbeiträgen (wahrscheinlich wird von allem etwas realisiert). Steigende Abgabenbelastung der Beschäftigten und Lohnersatzleitungen anstelle eines Arbeitseinkommens bei den Arbeitslosen bedeuten einen Kaufkraftverlust und eine Schwächung der gesamtwirtschaftlichen Nachfrage. Eine geringere Nachfrage erfordert auch nur eine geringere Produktionsmenge und diese wiederum weniger Beschäftigte (Multiplikatoreffekte). Steigende Abgabenbelastung der Unternehmen kann hingegen zu Investitionszurückhaltung und zu einem Überdenken von unternehmerischen Standortentscheidungen führen.
Verschwendung von Ressourcen: Die in der Volkswirtschaftstheorie gebräuchliche Alternativkostenbetrachtung geht über die bisherigen Überlegungen hinaus: Wenn rund 10 Prozent des in einer Volkswirtschaft verfügbaren Bestands am Produktionsfaktor Arbeit nicht genutzt werden, so bedeutet dies, dass diese Volkswirtschaft hinter ihren Produktionsmöglichkeiten und auch hinter Ihren Möglichkeiten, Wohlstand zu generieren, zurückbleibt.

3 Kosten der Arbeitslosigkeit

Die bislang nur qualitativen Überlegungen sollen im folgenden in Anlehnung an vorhandene empirische Untersuchungen quantifiziert werden, um einen Eindruck davon zu bekommen, mit welchen Kosten die Arbeitslosigkeit in Deutschland verbunden ist. Dabei erscheint eine Unterscheidung zwischen

- einer fiskalischen,
- einer volkswirtschaftlichen und
- einer gesellschaftlichen Betrachtung

zweckmäßig.

3.1. Fiskalische Kosten der Arbeitslosigkeit

Die folgenden Überlegungen sollen zunächst einen Eindruck davon vermitteln, wie hoch die fiskalischen Kosten der Arbeitslosigkeit sind. Schätzungen zur Höhe der fiskalischen Kosten werden seit einer Reihe von Jahren vom Institut für Arbeitsmarkt- und Berufsforschung durchgeführt [3]. Grundlage für diese Berechnungen ist die Zahl der registrierten Arbeitslosen. Um die zuvor beschriebenen, in Folge von Arbeitslosigkeit zu verzeichnenden Mehrausgaben und Mindereinnahmen zu schätzen, wird von einem durchschnittlichen Arbeitseinkommen ausgegangen, das die Arbeitslosen in einem Beschäftigungsverhältnis erzielen könnten. „Dieses Einkommen bildet dann die Grundlage für die Berechnung potenzieller Sozialversicherungsbeiträge und Steuern der Arbeitslosen. Die Mindereinnahmen der Kranken-, Renten- und Pflegeversicherung ergeben sich als Saldo aus den potenziellen Einnahmen (im Falle der Beschäftigung) und den tatsächlichen Einnahmen aus Zahlungen der Bundesanstalt für Arbeit (im Falle der Arbeitslosigkeit)."[4]

	1997	1998	1999	2000	2001	2002
Registrierte Arbeitslose	4,39	4,28	4,10	3,89	3,85	4,06
Gesamte fiskalische Kosten in Mrd.€	84,8	80,0	77,7	72,8	70,4	75,1
Kosten je Arbeitslosen	19.300	18.700	19.000	18.700	18.300	18.500
Kostenträger (Anteile in Prozent)						
Bundesanstalt für Arbeit	38,9	37,6	36,3	36,5	38,5	39,0
Bund	26,3	28,3	28,8	26,7	25,9	26,7
Länder	9,5	9,2	9,3	9,1	8,5	8,4
Gemeinden	8,4	8,1	8,3	8,3	8,0	7,2
Rentenversicherung	9,5	9,6	9,7	11,8	11,1	10,6
Krankenversicherung	6,6	6,4	6,7	6,6	7,0	7,0
Pflegeversicherung	0,8	0,8	0,9	1,0	1,0	1,0

Tabelle 1: Fiskalische Kosten der Arbeitslosigkeit in Deutschland 1997 bis 2002 (Quelle: Bach, H.-U. und Spitznagel, E., „Gesamtfiskalische Modellrechnungen – Was kostet uns die Arbeitslosigkeit", in: IAB Kurzbericht Nr. 10, Nürnberg 2003, S. 9 f.)

Tabelle 1 zeigt, dass sich die gesamten fiskalischen Kosten der Arbeitslosigkeit im Jahre 2002 auf rund 75 Mrd. € beliefen. Bei jahresdurchschnittlich etwas mehr als 4 Mill. Arbeitslosen bedeutet dies, dass sich allein die Kosten, die den öffentlichen Haushalten in Form zusätzlicher Einnahmen oder erhöhter Ausgaben entstehen, auf rund 18.500 € je Arbeitslosen belaufen. Bei – in Abhängigkeit von der Arbeitslosenzahl – schwankenden gesamten fiskalischen Kosten ist der Pro-Kopf-Betrag in den letzten Jahren relativ stabil geblieben. Was die Aufteilung der Kosten auf die beteiligten Kostenträger anbelangt, so kann man erkennen, dass die Bundesanstalt für Arbeit den größten Teil dieser Kosten zu übernehmen hat (knapp 40 Prozent). Etwas mehr als ein weiteres Viertel der Kosten trägt der Bund. Im Bereich der Sozialversicherungen wird die Rentenversicherung am stärksten belastet; ihr Anteil an den fiskalischen Kosten macht mehr als 10 Prozent aus und ist in den letzten Jahren angestiegen. Ansonsten ist die Struktur der fiskalischen Kosten aber weitgehend unverändert geblieben.

3.2. Volkswirtschaftliche Kosten der Ressourcenverschwendung

Ein umfassenderes Bild der Kosten der Arbeitslosigkeit vermitteln die volkswirtschaftlichen Kosten in Form des entgangenen Bruttoinlandsprodukts. Nach dem Prinzip der Opportunitätskosten wird im Rahmen einer fiktiven Rechnung versucht, den Wert der Waren und Dienstleistungen zu schätzen, der bei Vollbeschäftigung aller Produktionsfaktoren zusätzlich hätte geschaffen werden können (Bild 2).

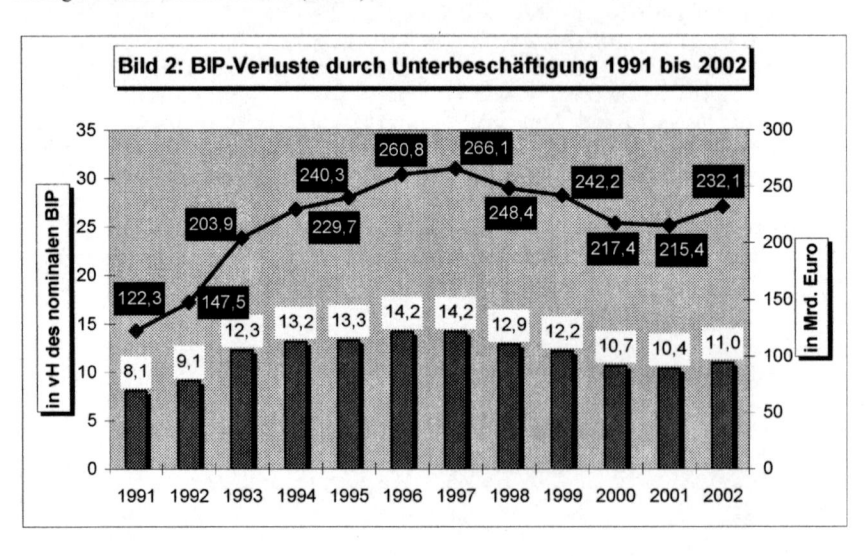

Bild 2: BIP-Verluste durch Unterbeschäftigung 1991 bis 2002

Jahr	in vH des nominalen BIP	in Mrd. Euro
1991	8,1	122,3
1992	9,1	147,5
1993	12,3	203,9
1994	13,2	229,7
1995	13,3	240,3
1996	14,2	260,8
1997	14,2	266,1
1998	12,9	248,4
1999	12,2	242,2
2000	10,7	217,4
2001	10,4	215,4
2002	11,0	232,1

Das IAB geht in seinen Modellrechnungen ungefähr folgendermaßen vor: Den Ausgangspunkt der Betrachtung bildet das Ausmaß an Unterbeschäftigung. Dieses ist in Deutschland höher ist als es die offiziellen Arbeitslosenzahlen zum Ausdruck bringen, weil es eine verdeckte Unterbeschäftigung [5] gibt (Entmutigte aufgrund der schlechten Arbeitsmarktlage, Personen in arbeitsmarkt- bzw. sozialpolitischen Maßnahmen, Personen in Arbeitsbeschaffungsmaßnahmen sowie Kurzarbeit). Für das Jahr 2002 ergaben die IAB-Berechnungen einen Wert zwischen 5,8 und 6,7 Millionen Personen bei „nur" gut 4 Millionen registrierten Arbeitslosen. Von dieser Unterbeschäftigungszahl wird ein Sockel von friktioneller (nicht vermeidbarer) Arbeitslosigkeit abgezogen (1,5 Prozent des Erwerbspersonenpotenzials). Für die so ermittelte Zahl der „Nichtbeschäftigten" wird unterstellt, dass das zuletzt gezahlte Arbeitsentgelt ihre Produktivität in etwa widerspiegelt. Unterstellt man, dass unter Vollbeschäftigungsbedingungen ein ausreichender Sachkapitalbestand gegeben wäre, so führt diese Berechnung zu einem „output-gap" von 230 Mrd. € im Jahre 2002 (vgl. Abbildung 2). Dies wären 11 Prozent des Bruttoinlandsprodukts. Dabei differiert der geschätzte „output-gap" zwischen den alten und den neuen Bundesländern deutlich: Während sich der „BIP-Verlust" in Westdeutschland „nur" auf 9 Prozent beläuft, beträgt er in Ostdeutschland 26 Prozent. Nach Auffassung des

IAB geben diese Schätzungen aufgrund ihrer spezifischen Annahmen eher den maximal zu erwartenden „output-gap" an.

3.3. Gesellschaftliche Kosten der Arbeitslosigkeit

Die soeben vorgestellten BIP-Verluste stehen für die materiellen Einbußen an gesellschaftlicher Wohlfahrt, die sich aus Arbeitslosigkeit und Unterbeschäftigung ergeben. Soweit es die Kosten der Arbeitslosigkeit anbelangt, wird jedoch auch die Auffassung vertreten, dass selbst ein exakt gemessener Output-Verlust als Maß zu eng ist. „Die Arbeitslosen sind nicht einfach nur ein stilliegender Produktionsfaktor. Sie sind Menschen, denen eine wichtige Quelle von sozialen Beziehungen, Identität und individueller Selbstachtung entzogen wurde."[6] Erwerbsarbeit ist nicht allein eine Einkommensquelle der Menschen, sondern eine Tätigkeit mit Herausforderungen, die das Verfolgen gemeinschaftlicher Ziele erfordert, die soziale Kontakte ermöglicht und die einen anerkannten Status mit persönlicher Identität bietet [7]. Wäre Erwerbstätigkeit nur eine Einkommensquelle, so müssten die gut ausgestatteten deutschen sozialen Sicherungssysteme die ungünstigen Auswirkungen von Arbeitslosigkeit auf den Einzelnen erheblich verringern. Auch wenn dies im Einzelfall zutreffen mag, so gibt es „im Durchschnitt" Hinweise darauf, dass es neben den „pekuniären Kosten" auch „nicht-pekuniäre Kosten" der Arbeitslosigkeit gibt. Damit ist die rein ökonomische Sichtweise des Volkswirts zu eng – vielmehr ist eine interdisziplinäre Betrachtung notwendig, die zumindest Erkenntnisse der Sozialwissenschaften, der Medizin und der Psychologie zu berücksichtigen hätte.

Die „nicht-pekuniären Kosten" der Arbeitslosigkeit (trotz des verwendeten Begriffs) in eine quantitative Größe zu transformieren, ist eine nicht ganz einfache Aufgabe: Zum ersten sind die Zeiträume, die zwischen dem Arbeitsplatzverlust und dem Auftreten psychophysiologischer Probleme liegen, relativ lang, zum zweiten ist die Kausalität nicht eindeutig nachzuweisen, zum dritten handelt es sich um ein kaum ausreichend erforschtes, komplexes und interagierender Ursache-Wirkungsgeflecht, [8] und schließlich müssten Dinge bewertet werden (menschliches Leben, verschiedene Erkrankungen, Verlust an sozialen Bindungen), die sich einer Bewertung weitgehend entziehen. Dennoch liegen inzwischen empirische Untersuchungen vor, die Schlussfolgerungen bezüglich der Existenz der „nicht-pekuniären" Kosten erlauben. Das Sozio-ökonomische Panel (SOEP) – eine jährliche Haushaltsbefragung – stellt die Frage nach der Qualität der Lebensbedingungen; die Haushalte müssen die Lebensqualität auf einer Skala von 0 (vollkommen unzufrieden) bis 10 (vollkommen zufrieden) bewerten. Vergleicht man die Antworten von Arbeitslosen und Erwerbstätigen miteinander, so sind deutliche Unterschiede auszumachen: So erreichten die Antworten der beschäftigten Personen im ersten Jahr des SOEP (1984) einen Durchschnittswert von 7,6, während der Vergleichswert der Arbeitslosen lediglich bei 5,6 lag. Nur 5 Prozent der Beschäftigten waren mit ihren allgemeinen Lebensumständen unzufrieden, während dies auf 27 Prozent der Arbeitslosen zutraf – mit anderen Worten: Arbeitslose gaben fünfmal so oft wie Beschäftigte an, mit ihrem Leben unzufrieden zu sein. Diese Resultate waren im gesamten Verlauf der 80er und 90er Jahre recht stabil. Darüber hinaus zeigen die Analysen auf Basis des Sozio-ökonomischen Panels, dass eine Person, die ihren Arbeitsplatz verliert, aus zwei Gründen unzufriedener wird: Zum ersten sinkt der Zufriedenheitsgrad, weil die Person einen Teil ihres Einkommens verliert; zum zweiten gibt es einen gleichgerichteten Effekt aus „nicht-pekuniären" Gründen; beide Faktoren zusammen bilden die gesamten Kosten der Arbeitslosigkeit. Grobe Kalkulationen auf Basis der SOEP-Resultate deuten darauf hin, dass lediglich 10 Prozent dieser Gesamtkosten pekuniärer Art sind, während 90 Prozent nicht-pekuniärer Art sind.

4 Überlegungen zu „gesamtwirtschaftlich optimalen Entlassungen"

Auch wenn die Schätzungen zur Größenordnung recht vage sind, so machen die bisherigen Überlegungen doch deutlich, dass der Gesellschaft durch Arbeitslosigkeit – unabhängig vom verwendeten Konzept – hohe Kosten entstehen. Als makroökonomische Kenngröße untermauern die geschätzten Kosten der Arbeitslosigkeit einerseits die unbedingte Notwendigkeit von wirtschaftspolitischen Maßnahmen, die auf eine Verringerung der Arbeitslosigkeit zielen: Diese Kosten lassen sich nur vermeiden, indem Arbeitslosigkeit vermieden wird. Andererseits liefern die der Gesellschaft entstehenden Kosten aber auch einen Ansatz für weitergehende volkswirtschaftliche Überlegungen. Auf einen solchen Aspekt soll hier eingegangen werden: Wenn bei ökonomischen Aktivitäten die Entscheidungen der Haushalte oder Unternehmen auf Basis der privaten Kosten getroffen werden, diese privaten Kosten aber von den gesellschaftlichen Kosten abweichen, so sprechen die Volkswirte davon, dass „externe Effekte" vorliegen. Sind die gesellschaftlichen Kosten einer Entscheidung höher als die privaten Kosten, so bezeichnet man dies als „externe Kosten". Sind die Kosten, die einer Entscheidung zugrunde gelegt werden, aber niedriger als die tatsächlichen Kosten, so wird die betreffende Entscheidung zu oft (positiv) getroffen – gesamtwirtschaftlich betrachtet kommt es zu einer Fehlallokation von Ressourcen. Genau diese Situation ist bei der Entlassungsentscheidung der privaten Unternehmen gegeben. Das Unternehmen in einem marktwirtschaftlichen System trifft seine Entscheidung über die Weiterbeschäftigung oder Entlassung einer Arbeitskraft allein auf der Grundlage seines betriebswirtschaftlichen Kalküls oder mit anderen Worten: auf Basis seiner privaten Kosten. [9] Dabei vergleicht es die (abdiskontierten) Verluste, die ihm im Fall der Weiterbeschäftigung entstehen würden mit den Entlassungskosten. Zu diesen Entlassungskosten gehören z. B. die Produktionsumstellungskosten, sowie die Wiedereinstellungs- und Ausbildungskosten für eine spätere Wiedereinstellung. Übersteigen die erwarteten Verluste die Entlassungskosten, wird das Unternehmen dem Mitarbeiter kündigen. Da die gesellschaftlichen Kosten der Entlassung aber (vermutlich erheblich) über den privaten Entlassungskosten des Unternehmens liegen, werden zu viele Entlassungsentscheidungen getroffen, die Zahl der Entlassungen ist gesamtwirtschaftlich nicht optimal. Würde das Unternehmen die gesellschaftlichen Kosten als Grundlage seiner Entscheidung nehmen, würde es sich wahrscheinlich sehr viel häufiger gegen die Freisetzung von Personal entscheiden. Entlassungen sind dann gesamtwirtschaftlich effizient, wenn alle volkswirtschaftlich relevanten Kosten und Nutzen in die Entscheidung eingehen.

Welche Ideen haben Volkswirte nun entwickelt, um dieses Problem zu lösen? Dies kann im Rahmen des vorliegenden Beitrags sicherlich nur angerissen werden, aber nicht adäquat, mit allen relevanten Aspekten behandelt werden. Bei den Lösungsansätzen geht es darum, die aus Sicht des einzelnen Unternehmens externen Kosten zu betriebsinternen Kosten zu machen oder den Betrieb zumindest zu einem Verhalten zu bewegen, das sich bei der Berücksichtigung solcher externen Kosten auch ergeben hätte – es geht darum, die „externen Effekte zu internalisieren". Die realistischsten Möglichkeiten zur Internalisierung des hier behandelten externen Effekts sind Verträge mit den Arbeitskräften oder Abfindungszahlungen.

- *Internalisierung durch Verträge*: Im Fall einer Entlassung wären Arbeitnehmer zum Erhalt ihres Arbeitsplatzes grundsätzlich bereit, dem Unternehmen – z. B. in Form eines vertraglich vereinbarten Lohnverzichts – einen Betrag anzubieten, der der Höhe ihrer Mobilitätskosten entspricht. [10] Das Unternehmen würde darauf hin auf eine Entlassung verzichten, wenn seine Verluste aus der Weiterbeschäftigung kleiner als die Summe der betrieblichen Entlassungskosten zuzüglich des Lohnverzichts sind. Insbesondere zwei Probleme sind mit dieser Lösungsidee verbunden:
Zum einen könnten die Unternehmen die Notwendigkeit von Entlassungen vortäuschen, um in den Genuss des Lohnverzichts zu gelangen.
Zum zweiten werden die meisten der oben diskutierten volkswirtschaftlichen Kosten der Arbeitslosigkeit in Deutschland gar nicht von den betroffenen Arbeitnehmern selbst, sondern von der Gesellschaft bzw. von der Gemeinschaft der Sozialversicherten getragen. Der einzelne Arbeitnehmer, der dies weiß, hat mithin nur ein eingeschränktes Interesse daran, dem Unternehmen ein Angebot auf Lohnverzicht zu unterbreiten.
- *Internalisierung durch Abfindungen (Sozialpläne)*: Wenn die Unternehmen bei jeder Entlassung eine Abfindung zahlen müssten, die exakt der Höhe der gesellschaftlichen Kosten entspricht, dann würden die Unternehmen ihre betrieblichen Entlassungsentscheidungen nach unten korrigieren, weil nun die gesellschaftlichen Kosten in die Entlassungsentscheidung einbezogen werden. Der Gedanke klingt vor dem Hintergrund der Diskussionen, die in Deutschland über die Höhe von Löhnen und Lohnnebenkosten geführt werden, wenig realistisch: [11] Müssen die Unternehmen zusätzlich zu den Löhnen Abfindungen zahlen, so verteuere dies den Faktor Arbeit und führte zu einer Verringerung des volkswirtschaftlichen Beschäftigungsniveaus. Die Einführung einer Abfindungspflicht bei Entlassungen führt somit zwar einerseits zu effizienten Entlassungsentscheidungen, andererseits bewirkt sie über die Verteuerung des Produktionsfaktors Arbeit einen Rückgang der Arbeitsnachfrage und des Beschäftigungsniveaus, die Arbeitslosigkeit würde steigen. Würden die Tarifparteien dies jedoch in den darauf folgenden Lohnverhandlungen berücksichtigen und mit dem Abschluss hinter dem Produktivitätsfortschritt zurückbleiben, so ergäbe sich nach einer Übergangsperiode wieder das ursprüngliche Beschäftigungsniveau. Die Kosten der Abfindungen könnten mittelfristig durch Einkommensverzicht und nicht durch Arbeitslosigkeit überwälzt werden. Aus wohlfahrtstheoretischer Sicht wäre die dann erreichte Lösung mit einer generellen Abfindungsregelung und niedrigeren Reallöhnen auf jeden Fall eine Verbesserung, wenn die Internalisierung des externen Effekts gelingt.
Die vorgestellte Überlegung entspricht vom Grundgedanken den in Deutschland bekannten Sozialplänen. Da die in Deutschland gängige Soziaplanpflicht bestimmte Mindestgrößen des betroffenen Unternehmens und eine Mindestentlassungszahl voraussetzt, werden die gesellschaftlichen Kosten von Entlassungen von einem Teil der Unternehmen (größere) selbst gezahlt, während kleineren Unternehmen ein „Quasi-Wettbewerbsvorteil" eingeräumt wird.

5 Zusammenfassung

Aus volkswirtschaftlicher Sicht führt Arbeitslosigkeit nicht nur zu einer Belastung der öffentlichen Haushalte und des Sozialversicherungssystems, sondern sie hat zugleich wohlstandsmindernde Effekte; darüber hinaus ist Arbeitslosigkeit mit unerwünschten sozialen Begleiterscheinungen verbunden und birgt das politische Risiko einer Radikalisierung. Die Kosten der Arbeitslosigkeit sind erheblich: Die fiskalischen Kosten beliefen sich im Jahre 2002 auf rund

75 Mrd. € bzw. auf rund 18.500 € je Arbeitslosen. Die volkswirtschaftlichen Kosten in Form des entgangenen Bruttoinlandsprodukts führten im gleichen Jahr zu einem geschätzten „output-gap" von 230 Mrd. €. Dies waren 11 Prozent des Bruttoinlandsprodukts. Aber selbst ein exakt gemessener Output-Verlust ist als Maß eigentlich zu eng, denn die Arbeitslosen sind nicht nur ungenutzter Produktionsfaktor, sondern sie sind Menschen, denen soziale Beziehungen, persönliche Identität und individuelle Selbstachtung entzogen wurde. Schätzungen, die versuchen diesem Aspekt Rechnung zu tragen, deuten darauf hin, dass lediglich 10 Prozent der gesamten Kosten der Arbeitslosigkeit pekuniärer Art, 90 Prozent jedoch nicht-pekuniärer Art sind. Diese Zahlen unterstreichen die Notwendigkeit wirtschaftspolitischer Maßnahmen zur Verringerung der Arbeitslosigkeit.

Aus den Zahlen folgt aber auch, dass die gesellschaftlichen Kosten von Entlassungsentscheidungen hoch sein können und die betrieblichen Kosten dieser Entscheidung in aller Regel übersteigen dürften. Bei Entlassungen treten mithin „externe Kosten" auf. Gesamtwirtschaftlich effiziente Entlassungsentscheidungen können aber nur getroffen werden, wenn alle volkswirtschaftlich relevanten Kosten und Nutzen in die Entscheidung eingehen. Würden Unternehmen die gesellschaftlichen und nicht die privaten Kosten als Grundlage ihrer Entlassungsentscheidung verwenden, würden sie sich wahrscheinlich sehr viel häufiger gegen die Freisetzung von Personal entscheiden. Aus diesem Ergebnis kann eine wohlfahrtsökonomische Rechtfertigung für Sozialplanregelungen hergeleitet werden: Müssten Unternehmen bei jeder Entlassung eine Abfindung zahlen, die exakt der Höhe der gesellschaftlichen Kosten entspräche, so könnte eine Internalisierung dieser externen Kosten erreicht werden, ohne dass dies zwangsläufig zu weiteren Steigerungen der Lohnkosten führen müsste. Durch die Einbeziehung der gesellschaftlichen Kosten in die Entlassungsentscheidung würden die Unternehmen die Zahl ihrer betrieblichen Entlassungsentscheidungen nach unten korrigieren.

Literatur

[1] vgl. Bach, H. W.: „Arbeitsförderungs-Reformgesetz", in: WiSu, Heft 05/1997, S. 455 ff.,
vgl. Schmid, G.: „Reform der Arbeitsmarktpolitik: Vom fürsorgenden Wohlfahrtsstaat zum kooperativen Sozialstaat", in: WSI-Mitteilungen, 1996, S. 629 ff.
[2] Knappe, E.: „Arbeitsmarktordnung und Arbeitsmarktpolitik", in: Jahrbücher für Nationalökonomie und Statistik, Bd. 216 (1997), S. 499
[3] Die jüngsten Berechnungen sind dokumentiert bei Bach, H.-U. und Spitznagel, E.: „Gesamtfiskalische Modellrechnungen – Was kostet uns die Arbeitslosigkeit", in: IAB Kurzbericht Nr. 10, Nürnberg 2003
[4] Bach, H.-U. und Spitznagel, E.: „Gesamtfiskalische Modellrechnungen – Was kostet uns die Arbeitslosigkeit", in: IAB Kurzbericht Nr. 10, Nürnberg 2003, S. 3
[5] Es gibt verschieden Konzeptionen zur Ermittlung der verdeckten Arbeitslosigkeit. Das IAB verwendet seine eigenen Berechnungen; vgl. hierzu Bach, H.-U. und Spitznagel, E.: S. 2. Daneben verwendet der Sachverständigenrat eine etwas andere Vorgehensweise; vgl. Sachverständigenrat zur Begutachtung der gesamtwirtschaftlichen Entwicklung (Hrsg.): Staatsfinanzen konsolidieren - Steuersystem reformieren: Jahresgutachten 2003/04, Wiesbaden 2003, S. 480 f.
[6] o.V.: Die Kosten der Arbeitslosigkeit, IZA Compact, Bonn, September 2004, S. 8. Der Beitrag in IZA Compact stützt sich auf Winkelmann, L. und Winkelmann, R.: „Why are

the unemployed so unhappy? Evidence from Panel data", in: Economica, Vol. 65 (1998), S 1 ff.
[7] vgl. Büssing, A.: „Arbeitslosigkeit, Differentielle Folgen aus psychologischer Sicht", in: Arbeit – Zeitschrift für Arbeitsforschung, Arbeitsgestaltung und Arbeitspolitik. Jg. 2 (1993), S. 7
[8] vgl. Büssing, A.: „Arbeitslosigkeit, Differentielle Folgen aus psychologischer Sicht", in: Arbeit – Zeitschrift für Arbeitsforschung, Arbeitsgestaltung und Arbeitspolitik. Jg. 2 (1993), S. 13 ff.
[9] Der Grundgedanke der folgenden Überlegungen orientiert sich an Neumann, H.: „Effiziente Entlassungen durch Sozialpläne?", in: Jahrbücher für Nationalökonomie und Statistik, Vol. 205/06 (1988), Stuttgart, S. 507 ff.
[10] Der Begriff „Mobilitätskosten" wird hier in Anlehnung an Neumann verwendet. Hierzu werden bei Neumann die Suchkosten des Arbeitnehmers für eine neue Stelle, seine Umzugskosten, die Einkommenseinbußen während der Arbeitslosigkeit und die Entwertung des spezifischen Humankapitals gerechnet. Obwohl die in diesem Beitrag vorgetragenen Überlegungen zeigen, dass die gesellschaftlichen Kosten eigentlich umfassender sind, wird der Begriff „Mobilitätskosten" hier verwendet, vgl. Neumann, H.: „Effiziente Entlassungen durch Sozialpläne?", in: Jahrbücher für Nationalökonomie und Statistik, Vol. 205/06 (1988), Stuttgart, S. 508
[11] vgl. zum Folgenden Neumann, H.: „Effiziente Entlassungen durch Sozialpläne?", in: Jahrbücher für Nationalökonomie und Statistik, Vol. 205/06 (1988), Stuttgart, S. 514 f.

IV. Die Sicht der Personalvermittler

Dr. Ruth Böck

1 Typisch für die aktuelle Arbeitsmarktsituation: Personalfreisetzungen

Betrachtet man den Arbeitsmarkt der letzten Jahre, dann ist ein charakteristisches Merkmal der kontinuierliche Abbau von Stellen. Die Tageszeitungen sind gespickt mit Überschriften, in denen Unternehmen unterschiedlicher Branchen, Größen und Standorte ankündigen, ihre Mitarbeiterzahl zu reduzieren.

Schon immer waren strukturell einzelne Branchen oder Regionen von einer höheren Zahl an Freisetzungen betroffen. Inzwischen ist der Branchenfächer jedoch sehr weit gespannt; nicht nur das Baugewerbe oder die Landwirtschaft sind von Stellenabbau betroffen, sondern auch vermeintlich sichere Branchen wie das Kredit- und Versicherungsgewerbe oder die öffentliche Verwaltung [1]. Gerade auch im Produzierenden Gewerbe hat die anhaltende Diskussion um Lohnnebenkosten, Kündigungsschutz und Bürokratie nicht erst mit der jüngsten EU-Erweiterung zu Verlagerungen von Betrieben oder Betriebsteilen ins Ausland geführt.

Außerdem zeigt sich, dass aufgrund von Strukturwandel gerade in Metropolen, die von vielen Arbeitnehmer mit guten Arbeitsplatzchancen in Verbindung gebracht werden, vermehrt Stellen verloren gehen, während dies in den Randregionen der Ballungsräume und im Umland weniger stark der Fall ist [2]. Ebenso gehen in Großunternehmen, die vermeintliche sicherere Arbeitsplätze anbieten, tendenziell mehr Arbeitsplätze verloren als in kleineren und mittleren Firmen.

Auch wenn es inzwischen einige Signale für einen Aufschwung in der deutschen Wirtschaft gibt, so wirkt sich das noch nicht auf den Stellenmarkt aus. Nach einer aktuellen Verbandsumfrage des Instituts der deutschen Wirtschaft in Köln gehen 22 der 43 befragten Branchenverbände von einer rückläufigen Beschäftigung im Vergleich zum Vorjahr aus, 20 von einer gleich bleibenden. Nur im Bereich der Kunststoffverarbeitung wird eine positive Beschäftigungsentwicklung erwartet [3]. Insgesamt wird nach einer Umfrage des Deutschen Industrie- und Handelskammertages (DIHK) bei 22.000 Unternehmen im Jahresdurchschnitt mit 100.000 Beschäftigten weniger gerechnet [4]. Und längst sind nicht nur Arbeitsplätze im Bereich der Un-/Angelernten betroffen, sondern vielfach sind auch hochqualifizierte Fach- und Führungskräfte Opfer von Stellenabbau [5].

In einer Situation, in der es vermehrt zu Freisetzungen bzw. zur Nichtbesetzung freiwerdender Stellen kommt, nimmt die Zahl der Arbeitsuchenden zu. Auch wird es für den einzelnen Arbeitsuchenden immer schwieriger, eine adäquate Stelle durch eigene Initiative zu finden.

Auf der anderen Seite werden Unternehmen überhäuft mit Bewerbungen, Auswahlprozesse für vakante Stelle dauern aufgrund der großen Bewerberzahlen länger, ohne dass die Qualität der Bewerberauswahl notwendiger Weise steigt.

Angesichts dieser Spannungssituation kommt Personaldienstleistern eine interessante und herausfordernde Rolle gerade in Zeiten angespannter Wirtschafts- und Arbeitsmarktlage zu.

2 Inanspruchnahme von Personaldienstleistern in Zeiten von Personalfreisetzungen

Die gerade beschriebenen Entwicklungen haben den Boden für einen wachsenden Markt für Personaldienstleistungen bereitet. Das Kerngeschäft der meisten Personaldienstleister besteht in einer Maklerfunktion, d. h. sie versuchen Arbeitnehmer und Arbeitgeber vorübergehend (Zeitarbeit) oder dauerhaft (Personalvermittlung, Personalberatung) zusammen zu bringen. Als weiterer wichtiger Personaldienstleistungszweig hat sich das Outplacement etabliert, das eine faire und einvernehmliche Trennung von Mitarbeiter und Unternehmen zum Ziel hat. Einige Personaldienstleister bieten darüber hinaus auch weitergehende Beratungsdienstleistungen an. Dazu gehören insbesondere Outsourcing von personalintensiven Aufgaben des Personalmanagements wie das Bewerbermanagement oder Durchführung von Auswahlverfahren (z. B. Tests oder Assessment Center) [6].

Auch wenn Personaldienstleister im Vergleich zu anderen Ländern in Deutschland bislang noch keinen hohen Marktanteil haben, weisen die bisherigen Zuwachsraten und Prognosen auf eine positive Entwicklung in der Zukunft hin (Bild 1).

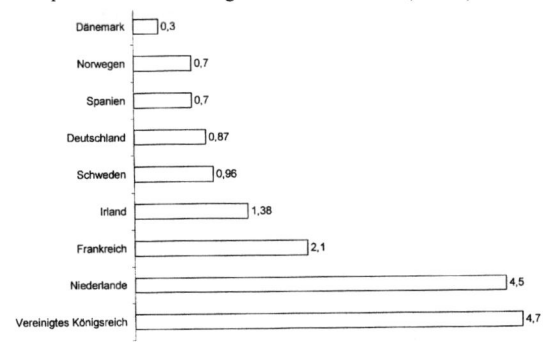

Land	Marktanteil
Dänemark	0,3
Norwegen	0,7
Spanien	0,7
Deutschland	0,87
Schweden	0,96
Irland	1,38
Frankreich	2,1
Niederlande	4,5
Vereinigtes Königreich	4,7

Bild 1: Das Beispiel Zeitarbeit im internationalen Vergleich – Marktanteile in Prozent, Stand: 2000/2001 nach CIETT (Quelle: Bröscher, N., „Zeitarbeit – eine Wachstumsbranche", in: Antony, Eyer und Kutscher: „Das flexible Unternehmen", CD-Rom online-Dienst, http://www.flexible-unternehmen.de, 2003)

3 Handlungsfelder von Personaldienstleistern

Unabhängig von der Art der angebotenen Personaldienstleistung nimmt der Personaldienstleister eine wichtige Schnittstellenfunktion zwischen den beiden Arbeitsmarktparteien ein (Bild 2). Je nach Intensität seiner Einbindung schlüpft er in verschiedene Rollen, die von einer reinen Vermittlertätigkeit, über Beratungsleistungen bis hin zu einem Begleiter/Coach reichen können.

```
              Personaldienstleister
                     /\
                    /  \
                   /    \
                  /      \
                 /        \
                /          \
   Arbeitgeber /_____\ Arbeitnehmer
```

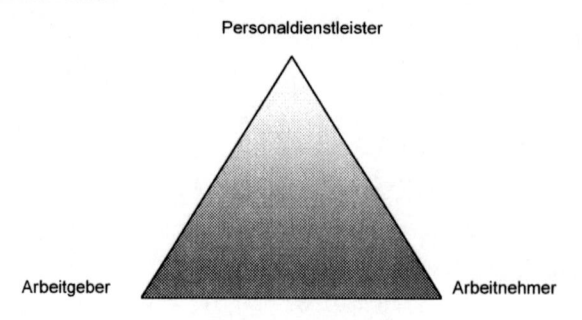

Bild 2: Der Personaldienstleister als Dritter im Bunde

Reiner Vermittler zwischen Arbeitgeber und Arbeitnehmer: Personaldienstleister bringen auch in Zeiten allgemeiner Personalfreisetzungen Arbeitgeber und Arbeitnehmer zusammen. Sie stellen einerseits Unternehmen auf Anfrage eine Vorauswahl an Bewerberprofilen zur Verfügung oder suchen aktiv über Anzeigen oder Direktansprache geeignete Kandidaten, die möglichst gut zum vom Unternehmen definierten Anforderungsprofil passen, um bei der Bewerberauswahl zu entlasten. Arbeitsanbietern versuchen sie, entsprechend deren Qualifikationsprofil, geeignete Arbeitseinsätze oder Arbeitsplätze zu vermitteln. Sie sorgen also als Makler für eine möglichst große Übereinstimmung von Anforderungsprofil und Qualifikationsprofil und begleiten den Entscheidungsprozess auf beiden Seiten. Finden Arbeitnehmer und Arbeitgeber zusammen, erhalten sie je nach Vertragskonstellation entweder eine Entleihungsgebühr oder ein Vermittlungshonorar.

Berater von Arbeitgeber und Arbeitnehmer: Personaldienstleister unterstützen und beraten ihre auftraggebenden Unternehmen bei ihren eigenen Freisetzungsbemühungen. So bringen sie ihr Know-how bei der Vorbereitung und Umsetzung von Freisetzungen ein. Sie zeigen Handlungsalternativen auf, bewerten diese hinsichtlich der unternehmensspezifischen Kosten und Nutzen, nehmen betriebsspezifische Anpassungen vor und begleiten die Umsetzung. Dies geschieht z.B. durch Unterstützung bei der Verhandlung mit den Sozialpartnern, Formulieren von Trennungsvereinbarungen, Führen von Trennungsgesprächen oder Zeugniserstellung. Personaldienstleister unterstützen Unternehmen aber auch bei ihren Versuchen, in Zeiten angespannter Arbeitsmarktlage den am besten geeigneten neuen Mitarbeiter aus der großen Zahl an Bewerbern zu finden. So werden sie z. B. beauftragt, Anforderungsprofile professionell zu beschreiben, erfolgversprechende Suchwege auszuwählen, adäquate Auswahlinstrumente zu entwickeln und einzusetzen oder auch das komplette Bewerbermanagement zu übernehmen. Dafür erhalten die Personaldienstleister je nach Vertragsgrundlage ein (erfolgsorientiertes) Honorar. Stellensuchende hingegen nutzen Personaldienstleister als Karriereberater, um eine Einschätzung ihrer Arbeitsmarktchancen, ihrer Einsatz- und Verdienstmöglichkeiten zu erhalten, aber auch um ihre Bewerbungsstrategie auszuarbeiten und Unterstützung bei der Erstellung von Bewerbungsunterlagen oder der Vorbereitung auf Vorstellungsgespräche und andere Auswahlverfahren zu erhalten.

Begleiter von Unternehmen und Mitarbeitern: Unternehmen, die Personal freisetzen möchten, können Personaldienstleister als Outplacementberater einschalten und so die wirtschaftlichen und psychischen Folgen von Personalfreisetzungen reduzieren. Den Unternehmen selbst fällt es oft schwer ihre wirtschaftlich notwendigen Freisetzungsentscheidungen zu kommunizieren. Hier kann die Outplacementberatung die Vorbereitung von Trennungsgesprächen ebenso begleiten wie die Führungskräfte, die diese Gespräche führen werden. Noch wichtiger ist jedoch die Begleitung der eigentlich Betroffenen – hier gilt es die berufliche Neuorientierung gemeinsam zu planen und die notwendige persönliche Veränderung des Einzelnen zu coachen.

Die aufgezeigten Handlungsfelder von Personaldienstleistern werden unterschiedlich stark in Anspruch genommen. Die Inanspruchnahme hängt von den unternehmerischen Gegebenheiten und der betroffenen Arbeitnehmergruppe ab. Welche Leistungsschwerpunkte in der aktuellen, von Personalfreisetzungen geprägten Arbeitsmarktsituation von welchen Unternehmen bzw. Arbeitnehmergruppen genutzt werden, wird im Folgenden aufgezeigt.

4 Leistungsschwerpunkte von Personalvermittlern bei Freisetzungen

4.1 Outplacement für Führungskräfte und Spezialisten

Charakteristische Merkmale dieses Leistungsangebots: Unter Outplacement werden arbeitgeberfinanzierte Maßnahmen verstanden, mit denen Mitarbeiter, von denen sich das Unternehmen trennen möchte, bei der Suche nach einem neuen Arbeitsplatz unterstützt werden. Die Dienstleistung umfasst dabei unterschiedliche Aspekte. Dazu gehört die Beratung und das Coaching zur beruflichen Neuorientierung, die Ausarbeitung einer Bewerbungsstrategie, die Unterstützung bei Bewerbungen und Vorbereitung auf Auswahlverfahren, aber auch das gezielte Placement in anderen Unternehmen. Insofern ist Outplacement nicht eine bloße „Vermittlung" in ein anderes Unternehmen, sondern eine Form von Trennungs- und Karrierebegleitung. In der Regel läuft ein Outplacement in vier Phasen ab (Tabelle 1).

Phase 1	Phase 2	Phase 3	Phase 4
Situationsanalyse	*Arbeitsmarktchancen*	*Veränderungsphase*	*Etablierungsphase*
Lebenslauf, Interessen, Werte, Eigenschaften, Fähigkeiten, Idealvorstellungen, Ziele	Arbeitsmarktanalyse, Bewerbungsstrategie, Bewerbungsunterlagen	Bewerbungstraining und -coaching, Vor- und Nachbereitung von Auswahlschritten, ggf. Vorbereitung auf Existenzgründung, Entscheidungsfindung, Vertragsverhandlung	Anfangsbegleitung im neuen Unternehmen oder in der Selbständigkeit

Tabelle 1: Typische Outplacementphasen (Quelle: Lucas, M., „Einsetzen statt freisetzen", in: Personalwirtschaft, Heft 11/2002, S. 46 f.)

Der Markt für Outplacement ist aufgeteilt zwischen Spezialanbietern, die ausschließlich diese Dienstleistung anbieten, und anderen Unternehmen, die außer im Outplacement auch in weiteren Personaldienstleistungs-/-beratungsfeldern tätig sind.

Die Outplacementberatung kommt ursprünglich aus den USA und gehört heute dort wie in vielen anderen Ländern zum Standardangebot bei Personalfreisetzungen. In Deutschland konzentrierten sich diese Angebote lange Zeit auf das Management. Sie werden aber inzwischen vermehrt auch auf den unteren Führungsebenen und bei Spezialisten eingesetzt.

Nach Auskunft der Outplacementberatungen vergeben ca. 30 bis 40 Prozent der deutschen Großunternehmen inzwischen Outplacementaufträge, der Geschäftsführer einer großen Beratung schätzt sogar, dass 80 Prozent der Top 100-Unternehmen Outplacement nutzen, Tendenz steigend [7]. Unternehmen lassen sich das Outplacement i. d. R. eine ganze Menge kosten - ca. 15 bis 25 Prozent des Bruttojahresgehalts sowie die Gehaltszahlungen bis zum erfolgreichen Placement in einem anderen Unternehmen.

Outplacement wird v. a. vom verarbeitenden Gewerbe in Anspruch genommen. Der Gesamtumsatz des Outplacementmarktes verteilt sich nach einer aktuellen Studie des BDU (Bund deutscher Unternehmensberater) im Jahr 2002, wie es im Bild 3 ersichtlich wird.

Bild 3: Nachfrage nach Outplacement in 2002 (Quelle: o.V., „Outplacement en vogue", in: Personal, Heft 01/2004, S. 31)

Im gleichen Jahr dauerten erfolgreiche Einzeloutplacements durchschnittlich 6,5 Monate, die Erfolgsquote wird mit 80 bis 95 Prozent angegeben. 77 Prozent der Teilnehmer an erfolgreichen Einzeloutplacements fanden eine neue Festanstellung, 23 Prozent entschieden sich für die Selbständigkeit. Der durchschnittliche männliche Outplacementkandidat war im Jahr 2002 43 Jahre alt, der weibliche 40 Jahre. Typischerweise lag die Beschäftigungszeit beim bisherigen Arbeitgeber um die acht Jahre und der Verdienst im Durchschnitt bei etwa 90.000 Euro.

Chancen der Nutzung von Outplacement bei Personalfreisetzung

Für *Unternehmen* ist das Instrument des Outplacements eine Möglichkeit, die vorhandenen Belegschaftsstrukturen sozialverträglich an den realen Bedarf anzupassen. Da das Instrument ein positives Image hat, lassen sich die sonst mit Personalreduktion verbundenen negativen Effekte auf die Arbeitsmoral, das Vertrauen in die Unternehmensführung, die Produktivität, die Teamarbeit und die Fluktuation der verbleibenden Belegschaft erheblich reduzieren. Darüber hinaus ist Outplacement auch ein interessantes Instrument zur Vermeidung von Abfindungszahlungen und den damit verbundenen steuerlichen Nachteilen. Da es sich um eine einvernehmliche und wohlwollende Trennungsform handelt, lassen sich durch solche Maßnahmen auch strittige Trennungen und daraus meist folgende aufwendige und kostenintensive Gerichtsverfahren vermeiden. Insgesamt führen publik gemachte Outplacementmaßnahmen auch zu einer positiven Beeinflussung des Unternehmensimages am Markt. Wenn schon Personalreduktionen sein müssen, dann wird wenigstens eine Win-Win-Situation realisiert. Dadurch kann das Unternehmen unternehmerische Verantwortung sowie Wertschätzung seinen Mitarbeitern gegenüber signalisieren. Mit Blick in die Zukunft ist es sogar möglich, über eine positiv erlebte Trennung, mit einem ehemaligen Mitarbeiter in seiner neuen Position, eine neue Geschäftsbeziehung aufzubauen oder eine bestehende zu intensivieren. Die Einbeziehung von Personaldienstleistern bei Personalabbaumaßnahmen hat darüber hinaus den Effekt, dass die Akzeptanz höher ist und die Personalabteilung selbst entlastet wird.

Die *Mitarbeiter*, für die Outplacementmaßnahmen angeboten werden, haben dadurch die Möglichkeit, drohende Beschäftigungslosigkeit zu vermeiden und stattdessen ihre Employability zu erhöhen. So können sie die getroffene Unternehmensentscheidung positiv für ihre eigene Weiterentwicklung nutzen. Die Chancen liegen auf der Hand. Outplacement stellt eine ganz individuelle Unterstützung in dieser schwierigen Umbruchphase für den Einzelnen dar. Durch gezielte Beratung und Hilfestellung bei allen Problemen, die in der Bewerbungsphase anfallen, werden gute Voraussetzungen geschaffen, erfolgreich berufliche Alternativen zu finden und eine adäquate Position bei einem anderen Unternehmen zu erhalten. Der Einsatz von Personaldienstleistern als quasi unbeteiligte Dritte ist insofern hilfreich, weil das Hilfsangebot emotionsfreier angenommen und professioneller geleistet werden kann als eine gleichartige Unterstützung durch das Unternehmen selbst. Wird Outplacement zusätzlich mit der gezielten Vermittlung in ein neues Arbeitsverhältnis angeboten, steigen die Chancen aus einer bestehenden Beschäftigung ohne Zeiten der Arbeitslosigkeit einen attraktiven Neuanfang machen zu können.

4.2 Private Personalvermittlung und Zeitarbeit

Charakteristische Merkmale dieses Leistungsangebots

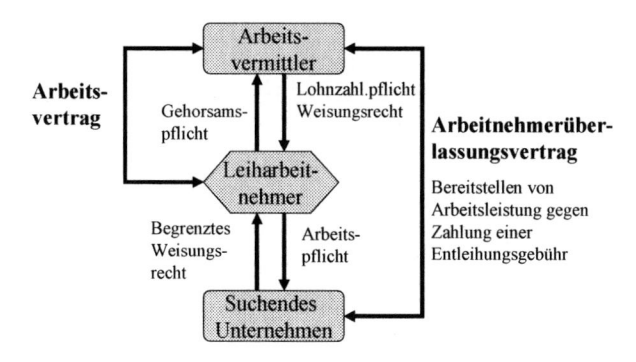

Bild 4: Konstellation der Beteiligten bei Arbeitnehmerüberlassung (Quelle: Böck, R., „Personalmanagement", München; Wien 2002, S. 57)

Zeitarbeit wie Arbeitsvermittlung (Personalberatung) sind zwei Formen des Makelns zwischen Arbeitgeber und Arbeitnehmer. Bei Zeitarbeit wird im Rahmen einer Arbeitnehmerüberlassung ein konkreter Personalbedarf eines Unternehmens befristet durch den Einsatz einer Zeitarbeitskraft gedeckt. Die Besonderheit ist hierbei, dass die Zeitarbeitskraft einen Arbeitsvertrag mit dem Zeitarbeitsunternehmen hat und von diesem an das suchende Unternehmen entliehen wird. Das entleihende Unternehmen zahlt dafür an die Entleihfirma eine Gebühr in Abhängigkeit vom Einsatzvolumen (Bild 4).

Bei einer *Arbeitsvermittlung* wird ein Arbeitnehmer, der sich bei der Personalvermittlung beworben hat oder durch diese explizit gesucht wurde (Stichwort Headhunting) an ein suchendes Unternehmen vermittelt. Hier wird der Arbeitsvertrag direkt zwischen Unternehmen und vermitteltem Arbeitnehmer geschlossen. Das Unternehmen zahlt der Arbeitsvermittlung i. d. R. ein Vermittlungshonorar, meist in Abhängigkeit vom jeweiligen Bruttojahresentgelt.

Eine *Mischform* ist häufig dann gegeben, wenn eine Zeitarbeitskraft von dem Unternehmen, an das sie befristet entliehen ist, in ein Arbeitsverhältnis übernommen wird. Hier kommt es zu einer Änderung des Arbeitsverhältnisses. Meist schließen Zeitarbeitsunternehmen mit dem entleihenden bzw. übernehmenden Unternehmen eine Vereinbarung dergestalt, dass in Abhängigkeit von der Dauer des Zeitarbeitseinsatzes das Vermittlungshonorar reduziert wird oder ganz entfällt.

Der Markt für Zeitarbeitsfirmen und Arbeitsvermittler ist insgesamt sehr unübersichtlich. Er ist gekennzeichnet durch eine große Zahl von Anbietern, wobei sich jedoch eine Konzentration nach Umsatz und Mitarbeiterzahl auf einige große Unternehmen ablesen lässt. Auch ist festzustellen, dass die meisten Unternehmen neben Zeitarbeit und Arbeitsvermittlung eine Vielzahl weiterer Dienstleistungen ergänzend anbieten. Und schließlich gibt es auch einige Anbieter am Markt, die eigentlich ganz andere Leistungsschwerpunkte haben, aber ihr Geld auch mit Zeitarbeit und Arbeitsvermittlung verdienen.

Die unternehmensseitige Inanspruchnahme von Zeitarbeit und Arbeitsvermittlung (Personalberatung) ist sehr heterogen.

Eine Umfrage der Handwerkskammer Rhein-Main im Sommer 2002 zur Zeitarbeit hat ergeben, dass die befragten Unternehmen zu 69 Prozent Facharbeiter und qualifizierte Angestellte suchen, zu 12 Prozent sollen Stellen mit einfachen Tätigkeiten mit Un-/Angelernten besetzt werden und 19 Prozent benötigen beide Qualifikationsgruppen [8].

Nach Angaben des ZEW (Zentrums für Europäische Wirtschaftsforschung) [9] findet man Zeitarbeit insbesondere in den Branchen Metall, Elektro und Chemie, während die Nachfrage im Handel oder im Kreditgewerbe vergleichsweise gering ist. Der Bundesverband für Zeitarbeit gibt folgende Anteile der Berufsgruppen an Zeitarbeitnehmern an (Tabelle 2).

Nach dem Bundesverband *Personalvermittlungen* (BPV) werden schwerpunktmäßig Mitarbeiter in Organisations-, Verwaltungs- und Büroberufe vermittelt, gefolgt von Dienstleistungsberufen. Der BDU gibt in seiner aktuellen Studie zur Personalberatung an, dass insbesondere Unternehmen in der Größe zwischen 1.000 und 10.000 Beschäftigten diese Dienstleistung nachfragen. Die Nachfrage nach Personalberatung kommt insbesondere aus den

Branchen Verarbeitendes Gewerbe, IT, Kommunikation, Medien sowie Finanzdienstleistungen [10].

Berufsgruppe	Anteil in der Zeitarbeit Stand 12/02
Metall und Elektro	29,6%
Hilfspersonal	27,4%
Verwaltung und Büro	13,3%
Dienstleistung	15,2%
Technische Berufe	3,7%
Sonstige Berufe	10,8%

Tabelle 2: Anteil Zeitarbeitskräfte nach Berufsgruppen (Quelle: Bundesverband Zeitarbeit (Hrsg.), Daten zur Zeitarbeit, 2002)

Auch die *arbeitnehmerseitige Inanspruchnahme* von Zeitarbeit und Arbeitsvermittlung ist unterschiedlich. Eine eigene Umfrage bei Personaldienstleistern am Kölner Arbeitsmarkt hat ergeben, dass die meisten Stellensuchenden unter 40 Jahre alt sind (79,7 Prozent), überwiegend eine Berufsausbildung ohne weitere Qualifizierungen mitbringen (43,2 Prozent) oder ein (Fach-) Hochschulstudium absolviert haben (35,0 Prozent). 38,6 Prozent melden sich bei Personaldienstleistern noch aus aktiven Beschäftigungsverhältnissen heraus, mehr als 60 Prozent sind jedoch ohne Beschäftigung [11]. Auch andere Erhebungen wie die des Bundesverbandes Zeitarbeit (BZA, Tabelle 3) zeigen, dass ein hoher Anteil von Zeitarbeitskräften vorher ohne Beschäftigung war [12].

Zeitarbeitnehmer vorher ohne Beschäftigung	Insgesamt	Anteil in Prozent an allen Zeitarbeitskräften
bis zu einem Jahr	116.244	45,78
über ein Jahr	25.341	9,98
noch gar nicht beschäftigt	23.538	9,27
insgesamt	165.124	65,03

Tabelle 3: Beschäftigungslose Zeitarbeitskräfte zum Stichtag 30.12.2002 (Quelle: Bundesverband Zeitarbeit (Hrsg.), Daten zur Zeitarbeit, 2002)

Insofern sind Zeitarbeitsunternehmen und private Arbeitsvermittler insbesondere für Arbeitsuchende, die bereits von Personalfreisetzung oder der Nichtbesetzung von Vakanzen betroffen sind, eine begehrte Anlaufstelle.

Chancen der Nutzung von Zeitarbeit und privater Personalvermittlung bei angespannter Wirtschafts- und Arbeitsmarktlage

Für *Unternehmen* sind die Dienstleistungsangebote Zeitarbeit und Arbeitsvermittlung in erster Linie eine gute Möglichkeit, einerseits die Kernbelegschaft zu reduzieren und damit gerade in wirtschaftlich angespannten Zeiten Personalkosten einzusparen und andererseits eine flexible Personalreserve aufzubauen. Durch den Einsatz von Zeitarbeitskräften kann ein Unternehmen schneller auf Marktgegebenheiten reagieren und bedarfsgerecht die notwendigen Personalkapazitäten auf- und abbauen. Beim Aufbau kann man die gesamte Vorauswahl auf den Arbeitsvermittler abwälzen und die spezifisch benötigten Ressourcen ohne eigene Investitionen anfordern. Beim Abbau müssen keine kündigungsschutzrechtlichen Bedingungen berücksichtigt werden und alle Abwicklungsaufgaben liegen beim Vermittler. Ausfälle durch Urlaubs- und

Krankheitszeiten werden vermieden, da der Vermittler dann ggf. für Ersatz sorgt. Durch den Einsatz von Zeitarbeit lassen sich die Personalfixkosten ebenso senken wie die Personalverwaltungskosten. Ein weiterer Vorteil ist darin zu sehen, dass der Einsatz von Zeitarbeitskräften mit der Option zu einer späteren Übernahme dem Unternehmen eine gute Möglichkeit gibt, einen potenziellen Mitarbeiter in der Praxis während seines Zeitarbeitseinsatzes zu erproben. Dadurch kann das Einstellungsrisiko erheblich reduziert werden. Schließlich bringen Zeitarbeitskräfte sehr häufig extrafunktionale Fähigkeiten mit, die gerade in Zeiten hoher Flexibiliätsbedarfe außerordentlich wichtig sind: Durch ihre vielfältigen Arbeitseinsätze bringen sie eine hohe Veränderungskompetenz mit, d. h. sie können sich i. d. R. schnell in neue Sachverhalte und Unternehmenskulturen einarbeiten, sie halten nicht an gewohnten Routinen und Abläufen fest und sind es gewohnt, mit unterschiedlichen Kollegen zusammen zu arbeiten. Darüber hinaus ist ihre Fachkompetenz i. d. R. über die verschiedenen Arbeitseinsätze breiter geworden, wodurch sie Innovationen und Inputs in das Unternehmen hineinbringen können, die aus eigenen Reihen aufgrund von Betriebsblindheit kaum möglich sind.

Für *Arbeitnehmer* stellt die Tätigkeit bei einem Zeitarbeitsunternehmen eine gute Alternative zur Arbeitslosigkeit dar. Da die Zeitarbeitsfirmen ständig um Arbeitsaufträge bemüht sind, bestehen viele Möglichkeiten, nach Verlust eines Arbeitsplatzes und während der Suche nach einer attraktiven Alternative, weiterhin am Arbeitsleben teilzunehmen. Dadurch lassen sich Lücken im Lebenslauf vermeiden, man kann neue Erfahrungen sammeln und seine Kenntnisse erweitern. Viele Zeitarbeitskräfte sehen ihre Einsätze auch als Sprungbrett in ein neues Unternehmen: entweder weil sie darauf hoffen, dass ein Zeitarbeitseinsatz in eine Arbeitsvermittlung mündet oder sie Unternehmen kennen lernen, bei denen sie sich initiativ bewerben können.

4.3 Sonderfall: Unterstützung der staatlichen Personalvermittlung (Vermittlungsgutschein)

Charakteristische Merkmale dieses Leistungsangebots: Seit März 2002 erhalten Arbeitslose, die Anspruch auf Arbeitslosengeld oder Arbeitslosenhilfe haben, oder Arbeitnehmer in Arbeitsbeschaffungs- oder Strukturanpassungsmaßnahmen auf Wunsch einen Vermittlungsgutschein von der Agentur für Arbeit. Dadurch soll erreicht werden, dass Arbeitslose schneller vermittelt werden, weil sie mit dem Vermittlungsgutschein zusätzlich zu den staatlichen Vermittlungsbemühungen auf eigene Initiative private Arbeitsvermittler einschalten können. Der Vermittlungsgutschein kann von einem privaten Arbeitsvermittler bei erfolgreicher Vermittlung in zwei Teilbeträgen – bei Vermittlung und nach einer Beschäftigungsdauer des Vermittelten von sechs Monaten – bei der Agentur für Arbeit eingelöst werden. Er erhält dann insgesamt je nach Arbeitslosendauer des Vermittelten zwischen 1.500 und 2.500 Euro.

Insgesamt wird der Vermittlungsgutschein sehr wenig in Anspruch genommen und führt auch zu zu geringen Vermittlungserfolgen. Nach gut einem Jahr hat die Agentur für Arbeit Bilanz gezogen und festgestellt, dass nur sechs Prozent aller Gutscheinempfänger mit Hilfe privater Arbeitsvermittler in ein Beschäftigungsverhältnis vermittelt worden sind. Als wesentliche Hemmschuhe sehen Kritiker auf Seiten der Arbeitslosen, dass ihnen der Marktüberblick und je nach Arbeitslosendauer die Motivation zur Inanspruchnahme privater Dienstleister fehlt. Auf Seiten der Dienstleister ist ein hoher bürokratischer Aufwand auf der einen Seite und eine zu geringe finanzielle Attraktivität der Vermittlungsgutscheine auf der anderen Seite zu nennen.

Chancen der privaten Personalvermittlung auf Vermittlungsgutschein: Auch wenn die Inanspruchnahme der Vermittlungsgutscheine durch Arbeitnehmer, die bereits von Freisetzung betroffen sind, noch sehr gering ist, so lassen sich dennoch positive Aspekte aus Sicht von Arbeitgeber und Arbeitnehmer hervorheben.

Aus *Unternehmenssicht* kann sich bei Vermittlung von Kandidaten, die vorher arbeitslos waren und sich mittels Vermittlungsgutschein an einen privaten Vermittler gewandt haben, das eigene Vermittlungshonorar reduzieren, weil der private Arbeitsvermittler bereits ein Teil seiner Leistungen über Gutschein abdecken kann. Dies setzt allerdings voraus, dass der Vermittler diesen Vorteil an das Unternehmen weitergibt. Auch ist davon auszugehen, dass ein Arbeitsloser, der sich selbst durch Einschaltung eines privaten Arbeitsvermittlers um eine neue Stelle bemüht, eine höhere Arbeitsmotivation und Eigeninitiative mitbringt. Diese Information kann mit eine Entscheidungshilfe bei der Auswahl vorgeschlagener Kandidaten eines Vermittlers sein.

Für einen *Arbeitnehmer* gibt der Vermittlungsgutschein die Möglichkeit, sich selbst aktiv um einen Arbeitsplatz zu bemühen und einen weiteren Suchweg neben ggf. schon anderen genutzten kostengünstig einbinden zu können. Dadurch steigt die Chance, schneller wieder am Arbeitsleben teilhaben zu können.

5 Stand und Trends: Personaldienstleistung in Zeiten von Personalfreisetzungen

Zusammenfassend lässt sich festhalten, dass Personaldienstleister nicht nur in Zeiten boomender Arbeitsnachfrage, sondern gerade auch in Zeiten, in denen Unternehmen ihre Personaldecke verringern, ein wichtiger Partner für Arbeitgeber und Arbeitnehmer sind.

Ihre Dienstleistungen werden je nach betroffener Arbeitnehmergruppe unterschiedlich stark in Anspruch genommen. Und die Rollen, in denen sie jeweils gefordert sind, sind in Abhängigkeit von der erbrachten Dienstleistung mehr oder weniger vielfältig. So werden sie im Rahmen der Unterstützung der staatlichen Personalvermittlung lediglich als Vermittler gefragt, bei Outplacementprojekten hingegen werden sie je nach Auftragsumfang und Unternehmens- bzw. individueller Situation des Mitarbeiters in unterschiedlichen Rollen aktiv (Tabelle 4).

Dienstleistungsschwerpunkt	Rollen der Personaldienstleister	Typische Arbeitnehmergruppe
Outplacement	Vermittler, Berater, Begleiter	Führungskräfte, Spezialisten
Private Personalvermittlung und Zeitarbeit	Berater und Vermittler	v. a. Fachkräfte, insbesondere auch Verwaltungs- und Bürokräfte
Unterstützung staatlicher Personalvermittlung	Vermittler	Arbeitslose mit mehr als 3 Monaten ohne Beschäftigung

Tabelle 4: Personaldienstleister in Zeiten von Personalfreisetzungen

Beobachtet man den Markt für Personaldienstleistungen genau, dann sind folgende Veränderungstendenzen von dem hier gezeichneten Bild zu beschreiben.

Outplacement auch für Fachkräfte/Sachbearbeiter und mittelständische Unternehmen: Neben der im Führungskräftebereich dominierenden Form des Einzeloutplacements etablieren sich zunehmend auch im Bereich der Fachkräfte und Sachbearbeiter Outplacementmaßnahmen. Diese werden jedoch überwiegend in Gruppenform angeboten, um den Personalabbau einer größeren Zahl an Mitarbeitern sozialverträglich zu gestalten. In diesem Bereich steht ebenfalls das Ziel der beruflichen Wiedereingliederung an vorderster Stelle. Das zum Einsatz kommende Instrumentarium unterscheidet sich jedoch in einigen Punkten von der Einzelform des Outplacements; hier dominieren Seminare kombiniert mit Nachbetreuungsangeboten. Auch ist beobachtbar, dass es nicht mehr nur die Großunternehmen sind, die Personalfreisetzungen mit Outplacementberatung flankieren. Auch immer mehr Mittelständler wissen die positiven Aspekte zu schätzen [13].

E-Placement – Outplacement als Onlineangebot im Internet: Bei diesem Outplacement-Dienstleistungsangebot sitzen sich Berater und Klient nicht mehr face-to-face gegenüber, sondern kommunizieren überwiegend via Telefon und Internet. Das Beratungsangebot stützt sich auf bereits vorhandene Möglichkeiten von kommerziellen Jobbörsen sowie Internetportalen und ergänzt diese. So werden z. B. Online-Potenzialanalysen angeboten, es können Bewerbungsunterlagen über E-Mail an einen Berater zu Beurteilung versandt werden, es besteht die Möglichkeit, sich über Bewerbungstipps, Vergütungsbandbreiten etc. in speziellen Portalen zu informieren oder weltweit in Stellendatenbanken zu recherchieren bzw. eigene Profile einzustellen. Als Serviceleistung der Anbieter nehmen diese meist auch ein professionelles Matching von Stellen- und Bewerberprofil vor. Auch wird der Arbeitnehmer nicht sich selbst überlassen, sondern kann jederzeit seinen Berater über das Telefon kontaktieren. Die telefonische Kontaktaufnahme bringt den Vorteil einer höheren zeitlichen Flexibilität, geringerer Kosten sowie einer oftmals größeren Offenheit der von Personalabbau betroffenen Mitarbeitern, denen es z. T. leichter fällt, ihre Situation am Telefon als persönlich zu schildern („Telefonseelsorge-Effekt").

Private Personalvermittlung und Zeitarbeit auch für Akademiker und Führungsnachwuchskräfte/Trainees: Bisher war der Markt für Zeitarbeit und Arbeitsvermittlung auf ein bestimmtes Qualifikations- und Positionsprofil konzentriert. Durch den Druck am Arbeitsmarkt und mit dem durch die Reform der Zeitarbeit in 2004 realisierten Equal Pay [14] von Zeitarbeitnehmern zeigt sich, dass auch immer mehr Hochschulabsolventen und Führungsnachwuchskräfte versuchen, über diesen Weg eine (neue) Beschäftigung zu finden. Insbesondere Jungakademiker oder Young Professionals mit erster Berufserfahrung versuchen auf diesem Weg ihre Qualifikationsbreite und Praxiserfahrung auszubauen, um dadurch ihre Arbeitsmarktchancen zu erhöhen. Auch finden sich erste überbetriebliche, bei einem Arbeitsvermittler angesiedelte Traineeprogramme. Unternehmen greifen auf diesen Pool an Trainees für ausgewählte Projektaufgaben zu, die Trainees erhalten so Einblick in unterschiedliche Unternehmen und Unternehmensbereiche, erwerben Projekterfahrung und vergrößern ihre Chancen auf eine Übernahme nach der Traineezeit in einem der teilnehmenden Unternehmen.

Zukunft der Vermittlungsgutscheine fraglich: Die geringe Inanspruchnahme gepaart mit der Kritik an der bürokratischen und finanziellen Ausgestaltung dieses Instruments lässt am langfristigen Bestand der Vermittlungsgutscheine zweifeln. Chancen werden diesem Instrument dann eingeräumt, wenn die Vermittlungsgutscheine marktüblichen Honoraren angepasst werden, eine Honorargarantie für die Vermittlung gegeben wird, unabhängig davon wie lange das Beschäftigungsverhältnis Bestand hat und die Formular- und Vertragsgestaltung einfacher wird.

Weiteres Wachstum und die Abkehr von traditionellen Mustern: Der Markt für Personaldienstleistungen ist also in Bewegung – gerade auch in Zeiten schwieriger Arbeitsmarktlage. Bleibt abzuwarten, wie sich das Angebot und die Nachfrage nach Personaldienstleistungen weiter entwickeln werden. Die Vorzeichen stehen auf weiteres Wachstum und die Abkehr von traditionellen Mustern.

Literatur

[1] vgl. iwd (Hrsg.): „Experience Rating - Nicht das Gelbe vom Ei", in: Informationsdienst des Instituts der deutschen Wirtschaft Köln, Nr. 8 vom 19. Februar 2004
[2] vgl. iwd (Hrsg.): „Regionaler Strukturwandel - Metropolen verlieren an Glanz", in: Informationsdienst des Instituts der deutschen Wirtschaft Köln, Nr. 6 vom 11. Februar 1999
[3] vgl. iwd (Hrsg.): „Verbandsumfrage 2004", in: Informationsdienst des Instituts der deutschen Wirtschaft Köln, Nr. 1 vom 1. Januar 2004
[4] vgl. o.V.: „Konjunktur – Schnelles Ende des Aufschwungs erwartet", in: FAZ.NET vom 14. Juni 2004
[5] vgl. Mesmer, A. und Müller, K.: „Die neue Arbeitslosigkeit", in: Computerwoche online, Job + Karriere, 2004
http://www.computerwoche.de/index.cfm?pageid=257&artid=40140&main_id=40140&category=45&currpage=1&type=detail&kw=
[6] vgl. Lünendonk, T.: „Zeitarbeit – eine Chance für den Arbeitsmarkt", in: Personal, Heft 09/2002, S. 28
[7] vgl. o.V.: „Hilfe beim Neuanfang", in: UNI, Heft 04/2002, S. 13 ff.
[8] vgl. Mitlacher, L. und Ruh, E.: „Zeitarbeit als personalpolitisches Instrument in kleinen und mittleren Unternehmen?" in: Personal, Heft 01/2003, S. 22
[9] vgl. Zentrum für Europäische Wirtschaftsforschung (Hrsg.): Perspektiven der Zeitarbeit: Ergebnisse der ZEW-Erhebung bei Zeitarbeitsbetrieben, Mannheim 2003, S. 4
[10] vgl. Bund deutscher Unternehmensberater (Hrsg.): Personalberatung in Deutschland 2003, 2004, S. 12
[11] vgl. Dr. Böck Unternehmensberatung (Hrsg.): Studie zur privaten Arbeitsvermittlung in der Region Köln, Arbeitspapier, Köln 2003. Die Studie wurde 2003 durchgeführt. Die Ergebnisse gehen auf eine schriftliche Befragung von Personaldienstleistern am Kölner Arbeitsmarkt zurück. Befragt wurden insgesamt 28 Unternehmen, Rücklauf 40 Prozent.
[12] vgl. Lünendonk, T.: „Zeitarbeit – eine Chance für den Arbeitsmarkt", in: Personal, Heft 09/2002, S. 27
[13] vgl. Weber, P.: „Outplacement als Telefonseelsorge?" in: Personalmagazin, Heft 05/2004, S. 68 f.,
vgl. Triller, U.: „ePlacement: Outplacement via Internet", in: Personal, Heft 05/2002, S. 38 f.

[14] Seit 2004 müssen Zeitarbeitsunternehmen ihren Mitarbeitern eine Vergütung zahlen, die in dem Unternehmen, in dem sie eingesetzt werden, üblich ist, oder es muss ein Branchentarifvertrag für Zeitarbeitskräfte angewandt werden.

V. Die Sicht des potenziell aufnehmenden Unternehmens

Prof. Ulrich Gonschorrek

1 Wirtschaftsethik und Wirtschaftswandel

Aspekt Wirtschaftsethik: Wir leben in einer Zeit, in der sich die Arbeitsgesellschaft grundlegend ändert. Massenentlassungen und Frühestverrentungen sind nur zwei auffallende Symptome. Die Betroffenen empfinden die Folgen des Umbruchs als Versagenserlebnis: Sie werden in dieser Gesellschaft nicht mehr gebraucht. Das hat für die Entwicklung einer „Zivilgesellschaft" und für die Demokratie negative Konsequenzen. Aber es gibt auch einen ökonomisch positiven Effekt. Je mehr Personal freigesetzt wird, desto größer die Auswahl für suchende Unternehmen! Dieses ist zwar eine Tatsache, sie sollte jedoch nicht zum Zynismus verführen. Für die Betroffenen ist es meist (trotz der finanziellen Absicherung über Sozialleistungen) eine Tragödie. Die ethisch-ökonomische Wirkung: Immer mehr Lebensperspektiven werden zerstört und – volkswirtschaftlich gesehen – immer mehr Leistungspotenziale werden vergeudet. Zu einer ethisch fundierten Unternehmenskultur gehört es, diesem Phänomen gegenüber eine humanverträgliche Sicht zu entwickeln. Menschen, die neu in ein Unternehmen eintreten spüren schnell (und leistungswirksam), unter welchem ethischen Standard dieses Unternehmen handelt. Für Loyalität, Bindungsbereitschaft und Motivation ist dieser Faktor entscheidend – jedenfalls auf lange Sicht. Man nennt das heute „nachhaltig". Unter dieser „ganzheitlichen Betrachtung" stehen die folgenden Analysen und Empfehlungen.

Aspekt Wirtschaftswandel: Dieser Aspekt ist für die Arbeit in der Personalabteilung ebenso wichtig. Wir erleben z. Z. einen Umbruch im gesamten Wirtschaftsleben, der mit Globalisierung nur unzureichend beschrieben ist. Seine unübersehbaren Merkmale sind: Flexibilisierung, Mobilisierung, Individualisierung, um nur die in diesem Zusammenhang wichtigsten zu nennen.

- Flexibilisierung meint (bezogen auf das hier behandelte Problem), dass Menschen nicht mehr damit rechnen dürfen, ihr Arbeitsleben in einem Beruf oder gar innerhalb eines Tätigkeitsrahmens verbringen zu können.
- Mobilisierung bedeutet den Zwang, sich immer wieder um einen neuen Arbeitsplatz zu bemühen und dabei auch den Lebensraum häufiger wechseln zu müssen.
- Individualisierung ist eine Folge davon. Menschen müssen sich ändern, um wechselnden Anforderungen und Herausforderungen zu genügen. Sie wachsen dabei und sie bilden Differenzen aus, die ihr individuelles Profil ausmachen – oder sie gehen daran sozial und mental zugrunde.

Der Wirtschaftswandel, dessen Kern der Wandel der Arbeitswelt ist, besitzt auch eine wirtschaftsethische Dimension. Er ist (gesellschaftlich gesehen) zugleich ein sozialer Wandel, der einen neuen Wertewandelschub auslösen kann. Hierauf muss die Personalabteilung reagieren, sie muss ihre Aufgabenstruktur, ihre Methoden und ihre Handlungsprinzipien überdenken, um in dieser neuen Wirklichkeit konkurrenzfähig zu bleiben. Die „Achtsamkeit" den Kontexten gegenüber wird zunehmend zu einer Managementtugend und zu einer Überlebensfrage für viele Unternehmen. Marktbeobachtung (nach dem herkömmlichen Marketingmodell) genügt längst nicht mehr.

Den Angehörigen der Personalabteilungen wird damit zugemutet, ihr Kompetenzprofil zu verändern. Und zwar wird der Professionalisierungsgrad generell weiter zunehmen müssen, völlig neue Kernkompetenzen werden sich herausbilden und die Kompetenzen werden sich aus dem betriebswirtschaftlichen Anforderungsprofil ins Methodische (Methodenkompetenz), Emotional-soziale (Sozialkompetenz) und Interdisziplinäre verschieben. Die folgenden Hinweise sollen die Richtung der Veränderung verdeutlichen [1].

2 Auf der Suche nach Potenzial- und Leistungsträgern

Wegen des immer häufigeren Wechsels im Arbeitsleben (aus welchen Gründen auch immer) werden bei den aufnehmenden Stellen (hier vor allem in der Personalabteilung) Aufgaben und Kompetenzen wichtiger, die es ermöglichen, darauf flexibel zu reagieren und dabei die Interessen des Unternehmens, aber auch die der Arbeitsuchenden abgewogen zu wahren. Hierzu gehören Aufgabenbündel, wie:

- Anwerbung neuer Mitarbeiter – anforderungsgenau und möglichst kostengünstig,
- professionelle Feststellung der Eignung der neuen Mitarbeiter für das eigene Unternehmen generell und speziell für den beabsichtigten Einsatz,
- Entwicklung oder Bereitstellung adäquater Einarbeitungsprogramme,
- ein kostengünstiges und zugleich wirksames (aussagefähiges) Probezeit-Controlling,
- human und sozial verträgliche Formen der Trennung von den Angeworbenen bei Nichtübereinstimmung von Anforderungen und Herausforderungen (im weiteren Sinne).

Solche Aufgabenfelder werden zunehmend das Alltagsgeschäft bestimmen – und dominieren. Bisher bildeten sie eher Ausnahmeereignisse. Das Kompetenzprofil der Mitarbeiter in Personalabteilungen ändert sich damit in Richtung der Herausbildung einer eigenen Fachlaufbahn „Personalexperte" – u. U. mittelfristig mit eigenen Vorbildungsvoraussetzungen und Karrierestufen. Personalmanagement ist längst zu einem eigenen Managementzweig geworden, ohne dass dafür bisher eindeutige Anforderungsprofile existieren.

Das ist zwar „Musik der Zukunft", aber auch hier gilt, „wer zuerst kommt, den belohnt das Leben". Einige dieser Aufgaben mit den entsprechenden Methoden zu ihrer Verwirklichung und den spezifischen Anforderungen stellen wir hierunter vor.

Auswahlkriterien und -verfahren entwickeln: Die Personalabteilung eines „personalsuchenden Unternehmens" muss zuerst ein Eignungs- und Fähigkeitsprofil für Mitarbeitergruppen definieren, die häufiger gesucht werden. Beide Profile bedürfen zwar der ständigen Anpassung an die wechselnden Bedingungen, sie enthalten jedoch Kernkompetenzen, die für längere Zeit (und vielleicht sogar aufgabenübergreifend) gültig bleiben. Das vermindert den Entwicklungsaufwand und macht die Entwicklungsarbeit rentabel, zumal sie zum ständigen Neubedenken der Stellenbeschreibungen (im Prozessmanagement: der Teil-Prozessbeschreibung!) führt.

Die Unterschiede:
- Die Eignung zielt auf vorhandene oder erwünschte Potenziale,
- die Fähigkeit auf bereits entwickelte Einzelfähigkeiten und Kompetenzen.

„Skills", also Einzelfertigkeiten erlernt man bei Bedarf relativ schnell und ohne größeren Kostenaufwand. Kompetenzen entwickeln Menschen im Verlaufe eines längeren beruflichen Sozialisations- und Lernprozesses. Sie sind das eigentliche „Humankapital". Unter Kompetenzen versteht man heute zusammenhängende (ganzheitliche) Komplexe aus Kenntnissen, Denkmustern, methodischen Fähigkeiten und Einstellungen.

Mindeststandards definieren: Außer den Profilen sind Standards zu definieren, die mindestens eingehalten werden müssen, sie wirken bei der Auswahlentscheidung als Ausschlusskriterien.

3 Suchaktivitäten mit möglichst geringen Kosten

Humankapitalergänzung: Wenn Personal eines bestimmten Eignungs- und Fähigkeitsprofils gesucht wird, das einem Mindeststandard entsprechen muss, stellt sich die Frage, auf welchem Wege man zum Erfolg gelangt, ohne dass dabei schon im Vorfeld unangemessen hohe Transaktionskosten auftreten. Entsprechend dem Potenzial- und Leistungsniveau werden je Einstellungsvorgang Mindestkosten einzuplanen sein. Die Kostenfrage spielt bereits bei der Wahl des Suchweges eine Rolle. Es sind prinzipiell vier Standardwege möglich:

- Das Arbeitsamt, das einfacheren Standards durchaus genügen kann – und bei entsprechendem Umbau vielleicht auch ein „Kompetenz-Zentrum" wird, das wirtschaftsnahe Dienstleistungen bieten kann. Die Erfahrungen werden hierbei unterschiedlich sein.
- Das Internet, soweit darin bereits Suchanzeigen geschaltet sind. Hierbei fallen höhere Suchkosten an und Kosten für die Analyse (Interpretation) der gefundenen Personendaten. Man muss damit rechnen, dass ein Teil der Merkmale reine Selbstdarstellungsaussagen sind, aus denen man nur bei ausreichend großer psychologischer Erfahrung auf die personale Wirklichkeit schließen kann.
- Das soziale Netzwerk. Wenn es häufiger vorkommt, dass man neues Personal mit unterschiedlichem und anspruchsvollem Profil suchen muss, lohnt sich der Aufbau eines Personalnetzwerks. Über befreundete (bekannte) Personen und Organisationen mit guter Personenkenntnis und einem guten Marktüberblick, lassen sich die Potenzialträger, die gerade frei sind oder demnächst frei werden, leichter und zuverlässiger ermitteln. Dabei ist auch die Zuverlässigkeit der Informationen größer als bei den beiden erstgenannten Wegen. Mit dem sozialen Netzwerk lassen sich „Headhunter-Kosten" und die mit diesem Verfahren verbundenen Risiken vermeiden – ganz abgesehen von dieser menschenverachtenden Bezeichnung. Solche Netzwerke beruhen und funktionieren nach dem Prinzip der Reziprozität (oder: „Eine Hand wäscht die andere".) Personalfachleute verfügen im Regelfall bereits über solche Verbindungen; es gilt nur, diese für den Zweck der regelmäßigen Personalgewinnung zu aktivieren und systematisch zu nutzen.
- Die Personalberatung: Nach Branchen und Funktionen gegliedert (spezialisiert) bieten Personalberaterteams (auch Teams für Managemententwicklung) ihre Dienste an. Zweifellos gibt es hier Erfahrungsbestände, über die nicht jedes Unternehmen verfügt. Die Kosten bewegen sich zwischen ein bis vier Monatsgehältern der vermittelten Person, hinzu kommen die anfallenden Nebenkosten.

Daneben gibt es die bekannten Verfahren: Stellenanzeigen in der Presse (und im Internet), Aktivieren des eigenen Personals, das im Regelfall ebenfalls über Kenntnisse von Fluktuationsfällen verfügt usw. Es wird dann darauf achten, dass nur gute Kräfte ins Unternehmen gelangen – schon aus eigenem Interesse.

Über eine Empfehlung aus den eigenen Reihen gewonnenes Personal weist im allgemeinen einen hohen Qualitätsgrad auf, - wenn die eigenen Mitarbeiter das Unternehmen als gerecht, vertrauenswürdig und „sozial verträglich" einschätzen.

Der aktuelle Kostenbegriff: Personalkosten fangen mit der Personalsuche an, und es zeigt sich, dass die Personalfachleute mit dem reduktiven Kostenbegriff der Kollegen in der Produktion nicht auskommen. Der Umgang mit Personen ist heikler, differenzierter und anspruchsvoller als der mit Sachmitteln und Produkten. Ganz einfach deshalb, weil Menschen komplexer sind als alles andere, mit dem man in Unternehmen umgeht. Menschen verursachen Kosten, und zwar unabhängig davon, ob sie gerade handeln, etwas leisten oder nur einfach da sind. Hier ist an die Erfahrung eines Anfängers zu erinnern, der erschrocken festgestellt haben soll: Ich stellte Personal ein – und dann kamen Menschen! Personal ist ein funktionaler, Mensch ein emphatischer Begriff. Personal lässt sich betriebswirtschaftlich gut durchrationalisieren; Menschen werden von der Psychologie (Organisations- und Klinische Psychologie), der Organisationssoziologie und anderen „weichen" Sozialwissenschaften erklärt – und manchmal „verstanden".

Transaktionskosten kann man alle Kosten nennen, die im Zusammenhang mit der Organisation (Aufbau- und Ablauforganisation) in der Personalabteilung auftreten. Diese Kostenart lässt sich durch bewährte Organisationsgrundsätze optimieren. Gerade in diesem Aufgabenfeld werden sich modernere Formen der Projekt- und der Prozessorganisation kostengünstig auswirken. Auch eine geregelte Weiterbildung trägt langfristig zur Kostenminimierung bei. Professionelle verursachen stets geringere Kosten als „Dilettanten".

Opportunitätskosten treten auf, wenn erforderliche Umstellungen, Anpassungen, Fortentwicklungen versäumt werden:

- Bedient sich die Personalabteilung bei der Entwicklung von Anforderungsprofilen nicht der Hilfe der Fachleute aus den Betriebsabteilungen,
- erfindet sie das Rad (möglichst mit Hilfe externer Berater) immer wieder neu, statt auf „interne Berater" zurückzugreifen,
- versäumt sie es gar, aktualisierte Anforderungsprofile bereitzustellen und fortzuschreiben, dann entstehen solche „Versäumniskosten".

Bürokratiekosten (nach Michel Crozier Integrationskosten genannt) entstehen, wenn die Organisation nicht „schlank" genug ist, das Fit zwischen wechselnden Anforderungen und Kompetenzen vernachlässigt oder einen unnötigen Formalisierungsaufwand liebt.

Komplexitätskosten entstehen bei ungünstiger Gesamtkosten- und Erlösentwicklung, wenn sich die Kostenstruktur komplexitätsbedingt verschiebt. Sie erhöhen z. B. das Preisniveau um einen konstanten Anteil.

Human-soziale Kosten schlagen sich langfristig nieder, wenn der Umgang mit dem internen Kunden (den Mitarbeitenden) generell zu wünschen übrig lässt. Hier winken fast überall noch ungeahnte Langfristgewinne (und Wettbewerbsvorteile). Über

- das Organisationsklima (die Beziehungsstruktur),
- die Organisationskultur (die Sinnstruktur) und
- die Organisationsintelligenz (die Gesamtkompetenzbestände)

lassen sich Wettbewerbsvorteile erzielen, die vom Markt über indirekte Wirkungen honoriert werden. Zwar sind diese Einwirkungen nur wirksam, wenn sie sich über das gesamte Unternehmen gleichmäßig ausbreiten, aber die Personalabteilung muss das Know-how hierfür bereitstellen – im Sinne der Pflege der „weichen Faktoren". In jeder Organisation muss eine Stelle (ein Teilprozess, Supportprozess) die Aufgabe übernehmen, das Know-how für alle mit Personen und Sozialgebilden (Teams, Arbeitsgruppen usw.) zusammenhängenden Organisationsformen bereitzustellen und deren Qualität zu garantieren.

Die Personalabteilung ist hierfür besonders geeignet, weil sie gerade diese Kompetenzen ohnehin zu entwickeln und fortzubilden hat. Sie ist immer auch der Kern der „lernenden Organisation" (des lernenden Unternehmens). Ihre Aufgaben werden immer wichtiger, weil sich die knappe Ressource Bindung generell vermindert. Je häufiger (und leichtfertiger) Personal freigesetzt wird, je mehr sich die Sorge verbreitet, jederzeit auch zu den „Freigesetzten" (ein fataler Euphemismus!) zu gehören, desto mehr schwindet die „natürliche" Bindungsbereitschaft der Mitarbeiter. Gerade diese knappe (immer knapper werdende) Ressource bedarf künftig der professionellen Förderung. Die Personalabteilung wird hier immer stärker als Kompetenzzentrum (als internes Berater-Center) für alle anderen Abteilungen wirksam werden müssen.

4 Die zunehmende Personalfluktuation

Weshalb stehen diese Anmerkungen im Zusammenhang mit der zunehmenden Personalfluktuation? – könnte man jetzt fragen.

Die Antwort ist einfach: Weil sich gerade neu hinzukommende Mitarbeiter (und vor allem qualifiziertere) gegenüber „weichen" Faktoren sensibel zeigen. Es ist inzwischen unbestritten, dass die Leistungsabgabe (im weiteren Sinne: Loyalität, Motivation, Lern- und Anstrengungsbereitschaft) auf Dauer von diesen Faktoren erheblich stärker abhängt als vom Gehalt und von finanziellen Prämien.

Bindungsmanagement heißt ein neues Personalkonzept. Gemeint ist die Summe der Anstrengungen, die dazu führen, dass bewährtes, hoch qualifiziertes Personal nur über solche Anreize an das Unternehmen gebunden werden kann, die man mit den Begriffen Klima, Organisationskultur, Unternehmensimage umschreibt (Näheres siehe unter 8).

Selten wird eine Person, die man gewinnen könnte, auf den ersten Blick als einstellungsreif anzusehen sein. Es gibt zwar „Personalisten", die sich einbilden, einen solchen sechsten Sinn zu besitzen. Personalstellenmitarbeiter, die so etwas von sich behaupten, sollte man sogleich in eine andere, für das Transaktionskostengefüge weniger gefährliche Abteilung versetzen [2].

5 Eignungsverfahren - Auswahlkriterien

Der professionelle Personalfachmann ist vorsichtiger und selbstkritischer – er wird in jedem Fall ein Eignungsverfahren vorschalten. Hierzu gibt es zahlreiche bewährte Modelle. Was man bei einem abgekürzten Verfahren gewinnt, zahlt man meist in vielfacher Höhe später drauf (die bekannte Opportunitätskostenfalle). Zum Mindeststandard gehören

- eine Potenzialanalyse und
- eine Fähigkeitsanalyse.

Hierfür haben sich bewährt:

- Aktenanalysen: Die Bewerbungsunterlagen und andere Texte im Zusammenhang mit der einzustellenden Person werden einer gründlichen methodisch gelenkten Analyse unterzogen.
- Einzelinterview: Das bekannte Vorstellungsgespräch. Gerade hierfür müssen eindeutige Kriterien und Verfahrensvorschriften beachtet werden, wenn es ein verwertbares Ergebnis erzeugen soll.
- Rundgespräche, Kurzvorträge über das künftige Aufgabengebiet und dessen Probleme und Anforderungen usw.
- Postkorb und andere Arbeitsproben: Postkorb bedeutet, dass der Bewerber einen fiktiven Posteingang in einer begrenzten Zeit bearbeiten muss. Dabei lassen sich Überblick, Prioritätensetzungsqualität, Belastbarkeit, Stressresistenz usw. bis zu einem gewissen Grade recht zuverlässig einschätzen.
- Graphologische Verfahren, psychologische Tests, Verfahren der NLP und ähnliches sind dagegen (ohne sachkundige Anleitung) eher skeptisch zu sehen.

Das Standardverfahren ist das Assessment Center. Es ist aufwendig, aber wirksam. Es „rechnet sich" bei Personen, die man auf Dauer gewinnen möchte, bei anspruchsvollen Aufgabenfeldern und bei heiklen Positionen, für die Qualifikationen unabdingbar sind, die sich schlecht über Fragen, Einzelaufgaben oder andere einfache Tests ermitteln lassen. Das AC hat die Prinzipien

- Mehrtätigkeit: Es werden Aufgaben unterschiedlichster Art gestellt.
- Mehrere Kriterien und unterschiedliche Methoden werden verwendet.
- Mehraugenprinzip: Mehrere Auswahlpersonen bewerten getrennt voneinander dieselbe Leistung.
- Die Bewerber werden in verschiedene Situationen versetzt.

Damit erfüllt allein dieses Verfahren die drei Kernprinzipien jeder Prüfung. Es ist

- valide: Es prüft das, was es zu prüfen vorgibt tatsächlich.
- reliabel: Es prüft dies so messgenau wie der Sache nach möglich.
- objektiv: Es prüft dies alles person-unabhängig – soweit dies „menschlich möglich ist" [3].

Neu gewonnene Mitarbeiter haben bereits eine Lerngeschichte hinter sich gebracht, durch die bestimmte Eigenschaften geprägt wurden. Je länger der bisherige Erfahrungsweg, desto kritischer sollte die Analyse angelegt sein. Mindestens müssen analysiert werden

- die Lernbereitschaft,
- die soziale Verträglichkeit,
- die kulturelle Passung,
- das Leistungsniveau.

Lernbereitschaften erkennt man an dem bisherigen Lernweg. Wurde nach dem Schul-, Lehr- oder Hochschulabschluss Weiterbildung in Anspruch genommen? In welchem Maße sind eigenständige Bildungsbemühungen erkennbar und nachweisbar?

Mit *sozialer Verträglichkeit* ist vor allem gemeint, ob der potenzielle Mitarbeiter in das Sozialgefüge des Unternehmens problemlos eingegliedert werden kann. Ist er vom Alter, Bildungshintergrund, seinem bisherigen Sozialisationsprozess her leicht integrierbar? Dabei sind unter Umständen Risiken zu tragen, wenn man eine Auffrischung braucht. Wenn zum Beispiel innovative, rückmeldebereite, kritische Kräfte fehlen (oder in der Minderzahl sind) und man sich mit einem kritikfreudigen Neuen eine Belebung des Aktivitätsniveaus versprechen kann. Die höheren Eingliederungskosten nimmt man dann bewusst in Kauf.

Integrationsprobleme: Jeder neue Mitarbeiter hat zunächst das Problem, sich in die geltende Unternehmenskultur einzufügen. Er muss bis zu einem bestimmten Grade die Bedeutungszuweisungen und Sinndefinitionen zu teilen bereit sein, die in einem längeren Prozess gewachsen sind. Manchmal stellt man organisationsbedingte Schwachstellen und Pathologien erst fest, wenn ein Neuer (eine Neue) sich nicht wohlfühlt und Missstände beklagt, in denen man sich bisher wohlfühlte (dies gehört zu der vielberufenen Betriebsblindheit). Grundsätzlich sollten die Kulturen, aus der der Neue kommt und die eigene Kultur nicht allzu sehr voneinander abweichen, weil sich dadurch die Eingliederungskosten vermindern lassen. Es kann jedoch beabsichtigt sein, hier einen Kulturtest durchzuführen, zu dem sich eine Neueinstellung gut eignet. Manchmal wird mit neuen Mitarbeitern auch ein fruchtbarer Kulturwechsel angebahnt (neue Besen kehren gut – „Besen" ist die signifikante Metapher!).

Das *Leistungsniveau* lässt sich über Arbeitsproben unterschiedlicher Art (siehe oben) messen. Hierzu eignet sich am besten das kurz vorgestellte Assessment-Verfahren. Solche Testverfahren gibt es bereits in Fülle „von der Stange". Man kann eines der marktgängigen Modelle wählen, muss es jedoch in jedem Fall auf die eigenen Besonderheiten und Schwerpunkte hin variiert einsetzen. Analog dazu lassen sich auch Prüfkriterien und -verfahren für die Probezeit entwickeln.

Die *Erfahrungsfalle*: Ein Sonderproblem liegt in den mitgebrachten Erfahrungsschätzen. Ob es immer Schätze sind, ist zu prüfen. Bisher war man im Management Erfahrungen gegenüber sehr wohlwollend eingestellt. Inzwischen wurde erkannt, „dass man eine Sache ohne weiteres auch 35 Jahre lang falsch machen" kann. Erfahrungen sind oft auch Sperren gegen neue Erfahrungen – und sie führen ohne theoretische Reflexion zur Betriebsblindheit. Sie können lernunfähig – mindestens lernunwillig machen. „Das kennen wir doch alles schon!" - meint der Erfahrene, indem er das ganz Andere in seine Gewohnheit umdeutet. Er deutet und deutet, bis es zu seinem (oft rigiden) Wahrnehmungsmuster passt. Lernbereitschaft bedeutet gerade:

- für neue Erfahrungen aufgeschlossen sein,
- das „Verlernen" beherrschen,
- bereit sein zum Wechsel von Wahrnehmungs-, Denk- und Empfindungsmustern.
- Kurz: Ein flexibler Mensch zu sein, eine multiple Persönlichkeit!

Hier spätestens sollte man stocken. Richard Sennet sieht in dieser Anforderung eine Überforderung. Über-Flexibilität führt zur Auflösung der Kernperson. Der Mensch wird zum bloßen Rollenträger und Anpassungsexperten. Damit gewinnt das Unternehmen zwar gehorsame Gefolgsleute, verliert jedoch die personalen Stabilisatoren, die einer Organisation Kontur und „Kultur" zu geben vermögen. Man wird hier immer sorgfältig abwägen müssen.

Über das Problem Praxiserfahrung, soziale Erfahrung im Zusammenhang mit Lernfähigkeit wird die Personalabteilung nachzudenken haben. Fruchtbare Lösungen werden ausgesprochen unternehmensspezifisch aussehen.

6 Eingliederungshilfen

An die Eignungsfeststellung schließt sich eine Probephase an. Auch hier zahlt sich Sorgfalt in der methodischen Handhabung aus.

Standardmodelle:

1. Man überträgt die Verantwortung für die Erprobung einem erfahrenen unmittelbaren Kollegen. Das Problem: Der damit Beauftragte gerät schon bald in einen Loyalitätskonflikt. Der neue Mitarbeiter gewinnt nach wenigen Tagen Kollegenstatus; dadurch wird eine eigene Loyalitätsverpflichtung begründet. Der mit der Einführung Beauftragte wird im Zweifel bei der Bewertung der Probezeit sehr großzügig verfahren, es sei denn, er gefährdet bei zuviel Nachsicht seine eigene Position oder er gewinnt einen Kollegen, auf den er sich nicht verlassen kann, so dass damit seine eigenen Interessen an guten Leistungen leiden könnten. Jedenfalls bringt man den damit Beauftragten in einen Interessen- und Loyalitätskonflikt – meist mit bleibendem Schaden. Man erleichtert die Aufgabe durch einen eindeutigen gut definierten Kriterienkatalog und damit, dass man ihm die Endprüfung und damit die Entscheidung abnimmt.
2. Man wählt einen Mentor, der später nicht mit dem Neuen zusammenarbeitet, sondern vor allem solche Sonderaufgaben übernimmt. Das hat mehrere Vorteile: Der Mentor ist ein Experte für das Bewerten von Probezeitleistungen, er hat den Routinevorteil, der die emotionale Belastung eines solchen Vorgangs mindert.
3. Man beauftragt von Fall zu Fall einen früheren Mitarbeiter, der sich im Ruhestand befindet. Der Vorteil: Dieser Mitarbeiter wird weiter an das Unternehmen gebunden. Er kommt auch als Teil des Netzwerks in Betracht, das bei der Bewerbersuche aktiviert werden kann. Die Loyalität und damit die Qualität der Beobachtung dürften hoch sein. Nachteil: Irgendwann wird der Abstand des Ehemaligen zur neuen Unternehmenskultur und -aufgabe zu groß werden. Das lässt sich regeln, indem man solche Aufgaben generell nur für eine begrenzte Zeit überträgt.
4. Die abschließende („entscheidende") Probezeitbewertung wird immer von einem hierfür besonders professionalisierten Mitarbeiter der Personalstelle wahrgenommen. Heikel bleibt dabei die Einbindung der Fachabteilung. Man beschäftigt sich normaler Weise nicht

mit solchen Fragen, aber die Frage, ob der Neue (die Neue) das fachliche Know-how in ausreichendem Maße beherrscht, das wollen denn doch die Fachleute vor Ort entscheiden. Der Konflikt ist vorprogrammiert. Bevor er virulent wird, sollten die Personalexperten einen für beide Seiten annehmbaren Vorschlag parat haben. In keinem Fall darf ein Kompromiss auf Kosten des Eingestellten gefunden werden.
5. Über professionelle Supervision wird der neue Mitarbeiter beraten und geführt. Der Supervisor (der Fachmann/die Fachfrau für Fachleute) sorgt für die fachliche Einweisung und er (sie) beurteilt auch, ob das ausreichend gelang. Die soziale (und unternehmenskulturelle) Einführung lenkt behutsam der Personalexperte. Damit wird dem Mehraugenprinzip entsprochen. Beide Mentoren sprechen sich ab, bewerten gemeinsam und lernen dabei diesen Job ständig differenzierter zu handhaben. Gleichzeitig wächst die Akzeptanz zwischen Personalabteilung und Fachabteilungen. Ein beiläufiger, aber wichtiger Beitrag zur Verbesserung der Sozialstruktur im Unternehmen.

7 Die Befindlichkeit des Übernahmekandidaten

Wer eine Freisetzung erlebt hat, ist im Zweifel ein Beschädigter. Auch wenn man sich „im beiderseitigen Einvernehmen" trennte, bleibt ein - meist unaufgearbeiteter - Rest, der mit einem Versagenserlebnis verknüpft ist. Die Belastung einer Freisetzung hat die Universität Bremen untersucht (Thomas Kieselbach, Professor für Arbeitspsychologie).

Das Institut bietet ein Raster zur Einordnung der psychischen Belastungen, die in der neuen Stelle zunächst abgearbeitet werden müssen – es sei denn, der Wechsel verläuft ohne eine kränkende Phase der Arbeitslosigkeit (des Nichtgebrauchtwerdens) ab.

Die *Viktimisierungen* (Opfer-Empfindungen und -Etikettierungen):

- Primäre Viktimisierung - Verluste, die direkt mit dem Vorfall zusammenhängen, wie Einkommenseinbußen, Wegbrechen des sozialen Kontakts zu bisherigen Kollegen, den Verlust der Möglichkeit, die eigenen speziellen Fähigkeiten in einem gewohnten (vertrauten) Umfeld wirksam einzusetzen und daraus Identität zu schöpfen. Die negativen Folgen lassen sich mildern, wenn man bei dem Einsatzfeld im neuen Unternehmen auf diese Besonderheiten Rücksicht nimmt.
- Sekundäre Viktimisierung - Isolation, soziale Stigmatisierung. Auch wenn die Arbeitslosigkeitsphase relativ kurz ist, stehen Menschen unter Erklärungszwang. Das Teuflische an der Freisetzung ist, dass auch sehr tüchtige Menschen hinsichtlich ihrer Qualifikation unter Erklärungszwang gesetzt werden. Am neuen Arbeitsplatz sollte dem neuen Mitarbeiter ein weiterer Erklärungsnotstand erspart werden. Sinnvoll wäre es, wenn der neue Vorgesetzte durch gezielte Anerkennung, das beschädigte Selbstwertgefühl stärkt. Und zwar auch aus ökonomischen Gründen, denn Leistungsabgabe und Selbstwertstärke stehen in unmittelbarem Zusammenhang.
- Tertiäre Viktimisierung - Alles, was der Entlassene tut, kann als falsch gewertet werden. Erhält er schnell wieder eine Stelle, nutzt er schamlos seine Beziehungen aus - muss er längere Zeit suchen, will ihn niemand. Dabei wird die reale Lage auf dem Arbeitsmarkt ausgeblendet, auch wenn sie jeder kennt. Selbst wenn das soziale Umfeld relativ nachsichtig und einsichtig reagiert, werden die Erwartungs-Erwartungen des Entlassenen negativ gestimmt sein [4].

Mit solchen Beschädigungen kommt der potenzielle Mitarbeiter in das Unternehmen, das ihn aufnimmt. Der Mentor, der ihn einführt und das soziale Umfeld, in das er aufgenommen wird, sollten sich darauf einstellen und durch positive Signale das in jedem Fall beschädigte Selbstwertgefühl stärken.

Untersuchungen zeigen, dass bei Arbeitslosen die Gesundheit leidet, dass sie oft wieder zur Zigarette greifen, auch wenn sie bereits entwöhnt waren usw. Das tritt im Regelfall zwar meist erst nach längerer Arbeitslosigkeit auf, ist bei Arbeitswilligen, Hochmotivierten jedoch schon nach wenigen Misserfolgen bei der Jobsuche zu befürchten. Je besser der Freigesetzte ist, desto eher neigt er zu solchen Kurzschlusshandlungen. Das sollte man bei der Eignungsfeststellung und bei der Bewertung in der Probezeit mitbedenken.

8 Personalbindung

Wenn man berücksichtigt, dass jeder Personalwechsel beachtliche Kosten verursacht (nach der Faustregel rund 50.000 Euro), sind Aufwendungen für eine Intensivierung der Personalbindungsbemühungen auch ökonomisch gerechtfertigt.

Immer wieder müssen sich Unternehmen aus verschiedensten Gründen von Mitarbeitern trennen. Immer häufiger gehen besonders gute und wichtige Mitarbeiter, weil sie abgeworben wurden oder weil sie nicht mehr zufrieden sind. Es gehen besonders häufig die „produktiv Unzufriedenen". Übrig bleiben die „resignativ Zufriedenen", so dass allein aus diesem Grunde auf mittlere Sicht Innovation und Leistung deutlich abnehmen.

Manche Kündigung eines unzufriedenen Mitarbeiters ist daher für das Unternehmen schmerzlich und teuer,

- schmerzlich, weil der Mitarbeiter ein wichtiger Integrationsfaktor war, der den sozialen Mittelpunkt einer Stelle, eines Teams, einer Gruppe (eines Wertschöpfungsprozesses) bildete, der sich als Integrationsfaktor bewährt hatte,
- Teuer, weil der scheidende Mitarbeiter Kompetenzen besaß, auf die das Unternehmen eigentlich gar nicht verzichten kann oder, weil in diese Person sehr viel investiert worden ist, das nun ungenutzt bleibt, verloren geht.

Außerdem sind scheidende Mitarbeiter oft „interne Berater" des neuen Unternehmens, in das sie eintreten – oft zum Wettbewerbsnachteil des abgebenden Unternehmens.

Sozial-humane und ökonomische Leistungsträger verliert man ungern. Zumal sich bei genauer Analyse zeigt, dass Mitarbeiter, die besonders sozialverträglich sind, meist auch die besseren Leistungen erbringen oder generieren. Ein Bindungsaufwand ist in solchen Fällen auch ökonomisch gerechtfertigt.

Worin besteht professionelle Personalbindung?

- In einer ausgereiften (individualisierten) Personalentwicklung,
- einem sinnvollen (sinngebenden, ebenfalls individualisierten) Anreizsystem, das als Cafeteria–System mit Wahlmöglichkeiten ausgestaltet ist,

- einer Unternehmenskultur und einem Sozialklima, die Bindekräfte gezielt entwickeln. Oft verlassen Menschen eine Organisation auch dann nicht, wenn anderswo erheblich höhere Einkommen und bessere Karrierechancen winken – aus Bindung an ein bestimmtes „Milieu".

Das Geheimnis „ganzheitlicher Motivation" besteht darin, eine Organisation zu einer „Erlebnisgemeinschaft" zu machen. Selbstverständlich darf auch nicht übersehen werden, dass sich das Selbstwertgefühl der Mitarbeiter aus Anerkennungen speist, zu denen man innerlich stehen kann. Menschen wachsen über sich hinaus, wenn sie Anerkennung erfahren, genau in dem Maße, in dem sie sich diese auch ehrlich zurechnen können. Nur wer ehrlich lobt, lobt wirkungsvoll! „Lob" kann bestehen

- in sozialer Anerkennung (man ist in einer Gemeinschaft akzeptiert),
- in personaler Anerkennung (man kann etwas besonders gut und wird hierin immer wieder gefordert – und anerkannt),
- in finanzieller Vergütung für tatsächlich erbrachte Leistung, im genau richtigen Verhältnis zu deren Wert in den eigenen Augen und in denen der anderen – d. h., man wird im Vergleich zu den Leistungen der anderen „gerecht" entlohnt.

Ein wichtiger Grundsatz: Menschen haben ein feines Gefühl für Leistungsgerechtigkeit. Wird dieses verletzt, verlieren sie ihre Motivation und der Leistungsgeber verliert an Achtung. Gerechtigkeit kann durch ein zu wenig und ein zu viel verletzt werden.

Solche Bindungsaufwendungen zahlen sich generell aus. Sie vermehren zugleich den Zusammenhalt, die Loyalität, das Leistungsniveau, die Lernbereitschaft und das Image der Organisation nach innen und nach außen [4, 5, 6].

Literatur

[1] vgl. Scholz, C., Staudt, E. und Steger, U. (Hrsg.): Die Zukunft der Arbeitsgesellschaft, Haniel Stiftung 1992,
vgl. Sörries, B.: Europäisierung der Arbeitsbeziehungen – Der Soziale Dialog und seine Akteure, München und Mering 1999,
vgl. Deckstein, D. und Felixberger, P.: Arbeit neu denken, Frankfurt am Main 2000,
vgl. Giarini, O. und Liedtke, P. M.: Wie wir arbeiten werden, Hamburg 1998,
vgl. Ulrich, D. (Hrsg.): Strategisches Human Resource Management, München; Wien 1999. Demnach umfasst das strategische Personalmanagement umfasst vier Segmente: Partner sein bei der Strategieumsetzung, Experte sein für den administrativen Aspekt, Mitarbeiteranliegen verfechten, Agent des Wandels sein (hierzu gehören Personalentscheidungen über Einstellung, Freisetzung, Umsetzung.
[2] vgl. Stoebe, F.: Outplacement: Manager zwischen Trennung und Neuanfang. Frankfurt am Main; New York 1993. Arbeiter werden entlassen, von Managern trennt man sich – Arbeiter werden eingestellt, Manager werden gewonnen.
[3] vgl. Gonschorrek, U.: Personalmanagement, 2. Auflage, Berlin 2002, S. 210 ff.
[4] vgl. Kieselbach, T., in: Psychologie heute, Heft 04/2004, S. 62 ff.
[5] vgl. Bröckermann, R. und Pepels, W. (Hrsg.): Personalmarketing, Stuttgart 2002, S. 129 ff.,

vgl. Bröckermann, R. und Pepels, W. (Hrsg): Personalbindung. Berlin 2004,
vgl. Rastetter, C.: „Commitment: Bindung neuer Mitarbeiter an das Unternehmen", in: Personal, Heft 12/1998, S. 626 ff.,
Ulrich Krings fordert (in: FAZ vom 30.04.04) eine „Trennungskultur". Ethische, moralische, finanzielle Grundsätze sollten diesen heiklen Prozess steuern und begleiten. Er denkt dabei weniger an Sozialromantik als an Fairness, einen kultivierten Umgang bei der Trennung – und bei der Aufnahme „trennungsgeschädigter" Menschen in eine neue Organisation mit eigenem Klima und eigener Kultur.

[6] Schlussbemerkung: Weshalb wurde in diesem Beitrag die political correctness (social correctness) ständig vernachlässigt. Die männliche und die weibliche Form zu nennen, hat sich durchgesetzt: Und das ist auch gut so! Nur: Es führt zu sprachlicher Verderbnis der meisten Texte (sagt man Fachmann/-frau oder sagt man Mitarbeiter/-innen (MitarbeiterInnen halte ich (der Verfasser) für sprachlich fast so schlimm wie die neue Rechtschreibung generell). Fest steht, dass in der deutschen Sprache immer beide Geschlechter gemeint sind. Zu den Unterschieden: Frauen haben Männern gegenüber im Intelligenztest gerade im Sprachlichen einen Vorsprung, ihnen sollte jede Sprachverderbnis daher besonders zuwider sein. Außerdem sind Frauen im Regelfall sozial-emotional sensibler. Letzteres (oder beides?) könnte auch ein Sozialisationsergebnis sein. Im Zusammenhang mit Einsatzfragen: Passt ein Mann eher auf die Stelle oder eher eine Frau, sind ebenfalls Fragen der Personalgewinnung. Dabei handelt es sich jedoch (im Gegensatz zu den grammatikalischen Problemen) um essentielle Fragen der Unternehmenskultur. Die ideale Zusammensetzung einer Stelle ist immer eine weiblich-männliche/jung-ältere – wie im richtigen Leben!

D. Die Perspektive der Betroffenen

I. Die Sicht in Bezug auf die eigene Person

Prof. Dr. Michael Müller-Vorbrüggen

1 Die Grundelemente von Sichtweisen der Betroffenen

Der durch einen Arbeitsplatzverlust Betroffene sieht und erfährt sich selbst nicht statisch, seine Reaktionen und Gefühle verändern sich laufend. Jeder betroffene Mensch reagiert zudem auf seine ganz spezifische Art und Weise. Im Folgenden kann deshalb nur versucht werden, Grundelemente von Sichtweisen herauszustellen, die vermutlich auf alle betroffenen Personen zutreffen. Hierbei steht die Betrachtung der emotionalen Befindlichkeit mit ihren verschiedenen Entwicklungsstufen im Vordergrund. Zu beachten ist, dass ein Mensch sich nicht unmittelbar selbst sehen kann. Er braucht ein Medium, einen Spiegel oder andere Menschen, die ihm Rückmeldungen geben. Außerdem ist zu berücksichtigen, dass sich niemand „objektiv" betrachten kann, die Sichtweisen und Empfindungen sind immer subjektiv.

Mit den nachfolgenden Ausführungen wird zunächst die Bedeutung der Arbeit für den Menschen aufgezeigt. Sodann wird die Krise analysiert, die durch den Arbeitsplatzverlust verursacht wird. Es folgt eine Beschreibung der Bewältigungsstrategien. Abschließend werden Folgerungen und Hinweise für Personalverantwortliche aufgezeigt.

2 Bedeutung der Arbeit für den Menschen

Geht man davon aus, dass ein arbeitstätiger Mensch cirka acht Stunden täglich seiner Beschäftigung nachgeht, folgt schon aus diesem Faktum, dass die Arbeit einen sehr hohen Stellenwert im Leben eines jeden Menschen einnehmen muss. Der Stellenwert der Arbeit kann allerdings nicht nur durch diese quantitative Tatsache bestimmt werden. Die Begriffe „Arbeit" und „Job" werden in der deutschen Sprache auch „Beruf" genannt. Der Begriff „Beruf" verweist, anders als „Job" oder „Arbeit" auf den ganzheitlichen Aspekt der Erwerbstätigkeit, der vom Privatleben nicht getrennt werden kann [1]. So wird z. B. bei der Berufswahl oft von Berufung gesprochen. Dies verdeutlicht, dass sich ein Mensch von einer bestimmten Tätigkeit angezogen fühlen kann. Welche Tätigkeit ausgeübt wird, unterliegt meistens -und hoffentlich- der freien Wahl. Menschen wählen sich normalerweise einen Beruf, der zu ihnen passt, ihnen ein Stück Freude bereitet, Erfüllung schenkt oder im besten Falle gar Glück beschert [2]. In seiner Arbeit entfaltet ein Mensch die ihm eigenen Begabungen und Fähigkeiten.

Vom Wesen her ist die Arbeit mit Aufwand und Anstrengung sowie Einsatz und Disziplin verbunden. Dem gegenüber ist die Freizeit der Raum, in dem sich ein Mensch von seiner Arbeit erholt, in dem persönliche und private Aufgaben und Interessen bedeutsam sind. Menschen gehen ihrer Arbeitstätigkeit nicht ausschließlich deshalb nach, weil sie sich selbst und der Familie den Lebensunterhalt ermöglichen müssen. Der Beruf hat meistens einen in ihm selbst liegenden Wert. Er schenkt, neben den finanziellen Aspekten, Anerkennung, Entfaltungsmöglichkeiten, Selbstbestätigung und Selbstwertgefühl. Hier sollen nun drei Elemente der Bedeutung der Arbeit für den Menschen hervorgehoben werden.

2.1 Selbstwertgefühl / Identität und Arbeit

In der menschlichen Psyche bildet sich das Selbstwertgefühl von der Kindheit an bis zur erwachsenen Persönlichkeit in verschiedenen Schritten aus. Es entsteht in einem Entwicklungsprozess, bei dem die berufliche Tätigkeit eine wichtige Rolle spielt. Der Mensch empfindet sich unter anderem als wertvoll und nützlich, weil er eine Arbeit leistet, die für ihn einen Wert darstellt und auch von anderen Menschen als wertvoll erkannt und honoriert wird.

Darüber hinaus stellt der Beruf einen wesentlichen Teil der Identität eines Menschen dar. Dies wird z. B. dann deutlich, wenn man einen Menschen fragt, wer oder was er ist. Der Befragte nennt seine Arbeit meistens an erster oder zweiter Stelle seiner Antwort [3]. Verwoben mit der Identität eines Menschen sind sein Konzept und eine Vorstellung von sich selbst, das Selbstkonzept. Wird das Selbstkonzept der Person, zu welchem das Idealbild des arbeitenden und erfolgreichen Menschen gehört, mit der Realität eines verlorenen Arbeitsplatzes konfrontiert, verursacht dies Depressionen und Angst [4]. Erinnert werden soll hier an die Maslowsche Bedürfnispyramide, nach der die Selbstverwirklichung an oberster Stelle steht.

2.2 Das soziale Umfeld

Jeder gesunde Mensch steht in einem engen sozialen Beziehungsumfeld. Verliert er seine Arbeit, so ändert sich nicht nur die Sicht dieses Umfeldes auf ihn, sondern in einer Wechselwirkung auch seine Sicht auf dieses Umfeld.

So bemerkt er seine emotionalen Veränderungen als Reaktion auf die Situation, in der er weniger oder nicht mehr zum Unterhalt seiner Familie beiträgt, wenn er nicht mehr jene Güter erwerben kann, die vorher selbstverständlich waren, oder sein Äußeres nicht mehr so pflegen kann, wie es vorher möglich war. Die wirtschaftliche Veränderung macht sich zwangsläufig bemerkbar, es sei denn, eine Flucht in die Verschuldung wird angetreten. Darüber hinaus ist die betroffene Person in der Zeit, in der andere am Arbeitsplatz tätig sind, zu Hause. Der gesamte Lebensrhythmus verändert sich.

Der betroffene Mensch kann hierauf verschieden reagieren, ist aber immer gezwungen, seinen Lebensrhythmus umzustellen, die vorhandene Zeit auszufüllen und seinem Leben eine neue Ausrichtung zu geben. Diese Rhythmusveränderung ist zum einen so schwer, weil der Betroffene meistens über eine sehr lange Zeit hinweg, vorwiegend fremdbestimmt, einen bestimmten Arbeitsrhythmus gewohnt war, und zum anderen, weil er gezwungen ist, sich nun selbstbestimmt einen eigenen Lebensrhythmus zu geben.

Seinen Wert und seine Rolle muss der durch den Arbeitsplatzverlust Betroffene in diesem seinem sozialen Gefüge neu bestimmen und ausrichten, was eine erhebliche emotionale Anstrengung bedeutet.

2.3 Gesellschaftliche Stellung und Arbeit

Beim Arbeitsplatzverlust wird aus demjenigen, der bislang etwas zum Gedeihen der Gesellschaft beigetragen hat, jemand, der von dieser Gesellschaft abhängig ist. Nicht mehr er hat es in der Hand, was er zum Lebensunterhalt bekommt, sondern es ist nun die Gesellschaft, die darüber entscheidet. Dieser Wechsel ist wiederum charakterisiert durch einen Wandel von der Selbst- zur Fremdbestimmung, von der Selbständigkeit zur Abhängigkeit. Ein erwachsener Mensch aber will im Normalfall selbständig sein, weil er die entwicklungsbedingte Abhängigkeit der Kinderzeit hinter sich lassen will.

3 Arbeitsplatzverlust als Krise

Die beschriebenen Bedeutungen der Arbeit erlauben die Vermutung, dass der Arbeitsplatzverlust bei den allermeisten Menschen eine Krise hervorruft. Die Krise beinhaltet eine Veränderung und einen Wendepunkt, die dem Betroffenen alle verfügbaren Kräfte abverlangt. Auf der emotionalen Ebene ist die Krise durch einen Alarmzustand charakterisiert, der sich sowohl physisch als auch psychisch manifestiert. Die Krise, die durch den Arbeitsplatzverlust provoziert wird, besteht aus mehreren Elementen. Fünf Elemente dieser Krise sollen im Folgenden verdeutlicht werden.

Die Identitätskrise: Wie oben aufgezeigt wurde, bildet die Arbeit einen wichtigen Teil der Identität einer Person. Demzufolge erlebt derjenige, der seine Arbeit verliert, auch eine Identitätskrise. Er wird sich der Frage erneut stellen müssen, wer er ist und was er erreichen will.

Die Karrierekrise: Man kann aufgrund der, von Christian Scholz in seinem Buch „Spieler ohne Stammplatzgarantie" [5] aufgezeigten, zukünftigen Entwicklungen, davon ausgehen, dass ein Arbeitnehmer in Zukunft mehrfach von Arbeitsplatzverlust betroffen sein wird. Aber diese Perspektive hat das Idealbild der stetig ansteigenden Karriere noch nicht verändert. Ein Arbeitsplatzverlust zerstört das immer noch allgegenwärtige Ideal der konstant ansteigenden Karriereleiter. Ein Arbeitnehmer war in der Regel gewohnt, - meist in ein und demselben Unternehmen - eine kontinuierlich ansteigende Karriereleiter hochzuklettern, die mit mehr Ansehen, mehr Gehalt, mehr Verantwortung und mehr Leistung verbunden war. Für die meisten bedeutet deshalb eine Unterbrechung auf der Karriereleiter einen Abbruch bzw. ein Herunterfallen von derselben. Der Betroffene wird sich demzufolge fragen, ob er jemals wieder eine Chance bekommt, auf die Karrierestufe zurückzukehren von der heruntergefallen ist, um seine Karriere fortzuführen. In den meisten Unternehmen wird bisher leider nur das Idealbild der stetig ansteigenden Karriereleiter vorgestellt. Karriereunterbrechungen sowie Karrierekrisen, zum Beispiel durch Krankheit hervorgerufen, werden selten positiv angegangen.

Die Sozialkrise: Menschen bestimmen ihre eigene Position wesentlich dadurch, dass sie sich mit anderen vergleichen. Wenn mehrere Kolleginnen und Kollegen im Unternehmen ebenfalls ihren Arbeitsplatz verlieren, wird dies, so steht zu vermuten, für den Betroffenen eine weniger große Krise hervorrufen, als wenn er alleine betroffen ist. Er kann sich im ersten Fall damit trösten, dass der Arbeitsplatzverlust nicht nur ihn allein getroffen hat, was seinem Selbstwertgefühl eine Hilfestellung ist. Menschen, die ihren Arbeitsplatz verloren haben, vergleichen sich aber nicht nur mit ehemaligen Kollegen. Sie sehen ihre Situation im Vergleich zur Arbeitsmarktsituation sowie der Situation ihrer Lebenspartner, der Freude und Verwandten. Aus diesen Vergleichen navigieren sie die emotionale Bedeutung ihrer eigenen Situation. Sind die Vergleichdeterminanten sehr stark von der eigenen Situation abweichend, wird die eigne Krise ebenfalls als sehr stark empfunden.

Die Verantwortungskrise: Verliert ein Mensch seine Arbeit, ist nicht nur er selbst betroffen, sondern auch andere, z. B. die Familie, in der er lebt. Diese Mitbetroffenheit seines Umfeldes macht es ihm selbst zusätzlich schwer, den Arbeitsplatzverlust zu verkraften, er kann seiner Verantwortung nicht mehr gänzlich nachkommen.

Die Hoffnungskrise: Erst Bloch hat die Bedeutung der Hoffnung für das Leben eines jeden Menschen aufgezeigt. Verliert jemand in der gegenwärtigen wirtschaftlichen Situation seinen Arbeitsplatz, so wird er sich nicht selten fragen, ob er jemals wieder eine Chance hat eine Arbeit zu erhalten.

Ängste als Folge der Krise: Jeder Betroffene wird sich mit der Frage beschäftigen, ob er seine Krisensituation bewältigen kann. Er wird meist Zweifel haben, ob dies gelingt. Sehr häufig sind Ängste deshalb die Folge von Krisen [6]. Als Emotion hat Angst mit einer Bedrohung zu tun, die als gefährlich eingestuft wird [7]. Angst ist immer eine sinnvolle, ja notwendige Gefühlsreaktion des Menschen. Insofern muss man sie im Sinne des psychologischen Ansatzes von Carl Rogers wertschätzen [8]. Wollen Betroffene, Angehörige sowie Personalverantwortliche die verschiedenen Möglichkeiten eines Menschen, mit seiner Angst umzugehen, verstehen, ist die Persönlichkeitslehre des aus der psychoanalytischen Schule kommenden Fritz Riemann hilfreich. Er hat vier Persönlichkeitstypen identifiziert: den depressiven Typ, den schizoiden Typ, den hysterischen Typ und den zwanghaften Typ. Zu jedem Typ existiert zwar auch ein entsprechendes Krankheitsbild. Es ist aber nicht mit dem Persönlichkeitstyp zu verwechseln. Aus den verschiedenen Persönlichkeitsausprägungen resultieren vier Möglichkeiten und Tendenzen, auf Angstsituationen zu reagieren:

- Der depressive Typ setzt sich mit seinen Ängsten im Privaten in einer bedrückenden Empfindung auseinander und frisst alles in sich hinein.
- Der schizoide Typ begegnet seinen Gefühlen mit rationalisierenden Erklärungen und Interpretationen und spaltet sie damit auf. Diese Abspaltungsversuche führen oft dazu, dass er nicht „mehr weiß", was er empfindet oder empfinden soll, ganz so, als würde das Gefühl irgendeinem Sollen folgen.
- Der hysterische Typ reagiert mit Aggression und greift an. Damit verlagert er seine Angst nach außen und vermeidet eine innere Auseinandersetzung.
- Der zwanghafte Typ reagiert auf die Angst nach einem starren, von seiner Ratio vorgegebenen, Muster. Er stützt sich auf Abläufe und Verhaltensmuster, die er nicht selten aus allgemeinen Klischees entliehen hat und ist der Überzeugung, diese werden ihn in jedem Fall vor der Angst retten [9].

Die meisten Menschen können sich einem Typ oder aber auch in Mischformen verschiedenen Typen zuordnen. Diese Typisierung kann nur Grundrichtungen angeben und zu einer verstehenden Orientierung dienen.

Starke Gefühle werden oft verdrängt, weil die psychische Disposition oder die Situation es nicht erlauben, sich mit ihnen auseinander zu setzten. Bei sehr starken Herausforderungen, wie sie der Arbeitsplatzverlust darstellt, versagen die Mechanismen der gewohnten Angstverdrängung aber häufig. Sie sind zwar wichtig, können aber genau so hinderlich sein [10]. Hat ein Mensch bislang gelernt, seinen Ängsten durch Unterdrückung zu begegnen, wird er jetzt vermutlich das Scheitern dieser Abwehrstrategie erfahren. Nach Freud ist die Unterdrückung von Emotionen ein sehr aufwendiger und kräftebindender Vorgang. Je stärker die Ängste sind, umso schwieriger wird es, diesen Mechanismus auf Dauer aufrecht zu erhalten.

Der durch den Arbeitsplatzverlust Betroffene wird lernen müssen, seine Ängste als verständlich und nachvollziehbar gelten zu lassen und zu akzeptieren. Dieser Lernprozess ist allerdings oft höchst schmerzlich und manchmal auch nicht ohne fremde Hilfestellung möglich [11]. Eine starke Persönlichkeit reagiert nicht nach ein und demselben starren Muster. Sie kann auf die Herausforderungen angemessen und flexibel reagieren. Sie zeichnet sich dadurch aus, dass sie den eigenen Entwicklungsprozess im Umgang mit der Angst akzeptieren und sie als Übergansstadium einordnen kann. Eine starke Persönlichkeit hat gelernt konstruktiv mit der Angst umzugehen [12].

4 Bewältigungsstrategien

Zur Bewältigung der Krise des Arbeitsplatzverlustes werden im Folgenden drei Gesichtspunkte hervorgehoben, die sowohl dem Betroffenen, als auch denjenigen, die mit Betroffenen zu tun haben, eine Hilfestellung sein können.

4.1 Hilfestellungen

Hilfe zur Selbsthilfe: Der Betroffene muss lernen, dass er zur Bewältigung seiner Krise die Hilfe von anderen Personen und Institutionen braucht. Hierbei ist die Einsicht wichtig, dass die Inanspruchnahme einer Hilfestellung keine Schande oder Schwäche, sondern ein notwendiger und achtbarer Weg aus der Krise ist. Dabei sollte alle Hilfestellung eine Hilfe zur Selbsthilfe sein, die den Hilfesuchenden nicht entmündigt, sondern seine Selbständigkeit stärkt.

Beratung, Coaching, Therapie: Als anerkannte, personenzentrierte Hilfestellungen sind Beratung, Coaching und Therapie zu nennen. Alle drei können und sollen, je nach Bedarf des Betroffenen, in Anspruch genommen werden. Die Beratung zielt eher auf eine „fachliche" Hilfestellung, beispielsweise zur Erstellung von Bewerbungsunterlagen ab. Ein Coaching, sollte in diesem Fall die emotionale Situation des Betroffenen zum Gegenstand haben und sich im Spannungsfeld zwischen der Psyche der betroffenen Personen im Verhältnis zum Arbeitsplatzverlust bewegen. Der Arbeitsplatzverlust kann allerdings auch eine so tief greifende Krise hervorrufen, dass eine psychotherapeutische Behandlung notwendig wird. In der Regel ist dabei allerdings der Arbeitsplatzverlust selbst lediglich Auslöser und nicht Ursache [13].

Beziehung zum Partner: Der Partner desjenigen, der seinen Arbeitsplatz verloren hat, ist natürlich der wichtigste Ansprechpartner, mit dem der Betroffene seine Problematiken besprechen wird. Dabei ist zu bedenken, dass dieser Partner nicht überfordert werden darf. Der Betroffene muss lernen, sich auch in dieser Situation nicht mit all dem, was ihn bewegt, nur auf den Partner zu beziehen.

Arbeitsamt: Selbstverständlich sind das Arbeitsamt und arbeitsplatzvermittelnde Institutionen unverzichtbare Anlaufstellen für die betroffene Person, um einen neuen Arbeitsplatz zu finden.

4.2 Opfer oder Akteur

Die entscheidende Veränderung, die der Betroffene durchläuft, wird die Beantwortung der Frage sein, ob ihm eine Wandlung vom Opfer zum Akteur seines Geschehens gelingt. In den ersten Phasen nach seinem Arbeitsplatzverlust wird sich der Betroffene als Opfer von Personen, die ihn aus dem Unternehmen heraus komplimentiert haben, vom ehemaligen Unternehmen, von der Arbeitsmarktsituation der Bundesrepublik oder auch vom politischen System empfinden. Dies ist verständlich, weil er, zur Passivität verdammt, in diese Rolle gedrängt wurde, es sei denn, er hat sie selbst verursacht.

Viele Menschen bleiben bedauerlicher Weise in diesem Stadium stehen: Sie kämpfen gegen diejenigen, die sie zu Opfern gemacht haben und vergeuden, ohne irgendetwas bewirken zu können, hierbei ihre Kräfte.

Nach Verena Kast, deren praxisorientierte Bücher eine überaus wertvolle Lebenshilfe darstellen, vollzieht sich dieser Wandel in mehreren Phasen. Dabei entwickelt sich der Betroffene nicht von heute auf morgen zum Akteur des Geschehens. Rückfälle bzw. Rückschritte sind möglich und wahrscheinlich.

Akteur des Geschehens zu sein, bedeutet, den Arbeitsplatzverlust innerlich akzeptiert zu haben und damit hinter sich zu lassen. Akteur des Geschehens zu sein bedeutet weiter, sich der eigenen Zukunft zuzuwenden, in der festen Hoffnung, dass es diese gibt [14]. Es beinhaltet, dass ganz konkrete Schritte unternommen werden, sich selbst für die Übernahme einer neuen Aufgabe in einem Unternehmen kurz und mittelfristig vorzubereiten. Es bedeutet weiter, dass konkrete Bewerbungsschritte unternommen werden und die nun zur Verfügung stehende Zeit gewinnbringend dafür genutzt wird.

Eine wichtige Möglichkeit, die Wende vom Opfer zum Akteur zu vollziehen, liegt darin, sich mit anderen Betroffenen zu gemeinsamen Reflexionen und Aufgabenstellungen zu vernetzen und auszutauschen [15].

Betrachtet man den Arbeitsplatzverlust als Misserfolg, so wird dieser erst dann ausgeglichen sein, wenn es Ersatzgelegenheiten gibt [16]. Bei der Wahl dieser Ersatzgelegenheiten konnten in empirischen Untersuchungen Vermeidungsreaktionen nachgewiesen werden [17]. Dies bedeutet, dass ähnliche oder vergleichbare Arbeitssituationen vermieden werden.

4.3 Chancen

Die Beratungserfahrung mit Menschen in Krisen hat gezeigt, dass Krisen eine Lebensveränderung nach sich ziehen können. Damit können sie nicht nur eine Herausforderung darstellen, nach der es genau so weitergeht wie vorher. Eine Krise kann, wenn sie, wie angesprochen, positiv gestaltet wird, eine Reihe neuer Chancen beinhalten [18]. Diese Chancen liegen auf verschiedenen Ebenen:

- Die pragmatische Chance: Hier hat der von einem Arbeitsplatzverlust Betroffene die Chance, an einer anderen Arbeitsstelle neu zu beginnen. Möglicherweise ergeht es ihm dort besser als an seinem alten Arbeitsplatz.
- Die Chance einer beruflichen Neuorientierung: Aus der vermeintlichen Sicherheit des alten Arbeitsplatzes heraus hätte man sie nie gewagt; Motto: jetzt mache ich endlich das, wovon ich immer schon geträumt habe.
- Die Chance der psychischen Auseinandersetzung mit der Krisensituation: Diese bietet für den Betroffenen die Möglichkeit einer sehr erheblichen menschlich-emotionalen Reifung.

Die Problematik der möglichen Chancen liegt darin, dass sie erst im Nachhinein, also nachdem die Krise bewältigt worden ist, vom Betroffenen als solche erkannt werden können. Es wäre zynisch und emotional überfordernd, wenn man am Anfang einer Krise schon von Chancen sprechen würde. Die verschiedenen Phasen müssen durchlaufen werden, um zu dieser Einschätzung zu gelangen.

5 Folgerungen für Personalverantwortliche

Aus dem bisher Dargelegten ergibt sich für die Personalverantwortlichen eine Reihe von Folgen, die sie neben den rechtlichen Verpflichtungen beachten sollten und können:

1. Sie müssen sich darüber im Klaren sein, dass der Arbeitsplatzverlust bei Menschen eine Krise des Selbstwertgefühls und der Identität hervorruft.
2. Der Karriereverlauf, den Personalverantwortliche im Unternehmen vorzeichnen, sollte den Umgang mit Krisen und Brüchen berücksichtigen. Sie sollten dazu beitragen, dass Krisen und Karrierebrüche nicht zwangsläufig den vollkommen Abbruch einer möglichen Karriere bedeuten.
3. In Kooperation mit den Arbeitsvermittlungsinstitutionen sollten Personalverantwortliche möglichst auf die oben genannten beratenden Hilfestellungen zur Bewältigung der drohenden Arbeitslosigkeit hinweisen.
4. Die Personalverantwortlichen müssen die Personalfreisetzung so gestalten, dass sie der Sache und der Person gerecht werden. Entscheidend ist dabei, mit welchem Menschenbild, dass heißt, mit welcher Grundeinstellung zum Menschen, sie der betroffenen Person beggenen [19]. Allzu leicht können die negativen Aspekte des Arbeitsplatzverlustes noch durch ein ungeschicktes oder unpassendes Agieren der Personalverantwortlichen im Kündigungsprozess verstärkt werden.
5. Die Personalverantwortlichen sollten spezielle Fördermaßnahmen absolvieren, in denen Sie einen Überblick über relevante psychologische Reaktionsmuster erhalten und ihr eigenes Verhalten trainieren können.

Literatur

[1] vgl. Hoff, E., in: Oertner; R., Montana, L. u. a.: Entwicklungspsychologie, München 1987, S. 372 f.
[2] vgl. Csikszentmihalyi, M.: Flow im Beruf, Stuttgart 2004, S. 11 f.; 122 ff.

[3] vgl. Hoff, E., in: Oertner; R., Montana, L. u. a.: Entwicklungspsychologie, München 1987, S. 361 ff.
[4] vgl. Kehr, H. M.: Motivation und Volition, Göttingen 2004, S. 29 f.
[5] Scholz, C.: Spieler ohne Stammplatzgarantie, Weinheim 2003
[6] vgl. Kast, V.: Der schöpferische Sprung, Olten 1987, S. 22
[7] vgl. Bröckermann, R.: Führung und Angst, Frankfurt am Main 1989, S. 82
[8] vgl. Rogers, C.: Die klientenzentrierte Gesprächspsychotherapie, Frankfurt am Main 1991, S. 34 ff.
[9] vgl. Riemann, F.: Grundformen der Angst, München 2004, S. 9 ff.
[10] vgl. Freimuth, J.: Die Angst der Manager, Göttingen 1999, S. 14
[11] vgl. Freimuth, J.: Die Angst der Manager, Göttingen 1999, S. S. 13 ff.
[12] vgl. Freimuth, J.: Die Angst der Manager, Göttingen 1999, S. 26
[13] zur Abgrenzung dieser Bereiche siehe Rauen, C.: Coaching, Göttingen 2003, S. 5.ff.
[14] vgl. Bloch, E.: Das Prinzip Hoffnung, Frankfurt am Main 1985, S. 1
[15] vgl. Brunstein, J. C.: Motivation nach Mißerfolg, Göttingen 1995, S. 67 ff.
[16] vgl. Brunstein, J. C.: Motivation nach Mißerfolg, Göttingen 1995, S. 129
[17] vgl. Brunstein, J. C.: Motivation nach Mißerfolg, Göttingen 1995, S. 131
[18] vgl. Kast, V.: Der schöpferische Sprung, Olten 1987, S. 14 ff.; sie spricht sogar von einem schöpferischen Sprung
[19] vgl. Nass, E. und Müller-Vorbrüggen, M.: „Personalführung und Menschenbild - Ethische Orientierungsmerkmale für Unternehmen", in: Personal, Heft 05/2003, S. 22 ff.

II. Die Sicht in Bezug auf den „alten" Arbeitgeber

Stefan Mario Schmitz-Buhl

1 Folgen der Personalreduzierung

Dieses Kapitel beschäftigt sich mit der Frage, welche Folgen Personalreduzierungsmaßnahmen auf das Unternehmen und die verschiedenen Personengruppen haben. Behandelt werden die Auswirkungen auf die verbleibenden Mitarbeiter, die Rolle des Managements und die Auswirkungen auf das Unternehmen. Es werden psychologische Zusammenhänge beleuchtet und erörtert, welche Auswirkungen auftreten können und Möglichkeiten behandelt, unter welchen Bedingungen ein Stellenabbau positive Folgen für ein Unternehmen haben kann.

2 Auswirkungen auf die verbleibenden Mitarbeiter

Bei der Analyse der Auswirkungen auf die verbleibenden Mitarbeiter nach Personalfreisetzung müssen die unterschiedlichen Ursachen der Entlassung differenziert betrachtet werden: Wird ein einzelner inkompetenter Mitarbeiter entlassen und durch kompetentes Personal ersetzt, kann die Entlassungsentscheidung des Management vielfach als gerechtfertigt nachvollzogen oder sogar als stressreduzierend erlebt werden. Nur diejenigen Beschäftigen werden sich als bedroht fühlen, die sich selbst als nicht besonders kompetent einschätzen. Anders verhält es sich bei geplantem Personalabbau: Da in den letzten Jahren die Sicherheit der Arbeitsstellen objektiv abgenommen hat, lässt sich auch eine Zunahme der „subjektiven Unsicherheit der Arbeitsstelle" [1] beobachten. Dies führt dazu, dass arbeitsbezogene Meinungen und Einstellungen negativer werden und die Arbeitsleistung sinkt [2].

Die Beschäftigten, die nach einer größeren Entlassungsaktion im Unternehmen verbleiben, registrieren deshalb zumeist sehr genau, welche Begründungen die Betriebsleitung für die generelle Notwendigkeit der Entlassungen und für die Auswahl der zu Entlassenen bietet und wie sich das Unternehmen um die Entlassenen nach deren Ausscheiden kümmert. Zudem achten sie darauf, wie sich die Führungskräfte verhalten, die an einem solchen Entlassungsprozess beteiligt sind und ziehen Rückschlüsse auf Werte, Normen und Einstellungen sowie die implizierten Grundsätze des Unternehmens [3]. Werden Entlassungen als nicht nachvollziehbar oder gar als ungerecht erlebt, reagieren die „survivors-of-layoffs" [4] oft mit Demoralisierung, Zynismus und erheblichen Einbußen an Engagement und Produktivität. Dies ist beispielsweise der Fall, wenn in einem Unternehmen Entlassungen vorgenommen werden, von denen ein Arbeitnehmer zwar selbst nicht betroffen ist, aber unklare und widersprüchliche betriebliche Aussagen zur beruflichen oder betrieblichen Perspektive dazu führen, dass dieser Beschäftigte sich mit den „Opfern" identifiziert und einen persönlichen Verlust antizipiert. Als Folge zeigen die verbleibenden Mitarbeiter ein deutlich geringeres Engagement für das Unternehmen [5].

Auch Müller stellt fest, dass Kündigungen negativer beurteilt werden, „wenn die Kriterien intransparent bleiben, wenn die Organisation zum wiederholten Male Mitarbeiter entlassen muss, oder wenn besonders geschätzte Kolleg(inn)en entlassen werden. Am demotivierendsten für die verbleibendem Belegschaft ist der Eindruck, die Organisation würde bei der finanziellen Abfindung gekündigter Mitarbeiter knausern und die Betroffenen zudem menschlich kalt, formal und gefühllos behandeln" [6]. Besonders starke Reaktionen sind bei denjenigen Arbeitnehmern zu erwarten, welche die Organisationsveränderungen als Bedrohung ihres Selbstwertgefühls bewerten [7]. Im Einzelfall können erhebliche physische und psychische Beeinträchtigungen auslöst werden (Tabelle 1). Anzumerken ist allerdings, dass die verbleibenden Mitarbeiter oft zusätzlich mit einer erhöhten Arbeitslast konfrontiert sind, weil der Umfang der Arbeit auf weniger Personen im Unternehmen verteilt wird.

Psychische Auswirkungen:
erhöhte psychische Spannung, Angst, Depressivität, Affektlabilität, vermindertes Selbstwertgefühl, Kontaktverlust, Zustände von Resignation, Depression, Passivität als Folge subjektiv erlebten Kontroll- und Kompetenzverlustes, Desozialisation.
Physische Auswirkungen:
vegetative Dauererregung mit Auswirkungen i. S. von Funktionsstörungen (Schlafstörungen, Organschäden), vegetative Irritationen mit Bluthochdruck, Hypertyreose, Migräne, Ulcus, Durchfall, Asthma, normabweichende physiologische Werte, Erhöhung von Noradrenalin, Harnsäure, Blutdruck

Tabelle 1: Mögliche Folgen von Arbeitsplatzunsicherheit (Quelle: Schmitz, E.: „Überraschung und Unsicherheit bei Arbeitsplatzverlust", in: ABO aktuell – Psychologie für die Wirtschaft, Heft 03, S. 2–9)

3 Die Rolle des Managements

Kontinuierlicher Personalabbau ist in deutschen Unternehmen seit längerem zu beobachten. Der Abbau betrifft nicht nur Arbeiter sondern auch Angestellte und das mittlere Management. Folgende Gründe werden vielfach für die Entlassungswellen genannt: ungünstige Nachfragebedingungen auf dem Gütermarkt, Globalisierung und Internationalisierung, Innovationen in der Prozesstechnologie, zu hohes Lohnniveau oder auch zu rigide Tarifsysteme, welche Lohnsenkungen bei Unternehmenskrisen verhindern. Als Hauptziel der Entlassungen wird die Realisierung einer möglichst schnell wirksamen Kostensenkung im Betrieb angegeben, um die Wettbewerbsfähigkeit und die Produktivität zu steigern. Da aber auch in Zeiten wirtschaftlichen Wachstums Arbeitsplätze unvermindert abgebaut werden, gewinnt man den Eindruck, als ob Personalabbau zu einer „Modeerscheinung" geworden ist. Die Frage stellt sich, was die tiefere Motivation für ein solches Verhalten sein könnte. Beckmann [8] fand in einer empirischen Analyse Belege dafür, dass die Unternehmenspolitik und die Kontrolle, die auf Manager ausgeübt wird, einen entscheidenden Einfluss auf den Personalbestand haben. An einer Stichprobe von über 9.000 Betrieben in Deutschland konnte er unter anderem nachweisen, dass Personalabbauentscheidungen gerade in börsennotierten Aktiengesellschaften vermehrt vorgenommen werden. Als mögliche Ursachen nennt er zum einen den durch Trennung von Eigentum und Führung verbundenen unterschiedlichen Informationsstand und die divergierenden Kenntnisse bei Eigentümern und Managern und zum anderen den „Shareholder-Value" -Ansatz, nach dem das Management eines Aktienunternehmens Maßnahmen ergreifen soll, die zu einer langfristigen Steigerung des Unternehmenswertes führen (teilweise wird diese Zielsetzung durch die Verwendung von Aktienoptionsprogrammen als Vergütungssysteme für

Führungskräfte noch weiter unterstützt). Dabei bleibt umstritten, ob Manager mit dieser Unternehmensphilosophie tatsächlich den langfristigen Unternehmenserfolg im Auge haben, oder ob sie sich nicht doch eher auf die kurzfristige Performance konzentrieren. Für die kurzfristige Sichtweise spricht, dass Manager vielfach nur eine kurze Zeitspanne an ein Unternehmen vertraglich gebunden sind und ihre Karriere in anderen Unternehmen fortsetzen. Auch eine Vielzahl der privaten und institutionellen Anleger bindet sich immer häufiger kurzzeitig an die erworbenen Wertpapiere und realisiert die Kursgewinne durch schnelle Verkäufe. Erfahrungsgemäß werden aber durch diese Rahmenbedingungen in börsennotierten Aktiengesellschaften opportunistische Verhaltensweisen des Managements gefördert. So wird bewusst das Risiko eingegangen, dass sich die Manager auf kurzfristige Performance konzentrieren und langfristige Ziele aus den Augen verlieren. Schließlich dient ein schneller Erfolg sowohl dem Management als auch den Aktionären.

Auch der Arbeitsmarkt für Manager fördert kurzfristige Entscheidungen, weil gerade schnelle Erfolge als Indikator für die Qualität eines Managers herangezogen werden und dessen Karriere unterstützen.

Mit einer Streichung von Arbeitsplätzen kann ein Manager nach Beckmann [9] viele an ihn gerichtete Erwartungen erfüllen: Die schnell erzielte, sichtbare Kosteneinsparung im Personalbereich führt zu einer kurzfristigen Verbesserung der Performance der Abteilung und vielfach auch des Unternehmens. Dies belohnt der Aktienmarkt. Die Beobachtung zeigt, dass drastischer Personalabbau mit einer Steigerung der Dividenden einhergeht. Vielfach wirkt allein die Ankündigung von Stellenreduktion positiv auf den Aktienkurs eines Unternehmens. Bei einem ergebnisabhängigen Entgelt führt dies beim Management auch zu maßgeblichen Gehaltserhöhungen. Zusätzlich entscheidet der Manager im marktüblichen Sinne und wird deshalb als kompetent und erfolgreich beurteilt. Beckmann [10] spricht in diesem Zusammenhang von „Herdenverhalten". Wenn sich ein Manager für Vorgehensweisen entscheidet, die nicht von einer Mehrzahl vergleichbarer Führungskräfte getroffen werden, könnte seine Kompetenz angezweifelt werden. Man kann sich dem Eindruck nicht verwehren, dass damit Personalabbau zu einem Instrument der kurzfristigen Gewinnmaximierung geworden ist, dem sich Manager nicht mehr entziehen können. Die mittel- und langfristigen Auswirkungen werden dabei nicht bedacht.

4 Auswirkungen auf das Unternehmen

Die Sichtweise, Personalabbau als Gewinnsteigerung auszuweisen und Mitarbeiter nur als zu minimierenden Aufwandsposten der Erfolgsrechnung zuzuordnen, entspricht einem statisch-mechanistischem Denkmodell, weil die positiven Effekte kompetenter und engagierter Mitarbeiter auf den künftigen Umsatz zu wenig berücksichtigt werden. Eine langfristige Planung würde daher empfehlen, die Mitarbeiter als Aktivum in der Bilanz aufzuführen - als Unternehmensvermögen, das zukünftige Umsätze und Gewinne ermöglicht. Der Erfolg eines Betriebes hängt maßgeblich von der Verfügbarkeit entsprechender Fachkräfte ab, mit denen sich das Unternehmen Konkurrenzvorteile schaffen kann. Entscheidend ist letztlich, ob es gelingt, ein entsprechendes Humankapital innerhalb des Unternehmens aufzubauen. Es ist Aufgabe der Führungskräfte, Mitarbeiterressourcen zu aktivieren und in die Personalentwicklung zu investieren.

Wie kann ein Unternehmen die Größe seines „Humanvermögens" ermitteln? In die Berechnung sollten einfließen

- Kosten für die Personalbedarfsermittlung (geschätzte Planungskosten),
- Kosten der Personalbeschaffung (Anzeigen und Auswahlprozess, in der Regel ein bis zwei Monatsgehälter),
- Kosten der Personaleinarbeitung (Minderleistung gegenüber einem eingearbeiteten Mitarbeiter; die Höhe hängt von der zu besetzenden Stelle und der Einarbeitungszeit ab, teilweise bis zu sechs Monaten mit dementsprechend hohem Gehalt),
- Kosten der Personalentwicklung (Fort- und Weiterbildungen).

Sowohl diese Investitionen als auch das erreichte Humanvermögen gehen einem Unternehmen verloren, wenn Personal freigesetzt wird. Hinzu kommen weitere Kosten wie

- Kosten für Abfindungen und Ausgleichszahlungen,
- Kosten für Beratung und Betreuung der ausscheidenden Mitarbeiter (beispielsweise Outplacement/vorübergehende Beschäftigungsgesellschaften).

Außerdem müssten in die Berechnung auch die Auswirkungen auf die verbleibenden Mitarbeiter (Unzufriedenheit im Unternehmen, teilweise sinkende Produktivität) und ein eventueller Imageschaden in der Öffentlichkeit eingehen: Immer mehr Verbraucher orientieren sich beispielsweise in Ihren Entscheidungen an ethischen Gesichtspunkten [11].

Da das Humankapital meist zuwenig Beachtung findet, verwundert es nicht, dass in Unternehmen die vom Management genannten Ziele für die geplanten Entlassungsmaßnahmen (wie Ergebnisverbesserung, Produktivitätssteigerung, Marktvorteil) langfristig verfehlt werden. Dies führt dazu, dass zwei Drittel der geplanten Veränderungsprozesse ihre Ziele nicht erreichen oder gänzlich scheitern. Von Rosenstiel und Comelli erklären es damit, dass mehr als die Hälfte der Führungskräfte der Wirtschaft Ingenieure, Techniker oder Naturwissenschaftler sind, und vermuten, dass in den Köpfen der Entscheider ein mechanistisches Organisationsbild vorherrschend ist, das den Mitarbeiter zu einem „Rädchen im Getriebe" macht und psychische Auswirkungen von Unternehmensveränderungen ausblendet [12].

5 Bewältigungsstrategien

Um gravierende Auswirkungen auf das innerbetriebliche Klima zu verhindern, schlägt Kieselbach [13] vor, dass das Management die geplanten Entlassungen nach Gerechtigkeitskriterien entscheiden soll (Tabelle 2). So wird vermieden, dass verbleibende Mitarbeiter den Eindruck gewinnen, es hätte ebenso sie selbst treffen können. Außerdem sollten Formen gesellschaftlicher Begleitung und Beratung eingesetzt werden, die individuelle Kompetenzen entwickeln und persönliche Ressourcen zur Bewältigung beruflicher Übergänge stärken.

Ein anderes Modell der Bewältigung stellt Schmidt-Braße [14] vor: Ein Vier-Phasen-Modell des Trennungs- und Trauerprozesses reduziert die negativen Effekte des Personalabbaus auf die verbleibenden Mitarbeiter (Tabelle 3). Gerade unter ihnen fühlen sich einige in einem gewissen Sinne schuldig, dass man sie ausgespart hat, während es ihre Kollegen getroffen hat [15]. Ziel des Ansatzes ist es, das Bewusstsein der Führungskräfte und der Mitarbeiter für die Notwendigkeit der emotionalen Trauerarbeit zu öffnen, um die Produktivität zu erhalten und Innovationen und Chancen für eine zukünftige Arbeit zu ermöglichen.

Dimensionen	Kriterien
Distributive oder Verteilungsgerechtigkeit	Auswahl aufgrund der Effizienz, Auswahl aufgrund individueller Bedürfnisse, Auswahl aufgrund erworbener persönlicher Verdienste.
Prozedurale oder Verfahrensgerechtigkeit	Forderungen nach konsistenten Prozeduren, die ohne Eigeninteresse durchgeführt werden, auf der Basis präziser Information, mit der Möglichkeit der Entscheidungskorrektur, unter Berücksichtigung der Interessen aller Beteiligten, gemäß ethischen und moralischen Standards.
Interaktionsgerechtigkeit	Informationen über die Gründe für - bestimmte Leistungsentscheidungen, - Auswahlentscheidungen unter den Beschäftigten, - Annahme/Ablehnung von Alternativ-Vorschlägen zu Entlassungen.

Tabelle 2: Dimensionen von Gerechtigkeit bei Personalentlassungen (Quelle: Kieselbach, T.: „Wenn Beschäftigte entlassen werden: Berufliche Transitionen unter einer Gerechtigkeitsperspektive", in: Wirtschaftspsychologie, Heft 01/2001, S. 37 – 50)

Phase	Verhalten der Mitarbeiter	Anforderungen an Führungskräfte
1. Verleugnung	Schock, Erstarrung, Hilflosigkeit, Nicht-Wahrhaben wollen, Sprachlosigkeit, Hyperaktivität.	Verständnis zeigen, praktische Hilfe anbieten.
2. Gefühls-Chaos	Aggression und/oder Resignation, Wut, Zorn, Ärger, Unruhe, Angst, Abwehr, Schuldgefühle, Pendeln zwischen Allmachts- und Ohnmachtgefühlen.	„auskippen" lassen, würdigen, nicht persönlich nehmen.
3. Realisation	Akzeptieren der Trennung als unabänderlich, Realisieren der Tatsachen, Abschied von der Vergangenheit, Auseinandersetzung mit dem Alten, nach und nach angemessenes Verhalten.	Nicht drängen, Perspektiven aufzeigen, Alternativen suchen.
4. Neuorientierung	Sich selbst neu finden, neue Zuwendung zur Welt, Hineinfinden in neue Rollen, Klarheit, neue Hoffnung und Zuversicht; weitere Aufarbeitung; Rückfälle möglich.	Unterstützen, Erinnerungen zulassen, Geduld.

Tabelle 3: Vier-Phasen-Modell des Trennungs- und Trauerprozesses (Quelle: Schmidt-Braße, U.: „'Trauerarbeit' im Personalabbau – eine Unterstützung für alle Betroffene", in: Schmitz-Buhl, S. M. (Herausgeber): Wirtschaftspsychologie: Unternehmen verändern, Beiträge zur Wirtschaftspsychologie 2000, Lengerich 2000, S. 101 – 103)

Nicht nur die Mitarbeiter, auch die Führungskräfte haben Probleme: Sie sind mit der Rolle als „Entlasser" häufig überfordert. Vielfach sind sie nicht genügend in professionell geführten Entlassungsgesprächen fortgebildet und verfügen deshalb nicht über ausreichende und angemessene Interventionsalternativen, um die emotionalen Verlustreaktionen der betroffenen Mitarbeiter in eine konstruktive Richtung zu beeinflussen. Teilweise verschlimmern sie mit ihrer Reaktion die Situation für die betroffenen Mitarbeiter [16]. Vorbereitendes Training [17] und prozessbegleitendes Coaching [18] können mit dazu beitragen, dass Vorgesetzte ihre Aufgaben besser bewältigen.

Aufgabe der Führungskräfte während des Personalfreisetzungsprozesses ist es auch, die bleibenden Mitarbeiter für den Wandel zu gewinnen und eine positive Identifikation mit den Unternehmenszielen zu fördern und zu vertiefen. Dabei helfen die Empfehlungen in Tabelle 4.

Empfehlung	Inhalt	Erläuterung
„Entwickle eine tragfähige Vision"	Skizzieren der angestrebten Wunschzukunft	Tragfähig ist die Vision - wenn sie vorstellbar ist, - wenn sie realisierbar erscheint, - wenn sie inspirierende Kraft besitzt und emotional anspricht.
„Kommuniziere die Vision anschaulich und mit symbolischen Handlungen"	Eine Vision muss als generelle Orientierung permanent im Bewusstsein aller Träger lebendig gehalten werden.	Am konkreten betrieblichen Beispiel (auch in Form augenfälliger symbolischer Aktionen) sollte allen Beteiligten immer wieder die Präsenz und damit die Bedeutung der Vision erlebbar gemacht werden.
„Informiere rechtzeitig, umfassend und glaubhaft"	Kommuniziert werden müssen - die Ursachen und Gründe für die Notwendigkeit einer Veränderung, - ihr geplanter Ablauf, - ihr späterer Vollzug.	Information sollte sein: - umfassend und ehrlich, - verständlich, - eindeutig, - unverzüglich, - durchdringend.
„Binde die Geführten in die Entscheidungs- und Umsetzungsprozesse ein, um aus Opfern (Mit-)Täter zu machen"	Betroffene zu Beteiligte machen- Ergebnis sind Verständnis, Zuversicht, Aktivität, Engagement, Identifikation.	Einbindung bietet gute Chancen, Entscheidungsqualität zu verbessern; außerdem Verringerung der Durchsetzungswiderstände.
„Qualifiziere für veränderte neue Herausforderungen	Akzeptanzfördernde Anreize zur Weiter-, Neu- oder Höherqualifizierung.	Weiterentwicklung des „Human-Kapitals", außerdem symbolische Wirkung (positives zukunftsgerichtetes Signal).
„Betone die Stabilität im Wandel"	Sensibilisierung der Betroffenen für die stabil bleibenden Elemente.	Engagement und Identifikation der Mitarbeiter brechen bald zusammen, wenn sie unnötig lange in „offenen Schwebezuständen" gehalten werden.
„Gehe sichtbar menschlich und fair mit den Verlierern um"	Zeichen von hohem symbolischem Wert setzten zum Schutz der Personen, die vom Wandel negativ betroffen sind.	Bemühung um menschliche, faire und hilfreiche Lösungen (z. B. Übergangslösungen, Hilfe beim Jobwechsel, Umschulung, Weiterqualifikation, Hilfe bei persönlichen Problemen).
„Zeige Sicherheit und lebe Veränderungsbereitschaft vor"	Optimale und gezielte systematisch betriebene Überführung eines bisherigen Zustandes in einen Neuen.	Vorbildverhalten: Sicherheit vermitteln und vorleben, allerdings Realität nicht leugnen.
„Feiere (Zwischen-)Erfolge auf dem Weg zum Neuen gemeinsam"	Zielerreichung ist ein erstes Erfolgserlebnis.	Zusammenhalt fördern und für weitere Ziele motivieren.

Tabelle 4: Empfehlungen für erfolgreiche Veränderungen in Unternehmen (Quelle: Rosenstiel, L. von und Comelli, G.: „Führung im Prozess des Wandels", in: Wirtschaftspsychologie aktuell, Heft 01/2004, S. 30 – 34)

6 Outplacement und Beschäftigungsgesellschaften als konstruktive Lösungsansätze

Immer mehr Unternehmen setzten darauf, den Personalabbauprozess mit den Mitarbeitern einvernehmlich zu lösen, wobei Outplacement und die Gründung von Beschäftigungsgesellschaften oder Personal-Serviceagenturen eine immer größere Rolle einnehmen [19].

Ziel von Outplacement ist es, den Personalabbauprozess so zu gestalten, dass sowohl die negativen Effekte für die Organisation, als auch für die betroffenen Mitarbeiter reduziert werden, damit der betriebliche Friede bewahrt bleibt. Gutes Outplacement sollte die Personen, die gezwungen werden, ihren Arbeitgeber zu verlassen, unterstützen und beraten sowie Maßnahmen für andere Personengruppen - wie Vorgesetzte und die in der Organisation verbleibenden Beschäftigten - umfassen [20]. Wer seinen Arbeitsplatz verliert, soll mit Hilfe des bisherigen Arbeitgebers einen neuen finden. Hinter dem Begriff Outplacement verbirgt sich auch eine zielgerichtete Coaching-Strategie: Der Arbeitgeber bezahlt seinem scheidenden Mitarbeiter den Karriere-Trainer, und dieser erarbeitet mit dem Betroffenen eine professionelle Bewerbungsstrategie. In Bewerbungstrainings wird der Mitarbeiter dann fit für den neuen Job gemacht. Die Chancen für die Arbeitnehmer liegen auf der Hand: Während finanzielle Abfindungen die Betroffenen mit ihren Zukunftsängsten vor drohender Arbeitslosigkeit alleine lassen, bietet Outplacement eine ganz individuelle Unterstützung in dieser schwierigen Umbruchphase. Gezielte Beratung und Hilfestellung bei allen Problemen, die in der Bewerbungsphase anfallen, schaffen Voraussetzung, erfolgreiche neue Berufswege zu beschreiben, um eine adäquate Position bei einem anderen Unternehmen zu erreichen.

Auch für den Arbeitgeber hat Outplacement entscheidende Vorteile (Tabelle 5).

Vorteil	Auswirkung
Faire, schnelle und konstruktive Trennung	Veränderungsprozess des Unternehmens wird beschleunigt und erleichtert
Gelebte Trennungskultur	Management übernimmt Verantwortung für ein professionelles Trennungsmanagement und lebt damit soziale Verantwortung
Kostenersparnis	Durch frühzeitige Aufnahme der Beratung können Restlaufzeiten der Arbeitsverträge verkürzt werden
Weniger Rechtsstreitigkeiten	Langwierige Arbeitsgerichtsprozesse können vermieden werden
Unternehmenseigene Ressourcen stärken	Externer Berater kümmert betreut ausscheidende Mitarbeiter
Positives Betriebsklima	Die Motivation und Produktivität der verbleibenden Mitarbeiter lassen nicht nach
Positives Image	Das Unternehmen stärkt sein positives Image nach außen, z. B. gegenüber Lieferanten, Kunden und Gewerkschaften und bleibt ein attraktiver Arbeitgeber
Investitionen in Geschäftsbeziehungen	Schaffung von Netzwerken: Möglicherweise wechselt der Mitarbeiter auf die Kundenseite

Tabelle 5: Vorteile des Outplacement aus Unternehmenssicht

So ist es möglich, sich ohne langwierige Konflikte von seinen Mitarbeitern zu trennen, weil Outplacement-Berater das folgende Kernproblem des Konflikts offensiv behandeln: die drohende Arbeitslosigkeit. Wer seinem Mitarbeiter in dieser schwierigen Situation Lösungsmöglichkeiten anbietet, hilft ihm, seine Ängste und Probleme zu bewältigen und zu einer beruflichen Zukunftsperspektive zurückzufinden; und nicht zuletzt: Wer Perspektiven sieht, bleibt motiviert. So ergibt sich durch Outplacement auch für den Arbeitgeber eine erfreuliche Bilanz, denn Rechtstreitigkeiten, Imageschaden in der Öffentlichkeit, Motivationsverlust bei den scheidenden als auch bei den verbleibenden Mitarbeitern werden vermieden oder zumindest stark reduziert.

Im Idealfall sollte Outplacement ab dem Zeitpunkt beginnen, zu dem die Entscheidung über die Restrukturierung und den Personalabbau gefällt wird. Neben der Beratung und Vorbereitung der Führungskräfte auf die Trennungsgespräche steht die Arbeit mit dem zu entlassenen Mitarbeiter im Zentrum. Einen möglichen Ablauf des Outplacement-Prozesses skizziert Tabelle 6:

Phase	Inhalte
Analyse und Zielsetzung	Was hat der Mitarbeiter erreicht? Welche Probleme wurden im Beruf gelöst? Was macht wirklich Freude? Was war nicht gelungen?
Vorbereitung auf Bewerbungen	Richtige Selbstdarstellung erarbeiten Welche Wege in den Arbeitsmarkt sind erfolgreich? Welche Referenzen und Zeugnisse werden benötigt?
Umsetzung der Bewerbungskampagne	Welche Firmen werden kontaktiert? Wie werden die Firmen angesprochen? Wie werden die Vertragsverhandlungen gestaltet? Wie wird auf die neue Position vorbereitet?

Tabelle 6: Phasen eines Outplacement-Prozesses

Die Kosten der Outplacent-Maßnahme (etwa zwischen 15 und 25 Prozent des letzten Bruttojahresgehalts) werden vom Arbeitgeber übernommen. Entscheidend ist dafür die Erfolgsquote. Smith [21] gibt an, dass die übliche Dauer der Arbeitsplatzsuche von zwölf auf vier Monate reduziert werden konnte und dass 80 Prozent der von Outplacement Betroffenen angeben, dass die Maßnahmen geholfen haben. Neuere Befragungen von Unternehmensberatungen [22] berichten Erfolgsquoten von 95 Prozent bei einer durchschnittlichen Beratungsdauer von vier bis fünf Monaten.

Ein anderer Weg der Beratung und Qualifizierung freizusetzender Mitarbeiter für die berufliche Neuorientierung bieten vom Unternehmen gegründete Transfergesellschaften, die von Arbeitslosigkeit bedrohten oder gekündigten Beschäftigten ein befristetes Arbeitsverhältnis anbieten. In dieser Zeit können sie sich beruflich neu orientieren und einen neuen Arbeitsplatz finden [23]. Bislang war dies wegen der auftretenden Kosten eher Großunternehmen vorbehalten [24]. Mit der Veränderung des SGB III, vor allem der §§ 216 a und 216 b, ist auch kleinen Unternehmen die Möglichkeit eröffnet worden, Personalabbau mit Transferleistungen zu flankieren. Förderungsfähig sind Maßnahmen zur Eignungsfeststellung (Potenzialanalyse, Berufswegeplanung; höchstens vier Wochen), Bewerbungstraining (höchstens zwei Wochen), Qualifizierungsmaßnahmen (höchstens acht Wochen einschließlich Praktikum). Insgesamt darf die Förderung die Dauer von zwölf Wochen nicht übersteigen.

7 Ausblick

Das Problem bleibt, dass Unternehmen mit Personalabbau Risiken eingehen. Wichtig ist vor allem eine längerfristige Evaluation als Begleitung der getroffenen Maßnahmen: Das Management sollte, bevor mit der Umsetzung begonnen wird, die mit der Freisetzung verfolgten Ziele konkretisieren (dazu gehören präzise Formulierung, Quantifizierung, Zeitbezug) und während des Prozesses und nach Beendigung überprüfen, ob (bzw. in welchem Ausmaß) diese Ziele erreicht worden sind.

Auch wenn Personalabbaumaßnahmen durch begleitende Prozesse wie Outplacement und Beschäftigungsgesellschaften einvernehmlich gelöst werden können, sollten Alternativen zum Stellenabbau bedacht werden. Zu nennen wären beispielweise betriebliche Beschäftigungs- und Wettbewerbsbündnisse, die über Betriebsvereinbarungen, Haustarifverträgen oder sonstigen schriftlichen Regelungen zwischen Betriebs- bzw. Unternehmensleitungen und Betriebsrat getroffen werden können, um die Beschäftigung zu sichern sowie die Wettbewerbsfähigkeit zu verbessern [25]. Diese Alternative zu Personalabbau ermöglicht, dass einerseits Betriebe in weniger guter Wirtschaftslage ihre Wettbewerbs- und Beschäftigungsprobleme eher mit Arbeitszeitverkürzungen oder Einschnitten beim Entgelt lösen, um ihr Humankapital möglichst zu behalten, prosperierende Betriebe andererseits Verlängerungen der Betriebs- und Arbeitszeit vereinbaren.

Literatur

[1] Borg, I.: „Überlegungen und Untersuchungen zur Messung der subjektiven Unsicherheit der Arbeitsstelle", in: Zeitschrift für Arbeits- und Organisationspsychologie, Heft 03/1992, S. 107 – 116
[2] vgl. Borg, I. und Braun, M.: „Arbeitsethik und Arbeitsinvolvement als Moderatoren der psychologischen Auswirkungen von Arbeitsplatzunsicherheit", in: Zeitschrift für Arbeits- und Organisationspsychologie, Heft 04/1992, S. 167 – 176
[3] vgl. Kieselbach, T.: „Wenn Beschäftigte entlassen werden: Berufliche Transitionen unter einer Gerechtigkeitsperspektive", in: Wirtschaftspsychologie, Heft 01/2001, S. 37 – 50
[4] ebenda
[5] vgl. ebenda
[6] Müller, G. F.: „Prozedurale Gerechtigkeit in Organisationen", in: Blickle, G. (Herausgeber): Ethik in Organisationen. Konzepte, Befunde, Praxisbeispiele, Göttingen 1998, S. 65
[7] vgl. Ryschka, J.: „Mensch ändere Dich! Auswirkungen von Veränderungsprozessen auf die Betroffenen und Möglichkeiten zur Kompensation", in: Schmitz-Buhl, S. M. (Herausgeber): Wirtschaftspsychologie: Perspektiven für die Zukunft, Beiträge zur Wirtschaftspsychologie 2004, Heidelberg 2004, S. 148 – 150
[8] vgl. Beckmann, M.: „Unternehmenspolitik, Managerkontrolle und Personalabbau in Deutschland - theoretische Ansätze und empirische Analyse mit Daten des IAB-Betriebspanels", in: Mitteilungen aus der Arbeitsmarkt- und Berufsforschung, Heft 04/2000, S. 594 – 608
[9] vgl. ebenda
[10] ebenda

[11] vgl. Palazzo, G.: „Unternehmensethik – über den wirksamen Umgang mit Werten im Unternehmen", in: Wirtschaftspsychologie aktuell, Heft 01/2003, S. 63 – 68; zur Bedeutung von Ethik in Unternehmen vgl. Blickle, G. (Herausgeber): Ethik in Organisationen: Konzepte, Befunde, Praxisbeispiele, Göttingen 1998

[12] vgl. Rosenstiel, L. von und Comelli, G.: „Führung im Prozess des Wandels", in: Wirtschaftspsychologie aktuell, Heft 01/2004, S. 30 – 34

[13] vgl. Kieselbach, T.: „Die Verantwortung von Organisationen bei Personalentlassungen: Berufliche Transitionen unter einer Gerechtigkeitsperspektive", in: Blickle, G. (Herausgeber): Ethik in Organisationen. Konzepte, Befunde, Praxisbeispiele, Göttingen 1998, S. 234 – 250

[14] vgl. Schmidt-Braße, U.: „'Trauerarbeit' im Personalabbau – eine Unterstützung für alle Betroffene", in: Schmitz-Buhl, S. M. (Herausgeber): Wirtschaftspsychologie: Unternehmen verändern, Beiträge zur Wirtschaftspsychologie 2000, Lengerich 2000, S. 101 – 103

[15] vgl. Smith, M.: „Outplacement: Die menschliche Seite des Personalabbaus", in: Zeitschrift für Arbeits- und Organisationspsychologie, Heft 04/1993, S. 201 – 204

[16] vgl. ebenda

[17] vgl. Hayn, S. von und Calligaro, W. „Führung in schwierigen Zeiten: Personalabbau als Führungsaufgabe, Rahmenbedingungen des Personalabbaus im Jahr 2003", in: Schmitz-Buhl, S. M. (Herausgeber): Wirtschaftspsychologie: Perspektiven für die Zukunft, Beiträge zur Wirtschaftspsychologie 2004, Heidelberg 2004, S. 16 – 19

[18] vgl. Martens-Schmid, K. und Schuchard-Hain, C.: „Beratungsinstrument Coaching – Erwartungen und Erfahrungen von Führungskräften", in: Schmitz-Buhl, S. M. et al. (Herausgeber): Coaching: Zukunft der Branche – Branche der Zukunft, Beiträge zur Wirtschaftspsychologie 2003, Heidelberg 2003, S. 107 – 110

[19] vgl. Schmitz-Buhl, S. M.: „Trends in der Wirtschaftspsychologie 2004", in: Schmitz-Buhl, S. M. (Herausgeber): Wirtschaftspsychologie: Perspektiven für die Zukunft, Beiträge zur Wirtschaftspsychologie 2004, Heidelberg 2004, S. 11 – 13

[20] vgl. Smith, M.: „Outplacement: Die menschliche Seite des Personalabbaus", in: Zeitschrift für Arbeits- und Organisationspsychologie, Heft 04/1993, S. 201 – 204

[21] vgl. ebenda

[22] vgl. Stocker, A.: „Outplacement: Training für den Wiedereinstieg", in: Focus online, http://focus.msn.de/D/DB/DBX/DBX45/dbx45.htm

[23] vgl. Herrmann, G. und Kratz, A.: „Arbeitsmarktpolitische Instrumente zum Beschäftigungstransfer", in: G.I.B. Gesellschaft für innovative Beschäftigungsförderung mbH (Herausgeber): Arbeitspapiere 8, aktualisierte Neuauflage, Bottrop 2004

[24] vgl. den Praxisbericht von Hayn, S. von und Calligaro, W. „Führung in schwierigen Zeiten: Personalabbau als Führungsaufgabe, Rahmenbedingungen des Personalabbaus im Jahr 2003", in: Schmitz-Buhl, S. M. (Herausgeber): Wirtschaftspsychologie: Perspektiven für die Zukunft, Beiträge zur Wirtschaftspsychologie 2004, Heidelberg 2004, S. 16 – 19

[25] vgl. Mauer, A. und Seifert, H.: „Betriebliche Beschäftigungs- und Wettbewerbsbündnisse – Strategie für Krisenbetriebe oder neue regelungspolitische Normalität?", in: WSI Mitteilungen Heft 08/2001, S. 490 – 500

III. Die Sicht in Bezug auf „neue" Arbeitgeber

Hans-Georg Dahl

1 Die Aufarbeitung des Arbeitsplatzverlustes

Geht ein langjähriges Arbeitsverhältnis aus betrieblichen Gründen zu Ende, so bedeutet die Trennung einen Schock, der durch eine Abfindung, die Überleitung in eine Beschäftigungs- und Qualifizierungsgesellschaft oder eine Outplacementmaßnahme nicht überwunden sondern allenfalls gemindert werden kann. Mit dem Zugang der Kündigung oder der Unterschrift unter den Aufhebungsvertrag beginnt für den von einer Personalabbaumaßnahme Betroffenen eine Zeit harter Arbeit zur Stabilisierung des angeschlagenen Selbstbewusstseins. Doch will er auf dem Arbeitsmarkt eine realistische Chance haben, einen neuen anspruchsvollen Arbeitsplatz zu finden, muss er diese Phase möglichst schnell überwinden und mit klaren Vorstellungen aktiv auf eine neue Aufgabe hinarbeiten. Die Aufarbeitung des Arbeitsplatzverlustes kann individuell unterschiedlich im privaten Kreis oder unterstützt durch externe Dritte erfolgen. Die Begleitung hierbei ist z. B. auch ein wichtiger Teil der von Outplacementberatungen angebotenen Dienstleistungen [1]. Doch ganz gleich, wie die Arbeit geleistet wird - wichtig ist, dass sich der Betroffene dieser Aufgabe stellt und nach möglichst kurzer Zeit bereit ist, den Arbeitsplatzverlust zu akzeptieren und sich mögliche Chancen zu einem Neuanfang zu erarbeiten.

1.1 Die Konfrontation mit der Realität

Vielfach besteht die (trügerische) Hoffnung, der bisherige Arbeitgeber würde eine ausgesprochene Kündigung im Rahmen der Umsetzungsphase zurücknehmen, da er die Dienste des Betroffenen letztendlich doch benötigt. Möglicherweise ist diese Hoffnung bei größeren Personalabbaumaßnahmen zu einem gewissen Maß berechtigt – etwa wenn Kollegen mit mehr Sozialpunkten bei einer Sozialauswahl in Altersteilzeit wechseln oder gegen eine Abfindung ausscheiden. Der Betroffene kann dann u. U. als „Nachrücker" wieder einen Arbeitsplatz beim alten Arbeitgeber einnehmen. Aber selbst wenn z. B. im März 2004 immerhin ca. 107.000 Arbeitslose durch ihren bisherigen Arbeitgeber wieder eingestellt wurden [2], so sollte der Betroffene hiermit nicht rechnen. Im gleichen Zeitraum fanden ca. 178.000 Arbeitslose einen neuen Arbeitsplatz auf anderem Weg, davon 137.000 auf eigene Initiative [3]. Allein diese Zahlen zeigen schon, wie wichtig es ist, sobald als möglich eine Strategie zur aktiven Suche nach einem neuen Arbeitgeber zu entwickeln und nicht auf eine Wiedereinstellung zu hoffen.

1.2 In jeder Situation steckt eine Chance

Viele Betroffene einer Personalabbaumaßnahme haben sich zuvor nicht mit einem möglichen Arbeitgeberwechsel auseinandergesetzt. Sie waren bisher mit ihrer Arbeitssituation zufrieden und haben trotz möglicherweise bekannter Abbaupläne des Arbeitgebers nicht damit gerechnet, dass es auch sie treffen wird. Nun gilt es, die neue Situation als Chance zu sehen, einen neuen Arbeitgeber zu suchen, der einen den eigenen Vorstellungen möglichst weitgehend entsprechenden Arbeitsplatz bietet. Ein potenzieller Arbeitgeber merkt spätestens im Vorstellungsgespräch sehr schnell, ob der Bewerber mit seiner Situation positiv umgehen kann. Diese Ausstrahlung gibt neben den geforderten Kenntnissen und Fähigkeiten für den neuen Arbeitsplatz meist den Ausschlag zugunsten des Bewerbers. Denn nur ein Mitarbeiter, der sich für eine zukunftsgerichtete Sichtweise entschieden hat und bereit ist, sich in der neuen Aufgabe mit all seinen Kräften zu engagieren, wird in den Zeiten eines Überangebotes an Arbeitskräften eine Chance erhalten. Mit Blick auf den neuen Arbeitgeber heißt dies also, sich innerlich vom alten Arbeitsplatz zu lösen, seine Fähigkeiten (und Grenzen) zu analysieren und die Suche nach einem neuen Arbeitsplatz als Chance für eine Veränderung im Berufsleben verstehen.

1.3 Der Blick in die Zukunft

Für einen erfolgreichen Neuanfang ist eine realistische Einschätzung der persönlichen Möglichkeiten und Chancen auf dem Arbeitsmarkt erforderlich. Hierzu gehört neben berufsbezogenen Fragen wie z. B. der Klarheit über die eigenen Kenntnisse und Fähigkeiten auch eine Analyse der individuellen außerberuflichen Lebenssituation – etwa der familiären Bindung (Bild 1).

Besteht die Bereitschaft	
1. zur Tätigkeit in einem neuen Wirtschaftsbereich?	
- in einem verwandten Bereich (z. B. Banken/Versicherungen)	
- zum Wechsel in einen gänzlich anderen Bereich (z. B. Dienstleistung/ produzierendes Gewerbe)	
2. zu einem Ortswechsel?	
- familiäre Hindernisse (z. B. Berufstätigkeit des Partners, Umfeld der Kinder)	
- finanzielle Hindernisse (z. B. Hausfinanzierung)	
- als Tagespendler	
- als Wochenpendler	
- zum Familienumzug	
3. zur Weiterbildung?	
Bestehen Ressourcen, die Einfluss auf die Wahl eines neuen Arbeitgebers haben können?	
1. bisher beruflich nicht genutzte Kenntnisse und Fähigkeiten?	
- aufgrund früherer Ausbildung/Weiterbildung	
- aufgrund außerberuflicher Qualifikation (z. B. Hobby)	
2. finanzielle Ressourcen	
- zur Förderung der Mobilität (z. B. Zweitwagen, Wohnungsmiete an neuem Arbeitsort)	
- für zusätzliche Qualifikationen über die Förderung hinaus	
- zur Absicherung einer längeren Arbeitsplatzsuche/Ergänzung der Förderung	

Bild 1: Fragen zur persönlichen Lebenssituation

Im Gegensatz zu einer Bewerbung aus ungekündigter Stellung hat der Betroffene einer Personalabbaumaßnahme i. d. R. nur den beschränkten Zeitraum bis zur Beendigung des Arbeitsverhältnisses zur Verfügung, um ohne eine im Lebenslauf dokumentierte Arbeitslosigkeit ein neues Arbeitsverhältnis eingehen zu können. Deshalb muss er sich darüber im Klaren sein, dass der Eintritt bei einem neuen Arbeitgeber mit Veränderungen in den persönlichen Lebensumständen verbunden sein kann, die über einen reinen Arbeitsplatzwechsel hinausgehen. Diese können z. B. in hierarchischen oder finanziellen Abstrichen aber auch in einer Tätigkeit außerhalb der bisherigen Region bestehen. Für viele Arbeitsuchende ist gerade das Letztgenannte nach wie vor ein entscheidender Punkt, sich um eine Stelle nicht zu bemühen. Eine (vorübergehende) Trennung vom bisherigen sozialen Umfeld (Familie, Freizeitaktivitäten etc.) erscheint schwer vorstellbar. Eine solche Einstellung ist verständlich, wird aber der derzeitigen Situation am Arbeitsmarkt nicht gerecht. Es ist jedem vom Arbeitsplatzverlust betroffenen potenziellen Bewerber anzuraten, auch die Möglichkeit eines Arbeitsplatzwechsels in eine andere Region einzukalkulieren. So erhöht sich die Chance, einen neuen Arbeitsplatz zu finden. Die zeitweilige Trennung vom gewohnten Umfeld ist allemal besser, als sich bei der Wahl des Arbeitgebers regional zu sehr auf den bisherigen Lebensmittelpunkt zu konzentrieren und somit eine (längere) Arbeitslosigkeit in Kauf zu nehmen.

2 Die Orientierungsphase

In der Orientierungsphase gilt es zu überlegen, wie eine zukünftige Tätigkeit aussehen und bei welchem Unternehmen eine Bewerbung sinnvoll sein könnte.

2.1 Ideen zur zukünftigen Tätigkeit

Zunächst ist jede Denkrichtung erlaubt, wenn dabei ein realistischer Blick auf die eigenen Möglichkeiten zur Umsetzung dieser Ideen beachtet wird. Hier können auch Überlegungen zu einer selbständigen Tätigkeit stehen. Am Ende muss die Entscheidung getroffen werden, in welche Richtung (selbständig oder abhängig beschäftigt) und in welchem Wirtschaftszweig eine Tätigkeit angestrebt wird. Keinesfalls darf der Betroffene alle seine Ideen ohne eine Strategie ausprobieren und letztendlich ohne ein neues Einkommen dastehen. Wichtig ist, die Ideen Dritten vorzutragen und sie von diesen kritisch auf ihre Machbarkeit durchleuchten zu lassen. Neben Kennern des speziellen angestrebten Marktsegments wie z. B. Personalberatern, Mitarbeitern der Agentur für Arbeit oder beim Schritt in die Selbständigkeit z. B. der zuständigen Industrie- und Handelskammer, muss auch die Familie einbezogen werden. Sind der Partner und die Kinder bereit, die Ideen mit umzusetzen und damit z. B. einen längeren Weg der wirtschaftlichen Unsicherheit oder eine größere regionale Veränderung mitzugehen?

2.2 Die Entscheidung zur Bewerbung

Entscheidet sich der Betroffene für das Bemühen um eine neue abhängige Beschäftigung, so folgt die Frage, in welchem Bereich Bewerbungen am sinnvollsten erscheinen. Für viele Betroffene dürfte dies im bisherigen Beruf und bei einem Arbeitgeber sein, der in der gleichen oder zumindest einer ähnlichen Branche tätig ist. Hierfür sprechen die Berufserfahrung und Fachkenntnisse, die für einen Bewerber seinen größten „Bewerbungswert" darstellen. Auch wenn die Branche, aus der der Betroffene kommt, derzeit in der Krise steckt und wie z. B. im Bankenbereich in den Jahren 2000 bis 2003 massiv Arbeitsplätze abgebaut wurden (von 240.200 im Jahr 2000 auf 208.300 im Jahr 2003 - private Banken und Bausparkassen), sollten trotzdem entsprechende Bewerbungsaktivitäten überlegt werden. Möglicherweise besitzt der Bewerber Fähigkeiten die gerade (wieder) gesucht sind. Bei einer Tätigkeit mit Querschnittsfunktion (z. B. im Organisations-, im Personalbereich oder im Rechnungswesen) ist eher die Möglichkeit des Branchenwechsels gegeben. Allerdings ist auch hier zu bedenken, dass in den jeweiligen Wirtschaftszweigen auch bei vergleichbarer Tätigkeit unterschiedliche Voraussetzungen erwartet werden. So stellen sich z. B. bei einer Tätigkeit im Rechnungswesen eines mittelständischen Unternehmens ganz andere Herausforderungen als bei einem Konzernunternehmen das nach internationalen Standards bilanziert.

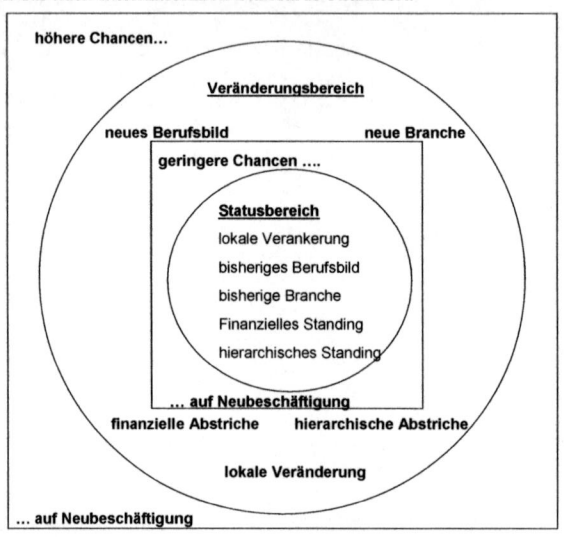

Bild 2: Die Suche nach einem neuen Arbeitgeber
vom Statusbereich zum Veränderungsbereich

Mögliche Veränderungen im persönlichen Umfeld sind in der Regel so wenig wie möglich erwünscht. Deshalb kann die Bewerbungsstrategie wie konzentrische Kreise angelegt werden. Im Zentrum steht der bisherige Zustand mit den Komponenten „lokale Verankerung", „bisheriges Berufsbild", „bisherige Branche", „finanzielles und hierarchisches Standing". Wenn der Betroffene mit seinem bisherigen beruflichen Umfeld zufrieden war, so ist dies der Bereich, den er bei einem neuen Arbeitgeber möglichst ohne Abstriche wieder einnehmen möchte. Konzentriert er sich aber zu sehr auf den Erhalt aller Komponenten, so sind die Chancen, einen neuen Arbeitgeber zu finden übermäßig eingeschränkt und es droht u. U. eine längere Arbeitslosigkeit. Er sollte sich somit einen Zeitrahmen setzen innerhalb dessen er versuchen kann, seinen Status in jeder Hinsicht beizubehalten bzw. zu verbessern. In Zeiten eines Überangebotes an Arbeitskräften und der genannten zeitlichen Situation wird ihm dies jedoch nur aufgrund eines ausgeprägten Netzwerkes oder mit viel Glück gelingen. In dieser Situation ist es z. B. oft schwierig, das bisherige oft über Jahre beim alten Arbeitgeber kontinuierlich gewachsene Bruttojahresgehalt - ggf. einschließlich einer komfortablen betrieblichen Altersversorgung und anderen Nebenleistungen wie z. B. einem Dienstwagen - zu erhalten. Möglicherweise gibt es ein solches Angebot aber an einem weiter entfernten Dienstort. Der Betroffene muss dann bereit sein, sich räumlich zu verändern. Auch Abstriche in den anderen bisherigen Statuskomponenten sind – sogar in Kombination miteinander möglich. Aufgabe des Bewerbers ist es, sich in einer zweiten Bewerbungsphase über die konkrete Bereitschaft zur Veränderung im Hinblick auf die genannten Komponenten im Klaren zu werden und sich dann gezielt auf mögliche Arbeitgeber zu konzentrieren, bei denen er vermutlich die geringsten Abstriche hinnehmen muss (Bild 2).

3 Der potenziell „richtige" Arbeitgeber

Hat der Betroffene Klarheit über seine Bewerbungsstrategie erlangt, so wird er nunmehr die konkrete Bewerbungsphase starten.

3.1 Die Angst vor einer neuen Enttäuschung

Kommt er aus einem Wirtschaftszweig, der in einer Strukturkrise steckt und möchte er sich bei Unternehmen in diesem Bereich bewerben, so muss er sich der Tatsache bewusst sein, dass eine Tätigkeit im bisher angestammten Bereich mit dem erhöhten Risiko einer erneuten Personalfreisetzung verbunden sein kann. Spitzt sich bei einem neuen Arbeitgeber die schwierige Lage der Branche krisenhaft zu und kommt es hier zu einem Personalabbau, so wird der Betroffene i. d. R. aufgrund seiner erst kurzen Unternehmenszugehörigkeit im Rahmen der Sozialauswahl einer der ersten von einer betriebsbedingten Kündigung betroffenen Arbeitnehmer sein. Er muss sich aber auch bewusst sein, dass er nur in einer Tätigkeit erfolgreich sein kann, die er gerne wahrnimmt. Deshalb sollte allein die Angst vor einer neuen Enttäuschung nicht zu einer negativen Auslese potenzieller Arbeitgeber führen. Dies umso mehr, als auch bei einem Branchenwechsel oder einem Wechsel von einem mittelständischen Arbeitgeber zu einem Konzernunternehmen in einer schwierigen gesamtwirtschaftlichen Situation keine größere Sicherheit vor einem erneuten Arbeitsplatzverlust besteht.

3.2 Neue Wege oder alte Pfade?

Die klassische Bewerbung kennt der Betroffene vielleicht noch von seiner letzten Arbeitsplatzsuche. Möglicherweise war er mit einer Initiativbewerbung erfolgreich oder er hat sich auf eine Stellenanzeige in einer Tageszeitung beworben. Inzwischen sind aber u. U. Jahre vergangen und auch der Bewerbermarkt hat sich weiterentwickelt. So sind die Erfolgschancen mit Initiativbewerbungen in Zeiten eines großen Bewerberüberhangs oft mehr zufällig. Die Stellenanzeigen in Printmedien sind inzwischen nur noch ein Weg, sich über offene Stellen zu informieren. Seit einigen Jahren inserieren Arbeitgeber zunehmend offene Stellen auch in den sog. Jobbörsen im Internet [4]. Mit Hilfe von Suchfunktionen und Einschränkungen, die der Interessent eingeben kann, ist eine Beschränkung auf für ihn interessante Angebote möglich. Darüber hinaus wird teilweise auch angeboten, den Lebenslauf einzugeben und es wird ein Abgleich mit den vorhandenen oder neu eingehenden Anforderungsprofilen vorgenommen. Eine mögliche Übereinstimmung wird dem potenziellen Bewerber dann per E-Mail mitgeteilt. Den gleichen Service bietet auch die Bundesagentur für Arbeit über ihre Homepage [5]. Da in den genannten Fällen durch die netzweite Verbreitung eine große Streuwirkung erreicht wird und der einmal erstellte Lebenslauf ohne weitere Unterlagen als erste Präsentation des Bewerbers von potenziellen Arbeitgebern eingesehen werden kann, empfiehlt sich auch dieser Weg ohne viel Aufwand als Ergänzung zu sonstigen Bewerbungsaktivitäten.

Doch auch die althergebrachte Form der schriftlichen Bewerbung mittels einer ordentlich zusammengestellten Bewerbungsmappe ist im Regelfall nach wie vor unerlässlich. Ein möglicher neuer Arbeitgeber möchte sich bei Interesse anhand dieser Unterlagen ein umfassenderes Bild vom Bewerber machen, als dies im Wege der Internetpräsenz möglich ist. Nicht zuletzt geben auch Inhalt, Form und Zustand der Bewerbungsmappe Auskunft darüber, ob es ein Bewerber wirklich ernst meint und es sich für den Suchenden lohnt, ihn zu einem Vorstellungsgespräch einzuladen. Abzuraten ist von der (Un)sitte, einem potenziellen Arbeitgeber die digitalisierte Bewerbungsmappe mit allen Zeugnissen, Empfehlungen und sonstigen Unterlagen ungefragt per E-Mail zuzusenden. Es kann auf Seiten des Empfängers zu Verärgerung führen, wenn er ohne eine entsprechende Anforderung Bewerbungen erhält, die größere Speicherkapazität auf seinem Rechner benötigen und von denen er auch noch einen Ausdruck eingescannter Unterlagen anfertigen muss, um eine qualitativ befriedigende Sichtung vornehmen zu können. Eine vollständige digitalisierte Bewerbung sollte also nur dann versandt werden, wenn entweder in der Stellenausschreibung die Möglichkeit ausdrücklich erwähnt wird oder dies zuvor mit dem potenziellen Arbeitgeber abgesprochen wurde.

4 Die eigenen Stärken und Schwächen

Ehrlichkeit sich selbst gegenüber ist eine der wesentlichen Voraussetzungen bei der Suche nach einem neuen Arbeitgeber. Die persönlichen Stärken und Schwächen sollten in Ruhe analysiert werden und mit den möglichen Anforderungen an eine neue Stelle abgeglichen werden (Bild 3).

1. Wurde die Stellenanzeige gründlich analysiert?	
- Sind alle geforderten Qualifikationen vorhanden?	
- Sind Alterseinschränkungen gegeben?	
- Sind geforderte Führungserfahrungen gegeben?	
- Sind die eigenen Fremdsprachenkenntnisse im erforderlichen Rahmen vorhanden (z. B. wirklich verhandlungssicher)?	
2. Sind Zusatzqualifikationen vorhanden, die interessant sein könnten?	
- zusätzliche Fremdsprachen bei international tätigen Unternehmen	
- Tätigkeiten und Kenntnisse im speziellen Wirtschaftsbereich	
- besondere Fähigkeiten (z. B. Akquisition)	
3. Wurde Zusatzinformationen zum potenziellen Arbeitgeber eingeholt, um eine grundsätzliche Übereinstimmung z. B. zur Corporate Indentity zu überprüfen (Internet)	

Bild 3: Fragen zur Bewerbung

Eine ausführliche Stärken- und Schwächenanalyse bezogen auf persönliche Eigenschaften findet sich im Internetauftritt der Bundesagentur für Arbeit [6]. Hier kann anhand eines Fragebogens eine erste eigene Bestandsaufnahme durchgeführt werden.

4.1 Hilfen zur Standortanalyse

Sind meine Vorstellungen von einem neuen Arbeitgeber realistisch? Habe ich die nötigen Qualifikationen, die in dem von mir angestrebten Betätigungsfeld erwartet werden? Welche Bewerbung kann Aussicht auf Erfolg haben? Was kann ich tun, um meine Chancen zu verbessern? Welche Arbeitgeber kommen für mich in Frage? Wie ist mein aktueller Marktwert? Für den Betroffenen stellen sich auch im Anschluss an eine eigene Analyse seiner Vorstellungen von einer neuen Tätigkeit und damit einem neuen Arbeitgeber eine Menge Fragen, die für die weitere Entscheidung notwendig sind. Vor einem Start in den Bewerbungsprozess sollte daher eine Standortanalyse mit Hilfe professioneller Berater zu den oben aufgeworfenen Fragen vorgenommen werden.

4.2 Die Arbeitsverwaltung

Einen Ansprechpartner für solch eine Standortanalyse kann der Betroffene beim Berater der Agentur für Arbeit finden. Da er verpflichtet ist, sich gem. § 37 b SGB III unverzüglich nach Erhalt der Kündigung bzw. Unterzeichnung des Aufhebungsvertrags bei der für seinen Wohnort zuständigen Agentur zu melden, ist dem zuständigen Berater von Anfang an die individuelle Situation des Arbeitsuchenden bekannt und er kann mit ihm Fragen zum persönlichen Standort behandeln. Grundsätzlich findet seit kurzer Zeit bei den Arbeitsagenturen spätestens nach Arbeitslosmeldung eine Analyse der für die Vermittlung erforderlichen beruflichen und persönlichen Merkmale sowie der beruflichen Fähigkeiten und der individuellen Eignung statt [7]. Einige Arbeitsagenturen haben für einzelne Gruppen eigene Berater zur Verfügung, so z. B. für akademische Berufe. Eine Nachfrage bei der zuständigen Arbeitsagentur nach einer gezielten Beratung zur Standortanalyse verbunden mit der Bereitschaft, u. U. auch längere Wartezeiten in Kauf zu nehmen, kann hier zur gewünschten Hilfestellung führen.

4.3 Personalberatungen

Hilfe bei der Standortanalyse können auch Personalberatungsunternehmen geben.

Wurde bei Beendigung des Arbeitsverhältnisses ein Outplacement vereinbart, so gehört eine Standortanalyse zu einer der ersten Maßnahmen [8]. Doch auch wenn kein vom Arbeitgeber finanziertes Outplacement vorliegt, lohnt es sich u. U. bei einem Berater nach den Kosten einer solchen selbstfinanzierten Analyse zu fragen. Hierzu kann ein Teil einer möglichen Abfindungszahlung als Investment in die eigene berufliche Zukunft [9] genutzt werden.

Eine andere mehr indirekte Möglichkeit zur Überprüfung der eigenen Möglichkeiten und Vorstellungen ergibt sich aus der konkreten Nachfrage auf abgelehnte Bewerbungen. In der Regel erhält ein Bewerber bei Personalberatungen eine klare Antwort darauf, warum er mit seiner Bewerbung nicht zum Zuge gekommen ist. Erfolgt die Absage des potenziellen Arbeitgebers nach einem Vorstellungsgespräch, an dem ein Mitarbeiter der Personalberatung teilgenommen hat, so gehört ein Feedback des Beraters zu einem abgeschlossenen Bewerbungsprozess.

5 Die Bewerbungsphase

Im Anschluss an die genannten Vorarbeiten kann sich der Suchende nunmehr endlich der konkreten Bewerbung zuwenden. Zu seinem Selbstverständnis sollte es jetzt gehören, sich nicht mehr als „Betroffener" zu fühlen. Er ist nun voll und ganz Bewerber, der seinem möglichen neuen Arbeitgeber seine Fähigkeiten und beruflichen Erfahrungen zur Verfügung stellen kann. Er ist Mitbewerber um einen Arbeitsplatz und muss die Personalverantwortlichen des suchenden Unternehmens davon überzeugen, dass er die besten Voraussetzungen für die ausgeschriebene Stelle mitbringt. Er kennt seinen Marktwert und weiß, welche Veränderungen in seinem persönlichen Umfeld er bereit ist, für eine neue Stelle hinzunehmen.

Die Bewerbung ist der erste Kontakt zum erwünschten neuen Arbeitgeber, ob sie die Eintrittskarte zum neuen Arbeitsplatz ist, wird sich erst am Ende des Bewerbungsverfahrens herausstellen.

5.1 Der bisherige Arbeitgeber und sein Netzwerk

So befremdlich es zunächst klingen mag: der bisherige Arbeitgeber kann u. U. durchaus den Weg zum neuen Arbeitsplatz bereiten. Gerade in mittelständischen und kleineren Unternehmen kennen die Führungskräfte oftmals die entsprechenden Entscheidungsträger von Wettbewerbern, Zulieferern oder Kunden. Möglicherweise sind sie bereit, ihr Netzwerk entsprechend zu aktivieren und ihre Ansprechpartner auf Vakanzen im jeweiligen Unternehmen anzusprechen. Wenn sie vom ehemaligen Mitarbeiter überzeugt sind und die Trennung ausschließlich aufgrund wirtschaftlicher Zwänge erfolgt ist, lohnt es sich auf jeden Fall bei ihnen nach Ansprechpartnern und entsprechenden direkten Empfehlungen nachzufragen. Eine Bewerbung, die aufgrund eines solchen Kontakts erfolgt, hat zumindest einen größeren Aufmerksamkeitswert und erhöht die Chance, zu einem Vorstellungsgespräch eingeladen zu werden.

5.2 Das persönliche Netzwerk – ein oft übersehener Pool

Bewerber, die einen neuen Arbeitgeber suchen, sind sich oft ihres eigenen Netzwerkes nicht bewusst oder es bestehen Hemmungen, Personalverantwortliche aus ihrem Bekanntenkreis anzusprechen. Hier ist falsche Scheu fehl am Platze. Es geht darum, einen neuen Arbeitgeber zu finden – also ganz einfach um den Aufbau einer neuen beruflichen Existenz - und damit um die materielle Sicherung des Bewerbers und seiner Familie. Im persönlichen Netzwerk finden sich u. U. Ansprechpartner aus Unternehmen, die bisher als Kunden, Lieferanten oder Wettbewerber Gesprächspartner des Bewerbers waren. In diesem Zusammenhang kann auch eine Sichtung der persönlichen Visitenkartensammlung zu einer Ansprache wegen einer Bewerbung führen. Diese Kontakte haben den Vorteil, dass persönliche (wenn auch manchmal nur flüchtige) Kontakte bestehen. Als Nachteil kann eine mögliche Verpflichtung des Angesprochenen zum Einsatz für den Bewerber gesehen werden, die nicht immer erwünscht ist. Es sollte also gut überlegt werden, welche Kontaktperson aus dem persönlichen Netzwerk angesprochen werden und ob diese wohl bereit sind, sich für die Bewerbung einzusetzen (Bild 4).

Ist der Bewerber in Vereinen oder ähnlichen Organisationen engagiert so lohnt sich hier ebenfalls eine Überlegung, ob die Ansprache von Bekannten aus diesem Kreis sinnvoll ist.

Auch im privaten Umfeld sollte er überlegen, ob es Kontakte zu einem potenziellen Arbeitgeber gibt, und entsprechend versuchen eine Bewerbung zu platzieren. Allerdings sollte bei allen Aktivitäten über das persönliche Netzwerk bedacht werden, dass die angesprochene Person sich u. U. nicht gegenüber einem Arbeitgeber für die Bewerbung eines Dritten verpflichten will. Es empfiehlt sich, dies bei der Ansprache zu thematisieren und die erbetene Hilfestellung auch als solche zu sehen. Eine Verpflichtung des Dritten, dem Bewerber zu helfen, besteht grundsätzlich nicht.

1. Bisherige geschäftliche Beziehungen	
- Gibt es bei Lieferanten, Kunden oder Wettbewerbern des bisherigen Arbeitgebers Unternehmen, bei denen ich mir vorstellen könnte, zu arbeiten?	
- Sind mir Entscheidungsträger oder Führungskräfte bekannt, die ich auf eine Beschäftigungsmöglichkeit ansprechen kann?	
- Glaube ich, dass sie eine mögliche Bewerbung weiterleiten und ggf. befürworten werden?	
2. Ehrenamtliche Tätigkeiten, Vereinsleben	
- Sind mir aus diesen Tätigkeiten Entscheidungsträger oder Führungskräfte bekannt, die ich auf eine Beschäftigungsmöglichkeit ansprechen kann?	
- Besteht im Rahmen des Engagements die Möglichkeit, sie auf eine Tätigkeit anzusprechen?	
- Glaube ich, dass sie eine mögliche Bewerbung weiterleiten und genug Einfluss haben, dass sie mit einer Empfehlung an den richtigen Empfänger gelangt?	
3. Familien- und Freundeskreis	
- Sind im privaten Umfeld Entscheidungsträger vorhanden?	
- Wer kann eine Bewerbung an einen potenziellen Arbeitgeber weitergeben und wird er dies tun?	

Bild 4: Fragen zum persönlichen Netzwerk

5.3 Die Agentur für Arbeit – besser als ihr Ruf

Für viele Arbeitssuchende scheint die Vorstellung, über die Bundesagentur für Arbeit einen neuen, passenden Arbeitgeber zu finden nach wie vor wenig realistisch. Auch wenn sich seit den Gesetzen zur Reform des Arbeitsmarktes (so genannte Hartz-Gesetze) eine mehr Bewerber- (Kunden-) bezogene Sichtweise durchsetzen soll, so ist sicherlich eine durch Verwaltungsdenken geprägte Behördensicht nicht kurzfristig zu ändern. Gleichwohl beginnen sich aber erste Ansätze zur zielgerichteten Beratung und Betreuung abzuzeichnen. Zumindest im Führungskräftebereich gibt es gute Erfahrungen mit der hierfür zuständigen Zentralstelle für Arbeitsvermittlung in Bonn [10]. Gerade kleinere und mittlere Arbeitgeber gehören zu den Kunden dieser Agentur und manche interessante Position steht in ihrer Kartei. Über eine Veröffentlichung in der Zeitschrift „Markt und Chance" der Bundesagentur für Arbeit mit einem Kurzprofil des Bewerbers und einer Aussage zu seiner Wunschposition erfährt der Beschäftigungswunsch eine weite Verbreitung. Auch Personalberater lesen erfahrungsgemäß diese Veröffentlichung. Bei einem Beratungsgespräch wird der Vermittler der Bundesagentur dem Bewerber Stellenangebote vorlegen und mit ihm abklären, ob der entsprechende Arbeitgeber für ihn in Frage kommt.

5.4 Personalberater – spezialisiert auf eine Branche oder „weitgestreut"?

Personalberater gelten oftmals als ein Königsweg, einen neuen Arbeitgeber zu finden. Die Stellenanzeigen in den Wochenendausgaben überregionaler Tageszeitungen, die von Personalberatungsunternehmen geschaltet werden, lassen alleine durch ihre Quantität den Eindruck entstehen, dass über kurz oder lang eine Bewerbung über diesen Weg am ehesten zum Erfolg führt. Dabei sollte aber nicht übersehen werden, dass der Weg über Personalberater für einen potenziellen Arbeitgeber oft nur einer von mehreren Wegen zur Stellenbesetzung ist. Möglicherweise gibt es auch interne Kandidaten die im Zweifelsfall bevorzugt werden. Es kommt auch vor, dass Arbeitgeber mehrere Personalberatungen gleichzeitig mit der Stellensuche beauftragen und eine Position bereits durch eine andere Vermittlung besetzt ist.

Gleichwohl ist der Weg einer Bewerbung über einen Personalberater interessant und sollte ins Kalkül gezogen werden. Hat der Bewerber einen bestimmten Arbeitgeber im Blick und findet sich eine entsprechende Stellenanzeige über eine Personalberatung, so sollte er von dem meist in der Anzeige gemachten Angebot der telefonischen Kontaktaufnahme Gebrauch machen. Von einer Bewerbung, ohne vorher mit dem Berater gesprochen zu haben, ist abzuraten. Oftmals stellt sich in einem solchen Telefonat heraus, dass die Anzeige nicht alle Voraussetzungen genannt hat und eine Bewerbung deshalb wenig erfolgversprechend wäre.

Ist der Bewerber in seiner früheren Position von einem Personalberater auf einen möglichen Arbeitsplatzwechsel angesprochen worden, so sollte er sich nicht scheuen, bei diesem nunmehr nachzufragen, ob der Berater die entsprechenden Unterlagen in seine Kartei aufnehmen will.

Manche Personalberater sind vorwiegend in einer bestimmten Branche tätig und haben damit mehr „Insiderkenntnisse" als solche, die „breitgestreut" agieren. So sind z. B. Berater, die sich auf die Immobilienbranche spezialisiert haben, mehr über den Bedarf an Mitarbeitern in diesem Zweig informiert als solche, die den Bereich „auch" abdecken. Letztendlich kommt es darauf an, ob der Bewerber eine Spezialistenfunktion in einer bestimmten Branche sucht, oder ob er sich für eine Querschnittsfunktion – etwa im Personalbereich – bewerben möchte.

6 Marketing in eigener Sache

Der Betroffene bewirbt sich bei seinem möglichen neuen Arbeitgeber. Dabei liegt der Schwerpunkt auf den Worten „bewirbt" und „sich". Dies bedeutet, dass der Bewerber den potenziellen Arbeitgeber davon überzeugen muss, der bestgeeignete Kandidat für die vakante Stelle zu sein. Ist die Entscheidung für einen möglichen Arbeitgeber gefallen, so wird der Bewerber in seiner schriftlichen Bewerbung aber auch in möglichen Vorstellungsgesprächen seine Vorzüge herausstellen. Zur Technik in den einzelnen Bewerbungsphasen und zur Verbesserung der einzelnen „Skills" (vgl. die entsprechenden Beiträge in diesem Buch). Hier sei nur darauf hingewiesen, dass beim Blick des Betroffenen auf den neuen Arbeitgeber allein der Mehrwert für das Unternehmen im Vordergrund stehen muss. Damit ist für diesen z. B. die Vorgeschichte des Arbeitsplatzverlustes nur insoweit interessant, als er durch die Personalfreisetzung einen qualifizierten und erfahrenen Mitarbeiter bekommen kann, möglicherweise zu einem Marktpreis, der unter dem noch vor einiger Zeit üblichen liegt.

7 Das Arbeitsangebot – die richtige Entscheidung?

Hat der Bewerber ein Arbeitsangebot erhalten, so sollte er sich noch einmal kritisch fragen, ob er den Arbeitsplatz zur allseitigen Zufriedenheit ausfüllen kann. Für den ehemals Betroffenen eine Personalfreisetzung heißt dies, dass er noch einmal kritisch den Blick auf den neuen Arbeitgeber und Arbeitsplatz richtet. Hat er seine Situation richtig analysiert? Ist er bereit örtliche, hierarchische oder finanzielle Veränderungen hinzunehmen? Wird er die Tätigkeit annehmen, weil er sich in der Branche bzw. auf der Position wohl fühlen kann? Oder ist die angebotene Tätigkeit nur ein „Notstopfen", der nicht in den bisherigen Lebenslauf passt und bei dem schon am Anfang der Gedanke steht, sobald als möglich einen neuen Arbeitsplatz zu suchen, der ihm mehr liegt? Eine angebotene Stelle nur aus den letztgenannten Gründen anzunehmen heißt, bereits bei Arbeitsantritt schon wieder auf dem Absprung zu sein. Die Folge ist mangelndes Engagement, das oft schon in der Probezeit zu spüren ist.

8 Fazit

Der Betroffene einer Personalfreisetzungsmaßnahme muss möglichst noch während der Kündigungsfrist Klarheit darüber erlangen, wie er zu einem neuen Arbeitsplatz kommen kann. Nach einer Bewältigungsphase muss er seine Situation analysieren und seinen Blick auf einen möglichen neuen Arbeitgeber richten. Dabei darf ihn nicht die Angst verfolgen, dort möglicherweise wieder von einer Personalfreisetzungsmaßnahme „eingeholt" zu werden. Kein Arbeitnehmer ist derzeit vor einem möglichen Arbeitsplatzverlust gefeit – erst recht kein neu eingestellter, der in einer Sozialauswahl an letzter Stelle steht. Im „Reifeprozess" muss der Betroffene sich entscheiden, welche Veränderungen er bereit ist für sich zu akzeptieren und welche Hilfe er in Anspruch nimmt. Die Entscheidung für einen neuen Arbeitgeber sollte auf der selbstbewusst getroffenen Entscheidung eines gleichberechtigten Partners beruhen, der seinem neuen Arbeitgeber sein fachliches Know-how und seine Lebenserfahrung zur Verfügung stellt, zu der es auch gehört, aufgrund marktwirtschaftlicher Gegebenheiten einmal den Arbeitsplatz verloren zu haben.

Literatur

[1] vgl. insgesamt zum Thema Bolduan, G. und Debus, I.: Outplacement als Chance: Mit dem Karrierecoach zum beruflichen Neustart, Frankfurt am Main 2002
[2] vgl. Bundesagentur für Arbeit (Hrsg.): Monatsbericht 2004
[3] vgl. Bundesagentur für Arbeit (Hrsg.): Monatsbericht 2004
[4] einige Internetadressen (ohne Anspruch auf Vollständigkeit): http://www.jobpilot.de, http://www.stepstone.de, http://www.monster.de
[5] http://www.bundesagentur.de
[6] www.arbeitsagentur.de/ Strategien zur Jobsuche „Stärken- und Schwächenanalyse"

[7] www.arbeitsagentur.de /Service von A - Z „Arbeitsvermittlung"
[8] vgl. zum Folgenden Bolduan, G. und Debus, I.: Outplacement als Chance: Mit dem Karrierecoach zum beruflichen Neustart, Frankfurt am Main 2002, S. 72 ff.
[9] Anschriften einiger Outplacementberater finden sich bei Bolduan, G. und Debus, I.: Outplacement als Chance: Mit dem Karrierecoach zum beruflichen Neustart, Frankfurt am Main 2002, S. 133 ff.
[10] Zentralstelle für Arbeitsvermittlung, Villemombler Str. 76, 53123 Bonn, www.arbeitsagentur.de

IV. Erhöhung der Vermittlungschancen durch Soft Skills Training und Hard Skills Schulung

Prof. Dr. Gerwin Kahabka

1 Grundlagen

Der Begriff der Soft Skills beschreibt die persönliche Ebene der menschlichen Wertvorstellungen, Bedürfnisse, Beziehungen, Motive und Emotionen. In diesen Bereich gehören, bezogen auf das betriebliche Geschehen, Begriffe wie soziale Kompetenz, persönliche Flexibilität, Verhandlungsfähigkeit und Verhandlungsgeschick, Erfolg im Umgang mit Kollegen, Konfliktfähigkeit und stabile Belastbarkeit bei einem erhöhten zeitlichen und informatorischen Arbeitsdruck.

Hard Skills dagegen repräsentieren die kognitiven und mentalen Faktoren des Wissens, wie auch die fachlichen Fähigkeiten des Menschen. Hierzu gehören sowohl motorische Fertigkeiten, etwa beim Steuern des Bewegungsablaufs und der Feinkoordination, als auch die interindividuellen Eigenschaften der Organisations- und Problemlösungskompetenz. Weiterhin rechnet man die gesellschaftlich und kulturell erlernten Handlungsmuster und das Erfahrungswissen zu den Hard Skills. In diesen Bereich gehören schließlich noch effiziente Handlungsstrategien des persönlichen Zeitmanagements, der persönlichen Lerneffizienz und Handlungsmuster einer autooptimierenden intraindividuellen Lernstrategie.

Soft Skills, auch manchmal als Soft Factors bezeichnet, waren in der Vergangenheit oft Stiefkinder der Mitarbeiteranalyse, da sie nicht unmittelbar quantifizierbar sind. Da jedoch auf einer analytisch geordneten und betriebswirtschaftlich relevanten Zuordnung, Einstufung und Bewertung der Mitarbeiter die reliable Erfassung der Personaldaten und eine nachfolgende Steuerung der Betriebsdaten aufbaut, wird die angemessene Zuordnung der Soft Skills immer wichtiger. Aus diesem Grund wird nachfolgend ein besonderes Gewicht auf eben die Darstellung der Soft Skills gelegt, die auch in der Literatur häufig kaum analytisch abhandelt zu finden sind, obgleich wir – als hormonell gesteuerte Lebewesen – unseren Emotionen stets unterworfen sind.

Das bekannte Eisberg-Modell propagiert in diesem Zusammenhang sogar die durchaus vertretbare Hypothese, dass der weithin unsichtbare Teil eines Eisbergs, der die Soft Skills repräsentiert, viel größer und gewichtiger ist, als der sichtbare – und damit größenordnungsmäßig einfach messbare – kleinere Teil des Eisbergs, der als Spitze aus dem Wasser ragt und die Hard Skills darstellt.

Neben den fachlichen und organisatorischen Kompetenzen eines Mitarbeiters, seinen Hard Skills, sind die Soft Skills also von höchster Priorität. Durch Tests muss das vorhandene Soft-Skill-Profil, das Eignungsprofil des Mitarbeiters, eruiert und mit dem Anforderungsprofil, das im Unternehmen benötigt wird, verglichen werden. Daraus werden die erforderlichen Trainingsmaßnahmen individuell entwickelt und systematisch durchgeführt werden.

Abschließend soll nicht unerwähnt bleiben, dass trotz der zunehmenden Erkenntnis einer außerordentlichen Stellung der Soft Skills sich dennoch der gegenwärtige Fokus wirtschaftlicher Betrachtungen wieder stärker auf die Hard Skills fokussiert. Dies geschieht vor dem Hintergrund eines in der augenblicklichen Wirtschaftslandschaft ungeheuer hohen Drucks zur raschen Rationalisierung. Nur dort, wo der Beurteiler schnell quantifizierbare Kenngrößen findet, die eine Kostenreduktion im Unternehmen – unter Anerkennung aller beteiligten Betriebsparteien – zulassen, kann er erfolgreich kostensparende Änderungen im Personalbereich rechtfertigen und realisieren.

Nachfolgend wird zuerst auf die Soft Skills, später dann auch auf die Hard Skills im einzelnen eingegangen.

2 Informelles Lernen

Informelles Lernen, als grundlegendes Soft Skill Element, bezeichnet den natürlichen Vorgang des ständigen Lernens von Geburt an, das vorzugsweise an so genannten informellen Lernorten stattfindet: Im Elternhaus, im Kreis von Freunden und Bekannten, auf Reisen und in der Freizeit.

Der Begriff „informell" bezeichnet den Prozess des ständigen Aufnehmens aller Eindrücke aus unserer Umwelt auf Augen, Ohren und unsere anderen Sinnesorgane. Im Rahmen eines beständigen Abgleichs der neu auftauchenden Informationen mit den bereits vorhandenen Informationen in unserem Zentralnervensystem lernen wir uns in unserer sozialen und energetischen Umgebung effizient und erfolgreich zu bewegen. Die informellen Lernprozesse bilden die selbstverständliche und grundlegende Voraussetzung für ein erfolgreiches Arbeitsleben.

3 Aktuelle und zukünftige Bedeutung der Soft Skills

In den letzten Jahren lassen sich auf dem Bewerbungsmarkt Tendenzen erkennen, die zeigen, dass sehr gute Abschlussbeurteilungen in Form guter fachlicher Benotungen nicht mehr die hohe Bedeutung besitzen, die ihnen noch vor nicht allzu langer Zeit zukam. Dagegen wird ein steigender Wert auf den Bereich sozialer Kompetenzen und Fähigkeiten der Bewerber gelegt. Es gibt sogar Unternehmen, die sich weniger für die Schulzeugnisse der jungen Bewerber als vielmehr für deren Intellekt interessieren. Der primäre Fokus liegt dabei, insbesondere im mündlichen Vorstellungsgespräch, in der Analyse der beim Bewerber vorhandenen Soft Skills.

Ein freigesetzter Mitarbeiter, der auf Stellensuche für eine attraktive neue Tätigkeit ist, wird bei seiner Suche – relativ gleichgültig mit welcher Begründung er freigesetzt wurde – immer wieder auf Vorbehalte stoßen, da ihm nur eine unterdurchschnittliche soziale Kompetenz zugetraut wird. Es ist also von grundlegender Notwendigkeit, potenzielle Arbeitgeber gerade hier von einer besonders hohen Kompetenz in diesem so wichtigen Teilbereich des Persönlichkeitsprofils zu überzeugen.

Bei genauerem Hinsehen zeigt sich dann sogar häufig die Richtigkeit der gerade vorgestellten Annahme einer bei gekündigten Mitarbeitern im Mittelwert eher unterdurchschnittlichen Sozialkompetenz. Dieses Defizit kann aber nur durch eine intensive Schulung und ein entsprechendes Persönlichkeitstraining vor dem Beginn einer erfolgreichen Bewerbungsoffensive behoben werden. Denn nur wenn der Bewerber durch entsprechende Bildungsmaßnahmen die aktuell notwendigen Soft Skills als klar erkennbare Persönlichkeits- und Charaktermerkmale entwickelt hat, ist die Vermittlung auf eine interessante neue Stelle erfolgreich.

Bestehende Vermittlungschancen lassen sich folglich durch persönliches Training aller tätigkeitsnotwendigen Soft Skills deutlich erhöhen. Dies trifft für ältere und für junge berufserfahrene Mitarbeiter in gleichem Maße zu. Sogar bei Hochschulabgängern sieht die Industrie, wie zahlreiche Umfragen zeigen, die größten Defizite nicht im fachlichen Wissen sondern im Bereich von Soft Skills und hier insbesondere in der Sicherheit und Überzeugungskraft des persönlichen Auftretens, sowie in der Führungskompetenz.

4 Soft Skill Kommunikationsfähigkeit

Kommunikation bezeichnet den Austausch von Informationen und Emotionen im sozialen Umfeld.

Unter Kommunikationsfähigkeit versteht man das persönliche Vermögen, sachlich begreifbare Informationen der sozialen Umgebung zu erkennen und zu bewerten und selbst aktiv Informationen in verständlicher Weise aufzubereiten und an andere weiterzugeben. Auch eine Wertung emotionaler Verhaltensmuster der sozialen Umgebung gehört zur Kommunikationsfähigkeit, wie andererseits auch die bewusste Darstellung und Bewertung der eigenen Emotionalität.

Defizite in der Kommunikationsfähigkeit beziehen sich folglich einerseits auf Schwierigkeiten des sachlichen Informationsaustauschs, als andererseits auf Probleme bei der offenen Darstellung und Transparenz des emotionalen Beziehungsgeflechts. Ersteres führt zu einer unbefriedigenden sachlichen Zusammenarbeit. Letzteres zeigt sich manchmal in starrer Mimik und monotoner Artikulation, aber auch im Unvermögen, bestehende Situationen im zwischenmenschlichen Bereich korrekt einschätzen und darauf optimal reagieren zu können.

Förderndes Kommunikationstraining wird in der Gruppe durchgeführt, indem komplexe Problemfelder dialektisch diskutiert werden. Hierbei wird einerseits eine effiziente Sachdiskussion angestrebt, die möglichst emotionslos Argumente über aufgabenbezogene Bewertungen zu einer effizienten mehrheitsgetragenen Entscheidung führt. Andererseits sollen die Teilnehmer von Kommunikationstrainings lernen, ihre Gefühle darzustellen, Freude und Ärger in angemessener Form nach außen zu tragen und auf die emotionale Seite der Gesprächspartner offen zu reagieren.

5 Konfliktfähigkeit

Konfliktfähigkeit ist ein weiterer Soft Skill und bezeichnet die Eigenschaft eines Menschen, sich positiv lösungsorientiert mit den Problemen des täglichen Lebens und der Arbeitswelt auseinander zu setzen.

Hilfreich ist hierbei der Ansatz der Problemlösungsaffinität. Kurz dargestellt versteht man darunter Folgendes: Jeder aktive Prozess und damit auch jede Form von Arbeit stellt eine Veränderung des bestehenden Zustandes dar und ist somit auch ein Problemlösungsprozess. Da jede aktive Arbeit die Lösung eines Problems zum Inhalt hat, kann ohne bestehendes Problem nicht gearbeitet werden. Jedes Problem birgt aber auch einen latenten oder offenen Konflikt in sich, das liegt in der Natur der Sache. Die Folgerung daraus ist, dass jede Arbeit und Veränderung in sich einen Konflikt enthält, der positiv angegangen und gelöst werden muss.

Wer effizient und problemlösungsorientiert arbeitet weist damit auch eine entsprechend gut ausgeprägte Konfliktfähigkeit nach. Eine geringe Konfliktfähigkeit dagegen zeigt sich in der negativen Stressreaktion und dem mit negativen Emotionen versehenen Umgang bei der Lösung von – im Arbeitsprozess wiederkehrend auftretenden – Konflikten. Dieser negative Konfliktumgang erschwert wiederum die Zusammenarbeit mit den Kollegen und Mitarbeitern und ist daher stets kontraproduktiv.

Die Erkenntnis und der darauffolgende Bewusstseinsprozess, ständig und notwendigerweise von Konflikten umgeben zu sein und diese als Selbstverständlichkeit im betrieblichen (und privaten) Alltag zu begreifen und anzunehmen, ist ein Thema von Schulungen und Seminaren des praktizierten Konfliktmanagements. Hier wird in fortlaufenden Gruppenprozessen mit – bei immer komplexeren Aufgabenstellungen - steigendem Konfliktpotenzial, die Gruppe zunehmend in die Lage versetzt, in ruhiger Weise konstruktiv Lösungen gemeinsam anzugehen.

Schulungen zur Erhöhung der Konfliktfähigkeit sind allerdings aufwändig, erfordern einen psychologisch geschulten Trainer und sind häufig langwierig, da die Konflikttoleranz der Teilnehmer meist sehr unterschiedlich ausgeprägt ist: Während sich der eine bei mittleren Konfliktpotenzialen erst richtig wohl fühlt, ist der andere in der gleichen Situation bereits völlig überfordert.

Die Analyse der persönlichen, individuell erreichten Konflikttoleranz kann Aufschluss darüber geben, welches maximale Konfliktpotenzial eine zukünftige Tätigkeit höchstens aufweisen sollte, damit auf Dauer keine Arbeitsfehler, oder – schlimmer noch – Demotivation, innere Kündigung und am Ende psychosomatischen Krankheiten gehäuft auftreten.

6 Emotionale Intelligenz

Der Begriff der Emotionalen Intelligenz wurde als Gegenpart zum Intelligenzquotienten geprägt, da der kurz IQ genannte Intelligenzquotient lediglich die emotionsfreie Problemlösungskompetenz einschließt. Dagegen bezeichnet der Begriff Emotionale Intelligenz, auch Emotionaler Quotient (EQ) genannt, die Eigenschaft, sowohl andere Menschen als auch sich selbst in positiv erfolgreicher Weise in Richtung persönlich angestrebter Ziele erfolgsorientiert motivieren und bewegen zu können.

Es hat sich oft in der Praxis gezeigt, dass Menschen mit einem weit überdurchschnittlichen IQ, die per Definition als hochintelligent gelten, dennoch im praktischen Alltag, am Arbeitsplatz und in ihrer Lebensplanung nicht mit anderen Menschen und häufig auch nicht mit sich selbst zurechtkommen. So ist bei hochintelligenten Menschen das Versagen im beruflichen und privaten Leben gegenüber normalintelligenten Menschen nicht signifikant reduziert. Man beobachtet zudem auch und gerade bei sehr intelligenten Menschen depressive Ausprägungen. Zudem ist die Eigenschaft, auf andere sozial einzugehen und sie begeistern zu können, nicht eng mit einer extremen Intelligenz gekoppelt. Auch finanziell und persönlich wird ein hoher Lebenserfolg nicht automatisch mit hoher Intelligenz erreicht.

Menschen mit hohem Emotionalen Quotienten können sich hervorragend selbst motivieren und empfinden den zeitweise massiven Druck, dem sie sich selbst aussetzen, um ihre Ziele zu erreichen, als gesunden Eustress. Der EQ ist daneben in gleicher Weise dienlich, im sozialen Gefüge hervorragend zurechtzukommen, als eloquente und überzeugende Persönlichkeit Anerkennung und Lebenserfolg zu finden. Ein hoher EQ gilt als Ausgangsbasis sowohl für gute Beurteilungen im Assessment Center als auch als Ausdruck einer angenehmen Persönlichkeit, die mit beiden Beinen realistisch auf dem Boden der Tatsachen steht und überzeugend auftritt. Charismatischen Unternehmensführern, erfolgreichen Politikern und im Vereins- und kulturellen Leben bekannten und beliebten Personen wird gleichermaßen ein hoher Emotionaler Quotient zugesprochen.

7 Persönliche Motive, Bedürfnisse und Ängste

Vielfach wird zwischen extrinsischer und intrinsischer Motivation unterschieden. Extrinsische Motivation bezeichnet Belohnungen oder Bestrafungen und Bedrohungen, die zur Handlung motivieren. Extrinsisch zur Arbeit motiviert wird man durch pekuniäre Belohnung oder drohende Entlassung. Eine extrinsisch motivierte Handlung wird also nicht um ihrer selbst Willen durchgeführt.

Gegensatz ist die intrinsische Motivation, die sich – quasi als interner Automatismus – aus der individuellen Persönlichkeitsstruktur ergibt und keine ständig wiederkehrenden extrinsischen Anstöße benötigt. Intrinsisch geprägt sind für uns Anstrengungen, die ihres attraktiven Charakters wegen ausgeführt werden, etwa weil wir uns auf eine bestimmte Handlung freuen oder weil für uns nahe stehende Menschen diese Handlung besonders wichtig ist. Die intrinsische Ausprägung von Handlungen erkennt man auch daran, dass sie nicht durchgeführt werden, um die eigene Existenz abzusichern und Geld zu verdienen, sondern die – wie viele Freizeit-, Familien-, Vereins- und Urlaubsaktivitäten – aus ureigenem inneren Antrieb heraus geschehen und auch interessant bleiben, wenn sie mit finanziellen Belastungen verbunden sind.

Bewirbt sich ein Kandidat auf eine Position oder für eine Tätigkeit, für die er eine hohe intrinsische Motivation mitbringt, so hat er ein vordringlich persönliches Motiv für die Inhalte. Ein guter intrinsisch geprägter Soft Skill in Bezug auf die Tätigkeitsinhalte wird für den Bewerber vorteilhaft sein, zeigt er doch, dass nicht nur wegen des Geldes gearbeitet wird. Um Ausgaben zu sparen und im Sinne einer hohen Zielorientierung des Mitarbeiters wird auf dessen unmittelbares Interesse an seiner Tätigkeit und Position betrieblich zunehmend Wert gelegt.

8 Sozialkompetenz, Beziehungen und Teamfähigkeit

Wie bereits erwähnt, ist die Fachabschlussnote – als Hard Skill – nicht der primär ausschlaggebende Faktor einer Beurteilung insbesondere jüngerer Bewerber, da sie auch einen ehrgeizigen, introvertierten und isolierten Alleingänger kennzeichnen kann. Die Leistungsfähigkeit eines Unternehmens wird im allgemeinen nicht mehr durch isolierte Einzelleistungen erzeugt – Einzelleistungen sind im flexibel optimierten betrieblichen Wissensnetzwerk meist suboptimal – sondern durch ein effizientes synergetisches Miteinander aller beteiligten Humankräfte. Für eine gute Teamfähigkeit benötigt der Bewerber folglich primär eine gut ausgeprägte Sozialkompetenz, ohne die auch die meist angestrebte Arbeit in der Gruppe und im Team nicht erfolgreich möglich ist.

In der betrieblichen Vergangenheit mit streng tayloristischer Prägung ist der isoliert handelnde häufig unverstandene Mitarbeiter stets einer mehr oder weniger feindlichen, oft unbekannten und Umwelt ausgeliefert gewesen, die einen egoistisch handelnden Typus geprägt hat. Daraus resultiert – damals wie heute - der sich durch Misstrauen, versteckte Gefühle, Egoismus und Ellbogen auszeichnende Mensch. Auf der Suche nach dem Mitarbeiter von Morgen suchen Unternehmen jedoch genau das Gegenteil, nämlich den teamfähigen und teamlenkenden Mitarbeiter, der gerne und offen in einem freundschaftlich geprägten Umfeld mitarbeitet.

Wenn der Soft Skill der Sozialkompetenz, die für einen teamfähigen Mitarbeiter so hohe Bedeutung besitzt, im Rahmen eines Bewerbungsgesprächs überprüft wird, so geschieht das häufig durch Prüfung der Persönlichkeit, indem eine Testsituation geschaffen wird, die dem späteren Ernstfall im betrieblichen Geschehen angenähert ist. Eine Möglichkeit hierzu wäre die Durchführung eines Assessment Centers. Aber auch ein Stessinterview, Fragen nach Vorgängen und Vereinsaktivitäten in der Vergangenheit sind Methoden, die Teamfähigkeit zu verifizieren.

9 Sensibilität contra Durchsetzungsstärke

Durchsetzungsstärke wird häufig mit geringer Sensibilität gleichgesetzt, umgekehrt ist häufig anzutreffende Managementmeinung, dass eine überaus hohe Sensibilität eher Zeichen für Dünnhäutigkeit, überzogene Nachgiebigkeit und geringe Belastbarkeit ist als für Führungskompetenz.

Dennoch ist eine hohe Sozialkompetenz unfraglich auch Kennzeichen einer ausgeprägten Sensibilität gegenüber dem Kollegen, dem Vorgesetzten und dem Mitarbeiter im Team. Ohne deutlich vorhandene Sensibilität ist keine ausgeprägte Sozialkompetenz denkbar.

Problematisch ist dennoch die Persönlichkeit, die allzu sensibel auf Belastungen im täglichen Konfliktverlauf reagiert, sich Auseinandersetzungen zu sehr zu Herzen nimmt und darauf mit gesundheitlichen Störungen und Führungsschwäche reagiert, somit uneinschätzbar und zur Gefahr eines funktionierenden Organisationsumfeldes wird.

Den Soft Skill Sensibilität weist ein Mitarbeiter dann im richtigen Maße auf, wenn er die Stimmungslage und die – oft nonverbale – Kommunikation im Umfeld erfasst und richtig deutet, dabei offen und aufrichtig bleibt, aber dennoch die innere Festigkeit und Belastbarkeit besitzt, ohne persönliche Verluste aus dem täglichen Konfliktverlauf zu gehen.

10 Psychische Belastbarkeit und Stressfestigkeit

Um die gegebene Sensibilität bei notwendiger persönlicher Gesundheit und Festigkeit zu entwickeln und zu behalten, ist ein Gegenpol zum beruflichen Alltag von hoher Bedeutung. Dieser deutlich notwendige Gegenpol, der im privaten Umfeld besteht, wird als Work-Life Balance bezeichnet. Moderne Managementlehren geben der Work-Life Balance und damit der Ausgewogenheit zwischen beruflich eingespannter Aktion und privatem sozial-emotional-körperlichen Entspannen eine herausragende Bedeutung.

Dies lässt sich etwa bei Bewerbungsgesprächen darin erkennen, dass im Gesprächsverlauf gerne nach dem privaten Umfeld des Bewerbers, der Familie und den Hobbys und Interessen gefragt wird. Bei besonders hoch belasteten Führungskräften wird auch gerne der Ehepartner zeitweise hinzugezogen, um abschätzen zu können, wie weit dieser als private Stütze, als Ausgleich und Balance-Factor angesehen werden kann. Nur mit dem richtigen Lebenspartner und dem entsprechenden familiären Umfeld ist die Wahrscheinlichkeit groß, dass eine flexible Optimierung auf wechselnde Belastungen lebenslang gelingt.

11 Überzeugungskraft und Verkaufsfähigkeit

Der neuere Begriff der Verkaufsfähigkeit ist an den Begriff der Sozialkompetenz eng geknüpft. So wird aktuell sehr viel vom inneren Personalmarketing beziehungsweise der betriebsinternen Kunden-Lieferanten Beziehung gesprochen. Diese betriebsinterne Verkaufsfähigkeit zwischen den Mitarbeitern soll ebenso erfolgreich verlaufen, wie der externe Verkaufsprozess, in dem der kundenorientierte Mitarbeiter den Umsatz des Unternehmens durch Schaffung aktiver Absatzmärkte sicherstellt.

Insofern ist der Begriff der Verkaufsfähigkeit nicht auf den Außendienst beschränkt, sondern gilt strenggenommen für jeden einzelnen Mitarbeiter des Unternehmens. Man könnte hier auch vom unternehmerisch Denkenden sprechen, wobei jeder Mitarbeiter als eigenverantwortlicher Teil eines Profit Centers angesehen werden kann und der Kundengedanke in jedem Handlungsprozess – gleichgültig ob innerhalb oder außerhalb des Unternehmensgeschehens - eine zentrale Rolle spielt.

Verkaufsfähigkeit setzt beim Mitarbeiter eine seriöse und vertrauenswürdige, integre Persönlichkeit voraus. Sprachliche Ausdrucksfähigkeit, Ehrlichkeit, Zuverlässigkeit und Einfühlsamkeit stützen diesen Aspekt in jeder Hinsicht. Verkaufsfähigkeit mag dem einen mehr gegeben sein als dem anderen, sie lässt sich aber auch explizit trainieren und entwickeln und ist wichtiger Meilenstein auf dem Weg zum Erfolg und Merkmal eines attraktiven Bewerbers.

Verkaufsfähigkeit setzt eine in der Sache überzeugende Persönlichkeitsstruktur voraus. Überzeugungskraft darf insofern nicht mit Überredungskunst oder Führungsmacht verwechselt werden. Überzeugungskraft per se bedeutet, die Gabe zu haben, den Mitmenschen fremd gesteckte Ziele – möglichst dauerhaft – so zu überbringen, dass diese die Ziele im Kern intrinsisch umsetzen und als persönliche Zielsetzung übernehmen.

12 Persönlichkeit

Nachdem wir bereits häufig den Begriff der Persönlichkeit verwendet haben, soll dieser noch einmal kurz für sich betrachtet werden, kann doch ohne abgerundet entwickelte Persönlichkeit nicht von positiv vorhandenen Soft Skills gesprochen werden.

Persönlichkeit ist, deutlich für jeden erkennbar, äußerst unterschiedlich angelegt, wie auch Managementkompetenz. Aber es gibt viele Beispiele, die belegen, dass Persönlichkeit – und auch Führungskompetenz – entwickelbar ist. Zum einen wird sich die Persönlichkeit häufig mit zunehmendem Lebensalter und der entsprechenden Erfahrung weiterentwickeln, andererseits können gezielte Schulungen erkannte Defizite im Persönlichkeitsprofil – beziehungsweise gewünschte Stärken im Persönlichkeitsprofil – systematisch stützen, ergänzen und ausbauen.

Ein in positiver Weise abgerundetes individuelles Persönlichkeitsprofil wird zahlreiche der bereits genannten unterschiedlichen Soft Skills in ausgeglichener Form beinhalten, von der Konfliktfähigkeit über die Sensibilität bis hin zur Emotionalen Intelligenz. Dagegen schwächen Profileinbrüche in Teilbereichen das Persönlichkeitsbild in dramatischer Weise, auch wenn singulär positive Eigenschaften vorhanden sind. Daher sind im Sinne eines teamprozessorientierten Mitarbeiters auch kleine Defizite der Persönlichkeitsstruktur herauszuarbeiten und durch Schulungen zu harmonisieren

13 Hard Skills – Schwerpunkt Wissen und Können

So wie der Intelligenzquotient (IQ) als quantifiziert ermittelbarer Hard Skill Wert gilt, ist auch das individuelle Wissen eines Menschen kenntnis- und informationstheoretisch mengenmäßig erfassbar. Von der Wissensqualität her gesehen wird im beruflichen Kontext das fachliche Wissen vom überfachlichen Wissen getrennt betrachtet und einer entsprechenden Auswertung unterzogen.

Fachliches Wissen ist in allgemeiner Ausprägung das beruflich notwendige Grundlagenwissen der Schule, etwa aus den Fächern Deutsch und Mathematik. Hinzu kommt das speziell berufsqualifizierende Fachwissen der weiterführenden Ausbildung, das häufig durch berufliche Kurse und Seminare ergänzt wird und in einem – zunehmend lebenslangen – Qualifizierungsprozess den aktuellen Fragestellungen des Arbeitsplatzes angepasst werden muss. Hier ist das gesamte Spektrum der fachlichen Prüfungswissens einzuordnen, von beispielsweise technischen bis hin zu kaufmännisch-betriebswirtschaftlichen Problem- und Fragestellungen. Handwerkliches Können, in der beruflichen Ausbildung angeeignet und immerwährend trainiert, gehört ebenfalls zum Kern der fachlichen Qualifikation.

Überfachlich gesammeltes Wissen aus dem rhetorischen, sprachlichen, kulturellen, politischen und schulischen Bereich dient zusätzlich zum rein fachlichen beruflichen Anwendungswissen als intellektuelle und angewandte Wissensverarbeitung des persönlichen Fortkommens und dient somit der Anerkennung im sozialen Kommunikationsnetz. Sicher ist es beinahe selbstverständlich, dass man sich nicht nur in der Muttersprache, sondern bei beruflicher Notwendigkeit auch im englischen Sprachgebrauch sicher fühlt, dass man im täglichen Gespräch mit den Kollegen in allen aktuellen Themen einigermaßen sattelfest ist. Überfachliche – aber auch fachliche notwendige - Kompetenzen, die als selbstverständlich angesehen werden, zeigen sich darüber hinaus noch in zahlreichen Bescheinigungen und Lizenzen, man denke nur an die Selbstverständlichkeit in der Annahme des Vorhandenseins eines Führerscheins.

Aber es gibt noch eine weitere Ausprägung des überfachlichen Wissens, als Teilbereich der so genannten Schlüsselqualifikation. Diese zeigt sich in den nicht fachspezifisch notwendigen Wissenselementen, die aber für eine eigenverantwortliche Arbeitsweise in der Gruppe eine ganz außerordentliche Bedeutung haben: Methoden- und Organisations- und Sozialkompetenz. Um nur ein Tätigkeitsfeld herauszugreifen, in dem diese Wissenskomponenten unabdingbar benötigt, sei die betriebliche Projektarbeit und das Projektmanagement genannt. Projektmanagement dient unternehmerisch und zeitnah zur analytischen Lösungsfindung komplexer Problemstellungen im betrieblichen Umfeld. Die Bearbeitung eines Projektes, das allgemein in einer Projektgruppe einer Lösung zugeführt wird, basiert auf einer Ausbildung, verbunden mit entsprechenden Trainingseinheiten on the job und off the job, die effiziente Projektarbeit überhaupt erst ermöglicht. Hier sind bei Berufseinsteigern nach Aussagen der Industrie häufig noch fundamentale Defizite festzustellen, während bei den fachlichen Hard Skills das mitgebrachte Wissen in erster Näherung als gut bezeichnet wird.

Methodenkompetenz ist trainiertes Wissen, das die Befähigung gibt, systematisch, eigenverantwortlich und zielorientiert zu arbeiten. Eine methodische Arbeitsweise verlangt einerseits die Kenntnis geeigneter Lösungswege unter der Vielzahl möglicher Prozesse zu finden. Andererseits ist ein effektives Zeitmanagement nötig, um mit minimalem kapazitivem und zeitlichem Aufwand den Lösungsprozess abschließen und eine Zeitkalkulation schon vor der Problembearbeitung anbieten zu können.

Organisationskompetenz bezeichnet die Befähigung, für einen betrieblichen Ablaufprozess eine konkrete und detaillierte Umsetzungsstrategie festzulegen, indem durch ein Ablaufdiagramm, ein so genanntes Organigramm und durch Zeit- und Netzplantechniken eine umsetzbare Visualisierung erfolgt. Der betriebliche Anwender kann so anhand der korrekt fertiggestellten Organigramme Schritt für Schritt die nötigen Arbeitsschritte in wirtschaftlicher Weise durchführen und logistische Fehler vermeiden.

Sozialkompetenz ist die Kooperationsfähigkeit in der Zusammenarbeit mit Kollegen und Mitarbeitern, beispielsweise in einer Arbeitsgruppe. Darüber hinaus erfordert Sozialkompetenz aber auch und die positive Bereitschaft, sich mit anderen Menschen aktiv auszutauschen. Ein gewisses Maß an Sozialkompetenz ist stets von Geburt an vorhanden, da das soziale Miteinander in der Kleingruppe Mutter-Kind für den Säugling überlebensnotwendig ist und als Automatismus erlernt wird. Dieses bereits erwähnte und als informelles Lernen bezeichnete soziale Miteinander prägt einen Soft Skill, der nur im Rahmen emotionaler Intelligenz gut funktioniert.

Leider verliert der heranwachsende und berufstätige Mensch im täglichen Wettbewerbsdruck häufig die Sozialkompetenz der Kindheit, die oftmals nicht gefragt ist oder gar kontraproduktiv ausgelegt wird. Beispielsweise wird im Kampf um den eigenen Vorteil der egoistische Aspekt häufig besonders belohnt, d. h. nur wer besser ist als die anderen, darf studieren, bekommt einen Arbeitsplatz, macht Karriere. Die Klassenarbeit in der Schule oder die Klausur im Studium ist ein gutes Beispiel für die Negation der Sozialkompetenz, da eine Klausur nur durch Einzelpersonen gelöst werden darf und eine sozial-kommunikative Zusammenarbeit mit den Mitschülern, quasi die konstruktiv erfolgreiche Teamarbeit im Prüfungssaal, meist als verbotene Handlung bestraft und geahndet wird.

Sozialkompetenz wird in einer entsprechend fortschrittlichen Ausbildungsstätte gezielt aufrechterhalten und dort, wo Defizite sichtbar werden, durch gruppendynamische Lern- und Übungsprozesse trainiert. Eine team- und gruppenorientierte Betriebspolitik, wie sie in den meisten dynamischen Unternehmen als grundlegend notwendig erkannt ist, erfordert in besonderem Maße ein effizientes Training im Hinblick auf die nötige Sozialkompetenz und den Zusammenhalt und das Vertrauen untereinander.

Vorhandene Defizite und Schwachstellen im Bereich der Sozialkompetenz der Mitarbeiter zeigen sich etwa in der gehäuften Zahl von Mobbingopfern. Mobbing deutet einerseits auf Kommunikationsprobleme der gemobbten Personen hin, andererseits aber auch auf Persönlichkeitsfehler der mobbenden Kollegen. Umso mehr wird bei Bewerbungen heute auf eine gut ausgeprägte Persönlichkeit auf dem Gebiet der Sozialkompetenz und sozialer Wissensfelder geachtet.

14 Die synergetische Verbindung von Hard und Soft Skills

Es wurde bereits erwähnt, dass nur die Synergie aller notwendigen Persönlichkeits- und Wissensmerkmale zu einem für Unternehmen in breiter Weise interessanten Mitarbeiter führt. Der genialistische Einzelkämpfer, der mit hervorragenden Schulzeugnissen aufwartet aber introvertiert und emotional nicht erreichbar ist, gilt dabei ebenso als unattraktiv und schwer vermittelbar, wie der warmherzige und fröhlich-sympathische Kumpeltyp, der nichts wirklich weiß und eben darum auch nichts wirklich gut kann. Nur im ausgeglichenen Eignungsprofil aller betriebswichtigen Skills zeigt sich der interessante und erfolgreiche – potenzielle – Mitarbeiter.

Schulung und Training von Hard und Soft Skills auch im Rahmen der Weitervermittlung von Arbeitslosen ist daher nicht nur ein primär wichtiges Handlungsfeld sondern auch ein anspruchsvolles und schwieriges Feld der Analytiker, die überlegen müssen, auf welchem Gebiet individuelle Schulungen notwendig sind, damit keine persönlichen Defizite bestehen bleiben. Nur so ergeben sich für den Arbeitsmarkt zukünftig geeignete Mitarbeiter.

Im Rahmen fördernder Schulungen und Trainingsmaßnahmen ist auch der Fall denkbar und wünschenswert, dass Mitarbeiter, deren Abbau und Entlassung geplant ist, aufgrund ihres schulungsinduzierten Kompetenzzuwachses später im eigenen Betrieb neue Chancen erhalten und wieder wirtschaftlich eingesetzt werden können, so dass eine interne Stellen-Wiederbesetzung – die allgemein auch vom Unternehmen selbst favorisiert wird – möglich ist. Voraussetzung hierfür ist natürlich der persönliche Wille und die Bereitschaft der betroffenen Mitarbeiter, sich mit neuem Wissensinhalt intensiv und dauerhaft auseinander zu setzen.

Da viele Mitarbeiter, insbesondere solche, die länger aus dem Lernprozess heraus sind, sich mit dem Neu-, Weiter- und Umlernen, wie auch auf dem Gebiet des Hard und Soft Skill-Kompetenztrainings sehr schwer tun, ist die persönliche Motivation von herausragender Bedeutung. Man spricht von schwer bildbaren oder gar bildungsunfähigen Mitarbeitern und meint stets solche, die geistig nicht mehr in der Lage oder Willens sind, sich flexibel fort- und weiterzubilden. Diese werden dann häufig zu Langzeitarbeitslosen, da die Vermittlungschancen gegen Null gehen.

Es sind einige konkrete Schwachstellen und Hindernisse in der Lernwilligkeit und Lernfähigkeit zu erkennen, dies betrifft nicht nur ältere und leistungsgewandelte Mitarbeiter, wenn auch hier gehäuft Vorbehalte und Widerstände zu finden sind. Die Hard Skills betreffend, ergeben sich häufige Schwachstellen in der Rechner- und Softwareanwendung, auch in der Bereitschaft überhaupt Softwaresysteme – die sich ständig in der Hard- und Software ändern – zu nutzen. Auch sprachliche Schwachstellen, insbesondere Vorbehalte in der Nutzung der englischen Sprache, aber auch der englischen Schrift – etwa bei Betriebsanleitungen - die nur in englisch verfasst sind – lassen sich erkennen. Im Soft Skills-Bereich ist die Schulung des emotional offenen und kollegial-problemlösungsorientierten Umgangs im Team von erkannter Wichtigkeit, ebenso, wie die parallel verlaufende Schulung von Präsentationstechniken, Moderationstechniken und Rhetorik. Dies gilt aus heutiger Sicht sogar für an- und ungelernte Arbeiter, die vormals über Jahre hinweg still und isoliert immer wieder der gleichen manuellen Tätigkeit nachgegangen sind und nun durch weitgehend automatisierte Anlagen ersetzt wurden. Sie sind nur durch Persönlichkeits- und Flexibilisierungsmaßnahmen wieder im Arbeitsmarkt einsetzbar. Dem entgegen steht allerdings die allgemeine Tendenz der Unternehmen, Ausgaben auch im Bildungsbereich zu sparen und diesbezüglich Investitionen mehr auf Führungskräfte und High Potentials zu fokussieren.

Ein im breiten betrieblichen Anwendungsbezug umfassend nutz- und entwickelbarer Mitarbeiter wird vom Arbeitsmarkt zunehmend verlangt, ein Mitarbeitertypus, der eine ausgeprägte Employability besitzt. Man versteht unter Employability die innerhalb eines Arbeitslebens immer wieder neu zu wählende, flexible Anpassung eines Mitarbeiters an unterschiedlichste Anforderungen innerhalb eines Unternehmens und auch eine rasche Einsetzbarkeit im Wechsel zwischen verschiedenen Unternehmen. In einer heute zukunftsoptimierten Ausbildung nimmt die Wissensvermittlung und das Training im interdisziplinären Spannungsfeld von Hard und Soft Skills, aber auch die präventive Vorbereitung auf lebenslanges Lernen einen ständig wachsenden Raum ein.

E. Praxisbeispiele

I. Groupe DANONE – die Verantwortung endet nicht mit dem Vertragsende

Prof. Dr. Markus-Oliver Schwaab

1 Restrukturierungen als Antwort auf die Wettbewerbssituation

Die Globalisierung der Wirtschaft sorgt für einen verschärften Wettbewerb. Diese Aussage klingt schon fast banal, so häufig begegnet sie einem heute in den Medien. Obwohl man meinen könnte, dass Lebensmittel der Frische wegen nahe beim Kunden hergestellt werden sollten, trifft die Aussage gerade hier zu. Das in den französischen Alpen sprudelnde Evian-Mineralwasser gibt es genauso in St. Petersburg zu kaufen wie in San Francisco, Tokio oder Durban. Und in Deutschland gebackene Kekse werden in die baltischen Staaten genauso exportiert wie auf die iberische Halbinsel. Neuseeländische Kiwis sind in deutschen Einkaufskörben schon lange keine Seltenheit mehr – dabei wachsen die Früchte auch in Italien oder vor der Haustür. Ergebnis: Die wachsende Konkurrenz ist auf den Weltmärkten zu spüren. Der Druck auf die Preise zwingt zu effizienten Strukturen.

Rationalisierungen und Restrukturierungen sind damit an der Tagesordnung, gerade in den produzierenden Ländern, in denen wie in Deutschland vergleichsweise hohe Personalkosten herrschen. Der europäische Markt für Dauerbackwaren zeichnete sich Ende des letzten Jahrhunderts durch erhebliche Überkapazitäten aus. Auch die Groupe DANONE sah sich gezwungen, im Rahmen der Neuausrichtung ihrer Geschäftspolitik zu handeln. Wie sie mit ihrer Verantwortung gegenüber den Mitarbeitern und den Standorten ihrer Fabriken umgegangen ist, zeigt dieser Beitrag. Um das Vorgehen besser einordnen zu können, ist es zunächst wichtig, den kulturellen Rahmen des von seiner Bastion Frankreich aus expandierenden Konzerns zu kennen.

2 Die soziale Verantwortung à la française

Beim Versuch, Deutschland und Frankreich hinsichtlich des betrieblichen Personalmanagements einem groben Vergleich zu unterziehen, fällt zunächst auf, dass der Stellenwert des Personalmanagements bei unserem Nachbarn tendenziell etwas höher ist. Konkretes Beispiel: Während dort der Personalleiter in 87 Prozent der Unternehmen der Geschäftsführung angehört, ist dies in Deutschland nur bei 46 Prozent der Fall [1]. Die betriebliche Mitbestimmung ist dagegen in Frankreich insgesamt weniger ausgeprägt. Dafür ist die Stellung der Gewerkschaften, die sich untereinander nicht immer einig sind, in weiten Teilen der Wirtschaft stärker.

Seit Ende der neunziger Jahre sind in Frankreich die soziale Verantwortung und die nachhaltige Entwicklung der Unternehmen als Thema stärker präsent [2]. Der im Frühjahr 2001 im Rahmen des Gesetzes über die neuen Wirtschaftsregelungen (kurz: loi NRE) erlassene Artikel 116, mit dem die börsennotierten Unternehmen verpflichtet wurden, in den Geschäftsberichten ab dem Jahr 2002 die sozialen und umweltbezogenen Auswirkungen ihrer Geschäftstätigkeit zu berücksichtigen, hat diese Tendenz weiter verstärkt. Die nach den Neuwahlen im Frühjahr 2002 neu ernannte Regierung Raffarin hat Mitte 2003 eine landesweite Strategie zur nachhaltigen Entwicklung verabschiedet. Ziel ist es u. a., die soziale Verantwortung der Unternehmen weiterzuentwickeln.

Die Regelung des Artikels 116 kam knapp der Initiative der europäischen Kommission zuvor, die im Sommer 2001 das Grünbuch zur sozialen Verantwortung der Unternehmen vorgelegt hat [3]. Die gleich gerichteten Aktivitäten in Frankreich, das sicherlich eine Vorreiterrolle einnimmt, erhielten durch die europäische Initiative weiteren Rückenwind.

Mit dem Observatoire sur la Responsabilité Sociétale de l'Entreprise (ORSE) und der Association pour le Développement de l'Enseignement et de la Recherche sur la Responsabilité Sociale de l'Entreprise (ADERSE) wurden 2000 bzw. 2002 zwei Organisationen gegründet, die beide zum Ziel haben, die Weiterentwicklung der sozialen Verantwortung der Unternehmen durch Forschung aktiv zu begleiten. Bereits 1986 war IMS – Entreprendre pour la Cité an den Start gegangen. Fast alle großen französischen Konzerne sind dort inzwischen Mitglied. Diese Organisation hat sich ebenfalls der Förderung der sozialen Verantwortung und der nachhaltigen Entwicklung der Unternehmen verschrieben und bietet eine Vielzahl von Beratungsleistungen an.

2004 hat ORSE gemeinsam mit zwei anderen, stärker umweltbezogenen Instituten einen Evaluationsbericht hinsichtlich der Umsetzung des Artikels 116 der loi NRE veröffentlicht [4]. Im Vorfeld wurden die 250 Unternehmen mit der größten Börsenkapitalisierung näher untersucht. Deutlich wurde, dass die größeren Unternehmen tendenziell differenziertere Informationen veröffentlichten als die kleinen. Der Bericht mündet in die Feststellung, dass das neue Gesetz die Rolle eines Katalysators gespielt hat, indem die börsennotierten Unternehmen gezwungen worden sind, soziale und umweltbezogene Belange in ihrer Geschäftsführung zu berücksichtigen. Trotz einiger Anlaufschwierigkeiten wurde dadurch eine Dynamik in Gang gesetzt, die in Verbindung mit den von der Europäischen Kommission angekündigten Vorschlägen dauerhaft zu einer noch stärkeren Verankerung der sozialen Verantwortung in der Unternehmenspolitik führen dürfte.

3 Groupe DANONE: Vom Double Projet zum DANONE Way

3.1 Vom französischen Glasproduzenten zum multinationalen Nahrungsmittelkonzern

Die Ursprünge der Groupe DANONE [5], die Ende 2003 weltweit 88.607 Mitarbeiter in mehr als 120 Ländern beschäftigte, liegen 1966, als der Glashersteller Boussois-Souchon-Neuvesel nach einer Fusion entstand. Unter Führung von Antoine Riboud entwickelte sich BSN sehr schnell weiter. Nach dem Zukauf von Evian und Kronenbourg (1969/70) und der Fusion mit Gervais-DANONE (1973) verlagerte der Konzern seinen Schwerpunkt endgültig in den Nahrungsmittelbereich. Die Akquisition verschiedener Unternehmen – überwiegend aus dem Bereich der Dauerbackwaren - machte 1989 aus BSN den drittgrößten europäischen Nahrungsmittelkonzern. Die weltweite Expansion prägte die Zeitspanne ab 1990 – Osteuropa, Asien, Nord- und Südamerika: Überall verstärkte BSN seine Präsenz. Die Internationalisierungsstrategie gab 1994 auch den Ausschlag für die Umfirmierung der Unternehmensgruppe. BSN wurde durch die klangvollere Bezeichnung Groupe DANONE abgelöst. 1996 folgte Franck Riboud in der Unternehmensleitung seinem Vater und leitete zügig eine Neuausrichtung des Konzerns ein. Seither wird zwar einerseits die Internationalisierung weiter vorangetrieben – inzwischen sind 72 Prozent der DANONE-Mitarbeiter außerhalb Westeuropas tätig - doch andererseits findet zeitgleich eine Fokussierung auf die drei Geschäftsbereiche Milchfrischeprodukte, Getränke und Biscuits statt. Damit einher gehen immer wieder strukturelle Anpassungen.

3.2 Ursprünge und Merkmale des Double Projet

Die Ursprünge des Double Projet gehen zurück auf die Geschehnisse rund um die Revolten in Paris 1968. Als Reaktion darauf rief Antoine Riboud seine engsten Vertrauten zusammen, um mit ihnen über die Konsequenzen für die zukünftige Unternehmenspolitik zu beraten, wie der spätere Personaldirektor von BSN, Jean Léon Donnadieu (1999), berichtet. Gemeinsam verabschiedete der Führungskreis den Grundsatz, der die Groupe DANONE bis heute prägt. Das Unternehmen verpflichtete sich dazu, zwei untrennbare Ziele zu verfolgen: die Selbstverwirklichung der Mitarbeiter und den wirtschaftlichen Erfolg. Um diese beiden Ziele vollständig erreichen zu können, sah man es als absolutes Gebot an, die Rohstoffkosten zu senken, die Investitionen zu erhöhen, die Forschung auszubauen und den Gewinn unter den Anteilseignern, dem Unternehmen und den Mitarbeitern aufzuteilen. Zugleich sollten eine kontinuierliche Weiterbildung der Beschäftigten und eine aktive gegenseitige Information auf allen Ebenen sichergestellt werden. Die Arbeitsplatzsicherheit sollte angestrebt und den Mitarbeitern die Möglichkeit gegeben werden, sich entsprechend ihrer Vorstellungen weiterzuentwickeln, indem sie am Fortschritt des Unternehmens aktiv teilnehmen [6].

Für viel Aufsehen sorgte Antoine Riboud im Oktober 1972 mit seiner Rede auf der Versammlung des Arbeitgeberverbands in Marseille. Er trat resolut für eine Abkehr von dem isolierten Streben nach wirtschaftlichen Zielen und für die stärkere Einbindung der Arbeitnehmer ein. Neben der Verbesserung der Arbeitsplatzsicherheit sprach er sich für die verstärkte Information der Mitarbeiter und eine Anreicherung ihrer Aufgaben aus [7].

Die Kernbotschaften finden sich in dem 1974 veröffentlichten und 1978 teilweise ergänzten Double projet économique et social von BSN wieder. Fünf konkrete Zielrichtungen („axes") werden dort genannt (Bild 1):

- Anpassen der Mitarbeiterzahl an den Bedarf, Reduzieren der Arbeitsplatzunsicherheit und Minimieren der negativen Auswirkungen des Personalabbaus,
- Entwickeln einer jeweils spezifischen Vergütungspolitik für die verschiedenen Geschäftsbereiche, die eine Anreizwirkung besitzt und zu den spezifischen Rahmenbedingungen passt, insbesondere der wirtschaftlichen Situation,
- Entwickeln des Potenzials und des Beitrags der Führungskräfte und aller Mitarbeiter, das Ganze in Übereinstimmung mit deren Wünschen und den Bedürfnissen des Unternehmens,
- gleichzeitiges Verbessern der Arbeitsbedingungen und der wirtschaftlichen Effektivität unter Einbindung der Mitarbeiter,
- Entwickeln und Verbessern der Kommunikation mit den Arbeitnehmern und deren Vertretern.

Les cinq axes du double projet économique et social

Axe 1: Adapter le niveau des effectifs aux besoins, réduire l'insécurité de l'emploi et minimiser les conséquences négatives des réductions d'effectifs.
«Le système concurrentiel dans lequel nous vivons nécessite de rechercher un niveau plus élevé de productivité et, par conséquent, de ne pas créer ou conserver les emplois qui ne sont pas réellement nécessaires. Maintenir en permanence un niveau excédentaire d'emplois serait une faute de gestion incompatible avec une politique économique et sociale responsable et soucieuse de l'avenir. Il n'est donc pas possible de donner au personnel des garanties d'emploi qui ne pourraient être qu'illusoires. Aussi, la politique du Groupe est – elle de rechercher toutes les solutions qui permettront de minimiser les conséquences sociales résultant de la suppression des emplois excédentaires.»

Axe 2: Développer des politiques salariales incitatives cohérentes avec la situation économique et l'environnement des départements.
«Les politiques salariales et de statuts resteront diversifiées selon les départements à l'intérieur d'orientations générales communes.»

Axe 3: Développer le potentiel et la contribution de l'encadrement et de tout le personnel conformément à ses aspirations et aux besoins de l'entreprise.
«La politique du Groupe consiste à rechercher les convergences entre les besoins des départements et les attentes du personnel par un développement cohérent de potentiel humain. La mise en place de l'ensemble de cette politique suppose le développement d'outils de gestion prévisionnelle. Elle nécessite le développement adéquat des actions individuelles de formation permettant la préparation à une nouvelle fonction, le perfectionnement dans la fonction, la conversion professionnelle.»

Axe 4: Améliorer simultanément les conditions de travail et l'efficacité économique avec la participation du personnel.
«Le Groupe est décidé à poursuivre et intensifier les efforts d'amélioration des conditions de la vie au travail sous leurs différents aspects. Particulièrement: la sécurité du personnel, l'ambiance physique, l'organisation, la nature de la tâche. L'objectif est bien d'accroître la maîtrise et la responsabilité de chacun sur son travail exercé dans des conditions physiques et morales satisfaisantes. Il constitue une condition majeure de la motivation, de l'initiative et de la créativité du personnel qui sont autant de données indispensables au bon fonctionnement économique.»

Axe 5: Développer et améliorer la communication avec le personnel et ses représentants.
«Parmi les moyens à mettre en œuvre pour développer cet axe politique: la généralisation des formes d'expression directe des travailleurs et des programmes d'amélioration économique et sociale associant le personnel et ses représentants à la définition des objectifs et des moyens.»

Bild 1: Die fünf Zielrichtungen des Double projet économique et social (DANONE: „Les cinq axes du double projet économique et social 1974", in: http://www.danone.com/cmscache/MYSESSION~8B2CC047FE301AE3C1256CEC0 03B8068/double_projet.doc, 04.09.2004)

Bereits 1972 hat BSN bei der Schließung eines Werks in Grillon auf Maßnahmen zur Wiedereingliederung der betroffenen Mitarbeiter zurückgegriffen, die bis heute immer wieder eingesetzt werden. Nachdem die Anreize, an den neuen Produktionsstandort mitzugehen, bei den Beschäftigten damals wenig Wirkung zeigten, wurden seitens BSN Unternehmen dafür gewonnen, sich auf dem verwaisten Firmengelände niederzulassen und die Arbeitskräfte zu übernehmen [8].

Seit 1983 lädt die heutige Groupe DANONE die Arbeitnehmer- bzw. Gewerkschaftsvertreter aus den verschiedenen Konzerngesellschaften zu regelmäßigen Treffen ein. In diesem internationalen Informations- und Beratungsgremium findet ein Austausch zur Unternehmenspolitik und deren Implikationen für das Personalmanagement statt. Mit der International Union of Food Workers hat die Groupe DANONE seit 1985 eine ganze Reihe von Rahmenabkommen zu zentralen Themenbereichen der Personalpolitik abgeschlossen, u. a. zum Umgang mit den Auswirkungen von Restrukturierungen. Inzwischen musste der Konzern jedoch bekennen, dass der Versuch, die in den entwickelten Ländern bestehenden sozialen Standards im Rahmen der Expansion weltweit zu übertragen, große Schwierigkeiten mit sich bringt [9].

Bei Restrukturierungen sieht die Groupe Danone ein Bündel von Begleitmaßnahmen vor:

- Versetzungen innerhalb der Groupe DANONE verbunden mit Unterstützungsmaßnahmen wie z. B. Mobilitätsprämien, Abfindungen bei Gehaltsverlusten, Reisen – auch gemeinsam mit der Familie - an den Ort des möglichen neuen Arbeitsplatzes, Ausgleich von Einkommensverlusten des Partners;
- Bemühungen zur Wiedereingliederung der nicht mobilen Arbeitnehmer in ortsansässigen Unternehmen; zu diesem Zweck wird von Mitarbeitern des Personalbereichs eine „Antenne emploi" (Vermittlungsbüro) eingerichtet, die die betroffenen Mitarbeiter betreut und systematisch zu besetzende Stellen ausfindig macht;
- Beratung und finanzielle Unterstützung potenzieller Existenzgründer unter den betroffenen Beschäftigten (z. B. Analyse der Geschäftsidee, Hilfe bei der Erstellung des Business Plans);
- in den betroffenen Regionen wird die Neuansiedlung von Gewerbebetrieben finanziell unterstützt; Ziel ist, auf Dauer ausgerichtete Arbeitsplätze neu zu schaffen;
- die bereits vor Ort existierenden kleinen und mittelständischen Unternehmen, bei denen von der Freisetzung betroffene Mitarbeiter wieder eingegliedert werden können, werden finanziell oder durch Beratung von Groupe DANONE-Führungskräften unterstützt.

Die geschilderte Personalpolitik fand 1997 ihre konsequente Ergänzung in der Festschreibung der bereits gelebten Unternehmenswerte (Bild 2) [10]. So sollte die Unternehmenskultur bekräftigt und dazu beigetragen werden, dass sie in dem zugleich expandierenden und sich verändernden Konzern weiter gelebt wird. Den drei Unternehmenswerten Offenheit, Enthusiasmus und Humanismus wurde 2003 ein weiterer Wert hinzugefügt: die Nähe zu den relevanten Interessengruppen.

VALUES

Together, our values forge the character and the culture of our Group.

What makes Danone unique? How can we ensure that Danone remains unique?

By developing a company vision and defending its core values:

Openness:
„Diversity is a source of wealth and change a constant opportunity."
- *Curiosity*: Characterises an attitude of awareness and looking ahead, of being attuned to others, refusing to accept preconceived ideas and models, and imagination.
- *Agility*: Synonymous with vitality, energy, speed, flexibility and adaptability.
- *Simplicity*: Embodied in a management style that favours informality over formality and pragmatism over theory.

Enthusiasm:
„There are no limits ... only obstacles to be overcome."
- *Boldness*: As opposed to bureaucratic security. It symbolises the desire and capacity to take risks and explore new, unorthodox paths. It also implies the ability to endure and overcome failure.
- *Passion*: Synonymous with conviction, a drive to convince and lead, the pleasure of work, the ability to surpass oneself and achieve excellence.
- *Appetite for challenge*: Characterised by the optimistic, enthusiastic and almost physical desire to grow and take the lead.

Humanism:
„The attention paid to individuals, whether they be consumers, employees or citizens, is at the heart of all our decisions."
- *Sharing*: An approach that emphasises dialogue, transparency and teamwork.
- *Responsibility*: Danone pays attention to the safety of people and products, acts prosocially and is environmentally friendly.
- *Respect of the other*: Danone is sensitive to cultural differences, treats social and commercial partners with respect, and facilititates the developement of its partners.

Proximity:
„Know how to stay close to each person in the world: colleagues, consumers and clients, suppliers, stockholders and society, become a part of their everyday lives."

Internally, these values are the basis of our management principles. Externally, they exist in the attention we pay to the health of our consumers, to the quality and taste of our products, to the environment and to society as a whole.

Bild 2: Die Werte der Groupe DANONE (DANONE: „Values", in: http://www.danonegroup.com/group/index_group.html#valeurs/home.html, 04.09.2004)

3.3 Weiterentwicklung hin zum DANONE Way

Die Internationalisierung und Modernisierung machte auch nicht vor dem Double Projet der Groupe DANONE halt. Ausgehend von den gewachsenen Grundüberzeugungen und damit der existierenden Unternehmenskultur, werden seit 2002 Prinzipien und Leitlinien für das Handeln in den Gesellschaften der Groupe DANONE und den verbundenen Unternehmen etabliert. Sie sollen wichtige soziale Eckpfeiler wie z. B. Mindestalter der Arbeitnehmer,

Nicht-Diskriminierung, Arbeitssicherheit, Arbeitsdauer, Vergütung oder das Recht auf Mitwirkung verbindlich regeln. Ergänzend wurden unter Berücksichtigung der lokalen Gegebenheiten zukunftsweisende Zielsetzungen vereinbart, die mit einem partizipativen Ansatz erreicht werden sollen. Mit dem DANONE Way wurde dazu gleichzeitig ein Prozess in Gang gesetzt, mit dem nach und nach dafür gesorgt werden soll, dass bewährte Managementtechniken im Konzern verbreitet und konsequent angewandt werden. Franck Riboud bringt die Zielsetzung auf den Punkt: „DANONE Way est la traduction d'un besoin: garantir la pérennité et la transmission de la culture DANONE dont le fondement est le double projet économique et social"[11].

Um den DANONE Way zu gehen, können sich die Konzerngesellschaften auf im Intranet hinterlegte Managementpraktiken stützen, die weitgehend auf Erfahrungswerten innerhalb der Groupe DANONE beruhen. Diese Praktiken sind in die Unternehmensstrategie eingebettet und decken sechs Bereiche ab (Bild 3), in denen die einzelnen Gesellschaften des Konzerns Verantwortung tragen.

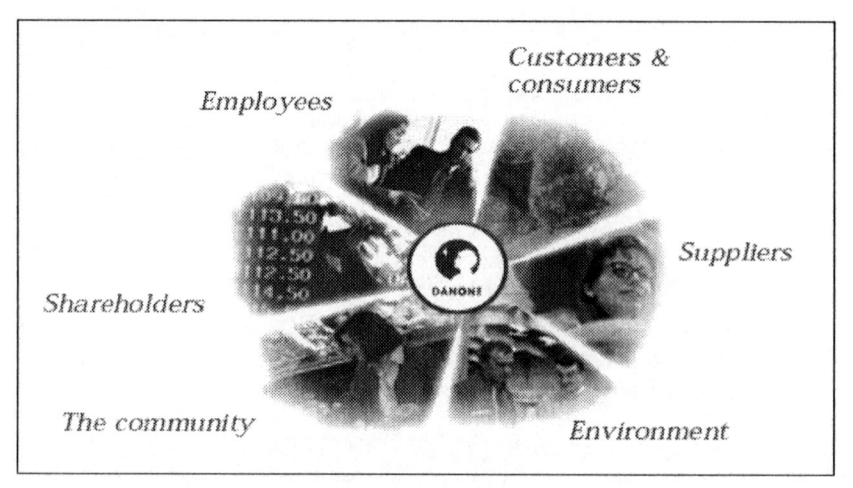

Bild 3: Im DANONE Way berücksichtigte Verantwortungsbereiche (DANONE: Rapport de responsabilité sociale et environnementale 2002, Paris 2003, S. 13)

Die jeweiligen Geschäftsführungsmitglieder sind aufgefordert, auf der Basis von 100 Kriterien mit Hilfe einer vierstufigen Skala eine entsprechende Selbsteinschätzung vorzunehmen. Diese kann jeweils von einem Niveau 1 (erste Anwendungsschritte) bis zu einem Niveau 4 (exzellente bzw. innovative Anwendung) erfolgen. Dem allgemein zugänglichen Rechenschaftsbericht 2003 [12] ist zu entnehmen, dass zu diesem Zeitpunkt 56 Prozent der Gesellschaften eine solche Selbsteinschätzung vorgenommen hatten. Deutlich wird dort aber auch, dass noch in vielen Bereichen Verbesserungspotenziale bestanden. Bezogen auf die Aspekte, die sich unmittelbar auf das Personalmanagement beziehen, ergibt sich ein differenziertes Bild (Bild 4). Während in vielerlei Hinsicht positive Managementpraktiken auszumachen sind, gibt es auch hier noch genügend Raum für Verbesserungen.

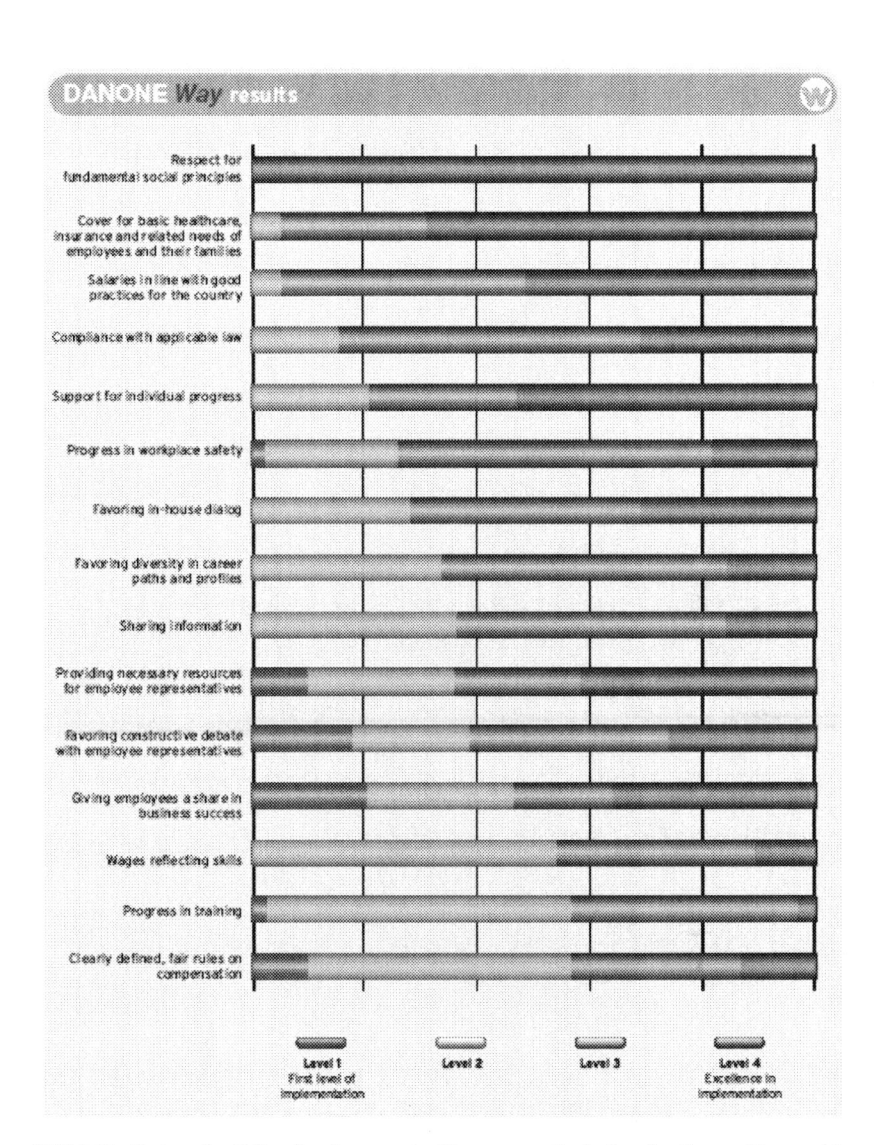

Bild 4: Ergebnisse der Selbsteinschätzung der Konzerngesellschaften der Groupe Danone hinsichtlich der im DANONE Way für den Bereich Beschäftigte verankerten Managementpraktiken (DANONE: Rapport de responsabilité sociale et environnementale 2003, Paris 2004, S. 47)

2001 wurden die Wirtschaftsprüfungsgesellschaften PricewaterhouseCoopers und Mazars & Guérard beauftragt, die Umsetzung von DANONE Way zu überwachen, insbesondere in den

Tochterunternehmen [13]. Bis Ende 2003 wurden 13 der 39 Gesellschaften geprüft, die sich der DANONE Way Selbsteinschätzung unterzogen hatten. 2003 wurde von der Groupe DANONE der europäischen Ratingagentur VIGEO der Auftrag erteilt, neben der Politik der sozialen Verantwortung des Unternehmens auch deren Umsetzung und konkreten Ergebnisse auf der Ebene der Konzernführung zu evaluieren. Der Groupe DANONE wurde im Rahmen der Gesamtbewertung ein engagiertes Handeln und ein hohes Niveau im Hinblick auf ihr gesellschaftliches Engagement bestätigt. Ergänzend wurde von VIGEO eine Befragung bei Organisationen und Interessengruppen realisiert, die mit dem Unternehmen in Kontakt stehen (21 Interviews wurden geführt), und eine umfassende Dokumentenanalyse vorgenommen. Neben positiven Rückmeldungen ergaben sich daraus auch einige Anregungen, wie dem Rechenschaftsbericht 2003 zu entnehmen ist [14]. Dort wird auch über das Abschneiden bezogen auf andere relevante Ratings informiert – die Groupe DANONE schneidet dabei durchweg gut ab.

Dass die Groupe DANONE trotz aller Anstrengungen auch in der Kritik steht, soll nicht verschwiegen werden. So wird beispielsweise von manchen Gewerkschaftsvertretern [15], die den Wandel angesichts der konsequenten Konzentration auf drei Geschäftsfelder und die durchgeführten Reorganisationen misstrauisch beäugen, der Verlust des patriarchalischen Führungsstils, den Antoine Riboud einmal geprägt hatte, bedauert.

4 Die Restrukturierung des Geschäftsbereichs Biscuits

4.1 Angekündigter Personalabbau und Reaktionen

Am 29. März 2001 hat die Groupe DANONE gegenüber dem europäischen Informations- und Beratungskomitee das Vorhaben einer industriellen Reorganisation ihres Bereichs Biscuits angekündigt [16], der bis dahin 36 Fabriken und 15.000 Mitarbeiter in 13 Ländern umfasste. Auf Drei-Jahres-Sicht sollten die Aktivitäten so weit wie möglich in größeren Einheiten zusammengefasst werden, um die mittlere Kapazitätsauslastung von 43 auf 57 Prozent auszubauen und damit die Produktionskosten um 16 Prozent zu senken. Sechs Fabriken sollten in diesem Zusammenhang geschlossen werden, davon mit Calais und Ris-Orangis zwei Standorte von LU FRANCE. In fünf weiteren Einheiten sollte die Reorganisation zu einem begrenzten Personalabbau führen. Die Restrukturierung sollte, nach Aufrechnung neu geschaffener und wegfallender Stellen, europaweit insgesamt 1.780 Arbeitsplätze kosten.

Trotz der gleichzeitigen Zusage eines ganzen Bündels von Maßnahmen, um die nachteiligen Auswirkungen der Restrukturierung auf die Mitarbeiter zu kompensieren, sah sich die Groupe DANONE binnen kürzester Zeit einem Sturm der Entrüstung ausgesetzt. Neben den Mitarbeitern und den Gewerkschaften schalteten sich auf lokaler und nationaler Ebene zahlreiche Politiker ein. Die Medien berichteten umfassend über die Ereignisse (Bild 5). Der Protest mündete in einen breit gestreuten Aufruf zum Boykott der gesamten Produktpalette des Unternehmens. Mitiniatoren waren die Mitarbeiter der Fabrik in Calais, die bereits am 29. März 2001 einen sofortigen unbefristeten Streik beschlossen hatten. An die hundert Abgeordnete der französischen Nationalversammlung, die allesamt den damaligen Regierungsparteien angehörten, schlossen sich dem Boykottaufruf an.

Bild 5: Zeitungsdeckblätter kurz nach Bekanntgabe der Restrukturierung (Strategies, Nr. 1187, 13.04.2001 und Libération, Nr. 411, 11.04.2001)

Das soziale Image der Groupe DANONE wurde in den nächsten Wochen arg gebeutelt. Eine repräsentative Umfrage des Meinungsforschungsinstituts IFOP ergab, dass 85 Prozent der Befragten die Werksschließungen als ungerechtfertigt ansahen. 44 Prozent waren zum Boykott der Produkte bereit, 26 Prozent schlossen einen solchen nicht aus [17]. Die Groupe DANONE reagierte - am 19. April 2001 erschien in der Tageszeitung Le Figaro ein Interview mit Franck Riboud, in dem er die viel beachtete Aussage machte: „Le boycott est un appel au suicide. A qui sert-il? Aux grandes entreprises étrangères. Pensez-vous réellement que Nestlé, Unilever ou Pepsico soient plus sociales que Danone? La réponse est bien évidemment non." Riboud wollte damit deutlich machen, dass die Gewinner eines anhaltenden Boykotts letztlich nicht die Mitarbeiter der Groupe DANONE sein würden, sondern die Konkurrenzunternehmen. Dennoch dauerte es geraume Zeit, bis die Boykottaufrufe verstummten.

4.2 Die begleitenden Maßnahmen

Im November wurde eine Broschüre verteilt, in der die seitens der Unternehmensleitung vorgeschlagenen Maßnahmen zur sozialen Abfederung der Restrukturierung im Überblick beschrieben wurden [18]. Vier Kernaussagen standen im Vordergrund:

- Jeder Beschäftigte, der mobilitätsbereit ist, wird einen Arbeitsplatz bei einer anderen Gesellschaft der Groupe Danone angeboten bekommen.
- Den Mitarbeitern, die nicht mobil sein können, wird die Groupe DANONE zwei angemessene Arbeitsplätze in der gleichen Region anbieten.
- LU FRANCE und die Groupe DANONE bieten Unterstützungsmaßnahmen im Bereich Bildung, Existenzgründung und Übernahme bestehender Betriebe an.
- Die älteren Beschäftigten können finanzielle Angebote nutzen, die ihnen den vorzeitigen Übergang in den Ruhestand ermöglichen.

525 Stellen, die an anderen Standorten der Groupe DANONE neu geschaffen werden sollten oder vakant waren, sollten für die durch die Reorganisation betroffenen Beschäftigten frei gehalten werden. Diese sollten zudem vorrangig auf zusätzlich frei werdende Positionen zugreifen können. Die Mitarbeiter sollten zunächst drei Monate Zeit haben, um sich hinsichtlich der angebotenen Aufgaben zu informieren und sich zu der Ausrichtung ihrer beruflichen Zukunft Gedanken machen zu können. Sofern sie sich zu einer Bewerbung entschließen sollten, sollte die Möglichkeit einer dreitägigen, vom Unternehmen organisierten Orientierungsreise zum anderen Standort bestehen. Die versetzten Arbeitnehmer bekamen eine an den neuen Aufgaben ausgerichtete Weiterbildung zugesagt. Um die berufliche und gesellschaftliche Integration der versetzten Kollegen zu erleichtern, sollte bei den aufnehmenden Standorten ein spezielles Patensystem ins Leben gerufen werden. Daneben sah der Vorschlag vor, bei Versetzung eine Reihe finanzieller Hilfen zu gewähren. Neben einer Umzugsprämie von etwas mehr als 10.000 Euro sollten die Speditionskosten von der Firma gezahlt werden. Hinzu sollte eine von der Zahl der betroffenen Familienmitglieder abhängige Einrichtungsbeihilfe und – bei durch den Wechsel entstehenden Nachteilen - ein 24monatiger finanzieller Gehaltsausgleich, Mietbeihilfen und Entschädigungen für den Arbeitsplatzverlust des Partners kommen.

Um den Mitarbeitern, die nicht umziehen könnten, den Wechsel zu einem anderen Arbeitgeber in der angestammten Region zu ermöglichen, sollten ebenfalls eine ganze Reihe von Maßnahmen greifen. Zunächst sollten die Arbeitnehmer im Rahmen einer einmonatigen Abordnung den neuen Arbeitgeber versuchsweise kennen lernen und, wenn gewünscht, wieder an den alten Arbeitsplatz zurückkehren können. Bei einem Wechsel sollten keine Kündigungsfristen eingehalten werden müssen. Kosten für Bildungsmaßnahmen im Hinblick auf die neue Stelle (bis zu 700 Stunden bzw. knapp 3.000 Euro) sollten übernommen werden. Der neue Arbeitgeber sollte bei einer Einstellung eines Mitarbeiters unter 50 Jahren mit einer einmaligen Zahlung von etwa 4.500 Euro rechnen können, über 50jährige sollten indirekt mit etwa 7.500 Euro unterstützt werden. Daneben wurde den betroffenen Mitarbeitern noch eine kündigungsbedingte Abfindung von mindestens 15.000 Euro zuzüglich 1.200 Euro für jedes Jahr der Betriebszugehörigkeit, insgesamt aber maximal 45.000 Euro, in Aussicht gestellt. Ungeachtet ihres Dienstalters sollten die 50- bis 55jährigen Beschäftigten eine Abfindung von mindestens 37.500 Euro erhalten. Die über 50jährigen sollten abhängig von ihrem Dienstalter weitere Zuschläge in Höhe von mindestens einem durchschnittlichen Monatsgehalt bekommen. Garantiert wurde bei den über 55jährigen zudem, dass ihr Nettoeinkommen im Falle einer Arbeitslosigkeit unter Berücksichtigung der Arbeitslosenunterstützung bis zum Erreichen des Rentenalters mindestens 85 Prozent des letzten Nettoeinkommens betragen würde. Der Vollständigkeit halber sei erwähnt, dass daneben noch die Erstattung weiterer durch den Arbeitsplatzwechsel bedingter Kosten angeboten wurde.

Existenzgründern oder Betriebsnachfolgern wurde neben einer fachkundigen Beratung auch eine Anschubfinanzierung von 7.500 Euro versprochen. Um die Neuansiedlung von Gewerbebetrieben und die Schaffung neuer Arbeitsplätze vor Ort zu unterstützen, verpflichtete sich die Groupe DANONE dazu, potenzielle Investoren zu suchen. Die betroffenen DANONE-Beschäftigten sollten dadurch keine Nachteile haben, d. h. die Ansprüche auf die beschriebenen finanziellen Leistungen sollten ungemindert bleiben.

Die Maßnahmen zur Begleitung der Restrukturierung sollten an jedem betroffenen Standort durch eine Verbindungsstelle, einen so genannten Relais Emplois Mobilité, gesteuert werden. Neben Beratern sollten dieser u. a. der Werksleiter und der verantwortliche Personalmanager angehören. Bei dieser Stelle sollte beispielsweise die Zuständigkeit für das Erstellen eines individualisierten Aktionsplans für jeden Arbeitnehmer liegen.

4.3 Evaluation des Vorgehens

In dem Rechenschaftsbericht zur sozialen und umweltbezogenen Verantwortung für das Jahr 2002 geht die Groupe DANONE erstmals auf die konkreten personellen Auswirkungen der Reorganisation ein [19]. Von den 2.025 in Europa durch die gesamte Restrukturierung betroffenen Mitarbeitern hatten danach 1.113 Ende 2002 eine neue Beschäftigung gefunden, davon 506 Personen innerhalb des Konzerns. 318 Mitarbeiter gingen in einen vorgezogenen Ruhestand. Allein in Frankreich war es gelungen, durch die Ansprache von 1.700 Unternehmen den vom Stellenabbau betroffenen Arbeitnehmern 1.000 Arbeitsplätze im näheren Umkreis ihres Wohnortes anzubieten. Den in Frankreich entfallenden 758 Stellen standen zudem projektierte Neuansiedlungen mit 1.460 Arbeitsplätzen gegenüber.

Der Rechenschaftsbericht für das Jahr 2003 zeigt weitere Fortschritte bei der Wiedereingliederung der freigesetzten Mitarbeiter. Bei 1.733 der 2.025 Personen war diese inzwischen gelungen, 531 konnten in der Groupe DANONE versetzt werden. Während die Wiedereingliederungsrate in Belgien und den Niederlanden 100 Prozent erreichte und auch in Ungarn und Italien bei über 90 Prozent lag, konnte für Frankreich erst eine Erfolgsquote von 69 Prozent vermeldet werden.

Das Landgericht von Évry, das von Gewerkschaftsseite angerufen worden war, hat im Mai 2004 zum sechsten Mal die Gültigkeit und Seriosität des Wirtschafts- und Sozialplans bestätigt, der anlässlich der Schließung von Calais und Ris-Orangis umgesetzt worden ist. Nach Auskunft der Groupe DANONE [20] waren bis zu diesem Zeitpunkt 74 Prozent der durch den Stellenabbau betroffenen Mitarbeiter wieder eingegliedert worden. Von den 584 Beschäftigten, für die eine Lösung gefunden worden war, sind 202 innerhalb des Konzerns versetzt worden. 109 Mitarbeiter wechselten an ihrem Wohnort zu anderen Unternehmen, die auf die Unterstützung der Groupe DANONE zurückgreifen konnten. Während für 168 ältere Mitarbeiter Vorruhestandsregelungen gefunden wurden, wagten 24 Arbeitnehmer mit Hilfe der Groupe DANONE den Schritt in die Selbstständigkeit. 60 Mitarbeiter befanden sich noch in längerfristigen Umschulungsmaßnahmen. Die Groupe DANONE war optimistisch, das selbst gesteckte Ziel, 80 Prozent der freigesetzten Arbeitnehmer bis zum Ende des Wirtschafts- und Sozialplans Ende Juni 2004 wiedereinzugliedern, zu erreichen. Hinsichtlich der Neuansiedlung von Betrieben vermeldete die Groupe DANONE, dass neben einem Call Center mit 400 Arbeitsplätzen in Calais ein Vorhaben mit etwa 1.000 neuen Stellen in Ris-Orangis kurz vor Abschluss stand.

In einem am 24. Mai 2004 in der Zeitung Le Figaro abgedruckten Interview hat Jean-Renè Buisson, der Generalsekretär der Groupe DANONE, eine Bilanz der Restrukturierung des Geschäftsbereichs Biscuits gezogen. Er hat unterstrichen, dass die Situation im industriellen Bereich - angesichts der den früheren Prognosen entsprechenden Marktentwicklung - ohne die Reorganisation katastrophal geworden wäre. Gleichzeitig hat er bekannt gegeben, dass die Kosten für den Sozialplan pro Mitarbeiter alles in allem durchschnittlich um die 100.000 Euro betragen haben.

Hat sich die Restrukturierung nachhaltig negativ auf die Attraktivität der Groupe DANONE als Arbeitgeber ausgewirkt? Legt man die im Frühjahr 2004 von dem Meinungsforschungsinstitut tns sofres [21] bei Studenten französischer Hochschulen durchgeführte Befragung zugrunde, so muss sich die Groupe DANONE keine Sorgen machen. Rang 1 bei den Studenten der Wirtschaftshochschulen und Rang 6 bei den angehenden Ingenieuren (jeweils unter 70 namhaften Unternehmen) sind eindeutig. Besonders der Zugewinn von 74 auf 87 Prozent bei der Einschätzung der Wirtschaftsstudenten zeigt, dass die Groupe DANONE auf einem guten Weg ist – vielleicht sollte man besser sagen, auf einen guten Weg zurück gefunden hat.

5 DANONE Way – ein Weg für alle?

Das Double Projet und der DANONE Way sind sicherlich ambitionierte unternehmenspolitische Zielsetzungen, die nicht kopiert werden können. Sie sind das Ergebnis spezifischer kultureller Bedingungen und der humanistischen Grundeinstellung einer starken Unternehmerpersönlichkeit, Antoine Riboud. Dessen Sohn und Nachfolger an der Konzernspitze hat vor dem Hintergrund der Internationalisierung zwar Ergänzungen und Anpassungen initiiert, doch die Grundüberzeugungen sind geblieben - nicht zuletzt mit den festgeschriebenen Unternehmenswerten Offenheit, Enthusiasmus, Humanismus und Proximität kommt zum Ausdruck. Wenn auch ein blindes Kopieren nicht nur unmöglich, sondern auch absolut sinnlos ist, so mag es aber doch für das eine oder andere Unternehmen die eine oder andere Überlegung wert sein, einzelne Aspekte aus der Personalpolitik der Groupe DANONE zu adaptieren.

Der Spagat zwischen wirtschaftlichem Denken und sozialem Engagement ist bestimmt nicht einfach, aber er ist machbar, wie auch Wayne Cascio [22] sehr anschaulich beschreibt. Für Personalmanager bedeutet dies eine große Herausforderung, wie sie Jean-René Donnadieu, der langjährige Weggefährte von Antoine Riboud, nicht besser hätte beschreiben können: „L'Homme de personnel n'est pas seulement porteur d'un projet humaniste. S'il n'est que cela il est marginalisé par la vie quotidienne. Il faut que, dans son rôle, apparaisse un sens aigu des responsabilités économiques. S'il n'est pas capable de faire, pour ce qui le concerne, l'analyse du compte d'exploitation, il aura du mal à se faire entendre quand il parlera de politique sociale" [23] „Sozial verantwortliche Personalmanager müssen bilanzfest sein, wenn sie Gehör finden wollen!" könnte die sinngemäße Übersetzung dieser Aussage sein. Der ist uneingeschränkt zuzustimmen. Diese Aufforderung muss Ansporn für die Human Resources Manager in der Praxis sein, aber auch Verpflichtung für all diejenigen, die die Personalverantwortlichen von morgen ausbilden.

Die Europäische Kommission wird auf Basis des 2001 veröffentlichten Grünbuchs zur sozialen Verantwortung und der dadurch ausgelösten Debatte Vorschläge für eine europäische Strategie der nachhaltigen Entwicklung unterbreiten. Es besteht kein Zweifel, dass die das Personalmanagement betreffenden Aspekte darin einen breiten Raum einnehmen werden. Auch wenn es in Deutschland auf diesem Gebiet bereits einige Ansätze gibt und die kurzfristige Resonanz auf die Initiative aus Brüssel abzuwarten bleibt, so gibt es hier zweifelsohne noch viel zu tun. Ein Blick über den Zaun zu unseren europäischen Nachbarn hinsichtlich erfolgreicher Managementpraktiken könnte lohnenswert sein. Vielleicht reicht es ja schon, den Rhein zu überqueren, um Erfolg versprechende Ansätze ausfindig zu machen.

Literatur

[1] vgl. Weber, W.: „Personalmanagement in Deutschland nicht immer Spitze – Ergebnisse einer internationalen Vergleichsstudie", Vortrag im Arbeitskreis Personal der Hochschule Pforzheim am 08.11.2002
[2] vgl. EpE – Entreprises pour l'Environnement, Orée – Entreprises et Collectivités: Partenaires pour l'Environnement & ORSE – Observatoire sur la Responsabilité Sociétale des Entreprises: Rapport de mission remis au gouvernement, Bilan critique de l'application par les entreprises de l'article 116 de la loi NRE, 2004
[3] vgl. Kommission der europäischen Gemeinschaften: Grünbuch: Europäische Rahmenbedingungen für die soziale Verantwortung der Unternehmen, Brüssel 2001
[4] vgl. EpE – Entreprises pour l'Environnement, Orée – Entreprises et Collectivités: Partenaires pour l'Environnement & ORSE – Observatoire sur la Responsabilité Sociétale des Entreprises: Rapport de mission remis au gouvernement, Bilan critique de l'application par les entreprises de l'article 116 de la loi NRE, 2004
[5] Soweit keine spezielle Quelle angegeben ist, wurden die unternehmensbezogenen Informationen den Geschäftsberichten für die Jahre 2002 und 2003, den Rechenschaftsberichten über die soziale und umweltbezogene Verantwortung 2002 (DANONE: Rapport de responsabilité sociale et environnementale 2002, Paris 2003) und 2003 (DANONE: Rapport de responsabilité sociale et environnementale 2003, Paris 2004) sowie den Internetauftritten www.danone.fr und www.danone.com entnommen.
[6] vgl. Donnadieu, J.-L.: D'hommes à hommes, Itinéraire d'un D.R.H., Paris; Montréal 1999
[7] vgl. ebenda
[8] vgl. ebenda
[9] vgl. DANONE: Rapport de responsabilité sociale et environnementale 2003, Paris 2004
[10] vgl. ebenda
[11] vgl. ebenda, S. 57
[12] vgl. DANONE: Rapport de responsabilité sociale et environnementale 2003, Paris 2004
[13] vgl. ebenda
[14] vgl. ebenda, S. 78 f.
[15] vgl. Wesfreid, M.: „Ma vie chez Danone - les conquérants du yaourt", L'Express, 05.07.2004, in: http://www.lexpress.fr/info/economie/dossier/danone2/dossier.asp
[16] vgl. DANONE: Communiqué de presse du 29 mars 2001, Le Pôle Biscuits du Groupe DANONE a présenté au Comité Européen le projet de réorganisation industrielle pour la sauvegarde de sa compétitivité en Europe, Paris 2001
[17] vgl. Le Pulli, G.: DANONE, „La décision du groupe de fermer deux usines pour accroître ses profits est injustifiée pour 85 % des Français", L'Humanité, 09.04.01, in: http://www.humanite.fr/journal/2001-04-9/2001-04-9-242552, 04.09.2004
[18] vgl. DANONE: Projet de réorganisation industrielle de Pôle Biscuits – Les mesures d'accompagnement social en France, Paris 2001
[19] vgl. DANONE: Rapport de responsabilité sociale et environnementale 2002, Paris 2003.
[20] vgl. DANONE: Communiqué de presse du 22 avril 2004, Le Groupe DANONE tient ses engagements depuis 3 ans en matière de reclassement des salariés de LU France et de réindustrialisation,
vgl. DANONE: Communiqué de presse du 3 mai 2004, Le plan économique et social de LU France, une nouvelle fois validé par le Tribunal de Grande Instance d'Evry

[21] vgl. tns sofres: „Top 25 des entreprises les plus attractives", in: http://www.tns-sofres.com/etudes/corporate/070604_grandesecoles_r.htm, 04.09.2004
[22] vgl. Cascio, W. F.: Responsible restructuring: creative and profitable alternatives to layoffs, San Francisco 2002
[23] vgl. Donnadieu, J.-L.: D'hommes à hommes, Itinéraire d'un D.R.H., Paris; Montréal 1999, S. 175

II. Standortsicherung durch Outplacement

Prof. Dr. Lutz Stührenberg

1 Ein anonymisiertes Praxisbeispiel

Bei dem folgenden Beitrag handelt es sich um ein vollständig anonymisiertes Praxisbeispiel. Das Unternehmen musste auf eine veränderte Marktsituation reagieren. Gleichwohl die gewählte Outplacement-Strategie sehr erfolgreich umgesetzt werden konnte, gab es bei der amerikanischen Holding erhebliche Bedenken, dieses öffentlichkeitswirksam zu kommunizieren. Aus diesem Grund mussten Namen, Bezeichnungen, Orte, Branche usw. durch fiktive Größen ersetzt werden.

2 Vorstellung der EeagleWood AG

Die EeagleWood AG ist ein Holzwerkstoffanbieter mit Vollsortiment und vertreibt als international bekannter Markenartikel-Hersteller ökologisch hochwertige Produktlinien. Öko-Effizienz ist dabei mehr als nur ein Schlagwort. Für das Unternehmen ist Umweltschutz gesellschaftliche Verpflichtung und Verantwortung zugleich. Das Umwelt-Management basiert auf ständiger Selbsteinschätzung, kontinuierlicher Verbesserung und der Philosophie *Management for Excellence*. Die EeagleWood AG hat die Umweltzertifizierung nach DIN EN ISO 14001 in ihre Philosophie der permanenten Verbesserung und Kundenorientierung integriert.

EeagleWood ist eine hundertprozentige Tochter der AS Wood's Incoporated (USA), welche mit 40.000 Mitarbeitern an 180 Standorten in 64 Ländern ihre Produkte herstellt und vertreibt. Von den 16 Mrd. US Dollar Umsatz im Jahr 2003 entfielen 1,8 Mrd. Euro auf die deutsche Tochter EeagleWood. Bei der AS Wood's Incoporated handelt es sich um ein traditionsreiches Familienunternehmen, welches seit 1857 erfolgreich am Markt agiert. Die Firmenphilosophie wird durch fünf Prinzipien charakterisiert:

1. Qualität
„Veredelte Holzwerkstoffe sind für unsere Kunden die ökologische Alternative zum traditionellen Vollholz. Die ökologische Unbedenklichkeit unserer Produkte und die umweltschonende Herstellung sehen wir als unabdingbare Qualitätsmerkmale."
2. Kundenorientierung
„Die wirtschaftlichen und qualitativen Anforderungen unserer Kunden bestimmen unser Handeln - ihre Zufriedenheit ist uns eine ständige Verpflichtung. Mit der Qualitätsführerschaft unserer Produkte sichern wir den Erhalt unserer Arbeitsplätze."
3. Gegenseitigkeit
„Das Bewusstsein, dass jeder Mitarbeiter zugleich Kunde und Lieferant in der Prozesskette ist, hilft uns entscheidend bei der Erreichung unserer Ziele. Wir teilen unseren Nutzen

mit den Kunden, Mitarbeitern und Lieferanten. Der Grundsatz Gegenseitigkeit sichert unseren langfristigen Unternehmenserfolg."

4. Ständige Verbesserung

   „Wir produzieren nach dem besten verfügbaren Stand der Technik unter Einhaltung der Kundenspezifikationen und Qualitätsanforderungen. Die kontinuierliche Verbesserung aller Geschäfts- und Produktionsprozesse ist ein wesentlicher Bestandteil unserer Unternehmenskultur und sichert Ressourcenschonung und Kostenminimierung."

5. Partnerschaft im Markt

   „Zur Erreichung unserer Unternehmensziele binden wir unsere Lieferanten partnerschaftlich mit ein. Wir denken in strategischen Allianzen und Kooperationen, um unseren Kunden in kürzester Zeit Lösungen anzubieten."

The Five Principles werden an allen Standorten „gelebt". Jeder Mitarbeiter ist angehalten, diese in seiner täglichen Arbeit umzusetzen. Das auf allen Führungsebenen übliche *Du* resultiert aus dem amerikanischen Ursprung des Konzerns.

Die 1.876 EeagleWood-Mitarbeiter verteilen sich auf sechs Standorte: Möbelfabriken in Regensburg, Königsmühle bei Erlangen, Heidelberg sowie drei Sägewerke in Gindels (Allgäu), Miskoic (Ungarn) und Krakau (Polen).

3 Produktions- und Logistikkosten der drei Sägewerke im Vergleich

Produktions- und Logistikkosten 2002 im Vergleich

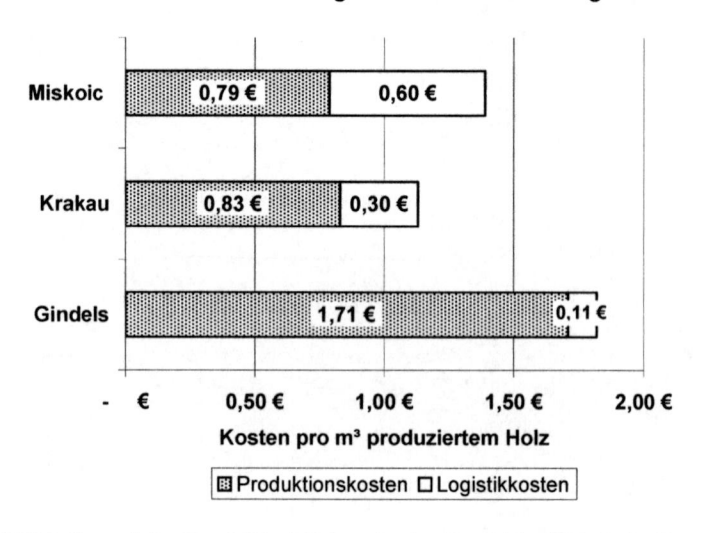

Standort	Produktionskosten	Logistikkosten
Miskoic	0,79 €	0,60 €
Krakau	0,83 €	0,30 €
Gindels	1,71 €	0,11 €

Kosten pro m³ produziertem Holz

Bild 1: Europäische EeagleWood-Sägewerke im Vergleich: Miskoic in Ungarn, Krakau in Polen sowie Gindels in Deutschland (Quelle: Eigene Anfertigung)

Die abnehmende Bereitschaft der Konsumenten, ihr Einkommen für hochwertige Holzprodukte ausgeben zu wollen, machte es erforderlich, eine Kostensenkung herbeizuführen und diesen Preisvorteil an die Kunden weiterzugeben. Das Sägewerk in Gindels verfügt über 97 Mitarbeiter und hat im Jahr 2003 ein Produktionsvolumen von ca. 1.000.000 Kubikmeter erreicht. Von Gindels aus werden die drei Möbelfabriken versorgt.

Im Vergleich zu den beiden anderen Sägewerken in Europa lagen die Produktionskosten im Jahr 2002 am Standort Gindels pro Kubikmeter erheblich höher (Bild 1). Selbst unter Berücksichtigung der Logistikkosten war der deutsche Standort nicht länger wettbewerbsfähig.

4 Restrukturierungen in Gindels zum Erhalt des Produktionsstandortes

Zur Sicherung des Sägewerks in Gindels wurde vom deutschen Management beschlossen, die Produktionskosten auf 1,30 Euro pro Kubikmeter zu senken. Um dieses ehrgeizige Ziel erreichen zu können, wurde in enger Kooperation mit der Belegschaft ein umfassendes Konzept zur Kostensenkung entwickelt, welches folgende Punkte umfasste:

1. Eine Verringerung der auflagefixe Kosten je Fertigungslos wurde durch eine weitgehende Spezialisierung auf bestimmte (vorwiegend einheimische) Holzarten erreicht.
2. Die Spezialisierung auf bestimmte Holzarten führte einerseits zur Übernahme von Produktionskapazitäten anderer Sägewerke, andererseits mussten Kapazitäten in anderen Bereichen abgegeben werden. In der Summe reduzierte sich die ursprüngliche Produktionsmenge von 1.000.000 auf nun mehr 750.000 Kubikmeter.
3. Die Herabsetzung der Produktionsmenge ermöglichte den Abbau veralteter und kostenintensiver Anlagen.
4. Die Umstellung von einer 38- auf eine 40-Stundenwoche ohne Lohnausgleich wurde mit den Mitarbeitern vereinbart.
5. Angestrebt wurde eine Gleichstellung von Arbeitern und Angestellten, d. h. bei den gewerblichen Mitarbeitern sollen die Pausen künftig nicht mehr als Arbeitszeit gerechnet werden.
6. Um das angestrebte Ziel vollständig erreichen zu können, war es erforderlich, 25 Leiharbeiter sowie 17 der 97 fest angestellten Mitarbeiter am Standort Gindels freizusetzen.

Eine zügige Umsetzung der Planungen wurde sowohl von der Arbeitnehmer- als auch von der Arbeitgeberseite befürwortet. Dieses erschien ratsam, um erstens den verbleibenden Mitarbeitern so schnell wie möglich Sicherheit zu vermitteln und zweitens die verbleibenden Fähigkeiten und Kompetenzen adäquat im Planungsprozess berücksichtigen zu können.

Im Sinne der Unternehmensphilosophie kam nur eine sozialverträgliche Gestaltung des Freistellungsprozesses in Verbindung mit einer offenen Kommunikationspolitik in Frage. Diese offene Kommunikationspolitik sollte einerseits drohende Gerüchte vermeiden und andererseits den Mitarbeitern zu einem frühen Zeitpunkt ermöglichen, sich mit der neuen Situation auseinander setzen zu können.

In einer Unternehmensversammlung im Februar 2002 wurden die Mitarbeiter durch das Management über das Erfordernis einer Kostenreduzierung informiert. Im März 2003 wurde dann die Entscheidung über die Reduzierung der Produktionskapazitäten kommuniziert. Die Bekanntgabe der Freisetzung von 17 fest angestellten Mitarbeitern erfolgte im Mai 2003. Im Rahmen diverser Informationsveranstaltungen erhielten die Mitarbeiter Gelegenheit, Fragen zu stellen und Vorschläge einzubringen. Interessierte Arbeitnehmer konnten sich mit ihrem Vorgesetzten oder direkt mit dem Personalleiter in Verbindung setzen.

5 Das Freisetzungskonzept

Dem Unternehmensgrundsatz *Gegenseitigkeit* folgend, wurde in der Findungsphase auf das Prinzip der *Freiwilligkeit* gesetzt. Dabei sollte die Fürsorgepflicht nicht mit einem Aufhebungsvertrag enden, sondern es war das erklärte Ziel des Managements, den freigesetzten Mitarbeitern beratend und unterstützend bei der Suche nach einem neuen Arbeitsplatz zur Seite zu stehen. Folglich beinhaltete das Angebot für einen Aufhebungsvertrag neben einer Abfindungszahlung auch die Option, eine professionelle Begleitung durch eine Outplacement-Agentur in Anspruch nehmen zu können.

Die Möglichkeit der Gründung einer eigenen Beschäftigungsgesellschaft wurde aufgrund gesetzlicher Restriktionen nach kurzer Zeit verworfen. Unter Berücksichtigung aller Faktoren - insbesondere soziale Gesichtspunkte und rechtliche Belange - wurde zusammen mit dem Betriebsrat ein gemeinsamer Interessenausgleich erarbeitet, welcher sich wie folgt skizzieren lässt:

- Frei werdende Stellen an anderen Standorten der EeagleWood AG sollten vorrangig Mitarbeitern des Betriebes Gindels angeboten werden, soweit diese für die jeweilige Stelle nach ihren Kenntnissen und Fähigkeiten in Betracht kamen.
- Das Management informierte umfassend über ein Programm zur Frühverrentung älterer Arbeitnehmer.
- Den Arbeitnehmern am Standort Gindels wurde ein Aufhebungsvertrag in Verbindung mit einer Abfindungsregelung angeboten: 1,25 Monatsgehälter pro Dienstjahr, jedoch maximal 12.000,- Euro zzgl. einer so genannten „Sprinterprämie" in Höhe von 1.000,- Euro für „Schnellentschlossene", die sich bis zum 15. November 2003 entscheiden mussten.
- Die freigesetzten Mitarbeiter konnten ab November 2003 kostenlos die Dienstleistung der externen Outplacement-Agentur in Anspruch nehmen.

Betriebsbedingte Kündigungen in Verbindung mit einem Sozialplan wurden durch das Management nur für den Fall in Betracht gezogen, dass die angestrebte Reduzierung um 17 Mitarbeiter auf freiwilliger Basis nicht erreicht werden sollte.

Parallel zu den Informationsveranstaltungen führte der Produktionsleiter Feedback-Gespräche mit jedem einzelnen Mitarbeiter. Ziel dieser Gespräche war es, die Arbeitnehmer für die steigenden Anforderungen innerhalb der reorganisierten Prozesse zu sensibilisieren: Verlängerte Arbeitszeiten, Kürzung der Pausen, Reduzierung des Personalbestandes sowie Umverteilung der zu bewältigenden Aufgaben auf den verbleibenden Mitarbeiterstamm erfordern engagierte und motivierte Arbeitnehmer. Im Rahmen dieser Feedback-Gespräche erhielten die Mitarbeiter Gelegenheit, selbst Vorschläge zu unterbreiten, wie die Produktivität weiter gesteigert werden könne.

Der Personalleiter führte außerdem Einzelgespräche mit allen Arbeitnehmern, die einen Anspruch auf das interne EeagleWood-Programm zur Frühverrentung hatten. Abgesehen von diesem Personenkreis ging in allen anderen Trennungsgesprächen die Initiative von dem jeweiligen Mitarbeiter selbst aus. Nach einigen Tagen meldeten sich die ersten Interessenten.

6 Die Outplacement-Beratung

Die Personalfreisetzung ist ein Ereignis mit vielfältigen Konsequenzen für alle Beteiligten. Mit dem Instrument Outplacement wird versucht, den unterschiedlichen Interessen und Bedürfnissen der Beteiligten Rechnung zu tragen. Wörtlich genommen heißt Outplacement nichts anderes, als dass Unternehmen ihre Mitarbeiter außerhalb der eigenen Firma bei einem neuen Arbeitgeber erfolgreich „platzieren". Die Grundidee ist einfach, aber bestechend.

Vor allem die Kostenersparnis auf materieller und immaterieller Ebene macht das Instrument Outplacement für Mitarbeiter und Unternehmen attraktiv. Neben der Vermeidung von Unruhe kann es sogar zur Motivationssteigerung kommen, da von der Unternehmerseite ein positives Signal gesetzt wird.

In einer allgemeinen Informationsveranstaltung konnten sich alle interessierten Mitarbeiter zunächst einen ersten Eindruck über das Outplacement-Angebot verschaffen. Das vorgestellte Konzept umfasste die folgenden Punkte:

1. Orientierungs-Workshop zur Standortbestimmung
   Aktuelles Befinden und „Abschiednehmen" von EeagleWood
   Positive Bilanz ziehen: „... was nehme ich mit?"
   Eigene Stärken und Schwächen analysieren
   Potenzialanalyse zur Erstellung eines Profil der beruflichen und persönlichen Stärken
   Identifizierung von Chancen und Risiken auf dem Arbeitsmarkt
   Berufliche und persönliche Zielfindung
2. Bewerber-Training
   Bewerbungsstrategien
   Recherche und kreative Wege der Jobsuche
   Kontaktanbahnung
   Unterlagen
   Interviews
3. Job-Vermittlung
   Nutzung des Netzwerkes der Outplacement-Agentur
   Training-on-the-Job
4. Coaching
   Prozessbegleitung
   Vertragsverhandlungen
   Entscheidungsfindung
   Probezeit

Die einzelnen Punkte wurden ausführlich erörtert und offene Fragen beantwortet.

6.1 Orientierungs-Workshop zur Standortbestimmung

Mit dem Orientierungs-Workshop und der Beratung zur beruflichen Neuorientierung wurde zeitnah durch die Outplacement-Agentur begonnen. Der Schwerpunkt lag dabei auf der Potenzialanalyse, der Identifizierung persönlicher Alternativen sowie der Entwicklung von Visionen. Hier folgen beispielhaft einige Fragen, welche die ausscheidenden Mitarbeiter beantworten sollten:

- Was haben Sie bei EeagleWood gelernt?
- Welche Fachkenntnisse konnten Sie besonders vertiefen?
- Was hat Ihr spezielles Aufgabengebiet ausgezeichnet?
- Was waren Ihre größten Erfolge?
- Welche Ihrer bisher im Job erworbenen Fähigkeiten ist für andere Unternehmen von besonderem Interesse?
- Wo könnten Sie Ihre berufliche Laufbahn kontinuierlich weiterentwickeln?
- Welche neuen Ideen und Möglichkeiten bieten sich Ihnen gerade aufgrund der Bandbreite Ihres Tätigkeitsfeldes?

Arbeit schafft Identifikation und bestimmt die wesentlichen Koordinaten innerhalb unserer Gesellschaft. Vor diesem Hintergrund ist es nicht verwunderlich, dass die meisten ihrem Arbeitsplatz auch emotional verbunden sind. Neben Zukunftsängsten beherrscht häufig das Gefühl des schmerzlichen Verlusts der gewohnten Lebensumstände und des sozialen Umfelds die Gemüter der Betroffenen.

Arbeitspsychologen sprechen daher von einer ersten Phase, in der die erforderliche „Trauerarbeit" geleistet werden muss. Zu dem „bewussten" Abschiednehmen aus dem bisherigen Kollegenkreis gehört es auch, ein eigenes und individuelles Resümee zu ziehen. Wichtig ist es dabei, dass der ausscheidende Mitarbeiter auch die positiven Aspekte realisiert. Branchenspezifische Kenntnisse, Berufserfahrung, Know-how usw. sind Elemente, welche die Mitarbeiter aus dem zu Ende gehenden Arrangement mitnehmen und dem Arbeitsmarkt erneut zur Verfügung stellen können.

Die Teilnehmer erkannten schnell, dass ihre jetzige Tätigkeit bei EeagleWood die Basis und den Ausgangspunkt für die berufliche Neuorientierung darstellt. Spätestens für den Lebenslauf würden sie ein kurzes und stimmig erscheinendes Profil benötigen, welches klar und eindeutig Auskunft darüber gibt, welche Erfahrungen und Kenntnisse sie in den einzelnen beruflichen Stationen erwerben konnten.

Durch eine Stärkung des Selbstbewusstseins sowie eine Fokussierung auf die anstehenden Aufgaben schaffte es die Outplacement-Beraterin, dass die Emotionen (Trauer, Wut, Frustration, Angst) zunehmend an Bedeutung verloren. Am Ende der zweitägigen Orientierungsberatung verfügte jeder Mitarbeiter über seine persönliche Strategie und konnte seine individuellen Chancen und Risiken auf dem Arbeitsmarkt einschätzen.

6.2 Bewerber-Training

Das mit Hilfe der Potenzialanalyse erstellte Profil der beruflichen und persönlichen Stärken diente als Grundlage für die Entwicklung einer professionellen und persönlichen Bewerbungsstrategie. Die ausscheidenden Mitarbeiter wurden insbesondere mit folgenden Punkten vertraut gemacht:

1. Stellensuche
   Vorbereitungen zur Stellensuche, Erarbeitung beruflicher Alternativen, Kontaktanbahnung, Auswahl und Interpretation von Stellenanzeigen usw.
2. Aussagefähige Bewerbungsunterlagen
   Formale und inhaltliche Anforderungen erfolgreicher Bewerbungen: Anschreiben, Lebenslauf, Bewerbungsfoto, Bewerbungsmappe, Zeugnisse, Referenzen, Anlagen, Layout, Vollständigkeit usw.
3. Vorstellungsgespräch
   Auswahlverfahren, Checklisten, Bewerberknigge, Arbeitsverträge, Probezeit usw.

In dieser Phase ging es darum, die Betroffenen über die Anforderungen des Arbeitsmarktes umfassend zu informieren. Die Bewerbungsunterlagen als Visitenkarte eines Arbeitssuchenden sollten dabei die individuellen Fähigkeiten und Qualitäten einer Person zum Ausdruck bringen. So erhielten die Teilnehmer von der Outplacement-Agentur zahlreiche Hinweise, wie sie das individuelle Profil schärfen und durch eine sorgfältig und gewissenhaft erstellte Bewerbung ihre Chancen und Möglichkeiten im Markt steigern können.

Die einzelnen Module wurden mit einem Abstand von zehn Tagen durchgeführt. Während dieser Zeit hatten die Teilnehmer Gelegenheit, dass Gelernte zu verarbeiten und die Bewerbungsunterlagen vorzubereiten. Zwischen den Modulen stand die Beraterin für Rückfragen zur Verfügung.

Neben der Erstellung aussagefähiger Bewerbungsunterlangen befasste sich die Beraterin im zweiten Modul insbesondere mit dem Thema Initiativbewerbung. Zudem wurden weitere Wege in den Arbeitsmarkt aufgezeigt. Unter anderem wurde den Teilnehmern nahe gelegt, selbst Kontakte zu entwickeln und auszubauen. Weitere Optionen wie z. B. Selbstständigkeit, Weiterbildungs- und Umschulungsmaßnahmen wurden geprüft und erörtert.

In einem späteren Beratungsblock folgte das Trainieren von Vorstellungsgesprächen. Neben den typischen Interviewfragen ging die Beraterin auf das persönliche Auftreten ein, welches beispielsweise auch die Frage der Kleidung sowie die Bedeutung einer authentischen Körpersprache umfasste.

6.3 Job-Vermittlung

Ein weiterer Vorteil, welche die externe Outplacement-Agentur mit sich brachte, war die aktive Unterstützung bei der Suche nach offenen Stellen am regionalen und überregionalen Arbeitsmarkt. In der Informationsveranstaltung versprachen die Agentur-Vertreter, die zahlreichen Kontakte zu anderen Firmen nutzen zu wollen, um zeitnah möglichst viele Arbeitnehmer zu vermitteln. Die Teilnehmer sollten auf diesem Wege Zugang zu Positionen erhalten, die

„exklusiv" vor der Veröffentlichung auf dem offenen Arbeitsmarkt von der Agentur erschlossen würden. Dabei sollte jede von der Outplacement-Agentur akquirierte Stelle mit den Profilen der Teilnehmer abgeglichen werden, so dass sich die in Frage kommenden Personen zielgerichtet auf diese Stelle bewerben könnten.

Nach Angaben der Agentur lag die Vermittlungsquote in früheren Outplacement-Projekten bei 80 bis 90% innerhalb der ersten sechs Monate. Diese Information wurde sehr positiv von der Belegschaft aufgenommen und in eine entsprechende Erwartungshaltung überführt. Zudem erklärte die Beraterin, dass sie über einen hohen Erfahrungsschatz in den Berufen verfüge, welche die Teilnehmer gelernt und ausgeübt haben. Auch dieser Punkt schaffte in der Belegschaft zusätzliches Vertrauen in die Kompetenz der Agentur.

6.4 Coaching

Um eine prozessbegleitende Einzelberatung sicherstellen zu können, ist eine gezielte Coaching-Strategie immer ein zentrales Element im Angebot der Outplacement-Agenturen.

Coaching zielt auf das Entwicklungspotenzial. Genaues Augenmerk wird dabei auf den Einstellungs- und Verhaltensbereich gelegt, damit eine kontinuierliche Leistungsverbesserung möglich wird. Damit das Coaching erfolgreich verlaufen kann, muss Vertrauen in die Kompetenz des Coachs vorhanden sein. *Gegenseitiges Vertrauen* und *Freiwilligkeit* sind wesentliche Prinzipien des Coachings. *Freiwilligkeit* bedeutet, dass die Initiative für alle Aktivitäten stets von dem zu coachenden Mitarbeiter ausgeht, der zudem jederzeit das Coaching unterbrechen oder beenden kann.

Nach Absprache mit dem Unternehmen und nach Bedarf der Teilnehmer stand die Beraterin an festgelegten Terminen für Einzelcoachings zur Verfügung. Dabei wurden insbesondere folgende Themengebiete bearbeitet:

- Erörterung individueller Bewerbungsprobleme,
- Beraten bei individuellen Bewerbungsaktivitäten (z. B. spezielle Anzeigenreaktion, Vorstellungsgesprächstraining),
- Durchsprechen von Vertragsangeboten,
- Zielvereinbarungen mit den Teilnehmern,
- Individuelle Hinweise zur Einarbeitung,
- Vorbereitende Schritte zur Existenzgründung und
- Erfolgskontrolle.

Teilnehmer, welche eine mögliche Existenzgründung in Betracht gezogen hatten, erhielten darüber hinaus eine individuelle und umfassende Existenzgründungsberatung.

7 Evaluation des Freisetzungsprozesses

Die vergleichsweise hohen Abfindungszahlungen flankiert durch das Outplacement-Angebot haben die Realisierung des angestrebten Zieles sichergestellt. Im Mittelpunkt der Evaluation stand insbesondere die Frage, wie die Beteiligten die Outplacement-Beratung wahrgenommen haben. Zu diesem Zweck wurden Interviews mit dem Management, dem Betriebsratsvorsitzenden, der externen Beraterin sowie den ausgeschiedenen bzw. ausscheidenden Mitarbeitern geführt.

Elf Mitarbeiter haben das Angebot der Abfindungszahlung gekoppelt mit einem Aufhebungsvertrag in Anspruch genommen. Sechs weitere Arbeitnehmer entschlossen sich für das Programm zur Frühverrentung. Von diesen 17 Mitarbeitern nutzten zehn das Outplacement-Angebot, davon ein Anwärter auf die Rente.

Alle zehn Teilnehmer waren männlich und im Alter von 28 bis 55. Die Betriebszugehörigkeit lag zwischen fünf und 21 Jahren. Die Teilnehmer am Outplacement konnten folgende Ausbildungen vorweisen: Elektroinstallateur, Starkstromelektriker, Tankwart, Mechaniker, Industriemeister Holzverarbeitung sowie Zimmermann. Die meisten waren als Maschinenführer für das Unternehmen tätig. Drei von ihnen erfüllten Leitungsaufgaben.

Für einen der ehemaligen EeagleWood Mitarbeiter stand nach den ersten Gruppengesprächen fest, dass er sich selbständig machen würde. Sein besonderes Augenmerk galt der Existenzgründerberatung. Bereits nach wenigen Wochen war erkennbar, dass er sein Gründungskonzept erfolgreich umsetzen konnte.

Drei Teilnehmer fanden bereits nach kurzer Zeit eine neue Stelle. Ein Outplacement-Nutzer entschied sich für das Programm der Frühverrentung; ein weiterer war bewusst aus dem Arbeitsmarkt ausgeschieden. Die restlichen fünf waren zum Zeitpunkt der Evaluation (Juni 2004) noch arbeitsuchend. Hierbei sind zwei Mitarbeiter aufgrund der vereinbarten Vertragslaufzeit noch für die EeagleWood AG tätig. Einem weiterem Mitarbeiter wurde zwar eine Stelle angeboten, er lehnte diese jedoch wegen der aus seiner Sicht zu geringeren Vergütung ab. Einige Unternehmen haben darum gebeten, die Bewerbungsunterlagen behalten zu dürfen, um bei Bedarf auf die Mitarbeiter zurückgreifen zu können.

Bei der Frage, wie sie dem Thema Outplacement vor Antritt des Workshops gegenüberstanden, stellte sich heraus, dass die Teilnehmer entweder mit Skepsis oder Hoffnung in die Beratung gegangen waren, Skepsis, weil erwartet wurde, dass die Beraterin nicht wirklich helfen könne und es bei den Terminen nur um „Schönrederei" gehe. Andere hofften auf eine gute Bewerbungsberatung sowie die Nutzung der Erfahrung und des breiten Kontaktnetzes der Outplacement-Agentur. Die eher negative Grundhaltung legte sich bei den Teilnehmern meist nach dem ersten Zusammentreffen, weil sich ihre Befürchtungen sich nicht bestätigten.

Die Arbeitsatmosphäre in der Gruppe beurteilten alle Teilnehmer als außerordentlich produktiv. Eine gegenseitige Unterstützung konnte beobachtet werden. Die Gestaltung der Workshops war in der Wahrnehmung der Mitarbeiter zielführend. Die Mehrheit der Gruppe sagte, dass die Beraterin im Rahmen ihrer (zeitlichen) Möglichkeiten sehr gut auf individuelle Probleme eingegangen war. Nur ein Teilnehmer hatte das Gefühl, seine Fragen aufgrund fehlender Zeit bei den Gruppensitzungen nicht lösen zu können.

Durch die Beratung ist vielen Teilnehmern erst bewusst geworden, über welche Potenziale sie verfügen und wie sie diese aktivieren können. Das Bewerbertraining wurde als sehr hilfreich empfunden. Auch für diesen Bereich wurde die Beraterin überwiegend als engagiert und kompetent charakterisiert. Besonders positiv beurteilten die ausscheidenden Mitarbeiter die exzellenten Bewerbungsunterlagen, die nach ihrer Auffassung ohne die Beratung in dieser Qualität nicht entstanden wären. Diesen Vorteil gegenüber potenziellen Mitbewerbern drückte ein Teilnehmer folgendermaßen aus: „Dank der sehr guten Unterlagen hatte man schon einen Fuß in das neue Unternehmen gesetzt".

In einigen Fällen wurden die Bewerbungsunterlagen direkt von der Outplacement-Agentur an andere Kunden und damit potenzielle Arbeitgeber weitergeleitet. Die zum Teil fehlende Rückmeldung wurde dabei kritisch angemerkt. Etwa ein Drittel der Gruppe war darüber enttäuscht, dass die Agentur in ihrem Arbeitsbereich über keine direkten Kontakte zu potenziellen neuen Arbeitgebern verfügte.

Fast alle Teilnehmer waren der Meinung, dass sie künftig auf eine weitere Unterstützung durch die Outplacement-Agentur verzichten könnten. Ein wesentliches Ziel des Coaching-Prozesses wurde damit erreicht; gemeint ist die Hilfe zur Selbsthilfe. Einzelne Mitarbeiter waren bereits mit dem Bewerber-Training zufrieden und verzichteten auf die Inanspruchnahme weiterer Termine.

Teilweise haben die Teilnehmer die Dienstleistung Outplacement in ihrem Bekanntenkreis weiterempfohlen und dabei über ihre Erlebnisse und Erfolge berichtet. Einige äußerten, dass sie dem Management dankbar seien für das Angebot der Outplacement-Beratung und Eeagle-Wood in guter Erinnerung behalten würden.

8 Fazit

Die Kombination der Abfindungszahlung mit der Outplacement-Beratung hat sich bewährt. Zu dieser Überzeugung gelangten sowohl das Management als auch der Betriebsrat. Langwierige und kostspielige Auseinandersetzungen und Rechtsstreitigkeiten konnten verhindert werden. Getreu des Firmengrundsatzes *Gegenseitigkeit* ist es gelungen, die erforderliche Personalfreisetzung sozialverträglich umzusetzen. Eine wesentliche Voraussetzung hierfür war die intensive, offene und vertrauensvolle Zusammenarbeit und Kommunikation zwischen dem Management, dem Betriebsrat und der Belegschaft. Die Evaluation der Ergebnisse zeigt, dass alle Parteien von dem Einsatz der Outplacement-Agentur profitierten.

Durch die professionelle Unterstützung stiegen die Chancen der ausscheidenden Mitarbeiter, in absehbarer Zeit einen neuen Arbeitsplatz zu finden, der ihren Fähigkeiten und Wünschen entsprach. Der Prozess der Arbeitsplatzsuche hat sich durch das Outplacement erheblich verkürzt. Die aktive Unterstützung in einer Zeit der emotionalen Verunsicherung half den Mitarbeitern, die „Trauerphase" zu überwinden.

Nach Einschätzung des Betriebsratsvorsitzenden hatte die Outplacement-Beratung eine positive Wirkung nicht nur auf die Betroffenen selbst, sondern auch auf die verbleibenden Mitarbeiter. Viele hätten wohlwollend registriert, dass das Management bestrebt gewesen sei, eine wirtschaftlich vertretbare und zugleich auf die Bedürfnisse der ausscheidenden Mitarbeiter zugeschnittene Lösung zu finden. Der gewünschte Nebeneffekt, das positive EeagleWood-Image im Innen- und Außenverhältnis aufrecht zu erhalten, konnte durch einen ausgewogenen und von allen Beteiligten als gerecht empfundenen Kompromiss sichergestellt werden.

Galt in früheren Zeiten Outplacement in erster Linie als Unterstützung im Top-Management, so zeigt das aktuelle Beispiel der EeagleWood AG, dass sich dieses innovative Instrument auf allen Hierarchieebenen erfolgreich einsetzen lässt.

Grundsätzlich sollte berücksichtigt werden, dass sich hinter dem Thema Personalfreisetzung immer das persönliche und berufliche Schicksal einzelner Menschen und Familien verbirgt. Da ein solcher Prozess sowohl für die ausscheidenden als auch die verbleibenden Arbeitnehmer stets mit Unsicherheit verbunden ist, sollte nach Auffassung des Autors das sensible Instrument der Personalfreisetzung nur mit großer Zurückhaltung und Besonnenheit eingesetzt werden.

III. Standortschließung mit Zukunftsperspektive

H. Jürgen Bauerreiß und Simon Seebass

1 Unvermeidbarer Wandel

Die Entwicklung von Unternehmen und ganzer Industrien ist in den vergangenen Jahren sehr viel dynamischer geworden als noch in den 80er Jahren. Dabei können rasanter Aufschwung und abrupter Einbruch sehr nah beieinander liegen. Das stellt hohe Anforderungen an das HR Management, aber auch Mitarbeiter müssen sich zunehmend auf den ungeplanten Arbeitsplatzwechsel einstellen. Während das Arbeitsrecht den Kündigungsschutz noch in den Vordergrund stellt, muss in der betrieblichen Realität nach Lösungen gesucht werden, den unvermeidbaren Wandel im Interesse der Mitarbeiter und des Unternehmens zu gestalten. Dafür steht das folgende Beispiel.

2 Unternehmenssituation

Ericsson ist der Pionier des Mobilfunks und der Weltmarktführer für die Ausrüstung von Netzbetreibern wie Vodafone oder T-Mobile. Mit dem globalen Erfolg von GSM und anderen Mobilfunkstandards der zweiten Generation (2G) ist das Unternehmen stark gewachsen und hat seine Präsenz auf über 140 Länder ausgeweitet. Ein wichtiger Teil des Erfolges waren die hohen Investitionen in Forschung und Entwicklung, um die Technik zuverlässiger und günstiger zu machen, um neue Dienste in den Markt zu bringen (Dinge wie SMS oder internationales Roaming erscheinen uns heute selbstverständlich), aber auch, um neue Technologien in den Markt einzuführen wie GPRS, MMS oder die dritte Generation des Mobilfunks, UMTS (3G), womit wiederum neue Dienste, wie das verschicken von Bildern oder Videotelefonie ermöglicht werden. Und nicht zuletzt musste die Kapazität der Systeme ständig erweitert werden, um die rasant wachsende Zahl von Handynutzern zu bedienen.

In diesem Zuge hat Ericsson auch in Deutschland Millionen in den Aufbau von Forschung und Entwicklung (F&E) gesteckt. Die Gründe waren vor allem, dass Deutschland der größte Markt in Europa für Mobilfunk ist und dass Deutschland sehr gute technische Hochschulen besitzt. Alle drei Standorte, Aachen, Hildesheim und Nürnberg, haben einen hervorragenden Ruf im Konzern erarbeitet, insbesondere für die hohe Kompetenz, das Engagement der Mitarbeiter und die Termintreue. Darüber hinaus haben die Forschungsabteilungen in Aachen und Nürnberg durch eine Vielzahl von Patenten und wertvolle Kooperationen mit Universitäten einen wichtigen Beitrag für die Grundlagen zukünftiger Technologien gelegt.

In den Jahren 1999 und 2000 entwickelte sich ein regelrechter Hype um das Thema *Mobile Internet*. Alle Marktteilnehmer erwarteten einen rasanten Start von GPRS und UMTS. Den Netzbetreibern konnte es nicht schnell genug gehen, und entsprechend wurden die Ressourcen in der Entwicklung massiv aufgestockt. Alle in der Branche haben sich um Ingenieure und

Informatiker gerissen und die Gehälter wuchsen in einem sonst in Deutschland nicht gekannten Tempo, um die wertvollen Mitarbeiter nicht an den Wettbewerber zu verlieren. Ericsson hat in Deutschland die Zahl der Mitarbeiter in F&E im Zeitraum 1998 bis 2001 in etwa verdoppelt.

Im Sommer 2000 begann allerdings die Luft aus der Internetblase zu entweichen. Zusätzlich zu dieser globalen Entwicklung gab es noch einige spezifische Effekte der Mobilfunkindustrie: In teilweise atemberaubenden Übernahmeschlachten, am prominentesten war der Kauf von Mannesmann durch Vodafone, haben Netzbetreiber gigantische Summen investiert, um Marktanteile zu gewinnen oder in neue Märkte vorzudringen. Es schien, als ob jeder Preis gerechtfertigt wäre, um zusätzliche Mobilfunklizenzen zu erwerben. Vor diesem Hintergrund sahen auch einige Finanzminister ihre Chance und versteigerten die Lizenzen für die dritte Generation (3G/UMTS) mit unglaublichem Erfolg. Hans Eichel konnte rund 100 Mrd. DM vereinnahmen, oder, anders ausgedrückt, der nationalen Mobilfunkindustrie den entsprechenden Betrag entziehen. Das allein verkraftet wohl kaum eine Branche ohne nachhaltige Schäden.

In der selben Phase stellten die Netzbetreiber fest, dass sie etwas zu euphorisch in zusätzliche Netzkapazität investiert hatten, während das Kundenwachstum nachließ und die Kunden auch ihre Umsätze nicht weiter steigerten. Am Rande gab es dann auch noch die gefloppte Markteinführung von WAP als dem Einstieg ins Mobile Internet und der nur schleichende Erfolg von GPRS, was die Kommentatoren dazu verleitete, vom allgemeinen Jubel in allgemeine Skepsis zu verfallen.

Die Folgen sind schnell erläutert: Die Netzbetreiber erkannten Ende 2000 bzw. Anfang 2001, dass sie zunächst drastisch Schulden abbauen mussten, bevor sie weiter in neue Technologien und weitere Kapazität investieren konnten. So musste Ericsson feststellen, dass gleichzeitig fast alle Kunden ihre Budgets zusammenstrichen und bei den verbleibenden Investitionen erheblich mehr Druck auf die Preise machten. So verlor Ericsson in weniger als zwei Jahren mehr als die Hälfte des Umsatzes und war so gezwungen, in drastischer Weise Kosten zu reduzieren. Zunächst wurden ein Einstellungsstopp verhängt und strikte Reisebeschränkungen eingeführt, bevor kurz danach auch Personalabbau unvermeidbar war. Von 2001 bis 2004 musste Ericsson von 107.000 auf 47.000 Mitarbeiter schrumpfen, um wieder in die Gewinnzone zu kommen.

Gleichzeitig wurde die Organisation erheblich vereinfacht und insbesondere die weltweit verstreute Forschungs- und Entwicklungsarbeit auf weniger Standorte konzentriert. Davon wurde auch die deutsche Niederlassung nicht verschont. In Aachen wurden Aufgaben und Verantwortlichkeiten konzentriert, aber 2001 fiel die Entscheidung, den Standort Hildesheim zu schließen, und 2002 wurde auch die Schließung des F&E Zentrums in Nürnberg beschlossen: Ende September wurde überraschend am Montagmorgen eine Mitarbeiterversammlung einberufen, und von einem Manager aus der Stockholmer Konzernzentrale mitgeteilt, dass der Standort zum Ende des ersten Quartals 2003 geschlossen wird.

Dieses Schicksal hatte zuvor bereits eine Reihe von anderen Standorten rund um den Globus getroffen. Aber Nürnberg arbeitete an der neuesten Technologie und an Produkten, die wichtige zukünftige Umsatzbringer für den Konzern sein sollten. Daher kam die Entscheidung für die 370 Mitarbeiter völlig unvorhergesehen.

3 Anforderungen an die Standortschließung

Der Standort Nürnberg war ein Kompetenzzentrum für Funktechnik in Mobilfunknetzen und die Entwicklung von Mobiltelefonen. Die Projekte, die zum Zeitpunkt der Schließungsentscheidung in Arbeit waren, sollten nicht abgebrochen werden, da die Ergebnisse von großer Bedeutung für die Weiterentwicklung von Funkbasisstationen waren bzw. Plattformen für Mobiltelefone der nächsten Generation darstellten. Es musste also sichergestellt werden, dass die laufenden Projekte abgeschlossen werden.

Die Entwicklungsgebiete sollten nicht eingestellt werden, sondern an anderen Standorten, die auch in diesem Bereichen tätig waren, fortgesetzt werden. Es musste also sichergestellt werden, dass die Dokumentation der bisherigen Arbeit und teilweise auch die Infrastruktur nach Abschluss der Projekte an andere F&E Zentren weitergegeben werden, und vor allem die Kompetenz transferiert wird.

Beide Aspekte stellten zunächst mal die Anforderung, dass die Mitarbeiter nicht frühzeitig in großer Zahl abwandern. Trotz der schlechten Marktlage war absehbar, dass viele der hoch qualifizierten Ingenieure umgehend neue Aufgaben finden und in einer solchen Situation lieber früher als später gehen würden.

Darüber hinaus war das Unternehmen trotz der Schließungsentscheidung noch auf die Motivation und die Loyalität der Mitarbeiter angewiesen, um wie bisher gute Qualität im Zeitplan abzuliefern und um die Übergabe der Kompetenz an andere Standorte zu ermöglichen.

Aufgrund der Übergabe der Arbeitsbereiche an andere Standorte war es auch notwendig, Mitarbeiter aus allen Kompetenzbereichen noch über das erste Quartal hinaus zu halten, um Support geben zu können.

Als Nebenbedingung muss auch genannt werden, dass der Konzern in einer dramatischen Krise war und daher die Kosten in maßvollen Grenzen gehalten werden mussten. Ericsson hat in dieser Phase der Restrukturierung die Anteilseigner um frisches Kapital gebeten (Rights Offering), um die Restrukturierungskosten (auf Deutsch vor allem Abfindungen) überhaupt tragen zu können.

Eine Besonderheit bei diesem Projekt war die Tatsache, dass der Standort bislang keinen Betriebsrat hatte, dieser jedoch zwei Monate nach der Schließungsentscheidung gewählt wurde. Die Initiative zur Gründung war allerdings schon davor erfolgt. So gab es zwar keine Verpflichtung, einen Interessenausgleich zu verhandeln, da zum Zeitpunkt der Gründung des Betriebsrates die Entscheidung zur Standortschließung gefallen war und auch schon Maßnahmen zur Umsetzung dieser Entscheidung eingeleitet worden waren. Damit waren die rechtlichen Risiken jedoch nicht geringer und zu dem Zeitpunkt, in dem die Kündigungen ausgesprochen wurden, war mit einem Betriebsrat zu rechnen.

Die Schließung des F&E Zentrums in Hildesheim war bereits in der Umsetzung, wo Sozialplan und Interessenausgleich mit dem Betriebsrat ausgehandelt worden waren, so dass es im Unternehmen einen Standard gab.

Outplacementaktivitäten, aber auch in Beratung, Hilfe bei den formalen Aspekten und einer insgesamt unkomplizierten Zusammenarbeit.

Der wichtigste Aspekt der Schließungsstrategie war aber wohl die Entscheidung, die Mitarbeiter so schnell wie möglich und bis zur endgültigen Schließung bei der beruflichen Neuorientierung professionell zu unterstützen (Outplacement). Neben ethischen Erwägungen hat hier eine große Rolle gespielt, dass das Unternehmen nach wie vor auf die Motivation und die Loyalität der Mitarbeiter angewiesen war und dies nicht ohne Gegenleistung zu erreichen ist. Darüber hinaus verminderten sich durch jede vorzeitige Eigenkündigung die Kosten und die rechtlichen Risiken.

Da die Personalfunktion sehr stark mit den negativen Aspekten der Schließung identifiziert wurde, war es von Vorteil, die Koordination der Outplacement Aktivitäten auf Seiten des Unternehmens in die Hände des Quality Managers zu legen. Dies hat sicher auch dazu geführt, dass es kaum zu emotionalen Widerständen gegen das Programm kam.

Für die Konzeption und Durchführung des Outplacement wurde ein Partner gesucht, der auf Erfahrung mit vergleichbaren Großprojekten verweisen konnte, eine überzeugende Methodik anwendet, überdurchschnittliche Vermittlungserfolge verbucht und in der Lage war, kurzfristig zu starten. Vor diesem Hintergrund fiel die Wahl auf die PM Gesellschaft für Personalberatung und Managemententwicklung mbH (PM). Das Programm sollte breit angelegt sein:

- Training der Mitarbeiter in Bezug auf Arbeitsmarkt, Bewerbung und Gesprächsführung,
- individuelles Coaching in Bezug auf Bewerbungsstrategie, Bewerbungsunterlagen, Vorstellungsgespräch und Vertragsverhandlung,
- aktive Suche nach offenen Positionen und
- die Nutzung von Marketingmethoden, um die Mitarbeiter mit Recruitern in Kontakt zu bringen.

5 Unterstützung bei der beruflichen Neuorientierung: Ericsson Transfer Center

5.1 Externer Partner

Die PM ist eine durch H. Jürgen Bauerreiß geführte Consulting, die in Deutschland zu den erfahrensten und erfolgreichsten Outplacementberatungen zählt. Sie arbeitet mit zehn festen Mitarbeitern und weiteren freien Mitarbeitern in Einzelbetreuung und Gruppenberatung. Das bislang größte Projekt umfasste die Betreuung von 430 Mitarbeitern. Die Beraterqualifikationen liegen schwerpunktmäßig in einer Kombination von Psychologie und Wirtschaft.

5.2 Das !NEW JOB Beratungsprogramm

5.2.1 Ganzheitlicher Beratungsansatz

Das !NEW JOB Beratungsprogramm von PM ist die konsequente Umsetzung von Wissen aus Wirtschaft, Human Resources und angewandter Psychologie. Das Gesamtprogramm basiert auf der PM-Formel, dass Bewerbungserfolg aus dem Zusammenspiel der vier Basisdimensionen Können, Wollen, Finden, Überzeugen resultiert. Jedem dieser vier Basisdimensionen hat PM jeweils neun Wissens- und Trainingsthemen zugeordnet, so dass das Beratungs- und Vermittlungsprogramm aus insgesamt 36 Inhaltspunkten besteht.

Die vier Basisdimensionen sind gegenseitig bedingend zu verstehen, so dass ein Bewerbungserfolg in der Regel nur dann zu erwarten ist, wenn alle der vier Dimensionen gleichermaßen erfüllt werden. Ein besonderes Charakteristikum des PM-Ansatzes in der Dimension Überzeugen liegt im Zusammenwirken von verbaler und nonverbaler Kommunikation, wobei der nonverbalen Kommunikation ein hoher Stellenwert eingeräumt wird, ein Coaching- und Trainingsgegenstand, der gerade bei der Berufsgruppe von Ingenieuren/Informatikern besonders wichtig war und ist.

5.2.2 Beratungsmethodik

Das !NEW JOB Beratungsprogramm wurde im Oktober 2002 vom designierten Beraterteam in einer Informationsveranstaltung mit etwa 280 Mitarbeitern vorgestellt, die eine überwiegend kritisch-skeptische Grundhaltung mitbrachten. Innerhalb von drei Tagen lagen 310 Anmeldungen vor, die sich im Laufe einer weiteren Woche auf 337 steigerten.

Von Ende November 2002 bis Mitte Januar 2003 wurden mit jedem Mitarbeiter ein Kurzprofil im A4-Format erarbeitet, das in die Online-Datenbank des Vermittlungs-Service PROFILE eingestellt wurde. Vor allem jedoch wurde den Mitarbeitern in dieser Zeit das 36-Punkte-Beratungsprogramm vermittelt, das sich in der Methodik an die Gepflogenheiten eines Universitätsbetriebes anlehnte:

- Stufe 1: Wissensvermittlung mit Vorlesungscharakter, Großgruppen mit etwa 100 Teilnehmern,
- Stufe 2: Vertiefung und praktische Anwendung, Seminargruppen mit 10 - 20 Teilnehmern,
- Stufe 3: Übertragung auf die eigene Person: Coaching und Training in Einzelterminen.

Auf diese Weise ist es gelungen, gleichermaßen mit Effizienz und Individualität den Stoff an die 340 Mitarbeiter zu vermitteln und in kürzester Zeit die gewünschten Trainingserfolge zu erzielen.

Das !NEW JOB Beratungsprogramm enthielt alle sinnvollen und erforderlichen Beratungselemente einer klassischen Outplacementberatung, wie etwa Standortbestimmung, Herausarbeiten von beruflichen Perspektiven und realistischen Zielvorstellungen, Erarbeiten von prägnanten und gewinnenden Unterlagen, Training von Telefonkontakten und Vorstellungsgesprächen. Merkmale der Beratungslogistik waren unter anderem eine ständige Präsenz eines sechsköpfigen Beratungsteams im Betrieb, Einrichten eines Ericsson TransferCenters an kommunikativ günstiger Stelle im Unternehmensgebäude, direkte Kommunikationsmöglichkeiten mit jedem Teilnehmer über das Intranet, Bereitstellung von wichtigen Informationsquellen in Form von CD-Datenbanken, wichtigen Prints.

5.3 Vermittlungstools

5.3.1 TransferCenter

Zentrale Anlaufstelle und Umschlagsplatz für Jobchancen war das TransferCenter. In diesem Büro waren für alle sichtbar die Ergebnisse der systematischen Auswertung der Stellenteile von 15 relevanten Printmedien ausgehängt, ergänzt um eine Fachbibliothek mit wichtigen Nachschlagewerken und einer CD-Firmendatenbank, in der die Daten von über 2 Mio. Unternehmen gespeichert sind. Ergänzend wurde von PM die erarbeitete Online-Kandidatenbank intern genutzt, um die gefundenen Stellenangebote mit den Profilen der Ericsson-Mitarbeiter zu vergleichen. Dies ermöglichte auch intern ein treffsicheres Matching, dessen Ergebnisse den jeweilig betreffenden Kandidaten zeitnah per Email mitgeteilt wurde. Dadurch wurde sichergestellt, dass jeder die für ihn gefundenen konkreten Jobchancen sofort prüfte und sich entsprechend umgehend bewerben konnte - nicht ohne vorher einen Optimierungstermin für die erstellten Unterlagen mit dem PM-Berater gehabt zu haben.

5.3.2 Profiling und Website

Kernstück der von PM durchgeführten Vermittlungsaktivitäten war die Online-Datenbank PROFILE mit den Profilen der Ericsson-Mitarbeiter. Im Umfang einer A 4-Seite beschrieb sich jeder Mitarbeiter - unter Anleitung und Optimierung seines PM-Beraters – in den Rubriken aktuelle Funktion, Qualifikation, Erfahrungsschwerpunkte, Erfolge bzw. erreichte Ergebnisse und persönliche Stärken. Abgerundet wurde das Profil durch Angaben zu der Zielvorstellung des Kandidaten hinsichtlich Aufgabe, Branche, Unternehmensumfeld und gewünschtem Regionalraum.

Die Gesamtheit aller Profile wurde in eine Online-Datenbank eingestellt, deren Adresse und Zugangswörter per Direct-Mailing an über 1.700 Unternehmen versandt wurde, die aufgrund ihrer Geschäftstätigkeit ein potenzielles Interesse an den Ericsson-Profilen haben konnten. Die Suchwege für den User waren dabei umfassend und komfortabel, da man sowohl nach vorgegebenen Kriterien wie Unternehmens-/Funktionsbereiche, Spezialkenntnisse, Führungserfahrung und anderen mehr sowie aufgrund freier Stichworte im Volltext suchen konnte.

Die Prüfung des Kurzprofiles an sich war innerhalb einer Minute möglich. Bei weitergehendem Interesse konnten sofort die namengeschützten Unterlagen in Form einer pdf-Datei eingesehen werden. Bestand daraufhin Interesse an einem Vorstellungsgespräch, so war dies mittels eines Email-Formulars zeitsparend und unbürokratisch in die Wege zu leiten. PM informierte daraufhin umgehend den Kandidaten, so dass zwischen dem Besuch auf der Website und dem direkten Kontakt mit dem Kandidaten oftmals nur eine Stunde lag.

5.3.3 Telefonmarketing

Ergänzend zu dem Direct-Mailing mit Bekanntgabe der Website-Adresse für die Online-Datenbank suchte PM den direkten Kontakt zu den Recruitern in den potenziellen Zielfirmen. In diesem Zusammenhang wurden von PM rund 3.000 Telefongespräche geführt, nicht eingerechnet die vorausgehenden Versuche, bestimmte Gesprächspartner zu erreichen. Auf diese Weise erfuhr PM von insgesamt ca. 530 Vakanzen, die für Ericsson-Mitarbeiter potenziell interessant waren und zum überwiegenden Teil nicht öffentlich ausgeschrieben waren. Die auf diese Weise gefundenen Vakanzen wurden in das Ericsson-Intranet eingestellt. In diesem hatte PM eine eigene Homepage für beratungsrelevante Themen, von Seminarunterlagen bis zu den Stellenangeboten.

5.3.4 Kandidatenmesse

Von vornherein als Vermittlungsmöglichkeit für diejenigen gedacht, die in den ersten sechs Monaten des Vermittlungsservices von PM noch keinen neuen Arbeitsvertrag in Aussicht hatten, wurde Mitte Mai eine Kandidaten-Messe im Gebäude von Ericsson organisiert und durchgeführt. Werbeinstrumente hierzu waren ein hochwertiger Flyer im A 4-Format, der an 264 Unternehmen versandt wurde sowie die Kontakte im Telefonmarketing. Auf diese Weise lagen die Anmeldungen von 31 Gesprächspartnern aus 17 Unternehmen vor.

Die Kandidaten-Messe selbst wurde von den Kandidaten auf Anleitung von PM professionell vorbereitet. Es wurden insgesamt elf Qualifikationsgruppen definiert, die sich jeweils in einem zehnminütigen Vortrag präsentierten, ergänzt um jeweils eine einminütige Vorstellung jedes dazugehörigen Mitarbeiter. So konnten sich die Unternehmens-Recruiter nochmals einen spontanen Eindruck von der Persönlichkeit eines Kandidaten bilden. Aufgrund dessen kamen zu den bereits vorab feststehenden 130 Gesprächsterminen noch einmal etwa 35 Termine hinzu.

5.4 Vermittlungsergebnisse

Innerhalb des Beratungszeitraumes von Mitte November 2002 bis 30. Juni 2003 fanden von den rund 350 Mitarbeitern des Standortes rund 320 Mitarbeiter neue Arbeitsplätze. Für die verbleibenden 30 Mitarbeiter bestand die Möglichkeit, in eine Beschäftigungsgesellschaft zu wechseln, wobei die Mitarbeiter in allen Bewerbungsfragen nochmals drei Monate von PM betreut wurden. Das Ergebnis am 30. September 2003 war, dass nur noch neun ohne neuen Arbeitsvertrag waren. Die Vermittlungsquote betrug somit zum Stichtag 30.06.2003 91,4 Prozent und zum Stichtag 30.09.2003 97,4 Prozent. Dies wurde erreicht durch Gruppenveranstaltungen und Einzelcoachingtermine.

6 Schlussfolgerungen

Es ist gelungen den Standort zu schließen und dennoch sowohl Projekte abzuschließen als auch Arbeitsgebiete zu übergeben, dabei sicherzustellen, dass der allergrößte Teil der Mitarbeiter in zeitlicher Nähe zur Schließung eine Anschlussbeschäftigung hatte, und nicht zuletzt ohne gerichtliche Auseinandersetzung auszukommen. Dabei hat das schnell gestartete intensive und professionelle Outplacement nicht nur vielen geholfen, zügig in neue Beschäftigung zu gelangen, sondern es hat auch gegen die negative Stimmung gewirkt und zu einer überraschend positiven Arbeitshaltung beigetragen. Neben dem Einsatz für die berufliche Zukunft jedes Einzelnen waren die intensive und offene Kommunikation durch den ganzen Prozess und die gute Kooperation mit dem Betriebsrat wichtige Säulen des Respekts, den ein Unternehmen auch in einem Trennungsprozess seinen Mitarbeitern schuldet. Die Mitarbeiter haben dies honoriert indem sie bis zuletzt stolz darauf waren, ihre Ziele zu erreichen. Viele haben sich im nachhinein sogar positiv über den beruflichen Wechsel geäußert, den sie ohne die Standortschließung wohl nicht vollzogen hätten. So ist zu wünschen, dass bei unvermeidbarem Arbeitsplatzabbau nicht die Abfindung, sondern die professionelle Unterstützung bei der beruflichen Neuorientierung zum Standard wird. Davon würden neben den Mitarbeitern auch die Unternehmen und die Volkswirtschaft insgesamt profitieren.

IV. Die Verlagerung von Fertigwarenabnahmen an dezentrale Standorte

H.-Peter Werminghaus

1 Wie man es eigentlich nicht tun sollte

In der letzten Zeit sind vermehrt Bestrebungen in der Industrie zu erkennen, Prozesse, die nicht offensichtlich zur Wertschöpfung beitragen, auszulagern. In Bekleidungssektor sind dies insbesondere die Bereiche Logistik und Fertigwarenabnahme. Speziell letzteres ist ein für die Qualitätssicherheit des Unternehmens schwerwiegender Schritt, der sehr detailliert geplant und in seiner Konsequenz bewertet sein will.

Was bei solchen Verlagerungen häufig übersehen wird, sind die Auswirkungen auf die neudeutsch „soft facts" genannten, nicht direkt mit Geld messbaren Werte des Unternehmens. Generell werden vor solchen „make or buy" Entscheidungen lediglich die reinen Kostenaspekte in die Überlegungen einbezogen, langfristige Auswirkungen auf immaterielle Aspekte, wie Image im Markt, Know-how-Verlust, Verlust von qualifiziertem Personal o. ä. bleiben außen vor.

Die nachfolgenden Überlegungen sollen am Beispiel des Projektes einer Hängewarenverlagerung die zu beachtenden Kriterien etwas näher erläutern.

Ein großer deutscher Produzent für Damenoberbekleidung (im Folgenden „Fashion AG" genannt) hatte, entsprechend den obigen Eingangsbemerkungen, für sein Qualitätswesen eine Kosten-Analyse erstellt und sich von externen Dienstleistern Vergleichsangebote eingeholt.

Als Ergebnis dieser Maßnahmen wurde die Entscheidung getroffen, die Fertigwarenabnahme in die Hände des Logistik-Dienstleisters abzugeben, der sowieso schon die Kleidungsstücke für das Unternehmen transportierte. Somit blieb die Ware in ein und derselben Hand.

Fertigwarenabnahme in der Bekleidungsindustrie bedeutet eine Wareneingangsprüfung bezüglich Qualität der verarbeiteten Materialien, der Formen, der Maße, der Farben und der Verarbeitung. Bei der Fashion AG ging es um Warenmengen von mehreren Millionen Stück pro Jahr, die alle in Form von Stichproben auf die genannten Kriterien überprüft wurden. Die Qualitätsprüfer waren überwiegend im Stundenlohn angestellte Kräfte.

Im Folgenden werden die einzelnen Schritte aufgeführt, die für die Übergabe der Prüfung in fremde Hände notwendig waren. Im Anschluss daran werden die nicht berücksichtigten Folgen betrachtet.

2 Ziele, Nutzen und Risiken des Projektes

Ziel dieses Projekts war schlicht und ergreifend eine Kosteneinsparung. Die im Untenehmen angestellten Prüfer bekamen einen höheren Stundenlohn, als die beim Logistik Dienstleister angestellten Kräfte. Durch die Verlagerung ließen sich auf diese Art und Weise deutlich niedrigere Prüfkosten pro Stück erreichen, was der ausschlaggebende Grund für dieses Projekt war.

Ein weiterer Nutzen bestand darin, dass die Ware nicht mehr vom Logistiker zur internen Prüfung und wieder zurück (zum anschließenden Versand in den Handel) transportiert werden musste, da beim Logistiker selbst die Prüfung stattfand, was eine zusätzliche Zeit- und Kostenersparnis bedeutete.

Das größte Risiko bestand nach Ansicht der Fashion AG darin, dem Dienstleister und den fremden Prüfern die eigenen Qualitätsansprüche zu vermitteln, so dass diese tatsächlich im Sinne ihres Auftraggebers die Ware abnahmen. Qualitätsvorgaben für fertige Bekleidungsstücke bestehen nur zum Teil durch messbare Kriterien, der überwiegende Teil sind qualitative Merkmale der Hauptpunkt sogar visuelle Anmutung.

Ein weiteres Risiko war auch das Vorschussvertrauen in den Logistiker bezüglich der Abrechnung:

- Wenn die geprüften Teile nach Stückzahl bezahlt würden, wäre dies eine Verlockung, möglichst viele Teile abzunehmen, ohne wirklich alle Qualitätsprüfungen ordnungsgemäß durchzuführen.
- Wenn die Prüfungen nach Zeit abgerechnet würden, dann wiederum könnte es passieren, dass nicht genügend Teile pro Zeiteinheit durchgeschleust würden, wodurch Zeitverluste auftreten könnten und die Prüfung letztendlich wieder genauso teuer oder teurer wäre, als im eigenen Betrieb.

Aber egal, welches dieser Abrechnungssysteme man auch immer wählt, beide Betrachtungen beziehen sich ausschließlich auf den gewünschten Regelfall, dass bei der Prüfung größtenteils keine Auffälligkeiten oder Abweichungen auftreten. Bei jedem gefundenen Fehler muss aber eine Entscheidung getroffen werden.

Wenn die Prüfung nicht mehr vom Eigentümer der geprüften Sache durchgeführt wird, muss sichergestellt werden, dass Entscheidungen im Sinne des Eigentümers gefällt werden – oder, wenn das nicht möglich ist, dass schnellstmöglich von einem Beauftragten/Angestellten des Eigentümers diese Entscheidung getroffen wird.

Es ist in der Bekleidungsindustrie leider eher die Regel als die Ausnahme, dass fertige Teile mit Qualitätsmängeln von den Produktionsbetrieben angeliefert werden. In solchen Fällen muss dann immer in kürzester Zeit entschieden werden, ob der Fehler so gravierend ist, dass man die Teile nicht in den Handel geben kann, oder ob der Fehler so unauffällig ist, dass die Kleidungsstücke doch verkaufsfähig sind. Falls letzteres nicht der Fall sein sollte, muss entschieden werden, ob vor Ort nachgebessert werden soll oder ob man die Ware an den Produktionsbetrieb zurückschickt, damit dieser nachbessert. Letztendlich gibt es auch noch die unangenehmen Entscheidungen darüber, ob die fehlerhaften Teile evtl. sogar nur zweite Wahl sind oder möglicherweise gar nicht mehr in Umlauf gebracht werden können/sollen.

Um diese Entscheidungen zu treffen, muss sichergestellt sein, dass eine schnelle und kurzfristige Kommunikation zwischen Prüfung und Qualitätswesen des Auftraggebers existiert.

3 Dokumentationsaufwand, der die Übertragung absichert

3.1 Voraussetzungen für einen Prüfplatz

Wenn die Prüfung im Sinne des Auftraggebers durchgeführt werden soll, muss dieser die notwendigen Rahmenbedingungen für die Prüfplätze setzen.

Um immer gleichartige Prüfergebnisse zu erzielen, ist nicht nur das Licht am Prüfplatz von wesentlicher Bedeutung, sondern es müssen für jedes Kleidungsstück detaillierte Prüfabläufe eingehalten werden. Sonst sind die Prüfergebnisse nicht vergleichbar.

Ein nicht zu unterschätzender Faktor bei der Qualitätsprüfung ist das Niveau der Prüfer. Während in der Bekleidungsindustrie selbst die Prüfer in einem langfristigen Arbeitsverhältnis stehen und sich so in aller Regel gute aufgabenbezogene Kenntnisse angeeignet haben, findet man bei den Logistikdienstleistern häufig eine Personalstruktur, die im wesentlichen von kurzfristigen Niedriglohn-Arbeitsverhältnissen geprägt ist. Die dort arbeitenden Leute haben keine Erfahrung, sind nicht lange genug im Unternehmen, um sich Erfahrung anzueignen und – was möglicherweise am schlimmsten ist – es gibt auch keine Kollegen mit Erfahrung, die sie fragen könnten.

Daher wurden in der ersten Stufe der Planung die Grundbedingungen für die einzurichtenden Prüfplätze beim Dienstleister festgelegt, um einen möglichst reibungslosen Übergang der Prüfung zu gewährleisten.

3.2 Gestaltung des Arbeitsplatzes

Der Prüfplatz selber muss bestimmte Kriterien einhalten.

Ein Prüfplatz ist ein Arbeitsplatz für Menschen. Diese Menschen stehen in der Regel den ganzen Tag an dieser einen Stelle und müssen Kleidungsstücke begutachten.

Die Qualität dieser Begutachtung unterliegt während eines Arbeitstages starken Schwankungen. Die Konzentration ist nicht durchgängig auf demselben Level, mit zunehmender Arbeitsdauer setzt Ermüdung ein und auch das persönliche Umfeld des Prüfers, einschließlich dessen Lebensführung und Gesundheitszustand, hat Auswirkungen auf das Prüfergebnis.

Der Prüfarbeitsplatz muss demnach so gestaltet sein, dass ein möglichst ermüdungsfreies Stehen gewährleistet ist, dass die Prüfobjekte sich immer in Augenhöhe befinden, dass ein Arbeiten ohne ständiges Vornüberbeugen möglich ist und dass die Lichtverhältnisse stimmen. Außerdem müssen einigermaßen „idiotensichere" Erfassungssysteme zur Nachverfolgung und Auswertung der Prüfsysteme vorhanden sein.

3.3 Logistischer Ablauf und Lageranbindung für Hängeware

Es gibt Kleidungsstücke, die auf einem Bügel hängend transportiert und gelagert werden und solche, bei denen dieses liegend geschieht. Demzufolge heißen diese beiden Bereiche „Hängeware" und „Liegeware".

Im Fall der Fashion AG handelte es sich bei der zu prüfenden Ware um Hängeware.

Für diese musste nun, im Sinne eines Qualitätsmanagements im Lager des Dienstleisters ein separater Bereich eingerichtet werden. Vorher war der Ablauf so, dass der Dienstleister als Spedition die fertige Ware im Produktionsbetrieb abholte, bei der Fashion AG ablieferte und danach die geprüfte und freigegebene Ware zur Auslieferung an den Handel wieder abholte.

Jetzt musste die produzierte Ware zuerst einmal separat gelagert werden, bis sie geprüft und freigegeben war. Sowohl für diese Vorab-Lagerung und für die Prüfung selber mussten Räumlichkeiten vorhanden sein, was natürlich auch beim Dienstleister einen größeren organisatorischen Aufwand erforderte, der als Vorarbeit geleistet werden musste.

3.4 Prüfung

Nicht alles wird an jeder Stelle gleich geprüft.

Zumindest drei verschiedene Gruppen von Prüfplätzen mussten eingerichtet werden: Eine Gruppe zur Kontrolle der Maße, eine für die reine Stichprobenprüfung und eine für die bei Fehlern notwendige hundertprozentige Prüfung.

Für die gesamte verlagerte Prüfabteilung wurde eigens ein Prüfleitfaden in Form eines Handbuchs erarbeitet, in dem sowohl sämtliche Prüfanweisungen und Abläufe, aber auch die jeweiligen Voraussetzungen an das Personal und die Arbeitsplätze beschreiben wurden. Ebenfalls darin enthalten war der standardisierte Fehlerkatalog.

3.5 Prüfsystem

Wie weiter oben schon erwähnt, gibt es bestimmte Prüfvorschriften für die Abnahme eines Kleidungsstücks. Diese legt jedes Unternehmen für sich selber fest, je nach den speziellen Anforderungen, die an die produzierten Kleidungsstücke gestellt werden. Diese Prüfvorschriften legen sowohl die Reihenfolge der einzelnen Schritte im Ablauf einer Prüfung fest, als auch was in welcher Form am jeweiligen Teil wie zu prüfen ist.

Diese Systematik musste den externen Prüfern beigebracht werden. Außerdem musste ihnen ein Qualitätsbewusstsein in dem Sinne vermittelt werden, dass sie auch „ein Auge" für Fehler bekamen. Dies war sicherlich der schwierigste Teil.

3.6 Regelungen zum Verhalten bei Abweichung

Für Fehler, also Abweichungen, gibt es normalerweise drei Stufen: leicht, mittel und schwer. Leichte Fehler sind solche, die zwar nicht dem Muster entsprechen, aber die Funktion oder den Gesamteindruck des Kleidungsstücks nicht beeinträchtigen. Beispiel: Die Waschanleitung ist nicht innen links, sondern innen rechts angenäht.

Mittlere Fehler können leichte Beeinträchtigungen beinhalten, aber lassen die Ware normalerweise, ggf. mit etwas Nacharbeit, doch als verkaufbar erscheinen. Beispiel: Ärmel oder Hosenbeine sind ein bisschen zu lang oder falsch gebügelt.

Schwere Fehler erfordern viel Nacharbeit oder lassen die Ware zur zweiten Wahl werden. Beispiel: Der Hosenbund ist deutlich zu eng.

Üblicherweise sollten die Qualitätsprüfer in der Lage sein, die Fehler selber zu klassifizieren. Nichtsdestotrotz treten immer wieder einmal Fehler auf, die nicht eindeutig klassifizierbar sind. Wenn dann auch der Vorgesetzte des Prüfers beim Dienstleister nicht mehr weiter weiß, muss die notwendige Entscheidung schnellstmöglich von einem Beauftragten der Fashion AG getroffen werden.

Für alle diese Abweichungsfälle mussten vorab Regelungen zwischen Dienstleister und Fashion AG getroffen werden, die einen möglichst reibungslosen Prüfablauf gewährleisten sollten.

4 Datenmanagement

4.1 Datenauswertung / Berichte

Alle Ergebnisse, die durch die Prüfung entstehen, müssen festgehalten und zur nachträglichen Auswertung und für Statistiken gesammelt werden.

Daher musste auch hier ein System, am besten auf EDV-Basis, eingeführt werden, über das die Fashion AG jederzeit Einblick in die aktuelle Qualitätslage im Prüfbereich gewinnen konnte.

Dazu musste ein Fehlerkatalog entwickelt werden, in dem die typischen Fehler erfasst wurden. Die Prüfer an ihrem jeweiligen Platz mussten in einem elektronischen Formular nur noch die entsprechenden Fehler markieren und die Daten wurden automatisch in einer Datenbank erfasst. Diese Datenbank wurde direkt mit der EDV der Fashion AG verbunden und ließ sich so in das Qualitäts-Berichtswesen einbinden.

4.2 Rückmeldung an den Produktionsbetrieb: qualitätsbezogen

Auf Basis der o. g. Daten sollten dann regelmäßige Feedbackgespräche stattfinden, bei denen auf die Abweichungen und die daraus resultierenden Maßnahmen eingegangen werden sollte.

Beim Dienstleister sollte außerdem auf Basis dieser Daten und Gespräche im Laufe der Zeit eine gewisse Entscheidungskompetenz entstehen, was den Umgang mit bestimmten Warengruppen und auch mit Waren von bestimmten Produzenten anging.

4.3 Belastungsregelungen / Nacharbeit

Für mangelhafte Ware gibt es die Möglichkeit die Ware zu returnieren, damit der Hersteller der Ware diese auftragsgemäß nachbessern kann. Da aber häufig Termindruck herrscht, die modische Ware schon beim Kunden sein soll oder der Rücklauf nach Asien einfach illusorisch ist, wird der Kompromissweg einer Nachbehandlung hier in Deutschland gewählt. Die Kosten dieser Nachbehandlung werden dem Hersteller belastet. Da diese Belastung in keiner Relation zur Herstellbasis in Drittländern steht, kommt es immer auf den „Blickwinkel" der Prüfer an, ob diese Ware noch den Standards entspricht. Manchmal wird auch Ware „gesundgebetet" die eigentlich nicht in den Handel gehört. Der Erfahrung der Prüfer kommt also in dieser Hinsicht eine besondere Bedeutung zu.

5 Prüfpersonal

5.1 Anforderung an Prüfpersonal

Ein Prüfer in der Bekleidungsindustrie ist, wie oben schon geschildert, ein Mensch, der den ganzen Tag stehend seine visuelle Prüfarbeit verrichten muss.

Insofern stehen gesundheitliche Anforderungen in vorderster Linie der Auswahlkriterien. Aus der Liste der Voraussetzungen seien hier nur beispielhaft genannt:

- Farbsehfähigkeit
- räumliches Sehen
- gesunder Rücken
- keine chronischen Krankheiten, die die körperliche Leistungsfähigkeit beeinträchtigen.

5.2 Qualifizierung von Prüfpersonal

Einmal ausgewähltes Personal musste, den Anforderungen gemäß, geschult werden, was am Anfang durch die Fashion AG geschah, später aber auch durch den Dienstleister übernommen werden sollte.

5.3 Überprüfung der Leistung des Prüfpersonals (Qualität und Stückzahl)

Letztendlich musste auch in regelmäßigen Abständen seitens der Fashion AG überprüft werden, ob das eingesetzte Personal sowohl die Anforderungen und Regeln kannte und ob es sich daran hielt.

6 Schlussbetrachtung
unter Berücksichtigung des bestehenden Personalstammes

Aus finanztechnischer Sicht war die Maßnahme, die Fertigwarenprüfung extern zu vergeben, sicherlich richtig. Betrachtet man allerdings den Aufwand, der getrieben werden musste, um den externen Dienstleister überhaupt zu befähigen, diese Aufgabe zu erfüllen, stellt sich die Frage:

Wenn diese Tätigkeit so wertvoll ist, dass solch ein Aufwand an Zeit und Personal erforderlich ist, um die Aufgabe abzusichern – wieso verschenkt man dann dieses Know-how überhaupt?

Denn es wird verschenkt. Das Wissen über die Materialien, über den Unterschied zwischen einer ordentlichen und einer unordentlichen Verarbeitung und noch vieles mehr wird abgegeben und kann nicht mehr zurückgeholt werden.

Dasselbe Problem, mit dem sich Firmen konfrontiert sehen, die ihr Debitorenmanagement an einen Factor abgegeben haben, taucht hier in anderer Form genauso wieder auf.

Denn der bestehende Personalstamm, der jahrelang eingespielt war und jetzt freigesetzt wurde, wandert zu anderen Unternehmen ab und wird sicher nicht beim Dienstleister arbeiten, vielleicht abgesehen von einem dort übernommenen Prüfleiter.

Es wird somit ein – leider – völlig unterbewertetes Firmenwissen aus oberflächlichen Kostengründen abgegeben, was, wenn es irgendwann einmal zurück gewonnen werden müsste, nur mit einem enormen finanziellen Aufwand aus dem Markt neu gekauft werden müsste.

Sollte also dieser Dienstleister, aus welchen Gründen auch immer, seine Leistung irgendwann nicht mehr erbringen können, dann entstünde eine Lücke bei der Fashion AG, die sie weder innerhalb kurzer Zeit, noch aus eigener Kraft schließen könnte.

Letztendlich stellt sich auch die Frage, wie zuverlässig das kurzfristige Personal beim Dienstleister tatsächlich ist.

Zu Beginn der Auslagerung wurden umfangreiche Schulungen mit dem Personal des zukünftigen Prüfunternehmens abgehalten, um die Prüfung nach Möglichkeit identisch zur Prüfung im eigenen Hause ablaufen zu lassen. Bei einer Nachkontrolle nach 10 Monaten stellte sich aber heraus, dass von diesen geschulten Leuten nur noch 3 (aus einer Gruppe von ursprünglich 20) übrig geblieben waren.

Alle anderen waren zwischenzeitlich ersetzt worden durch neue – im wesentlichen unqualifizierte – Kräfte.

Das wirft natürlich die Frage auf, wie verlässlich die Prüfergebnisse dann noch sind. Abzuwarten, bis eventuelle negative Rückmeldungen aus dem Markt kommen, ist sicherlich nicht die geschickteste Lösung, aber ständig jemanden aus der Fashion AG dem Dienstleister zur Seite zu stellen, hieße, den finanziellen Vorteil der Verlagerung wieder hinfällig zu machen.

Es blieben der Fashion AG also nur zwei unangenehme Wege aus diesem Dilemma und der ursprüngliche Grund für die Verlagerung – die Kosteneinsparung – stellte sich als dicker Bumerang heraus.

Egal, wie entschieden wurde, früher oder später würde es Geld kosten:

Entweder durch rückläufige Verkaufszahlen aus dem Markt, aufgrund der gesunkenen Qualität und des schlechteren Images, oder durch die zusätzlichen Kosten, jetzt doch eigenes Personal ständig beim Dienstleister „vorrätig" zu halten, was auch noch mit längeren Wegstrecken und Fahrzeiten verbunden war.

Personalfreisetzung will also nicht nur im Hinblick auf eine Verlagerung des Aufwandes kalkuliert sein, ebenso muss berechnet werden, wie hoch der Aufwand wäre, diese Leistung im eigenen Unternehmen zu reaktivieren.

F. Bestimmung des „Mitarbeiterwerts" als Entscheidungskriterium zur Personalfreisetzung – ein Diskussionsbeitrag

Prof. Werner Pepels

1 Ausgangssituation der Überlegungen

In turbulenten Zeiten wie diesen scheint es bedauerlicherweise unumgänglich, Mitarbeiter freizusetzen. Dabei stellt sich jedoch im Einzelfall die entscheidende Frage, von welchen Mitarbeitern man sich trennen soll. Grundsätzlich kommen dafür zwei Prinzipien in Betracht. Die Sozialwahl geht davon aus, dass diejenigen Mitarbeiter von Freisetzungen verschont werden sollen, die hohe soziale Lasten zu tragen haben, indiziert durch Lebensalter, Betriebszugehörigkeitsdauer und Unterhaltsverpflichtungen. Die Rationalwahl geht davon aus, sich von denjenigen Mitarbeitern zu trennen, die den geringsten „Wert" für das Unternehmen darstellen.

Die Sozialwahl ist ethisch-moralisch zweifellos hoch anzurechnen und grundsätzlich gesetzlich auch vorgeschrieben. Sie kann aber die Wettbewerbsfähigkeit des betroffenen Unternehmens nachhaltig schwächen, wenn dadurch die wertvollsten Mitarbeiter freigesetzt werden (häufig junge, beruflich mobile Personen ohne Familienanhang und dadurch sozialverträglich). Man mag die Situation bedauern, aber in Zeiten wertorientierter Unternehmensführung stehen der Aufbau, die Erhaltung und die Steigerung des Unternehmenswerts eindeutig im Vordergrund des Managements. Und dies veranlasst dazu, dominant betriebswirtschaftliche Kalküle für die Freisetzung anzulegen. Sozialerwägungen können dann bei aller gesellschaftlichen Verantwortung, die Unternehmen zurecht in hohem Maße zu tragen zugemutet wird, nur in Grenzfällen oder Quoren eine Rolle spielen. So schwer es fällt, dies zu akzeptieren, in einem „Survival of the fittest"-Wettbewerb hilft dem Unternehmen die Trennung von den am wenigsten „werthaltigen" Mitarbeitern am ehesten, die restlichen Arbeitsplätze konkurrenzfähig zu erhalten. Dieser immanenten Logik folgt die Freisetzung von „Low Performers/Bottom 10 p. c." wie General Electric sie unter Jack Welch propagiert (in Deutschland allerdings als Bottom-5 %, vom ehemaligen Infineon-Chef Schumacher, gesellschaftlich aufs Schärfste kritisiert).

Unterstellt, man akzeptiert das Auswahlkriterium des „Mitarbeiterwerts" als Grundlage für eine rational-gerechte Personalfreisetzung, stellt sich sogleich die Frage nach der Bemessung eben dieses „Mitarbeiterwerts".

Hierzu hat es bereits in der Vergangenheit zahlreiche Ansätze gegeben. Zu denken ist an *Stellenbewertungsverfahren*, aus denen sich die „Werthaltigkeit" des geeigneten Stelleninhabers für die Organisation ableiten lässt. Verbreitet ist auch die Anwendung der *Nutzwertanalyse* zur Übersetzung qualitativer Beurteilungskriterien in quantifizierbare Größen anzutreffen oder der *ABC-Analyse* als Klassifizierung in drei Gruppen, die der besonders „wertvollen" A-Mitarbeiter, abgestuft hin zu B- und C-Mitarbeitern. Weiterhin werden *Personalportfolios* eingesetzt, die den in den jeweiligen Feldern befindlichen Mitarbeitern Bezeichnungen zuweisen (wie Deadwood für Mitarbeiter niedriger Leistung und geringen Potenzials).

Diese und ähnliche bekannte Verfahren leiden vor allem unter zwei Mängeln, nämlich der verbreitet diffusen Anlegung von Beurteilungskriterien, die großenteils qualitativer Natur sind und deren Quantifizierung erheblichen subjektiven Verzerrungen unterliegt, sowie der Sichtweise bestenfalls auf die Gegenwarts-, häufiger aber auf die Vergangenheitssituation. Es handelt sich damit um statische Ansätze, die allenfalls zeitpunktbezogene Gegebenheiten abbilden können. Kennzeichen eines sachkundigen Management sind aber gerade das Planen und Denken in Prozessen, und diese implizieren, dass es einen Fluss von Informationen aus der Vergangenheit in die Gegenwart hinein bis hin zur Zukunft gibt, und erst die Betrachtung des gesamten Prozesses eine sachkundige Beurteilung erlaubt. Es bedarf also dynamischer Ansätze zur zweckgerechten Bewertung von Mitarbeitern.

2 Kapitalwertmethode als Rechenverfahren zur Bestimmung des Mitarbeiterwerts

Insofern ist eine genauere Sicht der Werttreiber und deren Entwicklung auf der Zeitachse erforderlich. Eine solche Betrachtung ist anderweitig betriebswirtschaftlich durchaus üblich, sodass geeignete Erkenntnisse daraus in die Personalwirtschaft übertragen werden können. Am prägnantesten ist dabei die Sichtweise der Investitionsrechnung. Dort scheint wiederum bei den dynamischen Verfahren besonders die Kapitalwertmethode geeignet. Sie nimmt im Grundsatz eine Diskontierung der Geldflüsse in ein Investitionsobjekt hinein und aus diesem Investitionsobjekt heraus vor, indem die bereits realisierten Geldflüsse der Vergangenheit auf den Gegenwartszeitpunkt aufgezinst und die prognostizierten Geldflüsse der Zukunft auf den Gegenwartszeitpunkt abgezinst werden. Daraus ergibt sich der Kapitalwert einer Investition. Ein positiver Kapitalwert sagt grundsätzlich aus, dass ein Investitionsobjekt über die Erträge aus einer alternativen Anlage hinaus lohnend ist, bei Vergleich mehrerer Investitionsobjekte ist dasjenige mit dem höchsten Kapitalwert das Lohnendste.

Zwar mag es auf den ersten Blick befremdlich erscheinen, in diesem Zusammenhang Mitarbeiter als Investitionsobjekte anzusehen. Betriebswirtschaftlich betrachtet ist dies aber zweifelsfrei zutreffend. Bei Mitarbeitern handelt es sich um Produktionsfaktoren, in die ein Unternehmen investieren muss, um von ihrer Produktivität zu profitieren. Aus diesem Blickwinkel unterscheiden sich Mitarbeiter in keiner Weise von Betriebsmitteln oder Werkstoffen. Die Einzahlungen an Mitarbeiter, also die Investitionsmittel, bestehen in den einmaligen Kosten der Personalbeschaffung und -einarbeitung (analog zum Anschaffungsaufwand einer Anlage) und den laufenden Kosten der Mitarbeiterbezahlung (analog zum Unterhaltungsaufwand einer Anlage). Im Gegenzug erwirtschaften Mitarbeiter Auszahlungen an das Unternehmen (analog zu Erträgen einer Anlage). Diese bestehen in der ökonomischen Verwertung ihrer laufenden Arbeitsleistung, die dem Unternehmen als Beitrag zur Wertschöpfung dient.

Diese Aufwendungen sind vom Entscheidungszeitpunkt der Personalfreisetzung aus betrachtet in der Vergangenheit bereits entstanden und werden mutmaßlich auch in der Zukunft noch entstehen. Allerdings sind Einzahlungen in Mitarbeiter und Auszahlungen von Mitarbeitern in der Vergangenheit von der Jetztzeit aus betrachtet real mehr wert als es ihrem nominalen Wert entspricht, denn die Finanzmittel für Einzahlungen an Mitarbeiter hätten, wären sie nicht an

Mitarbeiter geflossen, anderweitig ertragbringend investiert werden können. Insofern entspricht ihr realer Wert dem nominalen Investitionsbetrag plus diesem entgangenen Ertrag. Folglich ist eine Einzahlung in Mitarbeiter um so „teurer" zu rechnen, je weiter sie zurück liegt. Andererseits sind Auszahlungen von Mitarbeitern um so werthaltiger, je weiter zurückliegend sie bereits zur Verfügung standen, denn das Unternehmen hat zwischenzeitlich die Chance gehabt, diese Auszahlungen in Wertschöpfung umzusetzen und am Markt im Preis zu erlösen und dadurch einen Return on investment zu erzielen. Daher werden realisierte Einzahlungen und Auszahlungen der Vergangenheit auf den Gegenwartszeitpunkt aufgezinst.

Entgegengesetzt verhält es sich mit den prognostizierten Einzahlungen in und Auszahlungen von Mitarbeitern der Zukunft. Eine Einzahlung ist vom Gegenwartszeitpunkt aus betrachtet um so „billiger", je weiter sie zeitlich entfernt liegt, da man heute einen immer geringeren nominellen Betrag anlegen muss, um zum zukünftigen Investitionszeitpunkt die real benötigten Finanzmittel bereitstellen zu können. Und auch Auszahlungen von Mitarbeitern sind um so weniger werthaltig, je weiter entfernt vom Entscheidungszeitpunkt aus betrachtet sie erst zur Verfügung stehen, da bis zu ihrer Verfügbarkeit Opportunitätsgewinne auftreten. Folglich werden prognostizierte Einzahlungen und Auszahlungen der Zukunft auf den Gegenwartszeitpunkt abgezinst.

Soweit das Rechenprinzip, das im Detail allerdings einige Probleme aufweist. Zunächst sei aber ein näherer Blick darauf geworfen, was sich hinter Ein- und Auszahlungen im Falle von Mitarbeitern wirklich verbirgt und inwieweit diese für den „Mitarbeiterwert" ursächlich sind.

Einzahlungen der Vergangenheit bestehen, wie schon erwähnt, zunächst aus den einmaligen Aufwendungen zur Personalbeschaffung (Werbung, Auswahl, Einstellung) und -einarbeitung. Die Höhe dieser Investitionen ist durchaus nicht zu vernachlässigen und kann leicht fünfstellige €-Beträge je Arbeitskraft erreichen. Hinzu kommt der laufende Aufwand zum Unterhalt der Arbeitskraft. Dazu gehören erstens reguläre Lohn- und Gehaltszahlungen sowie zweitens Sonderzahlungen, gesetzliche und freiwillige Lohn- und Gehaltsnebenkosten, Zusatzleistungen etc. Der zweite Aufwandsblock ist zwar von Branche zu Branche durchaus unterschiedlich, man kann aber von einem „Schattenaufwand" von mindestens 100 Prozent bezogen auf die Lohn- und Gehaltszahlungen ausgehen. Auch diese Beträge sind insofern erheblich. Weiterer Aufwand ergibt sich aus der Vorhaltung der Infrastruktur für den Arbeitsplatz jedes Mitarbeiters. Je komplexer die Tätigkeiten dort sind, desto schwindelerregend höher werden diese Aufwendungen aufgrund spezialisierter, technischer Arbeitsmittel. Schließlich ist auch an Aufwendungen zur Personalentwicklung zu denken wie sie durch betriebliche und außerbetriebliche, subventionierte Fort- und Weiterbildungsmaßnahmen entstehen. Auch hier laufen, inkl. Spesen, Fahrtkosten, Übernachtungskosten, Arbeitsausfall, Vorbereitung etc. erhebliche Beträge auf. Schließlich ist der Fehlzeitenaufwand zu berücksichtigen, der zwar in wirtschaftlich turbulenten Zeiten wie diesen rückläufig, aber dennoch zu berücksichtigen ist.

Diese Beträge sind, geeignete Kostenrechnung unterstellt, exakt ausweisbar, also in €-Beträge zu fassen. Schwieriger sieht es mit den qualitativen Einzahlungen in Mitarbeiter aus, wie sie etwa durch die Schaffung und den Erhalt eines motivierenden Arbeitsklimas (Vorhandensein von Zufriedenheitsstiftern und Abwesenheit von Unzufriedenheitsstiftern), einer konfliktmindernden, positiv ausgeprägten Unternehmenskultur oder der Einräumung individueller Freiheitsgrade in der Arbeitsauffassung von Mitarbeitern entstehen. Diese Werte sind nur schwer erfassbar und quantifizierbar.

Den Einzahlungen der Vergangenheit in Mitarbeiter stehen Auszahlungen der Vergangenheit von Mitarbeitern gegenüber. Diese bestehen in erster Linie in geldwerter Arbeitsleistung der Mitarbeiter. Betrachtet man diese etwas genauer, lassen sich mindestens drei Kategorien unterscheiden. Erstens die geldwerte Leistung der Mitarbeiter in der ihnen eigentlich zugedachten Organisationseinheit (on the job). Dies ist die selbstverständliche Basisleistung und besteht etwa in der Bereitstellung einer einwandfreien Qualität und der Vermeidung von Fehlerkosten. Zweitens die geldwerte Leistung der Mitarbeiter außerhalb der ihnen zugedachten Stelle (off the job), etwa durch Verbesserungsvorschläge für andere Stellen. Und drittens die geldwerte Leistung der Mitarbeiter durch Stellenentwicklung (near the job), also etwa durch Ausbau von Effizienz oder Effektivität ihrer Leistungserbringung. Diese Beträge sollten, eine geeignete Leistungsrechnung unterstellt, exakt bekannt sein.

Schwieriger verhält es sich wiederum mit den qualitativen Auszahlungen von Mitarbeitern, die zweifelsohne auch vorhanden sind. Zu denken ist an den Beitrag der Mitarbeiter zu einem konstruktiven Sozialklima im Betrieb (etwa durch Individual- und Sozialkompetenzen etc.) oder zur positiven Meinungsmultiplikation außerhalb des Unternehmens (etwa durch Publikation von Fachaufsätzen, Vorträge auf Kongressen etc.). Diese Werte können gleichwohl nur näherungsweise erfasst und ausgewiesen werden.

Den Vergangenheitswerten, die in der Kapitalwertrechnung nunmehr aufgezinst werden, stehen die Zukunftswerte der gleichen Kategorien gegenüber, die in der Kapitalwertrechnung abgezinst werden. Dazu gehören Einzahlungen in Mitarbeiter durch Lohn/Gehalt und Lohn-/Gehaltsnebenkosten sowie Infrastrukturaufwendungen, Fehlzeiten und Mitarbeiterentwicklung, wie auch Auszahlungen von Mitarbeitern durch geldwerte Leistungen on/off/near the job sowie durch Sozialklima- und Meinungsmultiplikationsbeiträge.

3 Operationalisierung der ermittelten Werte

Die Operationalisierung dieser Werte ist, wie bei jeder Prognose, zugegebenermaßen schwierig. Grundsätzlich kommen dafür intuitive oder rechnerische Verfahren in Betracht. Von den intuitiven Verfahren scheint die *Expertenschätzung* am besten geeignet. Dazu werden Fachleute, möglichst verschiedener Abteilungen, welche das relevante Umfeld beurteilen können, nach ihrer persönlichen Einschätzung dieser Zukunftsdaten befragt. Aus den Ergebnissen kann ein Mittelwert gezogen werden. Um verzerrende, gegenseitige Beeinflussungen zu minimieren, kann diese Befragung auch anonym und schriftlich erfolgen (*Delphi-Methode*). In einem mehrstufigen Prozess wird somit eine qualifizierte Kohärenz der Prognosedaten erreicht. Von den rechnerischen Verfahren scheint die *Trendextrapolation* am besten geeignet. Dabei werden die entsprechenden Daten der Vergangenheit in die Zukunft hinein projiziert. Sollen dabei nicht allein zeitabhängige Veränderungen berücksichtigt werden, kann der Trendverlauf auch *nicht-linear* (progressiv, degressiv, logistisch) gewählt werden. Dass diese Daten mit allen Unwägbarkeiten der Zukunft belastet sind, kann nicht geleugnet werden, jedoch führt an einer rationalen Entscheidungsgrundlage kein Weg vorbei, denn dieses Kalkül ist immer noch besser als willkürlich erscheinendes Ermessen.

Das zugrunde gelegte Verfahren der Kapitalwertrechnung erfordert weitere Festlegungen. So die Bestimmung eines Zinssatzes für die Auf- bzw. Abzinsung. Hier ist an den *Zinssatz* einer alternativen Anlage der Investitionsmittel zu denken, die allerdings meist ein höheres Maß an

Sicherheit aufweist als die Investition in Mitarbeiter. Daher ist wohl ein Risikozuschlag auf diesen Zinssatz gerechtfertigt. Der positive Kapitalwert eines Mitarbeiters sagt dann aus, dass er dem Unternehmen über den Marktzinssatz und einen Risikozuschlag hinaus zusätzliche Ausgabenüberschüsse erbringt. Die Wahl des Risikozuschlags ist von der Risikopräferenz/- aversion der Branche/des Unternehmens abhängig und damit individuell zu treffen. Außerdem schwankt der Marktzins im Konjunkturverlauf erheblich.

Weiterhin ist der *Prognosezeitraum* zu bestimmen, über den hinweg der Kapitalwert ermittelt werden soll. Je kürzer dieser gewählt wird, desto sicherer ist zwar die Prognose, je länger er gewählt wird, desto aussagefähiger ist sie jedoch. Hier gibt die Fluktuationsrate in einer Branche/einem Unternehmen einen Anhaltspunkt für die stellenabhängig durchschnittlich zu erwartende Verweilzeit eines Mitarbeiters in einem Unternehmen. Setzt man von dieser Dauer die bereits realisierte Betriebszugehörigkeitsdauer ab, ergibt sich der Prognosehorizont. Dieser ist dann zwar für jeden Mitarbeiter ein anderer, aber die Werte sind untereinander vergleichbar. Ersatzweise kann ein *Migrationsfaktor* eingerechnet werden, der Kündigung, Berufsaufgabe, Arbeitsunfähigkeit u. ä. unvorhersehbare Ereignisse berücksichtigt.

Weiterhin ist von realen statt von nominalen Werten auszugehen. Daher ist eine *Inflationsbereinigung* erforderlich, die für die Vergangenheit bekannt und für die Zukunft qualifiziert zu schätzen ist. Außerdem ist die wirtschaftliche Entwicklung des Unternehmens von Bedeutung. Im Zuge verbreiteter Restrukturierung von Unternehmen und Business migration wird der Wert einzelner Mitarbeiter stärker schwanken als vordem. Mitarbeiter, die über Know-how in gewünschten Unternehmensbereichen verfügen, gewinnen an betrieblichem Wert, Mitarbeiter, deren Know-how in diesem Zuge nicht mehr benötigt wird, verlieren an Wert. Anhaltspunkte für diese Einschätzung liefert die allgemeine Strategie, die über die gewünschte Entwicklung einzelner Unternehmensbereiche Auskunft gibt.

Wegen der zahlreichen Unwägbarkeiten, die nach derzeitigem Wissensstand noch nicht befriedigend lösbar sind, sollte auf den hohen Anspruch eines metrischen Ausweises des Mitarbeiterwerts verzichtet werden und statt dessen ein ordinaler Ausweis angestrebt werden. Die metrische Bestimmung hat den monetären Ausweis des Mitarbeiterwerts als Euro-Betrag zum Ziel, die ordinale Bestimmung zielt auf ein Ranking von besseren, „werthaltigeren" und schlechteren, weniger „werthaltigen" Mitarbeitern ab.

4 Handlungskonsequenzen

Zielsetzung der Bestimmung des Mitarbeiterwerts ist es, an diese Erkenntnis managementbezogene Handlungskonsequenzen anzuschließen. Diese bedeuten einerseits die Einleitung von Maßnahmen zur Haltung von hoch gerankten Mitarbeitern und andererseits die Einleitung von Maßnahmen zur Freisetzung der niedrig gerankten Mitarbeiter, soweit dies gesetzlich möglich ist. Vorher muss jedoch unter ethisch-moralischen Aspekten geprüft werden, wie der Wert der davon betroffenen Mitarbeiter zur Vermeidung solcher misslichen Konsequenzen zu steigern ist. Dafür bieten sich zwei Ansatzpunkte an, einerseits die Senkung der Einzahlungen in solche Mitarbeiter und andererseits die Steigerung der Auszahlungen von solchen Mitarbeitern.

Die *Senkung der Einzahlungen* kann auf mehrerlei Weise erreicht werden. Zu denken ist zunächst an eine Verringerung des Betreuungsaufwands. Dazu zählt etwa die Streichung oder

Einschränkung von freiwilligen Nebenleistungen und Zusatzleistungen. Ist damit eine Migration der betroffenen Mitarbeiter verbunden, ist dies hinzunehmen. Die dadurch freiwerdenden zusätzlichen Geldmittel können zugleich in „High performer" investiert werden, um diese verstärkt zu motivieren und an den Betrieb zu binden.

Zu denken ist auch an Lohnminderungen bei gleicher Arbeitszeit oder Arbeitszeitverlängerungen ohne Lohnausgleich. Die Tarifverträge lassen dazu allerdings gegenwärtig kaum Gestaltungsspielraum. Jedoch ist auf einzelbetrieblicher Basis über Betriebsvereinbarungen durchaus zu gangbaren Lösungen zu gelangen, wenn dadurch latent gefährdete Arbeitsplätze erhalten werden können, indem implizit der Mitarbeiterwert steigt. Allerdings besteht dabei die Gefahr einer undifferenzierten oder anderweitig induzierten Lohnabsenkung, sodass es gute Gründe zur kritischen Betrachtung solcher Ansätze gibt.

Eine weitere Möglichkeit liegt in der Variabilisierung der Lohnkosten, etwa durch Nutzung von Outsourcing. Anderweitig freizusetzende Mitarbeiter werden dabei per Änderungskündigung in Serviceunternehmen übernommen und nur noch bei Bedarf angefordert und eingesetzt. Dadurch entsteht ein niedrigerer Kostenblock, der sich aus dem Preis der Alimentierung ihrer Arbeitsleistung ergibt, die nur zeitweise und/oder zu günstigeren Konditionen genutzt wird.

Die *Steigerung der Auszahlungen* von Mitarbeitern ist ebenfalls auf mehrerlei Weise darstellbar. Hierzu gehören Anreizsysteme, welche die Leistung der Mitarbeiter steigern, sofern damit zusätzliche Auszahlungen verbunden sind, die über den Einzahlungen für die Anreize liegen. Zu denken ist sowohl an materielle, monetäre und nicht-monetäre, als auch an ideelle Anreize. Monetäre Anreize nutzen sich wohl auf Dauer ab, wohingegen nicht-monetäre eine gleichbleibende Attraktivität aufweisen. Am geringsten sind die Aufwendungen freilich bei ideellen Anreizen, die meist ihre Wirkung nicht verfehlen.

Neben der Arbeitsmenge kann auch versucht werden, die Arbeitsqualität zu steigern. Dazu sind Qualifizierungsmaßnahmen erforderlich, die ganz oder teilweise seitens des Arbeitgebers oder des Arbeitnehmers zu finanzieren sind. Vor allem, wenn es gelingt, eine optimale Abstimmung von Leistungs- und Anforderungsprofil herbeizuführen, können Potenziale aktiviert werden. Angesichts zunehmend komplexer Marktverhältnisse und austauschbarer Produkte ist die Kompetenz der Mitarbeiter entscheidender Wettbewerbsfaktor und darf nicht leichtfertig abgegeben werden.

Auch eine Senkung der Fehlzeiten führt zu einer besseren Nutzung des vorhandenen Potenzials. Neben selbstverständlichen Maßnahmen zur Sicherheit am Arbeitsplatz ist dabei vor allem an die Motivation der Mitarbeiter zu appellieren. Allerdings scheinen hier Grenzen in Sicht, denn die Freisetzung von „grenzanbietenden" Mitarbeitern hat bereits zu einer erheblichen Fehlzeitensenkung geführt und die herausfordernden Arbeitsbedingungen moderner Wertschöpfung führen bei den verbleibenden eher zu fehlzeitenfördernder, stärkerer Belastung als zur Entlastung.

Von der Potenzialanalyse unterscheidet sich die vorstehende Betrachtung dadurch, dass nicht nur einseitig die Auszahlungen von Mitarbeitern, sondern zweiseitig der Saldo aus Auszahlungen von und Einzahlungen in Mitarbeiter betrachtet wird.

Der vorliegende Beitrag ist als Anstoß zu einer produktiven Diskussion der Thematik gedacht. Er reißt viele Aspekte nur an, die unbedingt einer vertiefenden Analyse bedürfen. Auf den ersten Blick mag es gewöhnungsbedürftig sein, dass Menschen im betriebswirtschaftlichen Zusammenhang den „Mitarbeiterwert" verkörpern. Tatsächlich ist aber bereits derzeit das personalwirtschaftliche Handeln faktisch weit verbreitet durch diese Denkweise gekennzeichnet. Nur dass überwiegend irrationale, einer womöglich höheren Gerechtigkeit folgende, letztlich aber häufig willkürlich erscheinende Entscheidungen getroffen werden, wohingegen auf Basis einer Mitarbeiterwert-Bestimmung eine zweckrational fundierte Entscheidung möglich wird. Dabei ist es durchaus fraglich, ob es als sozialer anzusehen ist, eine Minderheit von Mitarbeitern mit den Konsequenzen der Personalfreisetzung zu konfrontieren, wenn diese Minderheit aufgrund nachvollziehbarer Kalküle hinreichend exakt identifiziert worden ist und damit zugleich den Arbeitsplatzerhalt der für das Unternehmen wertvollsten Mitarbeiter schafft, oder ob es wirklich gerechter ist, nach einer wertrationalen Sozialwahl den Arbeitsplatz der bedürftigsten Mitarbeiter zu erhalten und durch die damit veranlasste, unvermeidliche Freisetzung der leistungsfähigeren Mitarbeiter die Konkurrenzfähigkeit des gesamten Unternehmens nachhaltig zu gefährden.

Personalfreisetzung ist immer von Übel. Bei der Wahl zwischen schlechten Alternativen kann es letztlich nur darum gehen, die etwas weniger schlechte zu identifizieren. Wenn durch den Ansatz des „Mitarbeiterwerts" diese etwas weniger schlechte Alternative operationalisiert werden kann, ist gleichwohl gesamtwirtschaftlich wie auch gesamtgesellschaftlich ein Stück mehr Gerechtigkeit realisierbar.

Stichwortverzeichnis

ABC-Analyse 212
Abfederung 177
Abfindung 23, 44, 64, 88, 99, 172, 178, 186, 197
Abhängigkeit 129
Abordnung 178
Abwicklung 27
Abwicklungsvertrag 64
Akzeptanz 88, 107
Alkoholmissbrauch 84
Altersteilzeit 45
Änderungskündigung 49
Anerkennung 93, 128
Anforderungsprofil 2
Angst 8, 86, 130
Anschlussbeschäftigung 197
Anschubfinanzierung 178
Arbeitsgeberverbände 75
Arbeitsbescheinigung 63
Arbeitsleistung 135
Arbeitslosengeld 44
Arbeitslosigkeit 8, 69, 81, 92
Arbeitsmarkt 91
Arbeitsmenge 217
Arbeitspapiere 59
Arbeitsplatzsicherheit 170
Arbeitsproduktivität 37
Arbeitsqualität 217
Arbeitsstiftung 30
Arbeitsvermittlung 108, 112
Arbeitsvertrag 43
Arbeitszeitmanagement 24
Arbeitszeugnis 28, 60
Aufhebungsvertrag 44, 64, 186
Ausgleichsquittung 66
Ausgrenzung 93
Auslauffrist 88
Austrittsinterview 29
Auswahlrichtlinien 29

Befindlichkeit 127
Belegschaftsdilemma 14
Beratung 131, 191, 200

Beschäftigungsgesellschaft 141, 186
Bescheinigung 61, 64
Betriebsblindheit 121
Betriebsübergang 56
Bewerbermarkt 149
Beziehungsumfeld 128
Boykott 176
Bruttoinlandsprodukt 96
Bürokratiekosten 118

Coaching 131, 139, 187, 190, 200

Darwiportunismus 6
Demoralisierung 135
Depression 9
Dequalifizierung 94
Durchsetzungsstärke 162

E-Placement 112
Eigenverantwortlichkeit 76
Eignungsprofil 2
Einkommen 81
Einnahmeausfälle 94
Einrichtungsbeihilfe 178
Einstellungsrisiko 110
Emotionale Intelligenz 160
Employability 107
Entfremdung 84
Erkrankung 51
Existenzgründung 177, 190

Familie 79
Fehlzeiten 217
Fiskalische Kosten der Arbeitslosigkeit 95
Flexibilisierung 115
Flexibilitätspotenziale 13
Fluktuation 37
Förderung 76
Frühverrentung 186
Frustration 188
Führungsdilemma 14
Führungskräfte 32
Fürsorgepflicht 59, 65, 186

Gehaltsausgleich 178
Gerechtigkeit 73, 218
Gerechtigkeitskriterien 138
Gesundheit 124
Gewerkschaften 71, 168
Grundeinstellung 133, 180

Handlungsfelder von Personaldienstleitern 105
Hard Skills 157
Herdenverhalten 137
Hilfe zur Selbsthilfe 131, 192
Hoffnungskrise 130
Humankapital 12, 117, 137
Humanvermögen 138

Identifikation 140, 188
Identität 128
Identitätskrise 129
Image 106
Individualisierung 115
Information 186, 187
Informationsdilemma 14
Informationspolitik 15, 23, 26, 38
Informelles Lernen 158
Innere Kündigung 10, 14
Insolvenz 58, 83
Integrationsprobleme 121
Interessenausgleich 196
Interessengruppen 20
Internalisierung 98
Internationalisierung 173
Internet 117
Internetportal 112
Isolation 86, 93, 123

Jobbörse 112
Jobless Growth 12

Kapitalwertmethode 213
Karrierekrise 129
Kaufkraftverlust 94
Kennziffern 34
Kernbelegschaft 109
Kirchen 72
Know-how 119, 188, 210
Know-how-Sicherung 23
Kommunikationsfähigkeit 159
Kommunikationstraining 159

Kompetenzen 116, 119
Komplexitätskosten 118
Konflikte 81
Konfliktfähigkeit 160
Konfliktmanagement 160
Konflikttoleranz 160
Konkurrenzfähigkeit 77
Kontakte 189
Kooperation 29, 202
Kostensenkung 185
Krise 85, 129
Kundensicht 22
Kündigung 45, 47, 48, 52
Kündigungsfrist 47
Kündigungsgespräch 39
Kündigungsgründe 50, 52
Kündigungsschutz 45, 49, 54
Kündigungsschutzprozess 54
Kündigungsschutzrecht 6

Lebensrhythmus 128
Lebenssituation 146
Leistungsmotivation 40
Leistungsniveau 121
Lohnsteuerbescheinigung 62
Lohnsteuerkarte 62
Loyalität 36, 115, 119, 196

Marktwert 151
Massenentlassung 55
Mengen- und Zeitgerüst 34
Mentor 122
Messe 202
Methodenkompetenz 165
Mietbeihilfe 178
Mitarbeiterwert 212
Mitbestimmung 46, 168, 198
Mobbing 37, 166
Mobilisierung 115
Mobilitätsprämie 172
Motivation 115, 119, 161, 196

Netzwerk 152
Neuorientierung 199
Nutzwertanalyse 212

Opportunitätsgewinne 214
Opportunitätskosten 118
Organisationskompetenz 165

Orientierungs-Workshop 188
Orientierungsphase 147
Orientierungsreise 178
Outplacement 28, 29, 105, 112, 141, 186, 187, 199
Outsourcing 217

Passivität 132
Pate 178
Performance 137
Personalabbau 1, 3, 18, 24, 135
Personalberatung 103, 117, 154
Personalbeurteilung 36
Personalbindung 124
Personaldienstleister 103
Personalfreisetzungscontrolling 5
Personalfreisetzungsplanung 1
Personalimage 12
Personalkosten 30, 109, 118
Personalmarketing 23
Personalminderbedarf 2
Personalnetzwerk 117
Personalplanung 20
Personalpolitik 12, 172
Personalportfolio 212
Personalstamm 210
Personalvermittlung 103
Persönlichkeit 164
Persönlichkeitstraining 159
Potenzialanalyse 217
Produktionskosten 185
Psychologische Belastung 83

Qualifikation 164, 201
Qualifizierung 217

Rationalisierung 168
Rationalwahl 212
Recht auf Arbeit 71
Reduzierung des Personalbestandes 17
Resignation 85
Restrukturierung 168, 196
Rezession 91
Rolle 128
Rolle des Personalwesens 20
Rückzug 87
Ruhestand 7, 177

Scham 84
Schlüsselqualifikation 165
Schock 9, 145
Schulung 166
Selbstbestätigung 128
Selbstbild 84
Selbstkonzept 128
Selbstständigkeit 179
Selbstwertgefühl 124, 128, 136
Sensibilität 162
Shareholder 136
Soft Factors 157
Soft Skills 157
Solidarität 72
Soziale Auswahl 53
Sozialklima 215
Sozialkompetenz 159, 162, 165
Sozialkrise 129
Sozialplan 186, 196, 197
Sozialwahl 212
Sozio-ökonomisches Panel 97
Sperrzeit 64
Stabilisierungsstrategie 16
Standortanalyse 151
Stärken und Schwächen 150
Status 87
Statusbereich 148
Stellenabbau 102
Stellenbewertungsverfahren 212
Stellenplanmethode 35
Steuerausfälle 94
Stigmatisierung 123
Strategiedilemma 14
Streik 176
Strukturdilemma 14
Strukturwandel 102
Subsidiarität 73
Supervision 123
Survival of the Fittest 212

Tätigkeitskatalog 33
Therapie 131
Training 166, 187, 200
Transaktionskosten 118
Transfergesellschaft 142
Trauer 188
Trauerarbeit 138, 188
Trennung 1, 3

Überzeugungskraft 163
Umstrukturierung 57
Umwandlung 57
Umzugsprämie 178
Unsicherheit 135
Unternehmenskultur 173, 197, 214
Urlaub 61
Urlaubsabgeltung 64

Veränderungsbereich 148
Verantwortungskrise 130
Verkaufsfähigkeit 163
Vermittlung 190, 201
Vermittlungsbüro 172
Vermittlungschancen 10
Vermittlungsgutschein 110
Verringerung des Arbeitsvolumens 17
Verschuldung 94

Vertrauen 27
Viktimisierungen 123

Wählerverhalten 94
War for Talents 36
Wertschöpfung 204, 214
Wiedereingliederung 172, 179
Wirkungsdreieck 80
Wirtschaftsethik 115
Wirtschaftswandel 115
Wissen 164
Work-Life Balance 163
Wut 188

Zeitarbeit 108
Zorn 9
Zynismus 135

Die Autoren

H. Jürgen Bauerreiß studierte nach dem Abitur am Wirtschaftsgymnasium Rechtswissenschaften und Psychologie in München und Erlangen mit dem Abschluss Diplom-Psychologe. Bis 1985 arbeitete er als selbstständiger Berater und Trainer für Wirtschafts- und Bildungsunternehmen, seitdem als geschäftsführender Gesellschafter der PM Gesellschaft für Personalberatung und Managemententwicklung mbH in Nürnberg mit den Geschäftsfeldern Outplacement und Recruitment für internationale Konzerne und Mittelstandsunternehmen.

Prof. Martin H. Bertrand studierte Volkswirtschaftslehre mit dem Abschluss Diplom-Volkwirt. Danach stieg er in das Personalwesen der Bosch-Gruppe ein, zunächst in der Zentrale, dann bei den Tochtergesellschaften Blaupunkt GmbH und Robert Bosch Elektronik GmbH. Seit 1985 ist er Personalleiter, derzeit bei der Blaupunkt GmbH mit Koordinationszuständigkeit für internationale Standorte. Seit 1994 hat er einen Lehrauftrag für Personalwirtschaft an der Hochschule Harz. Er wurde dort 2000 zum Honorarprofessor ernannt. Außerdem ist er im Verband Metallindustrieller sowie am Landesarbeits- und Landesfinanzgericht aktiv.

Dr. Ruth Böck, Diplom-Kauffrau, war Mitarbeiterin am Institut für Arbeitsrecht und Arbeitsbeziehungen in der Europäischen Gemeinschaft, Lehrbeauftragte der Universität Trier, Mitarbeiterin für personalwirtschaftliche Grundsatzfragen der Gothaer Versicherungsbank VvaG und Professorin an der Fachhochschule der Wirtschaft in Bergisch Gladbach. Seit 1998 ist sie als Inhaberin der Dr. Ruth Böck Unternehmensberatung für Personal- und Organisationsmanagement in den Feldern externes Personalmanagement, Personalberatung, -forschung, Personal- und Organisationsentwicklung aktiv, zu denen sie diverse Veröffentlichungen verfasst hat.

Prof. Dr. Reiner Bröckermann war nach seiner Promotion einige Jahre Personalbeauftragter eines internationalen Unternehmens und Personalleiter im Mittelstand. Es folgten Berufungen zum Gründungsdekan des Fachbereichs Wirtschaft der FH Schmalkalden und zum Professor für Personalwirtschaft an die Hochschule Niederrhein. Er ist Autor und Herausgeber einer Vielzahl von Publikationen. Ferner ist er als Forscher und Berater in personalwirtschaftlichen Projekten sowie als Coach und Trainer tätig.

Hans-Georg Dahl ist Rechtsanwalt, ehrenamtlicher Richter und Vorsitzender eines kirchlichen arbeitsrechtlichen Ausschusses. Nach dem Jura-Studium wurde er in der Arbeitsverwaltung und im Dresdner-Bank-Konzern tätig, wo er HR-Einheiten, die Integration eines Teils der DDR-Staatsbank und die Gründung der Immobiliengruppe begleitete und zum Personalleiter für Unternehmen der Allianz-Dresdner Immobiliengruppe avancierte. Seit 2003 leitet er die Personalbetreuung der Hauptverwaltung des Gothaer Versicherungskonzerns. Er veröffentlicht in der Fachpresse und hält Seminare zur Personalwirtschaft und zum Arbeitsrecht.

Prof. Ulrich Gonschorrek war bis 1979 im Dienst der Deutschen Bundespost und stieg vom Postfacharbeiter, Betriebsleiter, Redakteur, Lehrbeauftragten, Postdirektor bis zum Referatsleiter für Weiterbildung und Bildungsinnovation auf. 1979 erfolgte der Ruf als Professor für Sozialwissenschaften an die FHöV. Berufsbegleitend absolvierte er das Abendgymnasium, ein VWA-Studium und Kontaktstudien in Berufspädagogik, Psychologie und Philosophie. Seit seinem Ruhestand ist er als Unternehmensberater und Trainer tätig und verfasst Beiträge sowie Monografien zum Management weicher Erfolgsfaktoren und zur Betriebsdidaktik

Prof. Dr. Rüdiger Hamm hat Volkswirtschaftslehre an der Universität Göttingen studiert. Nach der Promotion an der Fernuniversität Hagen hat er als Assistent der Geschäftsführung bei einer Industrie- und Handelskammer, anschließend als wissenschaftlicher Mitarbeiter beim Rheinisch-Westfälischen Institut für Wirtschaftsforschung in Essen gearbeitet. Seinen ersten Ruf erhielt er an die FH Gelsenkirchen. Inzwischen ist er Professor für Volkswirtschaftslehre mit dem Schwerpunkt „Regionale und sektorale Strukturpolitik" am Fachbereich Wirtschaftswissenschaften der Hochschule Niederrhein in Mönchengladbach.

Prof. Dr. Gerwin Kahabka war nach dem Ingenieurstudium an der TU Darmstadt in der technischen Entwicklung tätig. Danach promovierte er am Institut für Arbeitswissenschaft der TU Darmstadt und arbeitete im Personalconsulting, u. a. in Großbritannien, den USA und Japan, sowie im zentralen Personalbereich der AUDI AG mit den Schwerpunkten Personalwirtschaft, -planung und Arbeitsorganisation. Schließlich wurde er zum Professor für Human Resource Management an die FH Karlsruhe berufen. Er ist Prodekan des Fachbereichs Wirtschaftswissenschaften und als Leiter des Steinbeis-Transferzentrums aktiv.

Prof. Dr. Andreas Kammel ist Professor für Allgemeine Betriebswirtschaftslehre, insbesondere Personal und Organisation, an der FH Schmalkalden, apl. Professor an der Technischen Universität Braunschweig und lehrt zudem an der TU Braunschweig, der FH Wolfsburg und der Berufsakademie Vienenburg. Er verfügt über umfangreiche personalwirtschaftliche Praxiserfahrungen in der Industrie. Seine Arbeitsschwerpunkte sind Management Development, Personalführung und -controlling. Er hat Lehrbücher sowie zahlreiche Fachbeiträge zur Allgemeinen Betriebswirtschaftslehre und zur Personalwirtschaftslehre veröffentlicht.

Prof. Dr. Karl-Heinz Krüger war nach dem Studium der Betriebswirtschaftslehre an der Universität Mannheim sowie der Promotion zur Personalentwicklung und Organisationspsychologie in verschiedenen Positionen im Personalwesen tätig. Seit 1995 ist er Professor am Fachbereich Betriebswirtschaft der Georg-Simon-Ohm-Fachhochschule Nürnberg mit den Lehrgebieten Personalwirtschaft, -führung, internationales Personalmanagement sowie Berufs- und Arbeitspädagogik. Er hält Vorträge sowie Seminare und veröffentlicht in den genannten Lehrgebieten.

Bernd Mitterer legte die erste und zweite Verwaltungsprüfung ab und war bis 1996 in der gesetzlichen Krankenversicherung tätig. Zudem studierte er an der Verwaltungs- und Wirtschaftsakademie mit arbeits- und sozialrechtlichem Schwerpunkt (Dipl.-Soz.-Verw. VWA). Er lehrt Personalwirtschaft, Arbeits- und Sozialversicherungsrecht im Bildungswerk der IHK, bei der HWK und DAA und wirkt in Fortbildungs-Prüfungsausschüssen der IHK Mittlerer Niederrhein mit. Seit 1986 arbeitet er als Lehrbeauftragter am Fachbereich Wirtschaftswissenschaften der Hochschule Niederrhein und freiberuflich in der Personalberatung sowie als Trainer.

Prof. Dr. Michael Müller-Vorbrüggen studierte Theologie, Wirtschaftspädagogik und Psychologie und promovierte in Wirtschaftspädagogik an der RWTH Aachen. Anschließend war er als Personalverantwortlicher im Kirchlichen Dienst und bei der Bankgesellschaft Berlin AG tätig. Er spezialisierte sich auf die Felder Personalmanagement, Personalentwicklung und Coaching, in denen er auch als freiberuflicher Berater arbeitete. Seit 2000 ist er Lehrbeauftragter für Personal- und Organisationsentwicklung an der RWTH Aachen. 2002 wurde er auf eine Vertretungsprofessur für Personal und Ausbildung an die Hochschule Niederrhein berufen.

Prof. Werner Pepels studierte nach kaufmännischer Berufsausbildung Wirtschaft und Wirtschaftswissenschaften mit den Abschlüssen Diplom-Betriebswirt und Diplom-Kaufmann. Anschließend war er zwölf Jahre als Marketingberater in internationalen Werbeagenturen tätig, davon drei Jahre selbstständig. 1989 wurde er als Professor für BWL an die FH Pforzheim berufen und ist nunmehr an der FH Gelsenkirchen tätig. Er hat zahlreiche Beiträge zu Themen aus Marketing und Management in Monografie-, Sammelwerk-, Lexikon- und Aufsatzform veröffentlicht.

Prof. Dr. Peter Pulte studierte nach kaufmännischer Berufsausbildung Rechtswissenschaften und Arbeitswissenschaft. Danach arbeitete er über 20 Jahre als Jurist in der Industrie und spezialisierte sich auf die Bereiche Arbeitsrecht und Personalwirtschaft. Seit 1996 lehrt er Arbeits- und Sozialrecht an der FH Gelsenkirchen, Abteilung Recklinghausen. Er ist Autor zahlreicher Veröffentlichungen zum Arbeitsrecht und zur Personalwirtschaft sowie Mitherausgeber einschlägiger Fachzeitschriften und Loseblattwerke.

Achim Reuter, Diplom-Betriebswirt (FH), studierte nach kaufmännischer Berufsausbildung Betriebswirtschaftslehre mit dem Schwerpunkt Personalwesen. Seit 1997 ist er zunächst als Personalreferent und später als Personalleiter im Sozial- und Gesundheitswesen tätig. Seine Arbeitsschwerpunkte liegen sowohl im operativen Personalgeschäft wie auch in den administrativen personalwirtschaftlichen Aufgabenfeldern. Personalfreisetzung ist in seiner täglichen Personalarbeit immer ein Thema, das Fingerspitzengefühl und Konsequenz verlangt ohne jedoch die sozialen Aspekte außer Acht zu lassen. Er ist selber Familienvater von drei Kindern.

Stefan Mario Schmitz-Buhl, Diplom-Psychologe (Fachpsychologe für Arbeits-, Betriebs- und Organisationspsychologie), ist Supervisor, Coach, Inhaber der SCHMITZ-BUHL Personalforschung – Unternehmensberatung (Personalberatung und Organisationsentwicklung) und Lehrbeauftragter an der Hochschule Niederrhein. Zudem ist er als Vorstandsvorsitzender der Sektion Wirtschaftspsychologie im Berufsverband deutscher Psychologinnen und Psychologen (BDP) e. V. Veranstalter der Kongresse für Wirtschaftspsychologie, Herausgeber der „Beiträge zur Wirtschaftspsychologie" und der Zeitschrift „Wirtschaftspsychologie aktuell".

Prof. Dr. Markus-Oliver Schwaab war nach dem Studienabschluss im Personalmanagement bei Banken und in der Industrie tätig, zuletzt als Personaldirektor von GBG-General Biscuits und als Mitglied des Direktionskomitees von Danone Biscuits Nordeuropa sowie als Personalleiter bei Griesson-de Beukelaer. Derzeit lehrt er als Professor an der Hochschule für Wirtschaft Pforzheim, an der ESC Lille, an der Württembergischen und Badischen VWA. Seine Forschungsschwerpunkte sind u. a. Personalentwicklungs-, Organisationsentwicklungs- und Flexibilisierungskonzepte, innovatives Personalmarketing und internationales Personalmanagement.

Simon Seebass studierte Soziologie, BWL und Psychologie mit dem Abschluss Diplom-Psychologe an der Universität Hamburg und Personalmanagement an der Business School GSBA in Zürich. Er war als Verkaufsleitertrainee und Gruppenleiter im Verkaufsaußendienst tätig, anschließend als Personalberater und bis 2004 bei Ericsson in Aachen in verschiedenen Positionen im Personalmanagement, u. a. als HR Manager Compensation & Benefits und HR Manager für den Standort Nürnberg. Seit Mai 2004 arbeitet er bei Hewlett-Packard als HR Transition & Transformation Manager im Outsourcing von IT Dienstleistungen.

Prof. Dr. Thomas Stelzer-Rothe lehrt und forscht mit dem Schwerpunkt Personalmanagement an der FH-SWF, Hochschule für Technik und Wirtschaft, Abteilung Hagen. Nach einer Tätigkeit als Personal- und Organisationsentwickler in einer Großbank ist er seit 1995 als Unternehmensberater im Bereich Personalentwicklung, Training und Coaching tätig und gilt als Fachmann für Moderationsprozesse. Er hat eine Vielzahl von Beiträgen aus dem Bereich des Personalmanagements veröffentlicht.

Prof. Dr. Lutz Stührenberg ist als Professor an der Privaten Fachhochschule für Wirtschaft und Technik im Fachgebiet Management und Organisation tätig. Darüber hinaus betreibt er die Dienstleistungsplattform „atlando Personalentwicklung und -training" (www.atlando.de). Zuvor war er mehrere Jahre als Führungskraft, Trainer und Coach in der Industrie tätig. Er ist Autor diverser Fachbeiträge und Monografien zu den Themen Personalwirtschaft und Kommunikation.

H.-Peter Werminghaus, Dipl.-Ing., studierte an der Hochschule Niederrhein Bekleidungsfertigung. Nach einer Tätigkeit in der Industrie und einer Fachausbildung begann er seine Tätigkeit am Bekleidungstechnischen Institut als Forscher, Weiterbildungsexperte und Unternehmensberater mit den Schwerpunkten Qualitätsmanagement-Strategien, Organisations- und Personalentwicklung sowie Führungskräfte-Coaching für die Bereiche Textil, Bekleidung und Handel. Seit 1991 ist er Geschäftsführer des BTI, seit 1998 auch der Tochtergesellschaft BTI Gesellschaft für Beratung • Transfer • Innovation mbH.

expert verlag

Drs. Herman Blom, Drs. Yvonne Gramsbergen-Hoogland

Trennungsgespräche professionell führen

Eine Herausforderung für die unternehmerische Personalarbeit

2005, 100 S., € 18,00, CHF 31,90
(expert taschenbücher, 89)
ISBN 3-8169-2437-9

Die Übermittlung einer schlechten Nachricht – wie im Fall einer Kündigung – ist immer eine schwierige Aufgabe. Hauptbestandteil des Buches ist das individuelle Kündigungsgespräch. Dem Unternehmensvertreter werden Anregungen zum Gesprächsaufbau vorgestellt, die einen adäquaten Umgang mit der Schocksituation ermöglichen, in der sich der Gekündigte befindet. Es wird auch die Frage behandelt, wie eine Massenentlassung effektiv kommuniziert werden kann.

Inhalt:
Die Schwierigkeit, schlechte Nachrichten zu vermitteln – Schlechte Nachrichten überbringen – Die Grundfähigkeiten zur adäquaten Vermittlung – Interkulturelle Aspekte – Die betriebsbedingte Kündigung

Die Interessenten:
– Führungskräfte
– Fachkräfte aus dem Bereich Personal

Fordern Sie unsere Fachverzeichnisse an!
Tel. 07159/9265-0, FAX 07159/9265-20
e-mail: expert @ expertverlag.de
Internet: www.expertverlag.de

expert verlag GmbH · Postfach 2020 · D-71268 Renningen

expert verlag

Univ.-Prof. Dr.jur. Wolfgang Hamann

Arbeitszeit flexibel gestalten

Vollzeit – Teilzeit – Befristung

2005, 350 S., € 44,80, CHF 77,00
(ASB Wirtschaftspraxis, 18)
ISBN 3-8169-2446-8

In Deutschland ansässige Unternehmen haben einen wesentlichen Standortnachteil: zu hohe Personalkosten im Vergleich zu anderen führenden Wirtschaftsnationen. Volkswirtschaftlich unerwünschte Verlagerungen von Produktionsstätten in das benachbarte Ausland sind die Folge. Nicht alle Unternehmen können oder wollen diesen Weg gehen. Daher rücken Strategien in den Mittelpunkt, die helfen, die Kostensituation und damit die Wettbewerbsfähigkeit zu verbessern. Eine solche Strategie ist die Flexibilisierung der Arbeitszeit.
Das Buch stellt die einzelnen flexiblen Arbeitszeitsysteme und ihre rechtlichen Rahmenbedingungen dar. Behandelt werden die Flexibilisierung im Vollzeitarbeitsverhältnis, Möglichkeiten bei der Gestaltung von Teilzeitarbeit und die Befristung von Arbeitsverhältnissen. Der Leser wird darüber hinaus in verständlicher und anschaulicher Weise auch über solche Fragestellungen informiert, deren Lösungen sich nicht unmittelbar aus dem Gesetzestext ergeben und die daher Kenntnisse der rechtlichen Zusammenhänge und der hierzu ergangenen Rechtsprechung voraussetzen.

Inhalt:
Flexibilisierung der Arbeitszeit bei Vollbeschäftigung (Gleitende Arbeitszeit, Bandbreitensysteme, Schichtarbeit, Außerregelmäßige Arbeitszeit, Arbeitszeitkonten als Steuerungsinstrument, Flexibilisierung der Vollarbeitszeit und Arbeitnehmerschutz) – Flexibilisierung der Arbeitszeit im Teilzeitarbeitsverhältnis (Begriff der Teilzeitarbeit, Begründung des Teilzeitarbeitsverhältnisses, Rechtliche Stellung der Teilzeitarbeitnehmer, Vertragsänderungen, Beendigung des Teilzeitarbeitsverhältnisses, Teilzeitbeschäftigung und Betriebsverfassungsrecht, Teilzeitbeschäftigung in der Sozialversicherung, Teilzeitbeschäftigung und Lohnsteuerrecht) – Befristete Arbeitsverträge (Begriff, Arten und Abgrenzung von Zeitbestimmungen, Zulässigkeit von Befristungsabreden, Rechtliche Stellung befristet Beschäftigter, Beendigung des befristeten Arbeitsverhältnisses, Geltendmachung der Unwirksamkeit der Befristung)

Die Interessenten:
Das Buch richtet sich als praktischer Ratgeber an alle, die in ihrer täglichen Arbeit mit dem Personalwesen befasst sind, also insbesondere an Geschäftsführer, Inhaber von Unternehmen, Personalleiter und Mitarbeiter von Personalabteilungen. Es ist aber auch für Wirtschaftsjuristen von Nutzen.

Fordern Sie unsere Fachverzeichnisse an!
Tel. 07159/9265-0, FAX 07159/9265-20
e-mail: expert @ expertverlag.de
Internet: www.expertverlag.de

expert verlag GmbH · Postfach 2020 · D-71268 Renningen